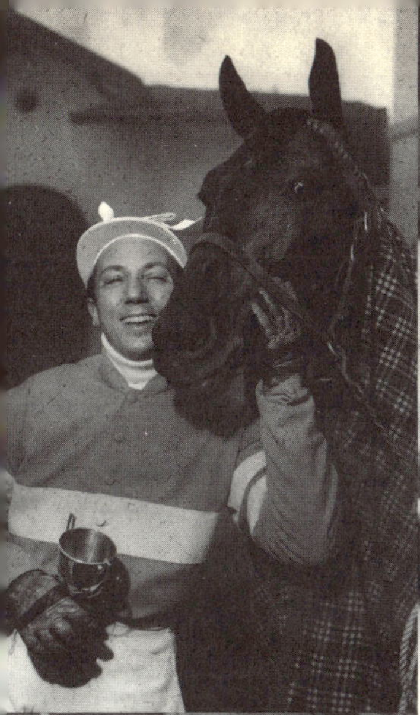

Ingrandimenti

Ingrandimenti

Mike Bongiorno

LA VERSIONE DI MIKE

con Nicolò Bongiorno

MONDADORI

L'editore ha ricercato con ogni mezzo i titolari dei diritti di riproduzione delle fotografie presenti nei risguardi di copertina e nell'inserto senza riuscire a reperirli tutti: è ovviamente a piena disposizione per l'assolvimento di quanto occorra nei loro confronti.

www.librimondadori.it

ISBN 978-88-04-57247-3

I edizione novembre 2007
II edizione novembre 2007

Indice

9 Introduzione
11 Gran Scopatore di corte
15 Il "Nuovo Mondo" dei Bongiorno
25 Salto in alto
29 Il galoppino della "Stampa"
32 American boy
41 L'"agente" Mickey Bongiorno
44 L'arresto
48 San Vittore
59 La prigionia in Germania
68 La liberazione e l'ombra di Ellis Island
75 L'America!
77 Papà
82 *La voce dell'America*
89 La WHOM
97 La fortuna mi sorride
109 *Il vostro Paese*
116 1954
135 Il cinema
139 *Lascia o raddoppia?*
155 La mia fenomenologia
161 *Campanile sera*
166 Lontano dai riflettori
184 Basta con i quiz a manovella!
187 Sanremo
192 Il mio rifugio
199 Il mio esilio
204 Il destino mi sorride
207 *Rischiatutto*

220 Daniela
236 Ma allora non è un gioco?!
241 Mickey e Nico
249 Esplorando...
257 L'incontro con Berlusconi
262 Le due parrocchie
269 Lascio la RAI!
272 *Prime time* a Canale 5
275 Salumiere o materassaio dell'etere?
284 Un successo dietro l'altro
296 Leo
299 I miei tre cavalieri
306 Sulla strada
316 Sempre più in alto!
325 Polo Nord
332 Io e Silvio
337 Superando il secolo
347 Santa Chiara aiutaci tu!
353 Epilogo

357 *Appendice*
377 *Indice dei nomi*

La versione di Mike

Dedicato ai miei discendenti.
Affinché imparino che il loro antenato
Michael Nicholas Salvatore ha vissuto
una vita ricca di grandi soddisfazioni,
ma anche di grandi sacrifici.

"Voialtri credete che sia facile!"
MIKE BONGIORNO

Introduzione

Mi chiamo Michael Nicholas Salvatore Bongiorno, senza la "u".

Michael, in ricordo del nonno Michelangelo; Nicholas, in omaggio allo zio generale Nicolò Oneto di San Lorenzo, e Salvatore... è per me un mistero.

Mi chiedo ancora perché il terzo nome non sia Fiorello, visto che il Fiorello La Guardia che divenne sindaco di New York nel 1934 era un grande amico di mio padre, e fu anche il mio padrino.

Che il Fiorello con cui sono strettamente legato per via del nostro lavoro sia la reincarnazione del La Guardia?

Gran Scopatore di corte

La questione delle mie origini siciliane ha recentemente destato un sacco di polemiche tra due comuni in provincia di Palermo che si contendono la natalità dei miei avi.

La miccia si è accesa durante la serata finale del Festival di Sanremo del 2007 quando, parlando con Pippo Baudo, ho menzionato "Mezzojuso" come il luogo d'origine dei miei antenati.

Questa mia dichiarazione ha suscitato sconcerto e sbalordimento tra i circa mille abitanti di Campofelice di Fitàlia, un fierissimo Comune che si trova a soli sette chilometri da Mezzojuso.

Il caso ha originato un piccolo scandalo all'interno della comunità di abitanti che, evidentemente sicuri del fatto loro, e feriti nell'orgoglio dalla mia presunta leggerezza, sono arrivati al punto, tramite un loro portavoce, di fare una battagliera dichiarazione alla stampa nazionale: "Campofelice di Fitàlia ripudia Mike Bongiorno come figlio di questa terra di cui ha mostrato di non essere né interessato né fiero. Oggi qui non è più persona gradita. Il signor Bongiorno davanti alla grande platea televisiva del Festival di Sanremo ha praticamente rinnegato le sue origini, molto consapevolmente e per ragioni che rimangono misteriose ed equivoche...".

Ammetto che sono rimasto meravigliato. Io avevo parlato in totale buona fede, lo lessi come un chiaro sintomo che era giunta l'ora di chiarire delle cose che avevo sempre trascurato sulle mie radici.

Così ho sguinzagliato mio figlio Nicolò, che si è messo a scartabellare tra le vecchie foto e i documenti che tenevo in soffitta, e l'ho mandato in America ad approfondire le ricerche a Ellis Island, l'isolotto davanti a New York dove sbarcavano gli immigrati diretti negli Stati Uniti. Mi sono anche messo in contatto con un bravissimo ricercatore siciliano che mi ha fatto avere una precisa e dettagliata documentazione in cui ricostruiva i movimenti dei miei avi nell'Ottocento. La sua ricerca, integrata con i risultati ottenuti da mio figlio Nicolò in America, mi ha permesso così di ricomporre, inequivocabilmente, il mio albero genealogico.

Oggi riconosco che la mia famiglia ha le sue innegabili radici a Campofelice di Fitàlia.

Ma questa saga delle mie radici è nata da un semplice, sottilissimo equivoco.

Campofelice di Fitàlia, all'epoca dei miei avi, nell'Ottocento, era ufficialmente "solo" una frazione di Mezzojuso!

Ecco il cavillo, la "misteriosa ragione" che mi ha tratto in inganno. Io, nei miei ricordi d'infanzia, avevo sempre sentito parlare di "Mezzojuso" perché allora il paese formalmente si chiamava così. Non sapevo che in realtà era dalla "borgata" di Campofelice che venivano i miei, e che il capostipite del mio ramo, il trisnonno Michelangelo, era stato tra i suoi primi abitanti.

Ora so che Campofelice possiede una sua ben definita identità storica, che affonda le proprie origini nell'antico "Stato di Fitàlia", e che il paese nacque verso l'inizio dell'Ottocento per volontà della nobile famiglia dei Settimo. Ma dopo un breve periodo in cui il paese fu gestito dal principe di Fitàlia, le autorità borboniche nel 1851 decisero di assegnarlo "provvisoriamente" come "suffraganeo" al vicino Comune di Mezzojuso.

Nel Novecento, dal dopoguerra, Campofelice ha finalmente riguadagnato la sua autonomia comunale e ne va, a quanto pare, molto fiero, al punto da avermi spinto una volta per tutte a risolvere la questione della genesi della mia famiglia.

In un certo senso, a causa dei cambiamenti della storia, mi sento legato sia a Mezzojuso che a Campofelice di Fitàlia, pur essendo consapevole delle differenze e dell'autonomia dei due Comuni.

Anche Rosario Fiorello, siciliano DOC, durante una diretta della sua trasmissione *Viva Radio 2*, ha invitato i due sindaci a riappacificarsi in nome mio festeggiando la mia sicilianità!

Catturato dalla foga di saperne di più, ho pensato di fare delle ulteriori ricerche sulle mie origini, e sono riuscito ad andare più indietro, molto più indietro, arrivando addirittura fino al 1250, nel cuore del Medioevo.

Il primo Bongiorno di cui si ha notizia era un tale Landro Bongiorno, impiegato presso la corte di re Manfredi il Normanno. Da Patti si trasferì a Palermo per assumere nientemeno che la carica di "Gran Scopatore di corte".

So che c'è da ridere per un incarico di questo genere ma "Gran Scopatore di corte" allora significava essere responsabile dell'andamento di tutto il palazzo di re Manfredi. Specificatamente, il capo del personale addetto alle pulizie.

Studiando l'albero genealogico, mi accorgo che nella mia famiglia paterna è sempre stata tramandata una precisa tradizione. L'alternanza dei nomi Michelangelo e Filippo tra i primogeniti. Mastro Michelangelo Bongiorno detto "Manzù", il mio famoso trisnonno, fu tra i Campofelicesi più in vista della borgata. Era arrivato a Campofelice nel 1835, per svolgere il lavoro di barbiere, o "barbitonsore" che dir si voglia.

All'epoca quello era un lavoro molto vicino a una specie di attività medica. I barbitonsori si dedicavano anche all'estrazione dei denti adoperando strumenti da odontoiatra. E la gente si rivolgeva ai barbieri anche per i disturbi della pressione arteriosa e nei casi di bronchite e polmonite.

I saloni dei barbieri erano anche dei veri e propri luoghi di ritrovo dove la sera, quando i contadini ritornavano dalla campagna, si riunivano e chiacchieravano.

Portava il soprannome di "Manzù", che derivava dalla dizione corretta di "monsù", il termine con il quale venivano chiamati i parrucchieri e i cuochi di corte.

Michelangelo era infatti molto legato al principe di Fitàlia Don Girolamo Settimo Turrisi (fondatore di Campofelice di Fitàlia) e poi a suo fratello Ruggero Settimo. Si dice che intrattenesse con loro ottimi rapporti. Questa posizione di prestigio alquanto privilegiata gli procurava il rispetto dei compaesani, al punto che fu naturale per lui passare a incaricarsi dei compiti ufficiali amministrativi e di rappresentanza per il paese, ottenendo il titolo di "Eletto di Fitàlia".

Suo figlio primogenito, il mio bisnonno Filippo, di professione calzolaio, continuò la tradizione rappresentativa che svolgeva suo padre, ricoprendo le funzioni di "delegato del sindaco": era il rappresentante della borgata di Campofelice al Consiglio comunale di Mezzojuso.

È dai suoi discendenti che origina la mia parentela con il famoso avvocato penalista Giulia Bongiorno, ora anche onorevole.

Michelangelo, mio nonno, fu il primo dei miei antenati a venire al mondo dopo il passaggio dei Mille in Sicilia, e nacque appena prima dell'Unificazione d'Italia. Visse, come tutti i giovani dell'epoca, i vantaggi e gli svantaggi della cacciata dei Borboni, dello smembramento del Regno delle due Sicilie, e lo stravolgimento sociale che riguardò tutto il Meridione con l'annessione al nascente Regno d'Italia. La Sicilia si trovò in una difficile situazione economica, e i problemi legati al brigantaggio furono per molti giovani come mio nonno una seria minaccia alla sopravvivenza.

Il nonno stava per ereditare il mestiere del padre, quello di calzolaio: faceva l'apprendista, ma, essendo indeciso, iniziò anche gli studi all'Istituto agrario di Palermo. Aveva già una sua famiglia quando mollò tutto e, come tanti altri ragazzi della sua età, tentò l'azzardo e la fortuna nel 1892 lasciando a casa temporaneamente moglie e figlio per cercare nuovi stimoli e nuove speranze al di là dell'oceano, nel "Nuovo Mondo".

Il "Nuovo Mondo" dei Bongiorno

Oltre il quaranta per cento della popolazione americana, e tra questi ci siamo anch'io e i miei figli, è diretta discendente di quei ventidue milioni di immigrati che sono approdati ai moli di Ellis Island, nella baia di New York.

Il passaggio da quell'isoletta era una tappa obbligata per tutti. Si entrava nella grande baia di New York dopo settimane di viaggio spesso in condizioni difficilissime, ci si emozionava fino alle lacrime passando di fianco alla mitica, sognata figura della Statua della Libertà, e poi si sbarcava, pregando di uscirne in fretta, nell'isoletta gemella in cui ti aspettavano i funzionari dell'Ufficio immigrazione, la cui mansione principale era registrare la tua identità e farti un controllo sanitario.

Michelangelo Bongiorno, ventunenne di belle speranze, si imbarcò a Napoli sulla nave *S.S. Gioval* e giunse a Ellis Island il 7 dicembre del 1892. Gli ufficiali addetti all'immigrazione e al controllo dei passeggeri lo sottoposero all'interrogatorio di prassi, e, quando gli chiesero quale fosse il suo mestiere, lui rispose *shoemaker*, calzolaio, lavoro che aveva imparato a fare seguendo la tradizione di artigiano che c'era in famiglia.

Come facevano la maggior parte degli italiani appena arrivati, si trasferì a Manhattan, al numero 262 di Elizabeth Street, nel quartiere di Little Italy.

Quel che accadde, in quanto tempo e come accadde non mi è molto chiaro; probabilmente, essendo un uomo brillante e pieno di iniziative, seppe cogliere le opportunità giuste trasformandosi da aspirante calzolaio con pochi soldi in tasca a importatore di beni dalla madrepatria e successivamente a imprenditore immobiliarista.

Venne naturalizzato cittadino americano nella primavera del 1913, dichiarando come sua residenza l'indirizzo 319 E 48th Street, sempre a New York.

Suo figlio Filippo, il mio papà, era conosciuto da tutti come "Philip", o ancora più amichevolmente veniva chiamato dai suoi compagni universitari "Phil", o anche "Bonny". Cosa assolutamente rivoluzionaria per i figli degli immigrati a quei tempi, il mio papà ebbe la fortuna di frequentare nientemeno che la Princeton University, tuttora una delle più importanti università degli Stati Uniti, e di specializzarsi poi in avvocatura in un'altra famosissima scuola, la Columbia University di New York!

Quando gli Stati Uniti decisero di entrare nella Grande Guerra, Philip si iscrisse subito come volontario nell'aviazione americana.

Entrò nella Aviation Section, Signal Corps a New York il 23 maggio del 1917 e partì per il quartier generale di Parigi dove stazionò fino al settembre dello stesso anno, quando venne promosso a ufficiale primo luogotenente.

Visto che l'esercito americano ordinava grosse quantità di motori e di aerei dall'Italia, dove l'ingegneria aeronautica era considerata all'avanguardia (la Caproni e la FIAT su tutti), papà, grazie alla sua padronanza della lingua italiana, venne spedito a Torino, con l'importante incarico di verificare gli ordini e seguire la produzione.

Nell'esercito, considerando la sua ottima preparazione accademica, fece una carriera fulminea. Nel gennaio del 1918 venne dichiarato comandante della base militare americana e della squadra aerea di Torino (la 111ª aero. squad.), e il mese dopo promosso a capitano, con la funzione di ufficiale comandante dei servizi per l'aviazione americana in Italia.

Le mansioni principali di "captain Bongiorno" erano di supervisionare la produzione, l'acquisto e la consegna di aerei, camion e automobili per l'esercito americano.

Questa attività, di grande importanza per la macchina da

guerra americana, necessariamente lo portava a frequentare e tenere i contatti con le grandi industrie di allora che producevano apparecchiature per l'aviazione. Fu proprio così, attraverso il suo lavoro da militare, che conobbe la famiglia Carello, e mia mamma.

Nonno Carello, padre di mia mamma Enrica, nell'Ottocento gestiva una fiorente fabbrica di lampioni per le carrozze che successivamente si trasformò nella famosa fabbrica di fanali Carello. Per anni hanno fornito di fari le grandi industrie automobilistiche europee, tra cui anche la FIAT. La fabbrica è passata di padre in figlio fino a mio cugino Massimo Carello, che l'ha poi ceduta alla FIAT per assumere l'incarico di presidente della FIAT Inghilterra, mansione che ormai ha lasciato.

Mia mamma Enrica era una donna bellissima. Un partito, per così dire, estremamente interessante. Essendo rimasta orfana molto giovane, fu allevata dalla sorella maggiore Giuseppina, che divenne moglie del generale Nicolò Oneto di San Lorenzo. Quello zio che mi ha allevato in casa sua come un figlio per una dozzina d'anni dopo la separazione dei miei genitori, e che aveva ispirato il mio secondo nome di battesimo Nicholas.

Il giovane ufficiale e gentiluomo americano Philip Bongiorno si innamorò subito dell'elegante e raffinata signorina Carello, e iniziò a corteggiarla.

La loro fu una storia d'amore molto romantica, come una favola degli anni Venti. Il capitano americano era stato sedotto dal sofisticato mondo dell'alta borghesia piemontese, e la ragazzina di classe, curiosa e affascinata dall'uomo che veniva da lontano, da quel signore bello e di carattere, dopo le prime occhiate furtive e passionali scambiate durante le visite nei salotti di casa, cedette ai suoi inviti e alle sue lusinghe e si lasciò andare al sogno del grande amore, del cavaliere in divisa che veniva a prenderla da lontano per portarla via.

Due mondi molto diversi che si incontravano.

Si amarono e si sposarono prestissimo, nella primavera del 1919 a Torino. Appena finita la guerra, trionfante, Philip se la portò via con sé al di là dell'oceano, a casa sua, nella mitica New York.

Ritornato in America, vittorioso, accompagnato da una bellissima donna conosciuta durante la sua missione di guerra, fresco di laurea ottenuta alla Princeton University, papà aveva proprio tutte le carte in regola per realizzare una grande carriera, e si diede subito da fare per consolidare una rete di contatti e costruirsi la sua professionalità di avvocato. Si buttò a capofitto nel lavoro, prese un ufficio nel distretto finanziario della città, vicino a Wall Street, e mise su casa a 65 W 12th Street, un prestigioso quartiere residenziale, dove il 26 maggio del 1924 sono nato io.

La nostra casa era a due passi dall'incrocio con la 5th Avenue, vicinissimo a Washington Square, la piazza del Greenwich Village con l'arco di trionfo, considerata uno dei punti di riferimento più importanti di New York.

Se mi concentro per rivivere quel periodo, mi compare sempre nitidamente di fronte agli occhi un coniglietto con il carillon che mi aveva comprato mia mamma, con il quale dormivo nei miei primi mesi di vita e che tenevo sempre con me in carrozzina.

Quando uscivo di casa per andare a passeggio lo stringevo e lo facevo suonare mentre la mia balia e la mamma mi portavano lungo la 5th Avenue. In pochi minuti raggiungevamo l'arco di trionfo di Washington Square, gli passavamo sempre sotto e poi entravamo nel parco per trascorrere ore e ore a girare tra gli alberi e la fontana; passavamo poi a zigzag attorno alle due statue di George Washington e ci fermavamo sempre a riposare su una certa panchina della piazza, vicino al monumento a Giuseppe Garibaldi, dove sotto il suo sguardo fiero imparai a fare i miei primi passi.

La mia balia si chiamava Lucy, ed era nera.

Nei vaghi ricordi che ho ancora, andava vestita proprio come i neri del Sud. Sottanoni colorati e fazzolettone in testa. Era uno spettacolo quando uscivamo per strada insieme mano nella mano, lei grande e grossa, io un piccolo biondino con gli occhi azzurri.

Mio padre, durante la parata di ottobre del Columbus Day, mi metteva sulle sue spalle e mi portava all'angolo della strada sulla 5th Avenue a vedere e applaudire i manifestanti. Era una cosa molto emozionante, c'erano migliaia e migliaia di persone in maschera che cantavano, ballavano, festeggiavano.

L'attività legale di papà era partita alla grande, godeva di un enorme prestigio all'interno della comunità italiana, e quando qualche anno dopo il suo ritorno fu fatto cavaliere all'Ordine della corona d'Italia per i suoi meriti di guerra, ricordo un'interminabile processione di amici e conoscenti che venivano in casa nostra per congratularsi.

Lui parlava e parlava, scherzando e ridendo, tenendomi sulle sue ginocchia e presentandomi a tutti. Se c'è una cosa che ho ereditato da mio padre penso sia proprio la parlantina in pubblico. In privato invece era un uomo piuttosto taciturno, capace di lunghi ed estenuanti silenzi.

Ricordo le visite a casa di alcuni personaggi importanti della comunità italoamericana. Uno di quelli che venivano spesso era il giudice della Suprema Corte di New York Salvatore Cotillo, poi c'erano Fiorello La Guardia, Luigi Antonini e molti altri di cui non ricordo i nomi.

Mia mamma, che proveniva da una cultura diversissima da quella degli italoamericani, era un po' insofferente di quell'ambiente, e penso facesse una grande fatica a prendere parte attiva a quel tipo di vita sociale. La stragrande maggioranza degli immigrati aveva radici meridionali, mentre lei era una signora piemontese, delicata e raffinata, abituata ad altri usi e costumi.

Ma per forza di cose papà venne sempre più coinvolto in quel mondo, e le sue consulenze e prestazioni legali diventarono un riferimento fondamentale per le attività della comunità degli italiani d'America. La sua notorietà era tale che fu addirittura eletto Supreme Master dei *Sons of Italy*, la grande organizzazione che radunava tutti gli americani di origine italiana. I *Sons of Italy* erano forti di alcuni milioni di iscritti, e logicamente, essendo così numerosi, potevano influire molto sia sulle elezioni regionali che su quelle presidenziali.

Per mantenere quel ruolo pubblico papà passava sempre più tempo fuori casa, io e la mamma lo vedevamo molto poco, e ogni tanto quando compariva mi portava con sé a fare una visita nei prestigiosi club di cui era membro e nei quali amava ogni tanto farsi vedere. Tra questi c'erano il Princeton Club e la Baltic Society (la società dei veterani di guerra tenuta insieme da Pershing, il generale che aveva guidato la spedizione americana nella Prima guerra mondiale).

Ogni estate, lo voleva a tutti i costi la mamma, tornavamo in visita in Italia. Ci imbarcavamo sul *Conte Biancamano*, una nave di linea italiana di lusso, che era stata varata da poco ed era provvista di tutte le comodità più innovative dell'epoca.

I viaggi in nave erano per me un'avventura: il porto, l'oceano, la nave, tutte cose che eccitavano la mia fantasia di bambino. La vera grande gioia era però riabbracciare Bobi, il cane di razza Jack Russell dei miei zii, che mi aspettava ogni estate a Torino.

Bobi si era così affezionato a me che quando ritornavo negli Stati Uniti si nascondeva dietro il divano nell'appartamento di Torino di zio Nicolò e di zia Giuseppina, in via Marenco 6, e rimaneva lì accucciato per giorni vicino alla mia biciclettina.

Ricordo che dopo uno dei tanti viaggi di rientro, invece di andare sulla 12th Street e 5th Avenue la mamma si diresse all'88th Street e Central Park. 2 West 88th Street precisamente. Era l'indirizzo della nostra nuova casa, dove andammo ad abitare al dodicesimo piano con vista sul Central Park.

Ancora oggi, e lo trovo molto divertente, quando le guide italiane portano i turisti a visitare la città di New York, passando lì davanti si fermano e dicono: "Qui ha vissuto Mike Bongiorno!". Ci mancherebbe altro che un giorno mettessero anche una lapide...

Erano gli anni delle grandi nevicate. Scendevo sempre nel parco a giocare a palle di neve con Lucy. Quando improvvisamente dovette lasciarci per andare via, ciò causò il primo grande dolore della mia vita.

Appena pochi mesi dopo la partenza di Lucy, tutto cambiò nella nostra vita. Da un giorno all'altro avvenne quello che fu l'inizio della rovina imprevista della nostra famiglia.

Lo chiamarono "il giovedì nero", quel 24 ottobre del 1929 in cui ci fu il Crollo di Wall Street. Per noi, per milioni di americani fu una vera giornata tragica, drammatica, un disastro economico di portata epocale.

Mio padre si ritrovò improvvisamente in ginocchio. Aveva investito praticamente tutti i suoi averi e perse tutto. Parlo di parecchi milioni di dollari, volatilizzati in poche ore.

Annichilito, ci spiegò che la nostra vita era cambiata e chiese alla mamma di tornare a Torino, dove avrebbe potuto vivere con sua sorella in attesa di tempi migliori, quando saremmo potuti ritornare a vivere insieme in America.

E così, io e la mamma ci imbarcammo nella primavera del 1930 con l'idea di andare a vivere a Torino per qualche mese, forse un anno. Mai avrei pensato che sarei stato via per quindici anni.

Il trasferimento forzato, l'improvvisa mancanza di Lucy che mi teneva molta compagnia e l'assenza della figura di papà mi fecero sentire molto solo.

Non avevo nessuno con cui giocare, non conoscevo altri bambini della mia età, e chissà perché mia mamma non capiva che un bambino di cinque o sei anni aveva bisogno di compagnia. L'unico mio vero compagno era Bobi, il cane degli zii che mi ero abituato a riabbracciare ogni estate quando con la mamma venivo in Italia per qualche mese.

Mi commuovevo facilmente, e non dimenticherò mai un vecchietto che ogni tanto passava sotto il balcone di casa nostra reggendosi a un bastone, e cantava una canzone di cui non ricordo le parole ma che ripeteva sempre: "Strada bianca... strada bianca...".

I condomini aprivano le finestre e gli buttavano delle monetine, io invece aprivo la cassettina dentro la quale tenevo i miei piccoli risparmi, tiravo fuori cinque lire, le incartavo e le tiravo da dietro le persiane giù in strada rimanendo nascosto perché mi vergognavo.

Avevo imparato molto presto a esprimermi in due lingue, e ascoltavo la lettura delle lettere di papà che arrivavano in inglese, e poi le commentavamo con la mamma e gli zii in italiano.

Papà raccontava quello che faceva, diceva che le cose miglioravano, parlava di politica e ci aggiornava sulle sue conquiste e le sue vittorie legali, facendo nomi di persone e di posti a me totalmente sconosciuti: Luigi Barzini e il "Corriere d'America" erano suoi acerrimi nemici, le arringhe politiche al Madison Square Garden, i rapporti elettorali con la comunità ebraica... il Partito democratico, l'aiuto dato per raccogliere voti per l'elezione del presidente Roosevelt, l'attenzione alla questione razziale, le sue nette e coraggiose posizioni contro le funeste influenze della propaganda fascista nella vita della comunità italiana, la presidenza dell'ospedale degli italiani, il "Nuovo Mondo" (il giornale radicale antifascista di cui divenne editore)...

Ero un bambino ipersensibile, vivevo in mezzo agli adulti, in una casa ovattata e silenziosa dove i rumori del mondo se ne stavano fuori, lontano oltre il balcone, e non avevano niente a che fare con me e con Bobi, anche se mi incuriosivano disperatamente.

Quello che si diceva in casa dello zio era che il mio papà si dava un gran da fare per ricostruire un futuro per la nostra famiglia, e a quanto pare le cose sembrava che gli andassero di nuovo bene. Presto sarebbe tornato a prenderci.

Addirittura si prospettò per lui la possibilità di divenire sindaco di New York, visto che il peso politico degli italiani aveva raggiunto una posizione di forza nel Paese. I tre grandi candidati furono, oltre a mio padre, il magnate dell'editoria e proprietario del quotidiano "Il Progresso Italo-Americano" Generoso Pope, e Fiorello La Guardia.

Fu proprio Fiorello La Guardia a spuntarla e a divenire il primo sindaco italoamericano di New York. La mamma mi disse che papà, siccome allora aveva ripreso in mano un ufficio in cui lavoravano un'altra decina di avvocati alle sue dipendenze, preferì rinunciare alla candidatura.

L'elezione dell'italoamericano Fiorello La Guardia (detto *little flower* per la sua statura) fu un grande avvenimento per la comunità degli italoamericani. Passò alla storia come un sindaco molto popolare rimasto in carica per ben tre mandati, fino al 1945. Contribuì molto a far uscire l'America dalla Grande Depressione, diventando una figura di portata nazionale. Era molto amico di mio padre perché erano stati compagni d'armi, entrambi comandanti dell'aviazione durante la Grande Guerra.

Quella New York degli anni Trenta, forse perché mi piaceva colorare e romanzare le lettere che ricevevo da mio padre, mi è sempre rimasta nella mente come un luogo mitico, abitato da eroi. Era l'epoca del proibizionismo, dei gangster, di Lucky Luciano, di Frank Costello... e di gente come Fiorello La Guardia e mio padre che si prodigavano per arginare la criminalità, per sconfiggere la crisi e tenere alto il buon nome degli italiani.

Intanto, più il tempo passava, più io mi inserivo nella vita torinese. La mamma mi iscrisse alla scuola, poi feci la prima comunione e la cresima, e iniziai ad abituarmi ai ritmi della nuova città, così diversa da New York.

Papà ci venne a trovare per la prima volta nell'estate del 1933. In quel primo viaggio, fu addirittura invitato a un colloquio a Roma da Benito Mussolini, che si era interessato a lui. Naturalmente, il peso politico di milioni di italoamericani gli faceva gola, ma mio padre non era mai stato un entusiasta del fascismo, e soprattutto in seguito, dopo le leggi razziali del 1938, tagliò completamente i ponti con il governo italiano.

L'anno dopo, nell'estate del 1934, rimessosi ormai in piedi finanziariamente, mio papà finalmente chiese alla mamma di ritornare a vivere a New York.

Ma la mamma, dopo lunghe e tormentate riflessioni, purtroppo decise di non tornare più. Io non potevo certo capire, ma si era creato un divario troppo grande tra di loro. Gli anni di distanza, le vite separate, e credo che mia mamma sospettasse che ci fosse un'altra donna nella vita di papà. Inoltre lei non si era mai trovata bene a New York, l'ambiente che era costretta a frequentare era troppo diverso dal suo a Torino, e ora che si era appena reinserita in un nuovo ritmo di vita, e che anch'io mi ero indirizzato con gli studi nelle scuole italiane, il rientro in America le sembrò un ostacolo troppo grande da affrontare.

Rammento l'ultima estate insieme ai miei genitori; la passammo a Ortisei in Val Gardena. Fu l'ultimo momento felice in cui ricordo la mia famiglia insieme.

Chissà, magari per loro non lo era già più, ma per me bambino fu uno dei momenti più felici della mia vita. Un momento radioso, che ho sempre custodito come un tesoro nella memoria. Viaggiammo insieme, vidi grandi e alte montagne innevate, scene di bellezze naturali mozzafiato che mi sono rimaste impresse nella mente e nel cuore, e che probabilmente sono sempre andato ricercando nella mia vita. Forse è per questo che amo così tanto la montagna.

Quelle meravigliose vacanze dell'estate del 1934 si interruppero bruscamente: papà dovette scappare, probabilmente a causa dei litigi con la mamma, ma anche per via della morte del nonno Michelangelo.

Divorziarono poco dopo.

Non tornarono mai più insieme.

Fu una decisione che influì sul resto della mia vita.

Salto in alto

Dopo il divorzio sentii parlare poco di papà, e non ebbi più notizie da lui. Niente più lettere, niente più nomi e racconti su cui fantasticare: improvvisamente il vuoto. Non c'era più, come se non fosse mai esistito.

Scoprii solo molti anni dopo, leggendo i ritagli di giornale dal "New York Times", che era diventato un aspro critico del fascismo, e che aveva combattuto, a costo di venire emarginato, le leggi razziali e le posizioni antisemitiche di Mussolini.

Non che mio padre, per quanto ne so, fosse di origine ebraica, ma chissà, magari lo faceva per un senso di fratellanza con un popolo di emigranti che sentiva fratello.

Ci perdemmo di vista, gli eventi della vita ci travolsero. Non riuscii mai più a legare profondamente con lui, anche dopo il mio ritorno negli Stati Uniti alla fine della Seconda guerra mondiale.

Solo oggi, guardando indietro nel tempo, riesco a vederlo più lucidamente, come un uomo estremamente moderno, e profondamente coinvolto nello spirito del suo tempo.

La mamma soffrì molto la decisione che lei stessa aveva preso, soprattutto nel primo periodo. Aveva fatto una scelta molto moderna e coraggiosa, per "preservare la sua dignità e la sua coscienza" come diceva lei. Ma aveva anche innescato delle grandi polemiche con i suoi familiari, che non l'avevano capita, e che si lamentavano perché ora ci trovavamo in una difficile situazione economica.

Uno dei due fratelli della mamma, nonostante fosse in disaccordo con lei perché considerava un mero capriccio la sua scelta di non aver voluto raggiungere il papà negli Stati Uniti, sapendo delle ristrettezze in cui ci trovavamo ci dava cento lire ogni mese. Era una cosa molto umiliante per lei dover accettare quei soldi, una cosa che inizialmente non compresi, ma quando crescendo mi resi conto anch'io della situazione mi ripromisi di darmi da fare per aiutare la povera mamma e interrompere questa situazione assurda e deprimente al più presto possibile. Ricordo minuziosamente il rito del nostro pellegrinaggio, in cui lei si vestiva tutta elegante, mi prendeva per mano, e al crepuscolo attraversavamo a piedi il Parco del Valentino. Poi ci fermavamo davanti alla porta dello zio, suonavamo, e usciva un cameriere che, con un certo atteggiamento che a me è sempre sembrato di sufficienza e di disprezzo, ci consegnava una busta chiusa con dentro cento lire.

Avevo sviluppato una grande ammirazione per l'altro mio zio, il generale di divisione Nicolò Oneto, quello che mi allevò in casa sua e che fu un secondo padre per me. Mi innamorai della sua divisa, e della sua possente e rassicurante figura militare. Era stato colonnello, poi promosso a generale di divisione dei bersaglieri, operando in Sicilia, in Albania e a Zara in Dalmazia; ora si era ritirato ed era in pensione. Io sognavo di andare a fare l'Accademia militare, per imitarlo. Ma il fatto di essere cittadino americano mi precludeva questa possibilità.

Per quanto riguarda i miei studi a Torino, inizialmente frequentai il ginnasio Alfieri, di cui non ho un bel ricordo perché ero un ragazzo molto timido, un fatto dovuto soprattutto alla mia miopia.

I miei compagni in quella scuola mi consideravano lo sciocco di turno, ed ero sempre sottoposto a scherzi di vario genere. Io stesso mi accollavo la responsabilità degli episodi di insubordinazione in classe, motivo per il quale venivo sempre punito dalla direzione. Ma ne ero quasi contento perché mi sembrava così di essere più importante.

Per mettermi in mostra, visto che avevo delle eccellenti doti atletiche, cominciai a partecipare a gare di atletica e di sci, che in quel periodo venivano organizzate dai gruppi rionali fascisti. Quello vicino a casa mia si chiamava gruppo rionale Lucio Bazzani. Fu così che ebbi l'opportunità di conoscere la neve invernale, partecipando alle gare di fondo che venivano organizzate a Bardonecchia.

Mi avevano dato un paio di sci da discesa, in frassino, con i vecchi attacchi a cinghie e le lamine di osso di balena. Nonostante il peso e la difficoltà di questi sci che erano per la discesa e non per il fondo mi piazzavo sempre bene e qualche volta vincevo anche. Ecco un altro motivo per cui la neve e la montagna sono diventate le cose a cui mi sento più legato.

Un bel giorno, avevo sedici-diciassette anni, mi chiesero se volevo partecipare a una gara di atletica leggera per il titolo regionale giovanile. Mi ero accorto di essere molto agile e pertanto pensai di iscrivermi alla gara di salto in alto. Ricordo ancora come fosse oggi che il pomeriggio precedente la gara andai a quello che allora si chiamava lo stadio Mussolini, successivamente diventato lo stadio comunale. Non c'era nessuno all'interno e mi feci dare dal custode un'asticella da mettere sui ritti per provare il salto. Avevo le scarpette di tela e per iniziare cominciai a saltare un metro e dieci centimetri. Salto dopo salto arrivai con mia sorpresa a un metro e cinquanta. Mi ero quasi spaventato perché era una misura da considerarsi irraggiungibile per un ragazzo di quell'età. Fui costretto però a interrompere la prova perché il custode doveva chiudere lo stadio.

Il mattino dopo mi presentai in pista con lo stesso abbigliamento e mi sentivo veramente un pesce fuor d'acqua. I miei avversari, tutti ragazzi della mia età, facevano già parte delle squadre ufficiali di atletica leggera che partecipavano ai Campionati italiani. Indossavano le magliette delle loro squadre e avevano addirittura le scarpette chiodate. Io invece avevo le scarpette di tela con la suola di gomma. Iniziammo la gara e sapendo che il giorno prima avevo superato un metro e cinquanta, partii subito con un metro e quaranta. Superai centoquarantacinque, centocinquanta, centocinquantacinque, e poi, incredibile ma vero, saltai centosessanta centimetri. I miei avversari, nonostante la loro semiprofessionalità, erano stati eliminati, rimasi solo e feci nientemeno che centosessantacinque, diventando campione regionale di salto in alto.

Il galoppino della "Stampa"

È qui che avvenne la prima grande svolta della mia vita. Si avvicinò per intervistarmi un giornalista della "Stampa" di Torino. Era Luigi Cavallero, il caporedattore delle pagine sportive. Devo dire che la mia timidezza e modestia suscitavano sempre simpatia in chi mi incontrava, e Luigi Cavallero dopo la nostra chiacchierata mi chiese se volevo imparare un mestiere e lavorare con la redazione sportiva della "Stampa". "Abbiamo bisogno" mi disse "di un galoppino."

"Ma cos'è un galoppino?" gli chiesi.

Cavallero mi spiegò che era un incarico molto divertente. Si trattava di andare tutte le settimane a seguire gli allenamenti delle squadre di calcio, il Torino e la Juventus, e di andare a vedere gli arrivi delle corse ciclistiche locali, o le regate sul Po.

Ero veramente stupito. Mi sembrò una cosa talmente bella da essere impossibile. "Ma perché volete proprio uno come me?"

Cavallero mi spiegò che purtroppo tutti i giornalisti che facevano parte della sua redazione erano andati in guerra ed era rimasto solo lui con un ragazzo più grande di me, un certo Ruggero Radice, detto "Raro". Radice è stato uno dei nostri grandi esperti e storici del ciclismo, divenne nel dopoguerra amico e confidente di Coppi e di Bartali ed è scomparso solo recentemente ultranovantenne.

Feci salti alti così dalla gioia, era la cosa più bella che mi fosse mai capitata, pensavo: alla mia età e in quel periodo poter lavorare in un giornale, dove i giornalisti erano considerati un mito! Allora non esisteva la televisione e quindi quelli che scrivevano sui giornali venivano additati per la strada.

Fu così che incominciai tutti i giorni nel pomeriggio a rubare un paio di ore ai miei compiti per andare allo stadio di via Filadelfia dove si allenava il Torino e il cui presidente era il dottor Ferruccio Novo. Anche lì entrai presto nelle simpatie dei giocatori perché tutti vedevano in me un bravo ragazzino biondo con gli occhi chiari, soprattutto molto timido. Divenni molto amico in quelle occasioni di un giocatore che si chiamava Valentino Mazzola, il campione e capitano del grande Torino, padre di Sandro Mazzola. Sovente ci incontravamo in tram per andare allo stadio e quando scendevamo gli portavo la sacca fino al campo. Cosa che feci poi successivamente tante volte anche per un altro grande giocatore, della Juventus però, di cui divenni molto amico: il mitico terzino Pietro Rava. Lo aspettavo davanti al cancello dello stadio da cui usciva dopo gli allenamenti o dopo la partita, e lo accompagnavo a piedi lungo piazza d'Armi fino a prendere il tram. Erano altri tempi, i giocatori non avevano la Ferrari e le grandi macchine che hanno oggi, ma viaggiavano in tram portandosi dietro la sacca con il cambio dei vestiti!

A proposito di Rava, devo anche dire che io ero uno juventino sfegatato. Ero diventato juventino perché nei miei frequenti viaggi avanti e indietro dall'America mio zio Carlo, fratello della mamma, mi portava a vedere le partite della Juve. Era uno sport per me pressoché sconosciuto perché in America pochi conoscevano il gioco del calcio.

Che squadra aveva la Juventus a quei tempi, negli anni Trenta! Ricordo ancora i vari Combi, Rosetta, Caligaris, i Varglien, Orsi... che oltre a essere una grande ala sinistra suonava anche molto bene il violino!

"Signor Rava si ricorda di me quando ero ragazzino...?" gli ho detto, quando dopo tanti e tanti anni mi è capitato di incontrarlo di nuovo in occasione di una manifestazione sportiva.

"Ah! Ma sì! Tu sei quel biondino con gli occhi azzurri che mi accompagnava quando andavo a prendere il tram!" mi rispose dopo qualche momento di perplessità.

Poi ci abbracciammo e confesso che entrambi avevamo le lacrime agli occhi.

Inconsapevolmente, Luigi Cavallero, proponendomi di fare il galoppino, aveva dato il via alla mia carriera di giornalista e di uomo di palcoscenico.

Lui e altre due persone rappresentano gli incontri più importanti di tutta la mia vita.

Gli altri due in questione sono: Vittorio Veltroni, padre di Walter Veltroni, che mi convinse a rimanere in Italia quando venni a fare una serie di documentari per la radio italiana di New York e a intraprendere, anche se eravamo nel periodo sperimentale, la mia carriera televisiva. E Silvio Berlusconi, al quale devo, dopo l'instabilità economica, il mio benessere.

American boy

Tutti noi abbiamo un angelo custode e uno spirito guida. Me lo ha insegnato un sacerdote polacco che era nel campo di concentramento con me. L'angelo custode ci protegge e ci difende dal pericolo. Lo spirito guida ci accompagna lungo il percorso della vita e ci suggerisce le azioni da compiere. Pensando ai pericoli dai quali sono uscito indenne e alle decisioni che hanno determinato alcuni cambiamenti totali di vita, mi sono convinto che c'è veramente qualcuno dall'Aldilà che ci segue.

Quel mattino in cui misi le scarpe di tela e andai allo stadio Mussolini per partecipare alla prima gara della mia vita, il salto in alto, non avrei mai pensato che avrebbe segnato il primo passo nel lungo cammino della mia carriera.

Cominciò tutto con quell'imprevisto colloquio con Luigi Cavallero, il caporedattore dello sport della "Stampa" di Torino. Alla "Stampa" fui subito accolto con simpatia da tutti quelli che facevano parte del giornale, compresi i tipografi e gli stenografi. Quando seppero che ero nato in America e quindi che ero cittadino americano e parlavo correntemente l'inglese, mi facevano andare ogni sera nel sottotetto del palazzo della redazione, dove avevano gli apparecchi riceventi e trasmittenti, all'angolo tra via Roma e piazza San Carlo, e si mettevano tutti attorno a me mentre traducevo in simultanea quello che dicevano da Londra e dagli Stati Uniti.

Le uniche informazioni che si avevano sulla situazione del fronte di guerra erano quelle diramate dai bollettini ufficiali che "La Stampa" e gli altri quotidiani pubblicavano. La propaganda parlava solo di grande resistenza da parte degli italiani che respingevano continuamente gli attacchi alleati. Quello che traducevo io invece era tutto il contrario. Divenni così il beniamino di tutti, la cosiddetta "mascotte americana" di tutti i componenti del giornale, e visto che dimostravo grande volontà si divertivano a insegnarmi i segreti del mestiere.

Fra le tante cose, imparai anche a fare il corrispondente dei quotidiani affiliati alla "Stampa", e mi affidarono il compito di dettare gli articoli di fondo più importanti. All'una di notte mi portavano i testi e io mi chiudevo in una cabina telefonica e dettavo questi articoli agli stenografi dei giornali legati alla "Stampa". Fra questi c'erano parecchi quotidiani del Veneto, il quotidiano di Firenze, di Bologna, di Roma e della Sicilia. Fu qui che inconsciamente imparai a impostare la voce e a parlare con chiarezza perché gli stenografi italiani di allora erano per la maggior parte campioni di velocità. Ce n'era uno in particolare che non dimenticherò mai, si chiamava Corrompai. Non era mai contento di come gli dettavo le notizie. "Parla più forte! Scandisci le parole! Parla di petto!", tutte qualità che mi resi conto un giorno fare parte del bagaglio di un buon presentatore televisivo...

Nel frattempo Cavallero mi faceva da maestro e mi mandava a scrivere i primi articoletti, che io firmavo col nome di Mickey Bongiorno, allora non ero ancora diventato Mike.

Il mio primo articolo risale al 5 maggio 1943, e parla di atletica leggera. Il titolo: "Liete previsioni in campo atletico". Gli archivisti della "Stampa" di oggi me lo hanno fatto pervenire insieme a molti altri con la mia firma.

Cavallero mi correggeva lo stile e soprattutto mi insegnava a essere molto conciso. Sono passati quasi settant'anni da allora. Tuttora ho ancora la tessera di giornalista. Mi farebbe piacere sapere dalla Federazione se c'è qualche giornalista che ha una carriera più lunga della mia.

Ogni sera alle nove e mezzo uscivo da corso Marconi 22, dove abitavo con la mamma e gli zii, e attraversavo la città per andare alla "Stampa". Con me c'era anche un giornalista che si chiamava Stradella. La mia scrivania era proprio di fronte a quella di Ruggero Radice, che una sera ricordo mi regalò due copertoni per la bicicletta perché ne avevo proprio bisogno.

C'erano i bombardamenti, eppure in redazione avevano fatto mettere un tavolo da ping-pong e sul terrazzo, nei ritagli di tempo, si giocava con le bocce di legno, quasi per esorcizzare la guerra. "Raro" aveva il baffo alla Clark Gable, era considerato un *tombeur de femmes*, quanto lo ammiravo! Ma avevo soprattutto una grande stima per l'umanità di Cavallero. Non mi trattava come un allievo, mi faceva quasi sentire come un figlio.

Quando tornavo a casa in bicicletta dopo l'una e mezzo di notte avevo sempre veramente tanta paura! Nelle ore precedenti, quasi ogni sera c'erano i bombardamenti, e avevo il terrore di tornare a casa e non trovarla più. Quante case vedevo per le vie di Torino, mentre passavo con la mia bicicletta, colpite dalle bombe degli alleati, in fiamme, con i pompieri che scavavano per tirare fuori le vittime!

Non dimenticherò mai quell'odore acre che si respirava, tipico delle esplosioni delle bombe e soprattutto della polvere delle case crollate. Ricordo una sera in particolare quando mi stavo recando in redazione e fui sorpreso da un furioso bombardamento proprio nel momento in cui arrivavo in piazza San Carlo. Tutta la piazza e il monumento nel centro erano stati colpiti da bombe incendiarie. Ho ancora sotto gli occhi la visione della piazza in fiamme. Percorsi gli ultimi metri con la mia bicicletta a grande velocità e, come arrivai al sottoscala per scendere in tipografia, buttai giù la mia bicicletta e mi ritrovai a rotolare giù per gli scalini perché le gambe non mi avevano retto più per la paura. Mai avrei immaginato però di vivere in seguito delle paure assai più terrorizzanti per mano della Gestapo.

È sempre del '43, datato 31 luglio, il lasciapassare che mi fecero al giornale per non essere arrestato. C'era scritto: "Il Signor Michele Bongiorno, giornalista, provvisto di documento di identità, è autorizzato a circolare durante le ore di coprifuoco, dal giornale 'La Stampa' alla propria abitazione in corso Marconi 22, per ragioni inerenti al suo servizio".

Di notte dopo il ritorno dal lavoro al giornale dormivo sì e no sei ore perché nel frattempo continuavo i miei studi liceali presso l'Istituto Rosmini e ogni mattina le lezioni iniziavano alle nove.

Ho un ricordo stupendo di quei tre anni di liceo al Rosmini, soprattutto grazie a uno straordinario professore che si chiamava Riccardo Chicco. Era di una simpatia incredibile, un gran personaggio, moderno, coraggioso, libero. Dipingeva anche dei bellissimi quadri e aveva adottato una tecnica di insegnamento totalmente diversa da quella che si usava allora. Si era affezionato a me e credo mi ammirasse perché conosceva i sacrifici che affrontavo. Aveva capito anche che io ero nato per parlare davanti a un uditorio. Entrando in classe veniva da me, mi faceva alzare, si sedeva al mio posto e poi diceva: "Mickey, vai alla cattedra e raccontaci tutto quello che ti ho insegnato ieri sul Foscolo!". Anche in quelle occasioni, inconsapevolmente, imparavo a parlare alla gente.

A mezzogiorno di tanto in tanto il professor Chicco si alzava d'improvviso. "Ragazzi sono stufo di stare in classe, prendete la bicicletta e andiamo a fare merenda in campagna."

Queste cose non succedevano in nessuna scuola. Tutti insieme come una banda partivamo in bicicletta da via Rosmini per andare in periferia di Torino, dove oltre a mangiare in mezzo al verde si cantava tutti in coro perché Chicco suonava bene la chitarra e se la portava sempre appresso.

L'unica materia dove andavo veramente male, e che anche oggi è rimasta una delle mie maggiori debolezze, era la matematica. Avevamo un professore calabrese di una severità pazzesca, il professor Gliozzi. Già il nome mi metteva paura. Io l'avevo preso di petto, come lui aveva preso me di mira, e avevo deciso di non studiare la matematica. Venivo così da lui regolarmente rimandato agli esami di riparazione a settembre, quando preso dall'orgoglio mi ripresentavo agguerrito, dopo un'estate passata in affanno sui libri, e il professor Gliozzi con grande meraviglia si vedeva sempre costretto a promuovermi con un bell'otto.

Gli esami li preparavo sempre in Val Gardena, dove ogni estate andavo in villeggiatura con la mamma. Affittavamo sempre la stessa villa a Ortisei, Villa Vallazza.

Mi sdraiavo con i miei libri su un prato verde di fronte alle montagne e studiavo matematica, poi andavo a sostenere gli esami che superavo brillantemente.

Fu lì in quegli anni che, crescendo con i giovani di Ortisei, imparai il ladino, la lingua locale, che tuttora parlo e capisco perfettamente. Durante un recente collegamento via radio con un programma in cui erano ospiti alcuni campioni sciatori della Val Gardena, ho esordito salutandoli così: "*Co va la pa? Lesa bona o schleta?*", che vuol dire "Come stai? Ti vanno bene o male le cose?".

Rimasero tutti di sasso, mai più avrebbero immaginato che io parlassi la loro lingua.

A Ortisei ho vissuto un sacco di avventure. Ricordo quella volta che arrampicandomi su una torre del Sella persi il controllo e rimasi attaccato facendo il pendolo. Mi tirò su per miracolo il mio compagno capocordata, ma tornai a casa con le gambe completamente ferite perché sfregavo contro la parete mentre mi recuperava.

Un'estate vidi proiettato a Ortisei il primo film che mi emozionò veramente tanto, e che influenzò tutta la mia visione delle montagne. Il regista era Luis Trenker, che, guarda caso, era nato proprio in Val Gardena, il "montanaro di Ortisei" lo chiamavano. Il film era *Lettere d'amore dall'Engadina*. Una commedia romantica, con delle riprese spettacolari e una scena finale struggente e mozzafiato.

Fu una vera ispirazione per me. Il film mi fece sognare, venni conquistato dalla poesia della montagna che onorava, e mi appassionai alla storia del maestro di sci rubacuori e innamorato.

Trenker faceva sempre delle riprese veramente eccezionali. Nelle scene di discesa nella neve farinosa (al momento dell'inseguimento-fuga, per esempio) si sente che egli cercava di trasmettere una gioia che aveva provato, una sensazione che conosceva bene. E poi riusciva in modo avventuroso e leggero a parlare di storie profonde, di metafore che univano Dio, l'uomo e la natura.

Rimasi senza parole davanti al finale del film, quando, dopo la rincorsa lungo i binari, l'innamorata tira il freno di emergenza e attraverso il finestrino accoglie tra le braccia il maestro di sci... Per giorni e giorni sognai di essere come lui e di poter vivere un'esperienza del genere.

Nell'estate del 1942, arrivò un gruppo di marinai, cosa veramente insolita perché gente di mare che veniva a fare vacanza in montagna se ne vedeva poca. Ebbi modo di conoscerli e soprattutto strinsi amicizia con il sergente Romolo Lodati. Legammo molto e mi raccontò durante le nostre lunghe passeggiate che lui e tutti i suoi amici erano sommergibilisti e che il comando della marina militare li aveva mandati a Ortisei per un paio di settimane per ossigenarsi, ma mi accorsi che non poteva dirmi molto per questioni di segretezza militare. Erano tutti bei ragazzi che si diedero da fare anche per infrangere il cuore a tante belle tirolesine!

"Mike" mi disse un giorno Romolo, "abbiamo bisogno di sgranchirci le gambe. Noi quando siamo in mare camminiamo poco." Mi incaricarono di far loro da guida, e partimmo così per una serie di gite in alcune località nei dintorni di Ortisei. Li portai all'Alpe di Siusi, al Monte Pana, al rifugio Rasciesa, e per ultimo feci vivere loro la grande avventura della scalata in roccia, il Sass Rigais che saliva fino a 3025 metri. È un'arrampicata molto semplice con tre o quattro passaggi con corda fissa, o perlomeno lo era quando la feci l'ultima volta, nel 1942.

Quando arrivammo in cima i marinai erano felici come dei bambini. Non avevano mai vissuto un'avventura così. Si applaudivano fra di loro e a un certo punto nell'euforia generale li sentii gridare: "Viva lo *Scirè*!".

Capii che quello era il nome del loro sommergibile, ma feci finta di niente. Sapevo che era un segreto che dovevano mantenere.

Finita la vacanza, nel momento di partire salutai il mio amico. "Ciao Romolo, buona fortuna! Ci vediamo un altr'anno?"

"Se Dio lo vorrà, perché noi facciamo cose molto pericolose."

Non sentii più parlare di loro fino al termine della guerra quando appresi con commozione che lo *Scirè* era stato insignito di una medaglia d'oro. I miei amici marinai erano morti tutti, affondati dagli inglesi durante un'azione nella zona di Haifa. Il fatto che fossero stati insigniti della medaglia d'oro mi incuriosì parecchio, perciò feci delle ricerche e scoprii che avevano compiuto molte eroiche imprese in giro per il Mediterraneo, dove andavano a caccia degli stazionamenti della flotta inglese, soprattutto vinsero battaglie importanti nel porto di Alessandria d'Egitto. Era dallo *Scirè* e da un altro sommergibile che partivano, a cavallo dei famosi "maiali", due operatori muniti di respiratori subacquei e di cariche esplosive da applicare sotto la carena delle navi nemiche da far saltare in aria. Con quale coraggio si avvicinavano di nascosto alle maglie d'acciaio che gli inglesi mettevano per impedire l'ingresso al nemico, le tagliavano e arrivavano con le mine fin sotto le loro navi per portare a termine la missione...

Conosco un altro militare che in guerra ha compiuto imprese di questo genere, a rischio della vita. Lui stesso è stato insignito di una medaglia d'oro. Si tratta di Luigi Ferraro, che, grazie all'esperienza acquisita con i primi respiratori subacquei e le prime pinne appositamente inventate per queste azioni di guerra, mise in piedi una delle più famose aziende al mondo produttrici di materiale subacqueo, la Technisub.

Lui ed Egidio Cressi, che collaborarono insieme per parecchi anni nel primo dopoguerra, sono onore e vanto dell'Italia in questo campo.

A causa dei bombardamenti su Torino nell'estate del '43 tutti i nostri parenti erano sfollati o stavano per farlo, mentre solo la mamma e io eravamo rientrati presto dalla Val Gardena per restare in città. Innanzitutto perché stavo per terminare gli studi e dovevo concentrarmi bene, e poi perché c'era la grande opportunità del mio lavoro alla "Stampa". Con il piccolo aiuto che ricevevamo dagli zii e il compenso per la mia collaborazione al giornale tiravamo avanti. Io avevo sempre una gran fame: a quell'età ci vogliono le bistecche, cosa che allora vedevo molto raramente. Era il periodo della carta annonaria e per mangiare un po' di carne bisognava rivolgersi alla borsa nera. Fortunatamente avevo un compagno che aveva una macelleria. Gli insegnavo un po' di parole inglesi e lui mi portava in cambio dei piccoli filetti.

Per fortuna c'era anche il cavalier Ricci, l'allenatore della squadra di atletica leggera del Dopolavoro ferroviario di cui ero entrato a far parte. Alla domenica c'erano le gare ma il giorno prima mi portava da lui, dove le sue sorelle mi preparavano dei gran bei piatti di pastasciutta e qualche volta anche un po' di carne che portavano dalla campagna. In quel periodo il "Cavaliere" (è stato il primo cavaliere importante della mia vita!) aveva scoperto che a parte il salto in alto che continuavo a fare avevo anche una grande predisposizione per il salto in lungo. Ero arrivato a saltare sei metri e quarantatré, che per un principiante come me era un'ottima misura. Oggi sarebbe una misura ridicola. Il mio grande avversario di allora era Primo Nebiolo, il futuro dirigente sportivo e presidente della Federazione mondiale di atletica leggera, che da allora ha dedicato tutta la sua vita alla direzione e alla organizzazione dei grandi eventi internazionali di questo sport. È lui che ha accettato il professionismo e ha portato gli atleti ad avere dei compensi di centinaia di migliaia di dollari.

Date le mie prestazioni gli esperti pronosticavano per me una brillante carriera in atletica ma purtroppo, travolto come fui dal dramma della guerra, è rimasto per me soltanto un sogno.

Per un soffio corsi il gravissimo rischio di non prendere la licenza liceale. Dovevo dare i soliti esami di riparazione a causa della matematica, ma quando i tedeschi, dopo l'8 settembre del '43, iniziarono a scendere e a occupare l'Italia settentrionale, si pensò alla sospensione forzata degli esami. Ma le scuole riuscirono comunque a organizzarli e feci in tempo a farli, per l'ultima volta uscendone indenne e facendo il solito figurone con il professor Gliozzi che mi diede la licenza definitiva con un bell'otto.

Purtroppo, però, sempre a causa dell'occupazione, non ebbi la possibilità di andare subito all'università. Fui travolto dal dramma della guerra che incise molto su di me, costringendomi a delle scelte obbligate. Il fatto di non laurearmi fu un vero dispiacere, e anche quando, una volta tornato in America, per altri motivi non riuscii a farlo, ne soffrii moltissimo.

Solo adesso, per grazia ricevuta, riesco a laurearmi, sessant'anni dopo! Grazie al rettore dello IULM, il professor Puglisi, che mi ha proposto per la laurea *honoris causa* in Scienze della comunicazione. Visto che finalmente sono una persona laureata, e non è mai troppo tardi, d'ora innanzi chiamatemi dottor Bongiorno!

L'"agente" Mickey Bongiorno

Quando nel settembre del 1943 i tedeschi occuparono l'Italia e diedero il via alle grandi retate, rastrellando i giovani per le strade, o andando a caccia dei militari che con l'armistizio avevano buttato via l'uniforme, la situazione per me divenne estremamente delicata. Dei lasciapassare come quello che mi avevano dato alla "Stampa" i tedeschi se ne infischiavano.

Come cittadino americano mi sarei dovuto presentare al comando tedesco. Era certo che sarei finito in un campo di prigionia dove tenevano in custodia gli stranieri civili.

Fino a quel momento mio zio, il generale di divisione Nicolò Oneto, aveva garantito per me, ma a quel punto anche per lui la situazione era diventata molto difficile. Correvo quindi a ogni momento il rischio di essere fermato per strada e portato via.

Questo lo sapevano anche alla "Stampa". Luigi Cavallero un giorno mi parlò molto preoccupato. "Caro Mickey, bisogna che cambi aria. Se ti trovassero avremmo dei problemi anche noi che ti abbiamo impiegato. Bisogna assolutamente che ti allontani da Torino."

Avendo una discreta conoscenza della montagna e della neve, e sapendo che si andavano organizzando le prime formazioni partigiane, andai a nascondermi in un paesino che si chiama Sauze d'Oulx. Conoscevo i giovani maestri del luogo perché avevo già sciato da quelle parti e fatto gare con loro tante volte. Decisi così di chiedere il loro aiuto.

Appena prima di partire per raggiungerli, siccome ero molto amico dello specialista in oroscopi che venivano pubblicati tutti i giorni su "Stampa sera", decisi di chiedergli un parere sulla mia decisione. Ricordo che dopo aver fatto tutti i suoi calcoli astrologici mi guardò inorridito. "Mamma mia, non ho mai visto una cosa così brutta" mi disse. "È orribile quello che c'è qua! Tu sei in grave pericolo e secondo me devi stare molto attento, non ti dico di più perché è meglio."

Mi spaventò parecchio, ma comunque non mi rimaneva altra scelta.

In quella zona non c'erano ancora dei veri e propri scontri, ma la Resistenza si stava armando e preparando. Mi diedero subito una pistola, e dovetti imparare a usarla. Quando penso alla mia temerarietà di quei giorni nascosto sopra Sauze mi sorprendo ancora di me stesso. Era un misto di coraggio, di esuberanza e di ingenuità, sorretto da ideali puri e incredibilmente sinceri.

Ogni tanto i tedeschi salivano da fondovalle per fare un giro di controllo e noi tutti scappavamo molto più in alto, fino alla montagna del Triplex dove ci affacciavamo sull'altro versante del Sestriere.

In quella zona iniziava a esserci un grande movimento di personaggi alleati che venivano paracadutati per organizzare le azioni di guerriglia. Se ne parlava molto e con grande curiosità ed entusiasmo tra di noi, e si discuteva su quando si sarebbero fatti avanti per entrare in azione. Fui presentato da un mio amico maestro di sci a uno di questi agenti americani, un tipo energico che parlava una babele di lingue, e che appena saputo della mia cittadinanza americana mi disse senza indugi: "Tu devi collaborare per il tuo Paese, non puoi stare semplicemente nascosto qua a far niente! Abbiamo bisogno di qualcuno che scenda a valle e vada a Torino e a Milano a portare messaggi".

Sentii un brivido. Quel tipo così coraggioso che mi parlava da uomo a uomo mi dava un senso di responsabilità che non avevo mai provato. Accettai la sua proposta, ero armato, sapevo di essere in gamba e atletico, e mi sentivo forte. Ero fiero di poter dare anch'io un contributo diretto per la Libe razione, mi sembrava la cosa più nobile da fare, con tutti i rischi che poteva implicare. E così, rischiai.

In breve tempo ero ritornato a fare il galoppino! Non per "La Stampa" questa volta, ma per i partigiani. Mi fecero una carta d'identità falsa come cittadino italiano, e viaggiai in lungo e in largo sui vagoni merci recapitando messaggi, e portando a termine le mansioni di collegamento fra i gruppi che mi affidavano.

Mi rivelai subito un elemento prezioso per loro. Conoscevo alla perfezione l'italiano e l'inglese, aiutavo gli italiani a comunicare tramite la radio con le truppe alleate, ed ero utile anche come interprete fra i partigiani e i paracadutisti. Anche qui, come alla "Stampa", il mio essere bilingue mi aiutava a inserirmi attirandomi le immediate simpatie del gruppo, e trasformandomi nella mascotte della brigata.

Incontrai a Milano anche un personaggio il cui ruolo era quello di trasmettere clandestinamente messaggi via radio agli agenti alleati che operavano in Svizzera. Fu proprio lui che successivamente al mio arresto riuscì a comunicare agli altri combattenti che ero stato arrestato dalla Gestapo mentre mi accingevo ad attraversare il confine italo-svizzero.

I tedeschi ormai si erano organizzati bene e intorno al marzo del '44 davano la caccia a quelli che erano nascosti nelle zone di montagna in cui mi trovavo. Il rischio di venire catturato era cresciuto in maniera vertiginosa e, anche se mi ero sempre mosso con grande accortezza e velocità, sentivo ormai che sarebbe stato meglio spostarsi di nuovo. Approfittai così di un gruppo che si accingeva a passare in Svizzera.

La località più consona per sconfinare secondo le informazioni logistiche era nella zona di Crodo, nella Val d'Ossola. Da lì saremmo saliti su per i sentieri di montagna scendendo verso Binn, nel Vallese, attraverso l'alpeggio del Devero.

L'arresto

Nel mese di aprile del 1944 salii su un treno diretto a Domodossola. Eravamo un piccolissimo gruppo di persone tutte coinvolte o compromesse in un modo o nell'altro con la lotta di Resistenza. Alcune facce dei miei compagni però non le avevo mai viste prima. Il nostro viaggio-fuga era stato coordinato da persone di spicco nel movimento partigiano e con molta esperienza, perciò mi sentivo tranquillo.

C'era con me anche mia mamma, che sapendo che non mi avrebbe più visto per chissà quanto tempo aveva insistito tantissimo per accompagnarmi fino all'ultima tappa possibile, cioè alla pensione da dove ci saremmo poi mossi verso le montagne.

Durante il viaggio presi un enorme spavento quando passò una pattuglia a fare il controllo dei passeggeri. Grazie al cielo me la cavai con la famosa falsa carta d'identità italiana.

Arrivati a Domodossola, procedemmo per Crodo e da qui a piedi fino a un minuscolo paesino nella Valle Antigorio che si chiama Cravegna. Lì, ci fermammo per qualche notte.

Il piano era di definire la traversata con una guida locale e, importantissimo, verificare di non essere stati seguiti. Poco dopo il nostro arrivo ci raggiunsero anche alcuni ex soldati italiani in fuga come noi.

Era la sera del 22 aprile del 1944. Ormai con la guida avevamo concordato tutto nei dettagli, e si era deciso che quella notte ci saremmo messi in cammino sui sentieri per raggiungere il confine in mezzo alle montagne e scendere poi verso Binn dove sapevamo ci avrebbero atteso degli agenti alleati.

Disgraziatamente, nel gruppo c'era una spia. Una persona che a nostra insaputa collaborava con la Gestapo. Si era mischiato tra di noi muovendosi molto bene, e riuscì a informare il comando nazista di Varese dei nostri piani.

Ho saputo solo in seguito il nome del traditore. Improvvisamente, mentre dormivo nella stanza numero tredici della pensioncina di Cravegna, successe il finimondo. Urla tuonanti in lingua tedesca, gran fragore di motori di camion, spari. Mi svegliai frastornato e corsi ad affacciarmi alla finestra. Tra i fari che mi abbagliavano, vidi decine di mezzi militari tedeschi e soldati sparpagliati nel prato che si avvicinavano circondando l'albergo.

Ero terrorizzato, io come tutti gli altri, perché ero consapevole che da lì a breve avremmo potuto perdere la vita. Si sapeva benissimo che chi veniva colto in flagrante correva il rischio dell'immediata fucilazione. Iniziammo ad agitarci, ci sentivamo in trappola. Correvamo su e giù come delle formiche impazzite per i corridoi e le scale cercando di far sparire i documenti compromettenti che avevamo appresso. La mamma, pensavo, dov'è la mamma? Ricordo che uno di noi bruciò un foglio e poi lo buttò nel vaso del gabinetto ma rimase attaccato alla porcellana. I tedeschi quando entrarono e lo scoprirono diventarono matti per cercare di staccarlo.

Io stesso commisi un grande atto di imprudenza, che poi per pura coincidenza si rivelò essere la mia salvezza. Avevo con me un pacchetto molto compromettente, contenente delle lettere di miei compagni ebrei nascosti in Italia che scrivevano ai loro parenti che erano riusciti a rifugiarsi in Svizzera. E avevo anche con me, grazie al cielo, il mio passaporto americano. Nel terrore e nel panico del momento, vedendo la finestra aperta fui preso da un raptus e buttai fuori il pacchetto con le lettere e il passaporto. Era tutto quello che avevo. In quel momento i tedeschi stavano per irrompere nella stanza numero tredici, e io ero fuori di me e non sapevo cosa stavo facendo. Seguii l'istinto che mi disse in quel frammento di secondo che dovevo liberarmi di tutto. Vedendomi gettare un oggetto non identificato da fuori avrebbero anche potuto spararmi immediatamente, ma per fortuna in quel momento non mi vide nessuno.

Ci raccolsero tutti e malmenandoci ci portarono immediatamente in fila davanti al muro di cui conservo una fotografia che sono andato a fare molti anni dopo.

Stavano per fucilarci.

Ebbi un trauma ancora maggiore perché continuavo a pensare alla mamma, non mi perdonavo di averla messa in quella tragica situazione. Trovarsi al muro con la propria mamma a pochi metri di distanza di fronte ai fucili nazisti pronti a sparare, nel cuore della notte, illuminati dalle torce e dai fari delle macchine, fu un vero trauma, uno shock che non mi scorderò mai. Quando sai che stai per perdere la vita è difficile descrivere la sensazione che si prova nei pochi istanti precedenti. Senti come un intorpidimento, uno sdoppiamento, come se la tua anima uscisse dal corpo, e riesci incredibilmente a vederti dal di fuori. Non ti senti più le gambe o le braccia perché tutto si irrigidisce.

Descrivo questo momento nei particolari, perché sfortunatamente ho avuto occasione di vivere ancora, in altre circostanze, un momento così drammatico.

Intanto, un giovane repubblichino della X Mas che faceva parte del gruppo tedesco ci frugava nelle tasche. Quando toccò a me, mi trovò addosso – mi ero dimenticato di averla – una piccolissima agendina piena di indirizzi e nomi compromettenti. Sarebbero stati guai grossi anche per tutte quelle persone elencate. Il soldato, svelto, guardò l'agenda, poi me, mi fissò dritto negli occhi, capì di cosa si trattava, e facendo finta di niente me la rimise in tasca. Capii che era uno di noi. Probabilmente faceva finta di collaborare con i tedeschi.

Nel frattempo era arrivato anche il comandante della Gestapo di Varese, e tutti aspettavano il suo ordine. Da un momento all'altro avrebbe potuto dare il segnale per la fucilazione.

È qui che entrò in funzione il mio famoso angelo custode.

Da dietro il muro dell'albergo, sbucò correndo un soldato della Gestapo che si diresse ansimando verso di noi per parlare con il comandante. Nella sua mano sventolava, tenendolo ben saldo, un pacchettino. Mi sembrava di riconoscerlo, e il mio cuore si mise a battere ancora più veloce per l'agitazione. Infatti, quando lo consegnò al comandante lo vidi bene, illuminato di traverso dal faro di una camionetta. Erano le mie lettere e il mio passaporto americano, le cose che avevo buttato dalla finestra poco prima!

Non capivo cosa si dicevano ma il soldato faceva degli ampi gesti per indicare il luogo dove lo aveva trovato, mentre l'ufficiale della Gestapo sfogliava il mio passaporto. Vidi che si soffermava a lungo sulla pagina della foto. Alzò la testa, mi cercò, e quando mi vide in mezzo alla fila di quelle persone impaurite mi squadrò a lungo. Sembrava aver capito qualcosa.

Il mio angelo custode mi aveva davvero aiutato, perché da quel momento cambiò tutto. Il comandante, risoluto, fece sospendere immediatamente l'esecuzione. Evidentemente, i tedeschi, pur avendo un grande odio per il nemico, di fronte all'imprevista presenza di un americano nel gruppo di prigionieri la considerarono come un'anomalia che andava approfondita e investigata con maggior cura, senza sbarazzarsi dei testimoni. E un prigioniero americano faceva gola per un eventuale scambio di prigionieri con gli alleati.

Ci caricarono tutti, storditi e infreddoliti, sui loro camion e partimmo subito alla volta di Milano, scendendo lungo la Val d'Ossola. Per far scomparire gli indirizzi dell'agendina che avevo in tasca, mi mangiai i foglietti di nascosto, a uno a uno.

Lungo il viaggio di discesa sapevamo di poter correre il rischio di saltare in aria con qualche bomba lanciata dai nostri stessi compagni partigiani. Molti gruppi avevano preso il controllo di alcune zone dell'Ossola, e vedendo una colonna tedesca avrebbero sicuramente sparato, ma fortunatamente per noi questo non accadde.

San Vittore

Arrivati a San Vittore il mattino del 23 aprile del 1944, ci fecero entrare uno per uno in una cella diversa. Io fui assegnato al terzo raggio, ma poche ore dopo mi trasferirono nella zona più pericolosa di tutto il carcere, il raggio della morte, il sesto, nella cella ottantanove. Seppi dopo che mi avevano messo lì per intimidirmi nella speranza che io raccontassi quello che volevano sapere a proposito della Resistenza.

Mia mamma fu mandata nel reparto femminile e tutti i miei compagni, di cui alcuni erano ufficiali dell'esercito, furono assegnati a raggi diversi. Qualcuno di questi non è più tornato a casa vivo perché fu mandato in quei terribili campi di sterminio di cui abbiamo tanto sentito parlare. Uno del gruppo fu invece scarcerato poco dopo, come si può constatare dalla riga tracciata sopra il suo nome nella pagina del registro di San Vittore, di cui conservo la fotocopia. Sicuramente si trattava della spia che si era venduta ai tedeschi. A guerra ultimata abbiamo tentato di tutto per capire chi fosse ma fu inutile perché probabilmente aveva un nome falso.

La fotocopia me l'aveva fornita l'onorevole Luigi Meda, un politico di spicco del nostro dopoguerra, che fu tra i primi a organizzare la Resistenza in Lombardia e che appena liberato divenne presidente del CLN milanese. Quando fui arrestato c'era anche lui prigioniero in carcere e ricordo che godeva di una certa libertà di movimento perché lo avevano assegnato alla biblioteca e quindi doveva girare per portare agli internati i libri da leggere.

Quando entrai nella cella ottantanove del sesto raggio mai più immaginavo che sarei rimasto lì dentro per ben sessantaquattro giorni, in isolamento completo, con pochi mestoli di minestra al giorno per sopravvivere. Nel momento in cui stavo entrando nella cella ero affranto, non avevo dormito tutta la notte, avevo vissuto le drammatiche ore dell'arresto e tante ore di viaggio sul camion della Gestapo. La guardia carceraria che stava per chiudermi a chiave si accorse del mio stato d'animo e mi parlò sottovoce, per non farsi sentire dalla guardia fascista che lo controllava. "Fatti coraggio, siamo tutti con voi."

Effettivamente, le guardie carcerarie erano tutte dalla nostra parte e fino al giorno della Liberazione collaborarono segretamente con il CLN. Erano sempre disponibili a portare fuori di nascosto i messaggi che noi prigionieri mandavamo ai parenti, o a recapitarci quelli che loro ci inviavano. Qualche volta venivano anche sorpresi e severamente puniti dalle guardie fasciste e dai tedeschi responsabili del carcere. Molti sono stati addirittura mandati nei campi di sterminio e purtroppo non sono più ritornati. Alcuni di loro hanno avuto la medaglia alla memoria. Una di queste guardie si era particolarmente affezionata a me, e fu lui che con grande rischio mi fece uscire un paio di volte dalla cella per andare a trovare mia mamma nel carcere femminile.

Nella mia cella c'era solo una branda di ferro con sopra un pagliericcio e un grosso vaso chiamato "boiolo" per fare i bisogni. I responsabili del carcere di San Vittore erano due, il capitano tedesco e il maresciallo Manfredini, un giostraio che aveva lasciato il suo lavoro per unirsi alle brigate nere. Tutte le notti entravano nel sesto raggio accompagnati da due lupi, urlavano frasi incomprensibili per svegliare tutti quelli che erano chiusi nelle celle, ogni tanto ne aprivano una e facevano avventare i cani sul malcapitato prigioniero. A quell'ora erano sempre ubriachi perché mi raccontavano che di notte facevano dei festini in compagnia di prostitute dopodiché venivano a sfogare la loro sbornia sui carcerati. Lo posso testimoniare perché quando mi chiamavano per l'interrogatorio, che sovente si svolgeva nella stanza del comando, vedevo piatti, bottiglie rotte e avanzi di cibo sparsi per terra.

Io, come tutti gli altri carcerati, avevo sempre una gran fame perché mangiavo pochi mestoli di minestra con dentro qualche buccia di patata ogni tanto. Una volta, durante l'interrogatorio allungai la mano e presi lestamente un pezzettino di arrosto freddo che era stato avanzato.

Le nostre celle avevano dei finestroni piuttosto ampi. Avvicinandosi al lato estremo era possibile parlare con il prigioniero della cella accanto. Ci si scambiava i nomi, ci si raccontava perché eravamo lì e qualche volta, per tenersi su di morale, si canticchiava insieme. Ricordo che quello che stava di fianco a me cantava sempre *Amapola*, canzone che io imparai perfettamente a memoria. Un giorno però la persona con cui cantavo venne portata via, e al suo posto arrivò un altro prigioniero al quale chiesi subito per rompere il ghiaccio: "Ma tu sai cantare *Amapola*?".

"No!" mi rispose con una certa sorpresa. Poi dopo qualche attimo di esitazione proseguì: "Io canto solo le canzoni di Natalino Otto".

In quel periodo le canzoni americane erano proibitissime e Natalino Otto era molto popolare perché, senza che i fascisti se ne accorgessero, aveva furbescamente trasformato i famosi motivi d'Oltreoceano cambiando le parole.

Un giorno, nell'altra cella di fianco a me arrivò un nuovo prigioniero. Gli chiesi sottovoce come si chiamava e da dove veniva. E qui ci fu un vero e proprio colpo di scena. Una di quelle coincidenze che a volte si verificano nella vita, e che si stenta a credere possano accadere. Il prigioniero di fianco mi disse: "Io sono captain Hauss. Mi hanno arrestato perché ho costituito i primi gruppi partigiani. Spero di cavarmela però, perché sono un cittadino americano. E tu, chi sei?".

"Mi chiamo Mickey Bongiorno." E con una certa fierezza ed emozione continuai: "Sono un italoamericano, nato a New York".

Ci fu una pausa di una decina di secondi, mi chiedevo che cosa avessi mai detto. A quel punto il capitano Hauss riprese: "Ma tu... ti chiami proprio Bongiorno e sei di New York?".

"Sì, sono di New York."

"Ma tu sei per caso il figlio di Philip Bongiorno?"

"Sì! Proprio lui... l'avvocato."

"Ma non è possibile, ma tu lo sai che io e tuo padre eravamo colleghi durante l'ultima guerra? Eravamo venuti insieme in Italia con l'aviazione, e con noi c'era anche Fiorello La Guardia?"

Io ero talmente disorientato dall'emozione improvvisa di sentir parlare di mio padre che mi girò la testa e feci fatica a stare in piedi. "Da allora mi sono fermato in Italia, e dopo molti anni sono diventato dirigente della Max Meyer, il colorificio alle porte di Milano. Ma quanti anni hai?"

"Eh... vent'anni" dissi con il cuore in gola.

"Ma proprio come mio figlio! Ci dobbiamo assolutamente conoscere. Chissà che quando ci toglieranno dall'isolamento non ci possano mettere in cella insieme. Speriamo."

L'idea di avere in carcere, in isolamento, nella cella a fianco un amico di mio padre, che tra l'altro non vedevo né sentivo da anni, fu per me una tale meraviglia che in un certo senso mi diede molta forza. Era una circostanza talmente impossibile che continuavo a fare fatica a crederci. Inoltre il capitano Hauss godeva di grande prestigio presso le guardie, era un uomo imponente e abituato a comandare, e correva voce che gli americani avessero contattato i tedeschi per organizzare uno scambio di prigionieri. I casi della vita vollero che per lui non riuscissero in questo intento, e invece fui proprio io a salvarmi in questo modo dopo parecchi mesi. Hauss fortunatamente alla fine della guerra si salvò, e riuscì a ritornare alla sua famiglia e al suo lavoro di dirigente.

Di tanto in tanto si apriva lo sportellino della mia cella, e arrivava un signore che mi dava un pezzettino di pane o un pezzettino di formaggio, o di carne. E durante questa furtiva operazione mi diceva anche delle parole di incoraggiamento. Questa persona poteva circolare liberamente all'interno dei raggi perché dopo il periodo d'isolamento lo avevano assegnato alla biblioteca del carcere e il suo compito era quello di distribuire i libri. Negli anni seguenti, dopo la mia liberazione mi sono sempre chiesto chi fosse quella brava persona che a rischio della vita mi portava qualche boccone da mangiare con la complicità delle guardie. Anche qui, incredibile ma vero, si verificò una coincidenza che a raccontarla quasi non ci si crede.

Dopo il mio ritorno in Italia e l'inizio della mia attività televisiva, il successo di *Lascia o raddoppia?* e di *Campanile sera* erano stati tali che la giunta del Comune milanese decise di conferirmi l'ambitissimo Ambrogino d'oro. Al momento della consegna del premio, mi colpì particolarmente un signore bonaccione e cordiale che faceva gli onori di casa. Lo guardai attentamente in faccia, notando che anche lui ricambiava il mio sguardo con particolare interesse. A un certo punto gli dissi: "Mi sembra di averla già vista da qualche altra parte...".

"Anche a me..." rispose.

Improvvisamente un lampo di ricordo mi balenò per la testa. "Lei non è per caso quel signore che di notte apriva lo spioncino della mia cella, a San Vittore, e mi portava dei bocconcini di cibo nascosti tra i libri?"

Lui si illuminò. "Ma sì! Sono proprio io, Luigi Meda, detenuto a San Vittore nel 1944." Il suo entusiasmo si accese e ci mettemmo a ricordare e ripercorrere i fatti di quel periodo. "Finita la cerimonia, andiamo a mangiare insieme perché adesso tocca a te Mike offrire! Ho anche da darti una cosa che ti interesserà molto." A cena mi spiegò che quando gli alleati arrivarono a Milano e ci fu la fuga dal carcere lui riuscì a scappare con il registro ufficiale dei detenuti. Un libro che si rivelò molto importante perché grazie a quello riuscirono a localizzare molte persone scomparse. Luigi aveva lo stesso contagioso umorismo per cui è noto oggi anche suo nipote Guido Meda, il telecronista delle gare di motociclismo.

Quando sei solo con te stesso per lunghe giornate, e non hai nessuno con cui confidarti, si innesca un meccanismo per cui ti poni la questione della fede con molta più importanza. Io avevo avuto un'ottima educazione religiosa all'Istituto Rosmini di Torino, ma come spesso capita nella vita, quando tutto fila liscio ci si dimentica dell'esistenza di qualcuno lassù. In quei giorni a San Vittore pregavo tanto, ma veramente tanto, e addirittura inventavo delle preghiere che scrivevo con un chiodo sui muri della mia cella. Nel mese di maggio del '44 arrivò in carcere un sacerdote che era noto per aver salvato un centinaio di giovani nascondendoli nella sua parrocchia e aiutandoli a raggiungere il confine vicino a Varese. Si chiamava don Franco Rimoldi e lo ricordo come un uomo eccezionale, un sacerdote di grande virtù. D'accordo con alcune guardie coraggiose, don Franco (detto "don Carnera" per la sua potenza fisica) si faceva portare da fuori delle ostie precedentemente consacrate e appena era possibile faceva aprire la sua cella e ci faceva chiamare in segreto da lui per fare la comunione, accompagnati dalle eroiche guardie che rischiavano la vita per permettercelo.

Durante il mio periodo di isolamento mi portavano fuori tutti i giorni per mezz'ora e mi mettevano all'interno di una specie di giostra divisa a spicchi. Era costruita apposta per far sì che i prigionieri non potessero comunicare tra di loro. Lo spazio non era più di dieci metri ma in quella mezz'ora, durante la quale quando c'era si poteva prendere anche il sole, credo di aver coperto parecchi chilometri di corsa correndo su e giù.

Purtroppo, come capitò a quasi tutti i detenuti, venni assalito dai pidocchi. Non li avevo mai visti, era una cosa ributtante. Fu così che mi feci rapare a zero. Un'ottima idea perché in quell'estate del '44 a San Vittore la temperatura saliva sempre oltre i quaranta gradi.

Il nostro vestiario consisteva in un paio di pantaloni e una camicia a righe di cotone. Al momento dell'arresto avevano sequestrato tutto il mio abbigliamento, e ricordo che quando mi portarono via da San Vittore per andare al campo di concentramento di Gries (Bolzano) partii vestito così com'ero, e rimasi con quello stesso abito durante tutto il periodo invernale, anche nei campi in Austria dove la temperatura era sempre sottozero e dove c'erano parecchi metri di neve.

Dopo il mio periodo di isolamento, fui messo in cella con il capitano Hauss e uscivo tutte le mattine per andare a lavorare all'interno del carcere. Fu così che imparai a fare lo "scopino", il lavapiatti, il lavandaio, il panettiere e il materassaio. La cosa più ributtante era fare lo scopino, titolo che veniva dato a chi era incaricato, accompagnato da una guardia, a entrare nelle singole celle dei raggi, prelevare il famoso "boiolo" e andarlo a vuotare nel gabinetto. Quasi tutti i carcerati erano ammalati di stomaco. Avevano la diarrea, o tornavano dall'interrogatorio e vomitavano. Tenere in braccio un vaso pieno di questi fluidi maleodoranti non era proprio una cosa piacevole. L'esperienza mi è servita a qualcosa perché almeno adesso faccio ridere i miei figli quando mi vedono intervenire molto professionalmente in casa per raccogliere delle sporcizie, soprattutto quelle del nostro cane.

Se un giorno rimarrò senza lavoro so che potrei essere un ottimo panettiere. Tutti i giorni in panetteria mi insegnavano a preparare il pane, che, in quel periodo, peggio di così non poteva essere. Nero, pesantissimo e indigeribile. Tutti noi ne facevamo sempre delle pedine per giocare a scacchi. Noi della panetteria, appena non c'erano le guardie che ci giravano attorno, setacciavamo di nascosto la farina nera dalla quale ricavavamo un po' di farina bianca per farci delle pagnottelle bianche.

Nel mese di agosto ci fu un'impennata incredibile di gente che veniva imprigionata. Le celle erano strapiene e c'era un gran bisogno di materassi. Essendo io l'addetto alla "fabbrica" dei materassi, passavo parecchio tempo nel cortile dove c'era una costruzione in cui venivano ammassati dei teli e buttati lì a fianco della paglia e del fieno. Il mio lavoro consisteva nel raccoglierli e metterli dentro ai sacchi. Un giorno, dopo essere arrivato in fondo alla pila, prima di rimuovere l'ultimo sacco da riempire, notai con mia immensa sorpresa che sotto c'era una botola. Per curiosità la aprii e scorsi una scaletta di ferro che scendeva fino in fondo. Mi chiesi a cosa potesse servire. Richiusi subito la botola e, tornato nel mio raggio, ne parlai con alcuni prigionieri che, dovendo lavorare all'interno del carcere, di giorno avevano il privilegio di potersi muovere. Mi credettero sulla parola, e dopo qualche giorno avvenne la più clamorosa evasione dal carcere di San Vittore. Furono circa una quindicina i carcerati che, alzando la botola che avevo segnalato, scesero lungo la scaletta e scoprirono un cunicolo che passava sotto i muri del carcere e usciva sulla strada davanti. Rimasi piuttosto male perché pensavo che avrebbero potuto avvisarmi e chiedere anche a me se volevo unirmi al gruppo che stava per scappare, ma poi ringraziai Dio di non essermi unito a loro perché se l'avessi fatto avrebbe potuto subire delle conseguenze anche mia mamma. E chissà, magari la mia drammatica avventura di guerra non avrebbe mai avuto il felice epilogo dello scambio di prigionieri.

I tedeschi e i fascisti impazzirono, si trattava per loro di una beffa colossale, senza precedenti. Per punizione rimanemmo tutti chiusi nelle nostre celle per un po' di giorni.

Da parecchie settimane ormai la mamma era chiusa nel reparto femminile del carcere. Non stava affatto bene di salute, e la interrogavano continuamente, sperando di venire a sapere qualcosa in più su di me. Ma la mamma fortunatamente aveva poco da dire perché non sapeva nulla. Le guardie carcerarie, che sapevano quanto soffrisse non avendo più avuto mie notizie, escogitarono un trucco per farci incontrare. Si rivelò un sistema ingegnoso seppur molto pericoloso, perché se ci avessero scoperto ci sarebbe forse costato la pelle.

Un giorno si aprì la porta della mia cella e si presentò una guardia con accanto un altro carcerato con un palo e un grosso bidone pieno d'acqua. "Ascoltami bene Mike. Metti sulle spalle il palo e facciamo finta di dover portare un rifornimento di acqua al carcere femminile" mi disse.

Attraversammo così tutto il carcere, passando davanti alle guardie tedesche e fasciste che non ci dissero nulla pensando che fossimo noi gli addetti al rifornimento richiesto.

Salimmo delle scale per entrare nell'infermeria. È da lì che si doveva passare per raggiungere la scalinata che portava dall'altra parte, verso l'ingresso del carcere femminile. Fu proprio lì, nell'infermeria, che avvenne l'incontro, di cui tanto si è parlato in questi anni, tra me e Indro Montanelli. Indro, che era magrissimo, si trovava lì già da un paio di mesi. Lo avevano arrestato per alcuni misfatti resistenzialisti, come diceva lui, e specificatamente perché aveva pubblicato sul "Corriere della Sera" un articolo dove parlava del rapporto tra Mussolini e la Petacci. Pur soffrendo era in una posizione di privilegio, allo stesso modo degli altri suoi compagni che come lui si trovavano nell'infermeria (a parte quelli che avevano davvero bisogno di cure perché erano stati picchiati o erano ammalati). Si diceva che avevano avuto la fortuna di essere lì, e non in cella, in seguito all'interesse del cardinale Schuster. Si trattava di personaggi della Resistenza molto importanti destinati forse all'esecuzione. Destai subito simpatia a Montanelli, che, apprendendo che stavo per passare nel carcere femminile per incontrare mia mamma, si fece subito avanti per dirmi: "Sei capace di portare questo messaggio a mia moglie che è in cella come la tua mamma? La chiamano 'Maggiolino', non devi farti prendere però Mickey, mi raccomando!".

Arrotolai il suo messaggio e me lo misi in bocca. Scesi le scale sempre portando il bidone d'acqua e ci facemmo avanti per bussare alla porta del carcere femminile.

Ci aprì una suorina che non dimenticherò mai, e che oggi sta per essere beatificata. Si chiamava Enrichetta Alfieri. Anche lei fu molto attiva con la Resistenza e, approfittando del fatto che tutti i giorni poteva uscire dalle mura del carcere, portava sempre con sé messaggi dentro e fuori finché un giorno fu sorpresa e messa anche lei dietro le sbarre. Non molto tempo fa sono venuti a trovarmi due inviati del Vaticano, responsabili dei processi di beatificazione, e mi hanno chiesto di raccontare tutto quello che sapevo su di lei. Sono contento se la mia testimonianza può essere stata utile a contribuire alla causa della sua beatificazione.

Suor Enrichetta ci fece posare il bidone dell'acqua, ed evidentemente informata in precedenza del mio arrivo, andò immediatamente ad aprire la cella della mamma. Non so come descrivervi la commozione per questo incontro così drammatico. Non ci dicemmo molte parole, fu tutto molto veloce e intenso, soprattutto ricordo le nostre lacrime, e che ci scambiammo molte carezze.

Questi incontri "clandestini" si verificarono poi altre tre o quattro volte, sempre con grande rischio da parte di entrambi e di suor Enrichetta. In quell'occasione ricordo che consegnai anche il messaggio per la moglie di Montanelli, e quando ripassai dall'infermeria lo tranquillizzai sulle sue condizioni.

La terza volta che, sempre con il sistema del bidone d'acqua, le guardie mi portarono nel carcere femminile, non trovai più Indro Montanelli. Mi dissero nell'infermeria che erano venuti a prenderlo quelli della Gestapo e che l'avevano portato a Verona per il processo. Venni a sapere poi che grazie all'intervento del cardinale Schuster – il quale, bisogna riconoscerlo, durante il periodo bellico si diede molto da fare per i prigionieri politici – si era presentata all'ingresso del carcere una finta pattuglia di militari della Gestapo dicendo che dovevano portarlo a Verona: in realtà non erano militari della Gestapo, ma partigiani travestiti. Fu una vera e propria missione avventurosa, tipo quelle dei film: lo caricarono in macchina e lo portarono al confine italo-svizzero. Si disse poi che il tutto era avvenuto anche con l'intesa di alcuni ufficiali tedeschi.

Il momento più drammatico della mia carcerazione a San Vittore fu verso la metà di agosto, il 10, per essere più precisi. Si sapeva che le forze della Resistenza ogni tanto attaccavano i tedeschi e i fascisti per le strade delle città d'Italia. A Roma, in via Rasella, ci fu uno degli episodi più eclatanti, che scatenò la conseguente vendetta tedesca con l'uccisione di oltre trecento persone innocenti. Si tratta del noto eccidio delle Fosse ardeatine. Dopo i fatti romani, noi prigionieri vivevamo sempre nel terrore che accadesse qualcosa di simile anche a Milano. Subito prima, purtroppo, l'8 agosto del 1944, anche da noi a Milano fu compiuto un attentato che, senza nulla togliere al valore dell'azione compiuta, causò la morte di un tedesco e di un fascista. Appena si sparse la voce nei raggi del carcere vivemmo momenti di grande terrore perché sapevamo che la Gestapo l'avrebbe fatta pagare cara a noi prigionieri. Difatti, la sera del 10 agosto arrivò tutto lo stato maggiore della Gestapo. Grida e urla in tedesco, spintonamenti con il calcio dei fucili; gli ordini erano di metterci tutti in fila uno di fianco all'altro. Il comandante del gruppo aveva in mano un foglio con dei nomi. Passava davanti a ogni prigioniero, chiedeva il nome e controllava la lista che aveva in mano. Su quella lista pare ci fossero già i nomi di quelli che dovevano essere fucilati. Man mano che li trovava, li faceva uscire dalla fila e li metteva da parte.

Ecco un altro di quei momenti che ho passato in cui sai che potresti perdere la vita da un momento all'altro. Quando il comandante arrivò davanti a me mi chiese come mi chiamavo. Gli dissi il mio nome, e per fortuna proseguì oltre. Non posso dire la stessa cosa per i due prigionieri che avevo accanto e di cui ero diventato molto amico. Erano Galimberti e Ragni.

I quindici destinati alla fucilazione furono portati immediatamente negli scantinati del carcere. Il mattino dopo in piazzale Loreto, al momento della sparatoria, due di loro riuscirono a fuggire e furono inseguiti nella piazza dai repubblichini. Uno lo beccarono subito sparandogli alle spalle mentre stava imboccando viale Andrea Doria, l'altro invece, ferito a un polpaccio, si era rifugiato in un portone di via Palestrina e lo ritrovarono per via delle macchie di sangue che aveva lasciato sul marciapiede.

I cadaveri furono lasciati in piazzale Loreto per parecchi giorni in modo che la popolazione milanese li potesse vedere. Si dice che intervenne allora il solito cardinale Schuster, che impose ai tedeschi di seppellire le vittime, cosa che ripeté in altre circostanze, anche quando a essere appesi furono Mussolini e i gerarchi fascisti.

Alla fine del mese di agosto fui chiamato per il mio ultimo interrogatorio. Questa volta mi interrogò un personaggio molto equivoco, tale "dottor Ugo", tutto imbrillantinato, che faceva il doppio gioco fingendo di lavorare per i tedeschi mentre si adoperava per aiutare noi. Mi offrì un caffè e anche una sigaretta, e nel congedarmi mi disse: "Guardi che adesso lei dovrà lasciare San Vittore per seguire il suo nuovo destino".

La prigionia in Germania

Quale sarebbe stato quel destino il dottor Ugo però non me lo disse. Il 26 settembre del 1944 mi fecero uscire dalla cella e mi caricarono su un camion che trasportava altri prigionieri come me, e dopo quindici ore di viaggio scendemmo in un luogo che presto scoprii essere il campo di concentramento di Bolzano, noto anche come il lager di Gries, il famoso campo di passaggio sulla rotta dei campi di lavoro e di sterminio della grande Germania.

Del campo di Gries, che nel dopoguerra è stato totalmente demolito, oggi esiste solo un muro davanti al quale recentemente ho pianto ricordando quei drammatici giorni. Durante la cerimonia per il restauro e la conservazione del monumento alla memoria, di fianco a me c'erano anche l'ex presidente della Repubblica Oscar Luigi Scalfaro e il presidente della Regione dell'Alto Adige. Anche loro, come me, avevano le lacrime agli occhi.

Credo di essere molto probabilmente uno dei pochi a essere passati da quel campo che oggi sono ancora vivi. Sia per il fatto che molti successivamente furono eliminati nei campi di sterminio, ma soprattutto perché ormai siamo tutti ultraottantenni! Quel giorno di settembre ero partito da San Vittore risultando il prigioniero più giovane di età, ma il più anziano come permanenza.

Quando ci fecero scendere dalla colonna di camion, ci misero tutti in fila davanti al famigerato SS "Mischa", il giovanissimo aguzzino e sanguinario che con l'inseparabile "Otto", suo commilitone altrettanto sadico, è passato alla storia come un feroce torturatore che si divertiva a seminare il terrore. Entrambi giravano infatti sempre con la frusta e si sono resi responsabili dell'uccisione di numerosi prigionieri per motivi futili. Mischa è stato rintracciato in Canada dov'era fuggito dopo la Liberazione, e, sentenza storica, nel 2000 è stato condannato all'ergastolo dal tribunale militare di Verona.

Mischa facendo l'appello urlò il mio nome, come facevano sempre le guardie tedesche, e a spintoni e calci nel sedere mi sbatté dentro a una baracca che conteneva una serie di celle di isolamento, umide, prive di luce e senz'aria. Nello sconforto più totale mi chiedevo perché stessi ricominciando tutto da capo dopo quello che avevo già subito dal mio arrivo a San Vittore. Dopo due giorni si riaprì la porta della mia cella e fui trascinato prima in una baracca adibita a ufficio in cui mi consegnarono il mio numero personale e poi un triangolo di tela, azzurro. Il colore azzurro significava "internato civile di guerra", una specie di "straniero nemico". Scoprii dopo la guerra di essere stato l'unico triangolo azzurro del campo di Gries. Poi venni spintonato dentro un piccolo recinto all'aperto come se fossi un cane. I prigionieri del campo che erano fuori per il turno d'aria mi passavano davanti e mi chiedevano perché mi trovassi lì. A un certo punto, uno degli internati che veniva da San Vittore mi riconobbe. "Tu sei Mickey, l'americanino... guarda che qui ci sono altri due americani come te. Li vado subito ad avvisare."

Con mia enorme sorpresa poco dopo vidi arrivare il capitano Hauss, che era stato portato via da San Vittore un po' prima di me e di cui non avevo saputo più nulla.

"Mickey, io sono qui ormai da qualche settimana, ma non so cosa vogliono fare di me, sono sempre sotto processo e chissà che non mi mandino in qualche campo di sterminio. Se Dio vorrà che ti salvi, vai a cercare la mia famiglia e dagli questo orologio che mi avevano regalato per il mio compleanno."

Era uno Zenith che tenni come una reliquia al polso, dato che il mio orologio me l'avevano portato via e non me l'avevano più restituito. Sfortunatamente invece poi me lo rubarono e così non riuscii, con mio grande dispiacere, a darlo al figlio del capitano Hauss che incontrai dopo la mia liberazione.

Subito dopo Hauss, arrivò un certo Lou Biagioni. Era un ragazzo della mia età nato in America come me, di origine toscana. Anche con Lou ci conoscevamo già perché c'eravamo tenuti compagnia per più di un mese a San Vittore dopo che l'avevano catturato. Credo che anche lui potrebbe scrivere un avventuroso libro di memorie. Indubbiamente era un personaggio molto misterioso. Era stato selezionato tra i giovani italoamericani, che, conoscendo la lingua italiana, potevano essere molto utili se paracadutati in Italia dietro le linee tedesche per mantenere i contatti tra i partigiani e gli alleati. Lo avevano lanciato in una zona tra Como e Varese, dotandolo di una radiotrasmittente. Purtroppo per lui i tedeschi lo avevano subito localizzato: era riuscito a fuggire e aveva trovato rifugio nella casa di due signore, che oggi non so se siano ancora vive, ma nemmeno tanto tempo fa mi hanno contattato per chiedere notizie di Lou e hanno poi anche raccontato ai quotidiani locali tutta la loro odissea.

Lou Biagioni fu scovato e portato a San Vittore con la pesante accusa di spionaggio. La sua posizione quindi era molto grave perché era stato sorpreso con l'apparecchio trasmittente. Ovviamente sarebbe stato soggetto a pena di morte, ma anche lui come me e come il capitano Hauss, essendo americano, era considerato una potenziale arma di scambio.

Anche Biagioni mi fece un discorso simile a quello di Hauss. "Mickey, se hai la fortuna di salvarti e tornare in America, sicuramente le autorità ti chiederanno tutti i particolari della tua prigionia. Di' loro che mi hai incontrato e che sono ancora vivo, e che mando tramite te questo messaggio: 'Corvo tre'!"

Non ho mai saputo cosa volesse dire "Corvo tre", ma certamente doveva essere una sigla segreta molto delicata, perché quando mesi dopo, arrivato a New York, trasmisi il messaggio di Lou alle autorità americane, ci fu un attimo di strana esitazione. Invece di lasciarmi andare subito a terra per incontrare mio padre mi trattennero sulla nave chiuso in cabina per fare altri accertamenti. Per l'ennesima volta ebbi una grande paura perché mi dicevo che ero stato uno stupido a dire una cosa di cui non sapevo nulla, e che probabilmente mi ero tagliato le gambe da solo e che adesso me la sarei vista brutta anche con l'FBI americana. Il "New York Times" aveva pubblicato la lista dei prigionieri che erano stati scambiati con i tedeschi in Svizzera, tra cui ovviamente c'era anche il mio nome. Mi immagino la reazione di mio padre quando la lesse, non sapendo più nulla di me da almeno dieci anni!

Anche il mio amico Lou Biagioni ebbe la fortuna di salvarsi. I tedeschi lo avevano portato in un campo di sterminio, a Mauthausen, dove arrivarono gli americani nel maggio del '45 appena in tempo, poco prima che i nazisti scappando riuscissero a uccidere i sopravvissuti.

Arrivato in America mi cercò immediatamente tramite il dipartimento di Stato e mi fece la sorpresa di venirmi a trovare. Dopo il nostro incontro, Lou Biagioni è sparito e non l'ho mai più sentito per quasi sessant'anni, finché un bel giorno a Milano, non molto tempo fa, venni contattato da una persona che mi disse di aver incontrato uno che sosteneva di conoscermi da San Vittore, ed era proprio Lou Biagioni. Mi feci dare il suo indirizzo, gli scrissi subito, e Lou mi rispose dicendomi che in tutti questi anni aveva girato il mondo in lungo e in largo e che sarebbe stato bello incontrarci di nuovo. Io allora da bravo uomo di spettacolo pensai di coinvolgerlo in una trasmissione che aveva un grande seguito, quella condotta da Maria De Filippi, che si proponeva proprio di far incontrare le persone. Gli scrissi dicendogli che la redazione della trasmissione gli avrebbe mandato un biglietto aereo per venire in Italia, dove a quanto pare non era mai tornato. Purtroppo Lou non rispose mai al mio invito e sparì di nuovo nel nulla. Chissà se saprò mai chi era veramente Lou Biagioni? E perché, e con quale incarico, aveva girato il mondo dopo la guerra?

Tornando al prigioniero 2264, che ero io, mi trovavo lì rinchiuso in quella specie di gabbia all'aperto quando si fecero avanti due SS. "Vieni con noi, e portati dietro le tue cose!" mi ordinò uno di loro.

Tutti i miei possedimenti erano raccolti in una federa che faceva da sacchetto ed era piena di quelle piccole cose che fanno parte del bagaglio di un carcerato. Pedine di scacchi fatte con la mollica del pane nero, chiodi, santini che mi aveva regalato don Rimoldi quando di nascosto andavo a fare la comunione nella sua cella, i tanti appunti che avevo steso sulle mie esperienze, e le preghiere che avevo scritto per il Signore, per la Madonna e per san Michele chiedendo aiuto e protezione.

Le due SS mi condussero direttamente all'uscita del campo, dove sostava in attesa un camioncino. Mi fecero salire, e ci allontanammo subito diretti verso la stazione ferroviaria di Bolzano.

Ho ancora davanti agli occhi un'immagine: mentre mi allontanavo col camioncino, tutti i prigionieri dietro il filo spinato che mi salutavano. Cose da film, ma vi prego di credermi: tutto quello che vi racconto, anche se sembra impossibile tanto è avventuroso e drammatico, mi è veramente accaduto.

Nella stazione di Bolzano fui passato in consegna a un altro ufficiale delle SS. Questo mi portò nello scompartimento di un treno e viaggiammo fino a Innsbruck, dove mi fecero scendere e mi trasferirono a pochi chilometri di distanza nel campo di rieducazione al lavoro di Reichenau.

Era un luogo triste e desolato, dove vigeva una disciplina ferrea. A Reichenau dettavano legge le famose donne delle SS, tutte vestite di nero coi sottanoni fino alla caviglia e gli stivali di cuoio. Mi perquisirono per l'ennesima volta e tanto per cominciare presero il mio sacchetto e lo rovesciarono a terra. Si sparse tutto sotto i tavoli della stanza, compreso un pacchetto di sigarette, le famose Nazionali che conservavo come una reliquia fumandone mezza ogni tanto, e a pedate nel sedere mi gridavano: "Raccogli bastardo americano!" mentre io ero in ginocchio piegato a tirare su le cose.

Venni portato in una baracca dove trovai un francese che mi disse che era un maresciallo della polizia di Nizza. C'era anche un nero afroamericano che mi raccontò che non era riuscito a fuggire in tempo dall'Olanda dove lavorava in un circo come guardiano degli elefanti. Attraverso le grate riuscivamo a vedere gente che con le catene ai piedi veniva costretta a correre attorno al campo. Presumo fossero ebrei.

Tutte le mattine ci svegliavano alle cinque e mezzo e ci mettevano all'aperto in fila sull'attenti. Eravamo quasi a ottobre e cominciava a fare veramente freddo, io ero ancora vestito con i calzoni e i camicioni di tela del carcere di San Vittore. Ogni tanto qualcuno cadeva stecchito. I tedeschi lo portavano via chissà dove, urlando. Alle sette e mezzo, dopo averci fatto passare due ore sull'attenti, finalmente si faceva vivo il comandante del campo che, in tedesco e come al solito urlando, diceva cose e dava ordini che io ovviamente non conoscendo la lingua non capivo.

Dopo due settimane, il 12 ottobre del 1944, altro ufficiale delle SS e altro treno. Questa volta attraversammo tutto l'arco alpino, mi lasciai trasportare dal treno perdendomi nelle vedute meravigliose delle montagne e dei laghi, e guardando dal finestrino mi sentivo più sollevato perché mi sembrava di essere nel mio ambiente naturale, come nei miei ricordi d'infanzia a Ortisei e a Sauze.

Arrivammo in un paesino che si chiama Spittal, in Carinzia. C'era già un metro di neve. Il campo di prigionia, lo Stalag XVIII-A/Z, era tutto attorniato da alte montagne, e vi erano stati radunati solo prigionieri americani e inglesi rastrellati in tutta Europa. C'erano anche parecchi militari, e fra i civili eravamo tutta gente che per una ragione o per l'altra aveva partecipato alla Resistenza nel proprio Paese. Perché ci stavano mettendo tutti insieme? ci chiedevamo. Quale sarebbe stata la nostra sorte?

Faceva sempre più freddo e quando uscivamo dalla baracca dopo l'appello mattutino mi avvolgevo nella coperta. Sì perché a Spittal finalmente ne avevo una, trovata sul pagliericcio che mi avevano assegnato. Ci lasciavano fuori all'aperto fino alle dodici, quando tutti in fila passavamo con un pentolino a prendere la nostra razione di minestra. Per scaldarmi facevo un po' di footing su e giù, e giocavamo anche con un pallone fatto di stracci. Ricordo che si mise a piovere ininterrottamente e poi a nevicare sempre più forte.

Devo riconoscere che in questo campo le guardie erano un po' più mansuete nei nostri confronti.

Io scrivevo spesso a casa, cercando di comunicare con mia mamma e i miei zii che non avevano più avuto mie notizie, e aspettavo in ansia da loro delle risposte che non giungevano mai. Ero sempre il primo della fila quando arrivava il corriere, ma per me, a differenza di altri, non c'era mai niente.

A un certo punto mi affidarono la responsabilità della libreria. Mi piaceva quel lavoro, dovevo riordinare e catalogare i libri.

Fuori nevicava, si avvicinava il Natale del '44, e avevo molto tempo per leggere e per pensare.

Ricevetti anche un regalo inaspettato: uno stupendo pacco dalla Croce Rossa canadese con ogni ben di Dio, soprattutto caffè, cioccolato, e sigarette.

Spinti dall'entusiasmo avevamo anche costruito una specie di albero natalizio mettendo insieme dei rami secchi raccolti lungo i bordi del campo, e facendo delle finte palline con la neve.

Nel mese di dicembre gli alleati bombardavano a tappeto la Germania, e dal campo era veramente spettacolare vederli rombare sopra le nostre teste, non esagero, erano centinaia e centinaia di fortezze volanti che passavano a un'altezza di tremila, quattromila metri scortate dai caccia americani e che poi di nuovo ripassavano dopo aver scaricato le bombe. I piloti dei caccia sapevano che là sotto nel campo c'eravamo noi prigionieri di guerra, e con grande spirito e coraggio si abbassavano e sorvolavano il nostro campo all'altezza di duecento, quattrocento metri, ondeggiando per salutarci e darci coraggio. Fu lì che capimmo che qualcosa stava cambiando, perché le stesse guardie austriache del campo non reagivano e guardavano stupefatte in cielo con noi. Chissà, forse già sentivano che si stava avvicinando la loro fine.

Nel campo avevo conosciuto un americano che si chiamava Charlie Kimball. Charlie era un trentenne di gran classe, un tipico bostoniano. Parlava un inglese perfetto e le nostre conversazioni mi furono molto utili anche a riprendere il mio inglese. Mi aveva raccontato che con la sua famiglia si era trasferito a Cannes, in Francia, nel periodo in cui l'élite mondiale si era innamorata della Costa Azzurra.

Charlie era un altro di quei personaggi enigmatici e misteriosi che ho incontrato nei campi di prigionia. Quando arrivammo insieme a New York con la nave per lo scambio, lui fu immediatamente arrestato e portato a Ellis Island per gli interrogatori, e non ne seppi mai più nulla, eccetto quando l'FBI, che mi aveva segretamente seguito per verificare la mia vera identità e chissà magari anche per la famosa frase "Corvo tre" che dissi con troppa leggerezza, mi chiese se immaginavo cosa avessero fatto al mio amico Kimball. Io dissi di no, il che era vero, e a loro volta mi risposero con un certo disdegno: "Be' dimenticatelo!".

Non posso che pensare che a bordo della nave, nel gruppo di prigionieri che erano stati scambiati come me, ci fossero alcuni personaggi incaricati di svolgere attività spionistiche per il nemico. Infatti gli ufficiali addetti all'immigrazione a Ellis Island se ne accorsero presto e l'FBI iniziò a stare molto attenta per verificare bene l'identità di tutti i rimpatriati.

Pochi giorni prima di Capodanno, a Spittal ci fu una visita di controllo della Croce Rossa. Stavano già trattando il futuro scambio di prigionieri. Difatti nei primi giorni di gennaio fui convocato dal comandante del campo. Mi fece accomodare, mi offrì anche lui come quello di San Vittore un caffè e una sigaretta, e io a mia volta gli offrii una delle mie che avevo trovato nel pacco, che lui accettò molto volentieri perché erano sigarette inglesi, molto più buone di quelle che aveva lui e che giravano per il campo. Erano le famose *Players*, quelle con l'immagine di un marinaio sulla scatola.

In un perfetto inglese l'ufficiale mi disse: *"Mister Mickey Bongiorno, you are very lucky! You are number one on our list of prisoners exchange"*. Mi stava dicendo che ero il primo della lista nello scambio di prigionieri, e che dovevo ritenermi molto fortunato. Era una notizia talmente sconvolgente che mi sentii quasi preso in giro. Glielo chiesi, con coraggio, se era uno scherzo, e vista l'atmosfera cordiale gli domandai anche come mai parlasse un inglese così perfetto.

"Eh... mio caro" mi rispose, "io ero studente alla Yale University e sono uno di quei ragazzi stupidi che credevano di aver ragione quando hanno lasciato l'America per venire a combattere per Hitler."

"Ma adesso cosa succederà di voi?"

Lui mi guardò preoccupato. "Sono curioso di saperlo anch'io, e penso che molto presto lo scopriremo."

Ormai anche i tedeschi sapevano che la loro fine era prossima e molti si stavano già organizzando la fuga.

Mi preparai per partire da Spittal. In una lettera scritta in fretta e furia a mia mamma, che lei ricevette parecchio tempo dopo la fine della guerra quando ormai ero già sano e salvo in America, così scrivevo: "Lascio questa sera il campo avendo avuto la fortuna, la straordinaria grazia dal Signore, di essere sulla lista del trasporto di prigionieri americani che lascia in questi giorni l'Europa per l'America. Io vado verso la libertà e quasi non so capacitarmi di questa enorme grazia che ho avuto. Le mie preghiere sono state esaudite. Non puoi immaginare quanto sono eccitato e felice. Una fortuna che capita a pochi, una grazia che ogni prigioniero attende per anni".

La liberazione e l'ombra di Ellis Island

Non dimenticherò mai quella notte di gennaio del 1945, faceva un freddo pazzesco. Nevicava che Dio la mandava. Venne a prendermi nella mia baracca un sergente austriaco, e con un cenno mi indicò di raccogliere tutti i miei oggetti personali, che erano composti dallo sbrindellato sacchetto di San Vittore e dal pacco ricevuto in regalo dalla Croce Rossa. "Vieni, andiamo alla stazione, fra poco arriverà un treno. E quel treno è molto importante per te" mi disse.

Salutai in fretta e furia, emozionato, tutti i miei compagni di baracca che a quell'ora della notte si trovavano nel dormiveglia. "E gli altri" chiesi al sergente sottovoce "non vengono con me?"

"Non ti preoccupare, a loro provvederemo dopo."

Solo adesso riesco a capire l'immenso valore di quel messaggio dell'aprile del '44 che il CLN aveva mandato via radio agli agenti alleati in Svizzera, informandoli del mio arresto. Sin da quel giorno, gli agenti del dipartimento di Stato americano si erano adoperati per tirarmi fuori dai guai.

Arrivammo alla stazione del piccolo paesino di Spittal, e il sergente mi diede il permesso di accomodarmi davanti alla stufa della sala d'aspetto. Ero completamente livido, avevo percorso come minimo un paio di chilometri sotto una fitta nevicata, spingendo il carrettino con le mie mercanzie.

Sentii arrivare da lontano il fischio di una locomotiva. L'austriaco mi fece cenno di muovermi. Mi disse anche di non avere paura. Che il mio calvario stava per finire. Anche lui parlava un po' di inglese.

Vidi entrare in stazione un lungo treno bianco. Forse perché mi trovavo in uno strano stato tra l'emozione, la fatica e il freddo acuto, mi sembrò quasi un miraggio. Era proprio bianchissimo, e con le insegne della Croce Rossa che brillavano magicamente, dipinte su ogni vagone. Fu una scena davvero favolosa vedere entrare quei vagoni che non finivano mai nella piccola stazioncina sotto la neve, con quel fischio quasi musicale, e le luci che dondolavano sotto il vento. Mi vedo la scena ancora davanti agli occhi: la neve fittissima, la locomotiva fumante, e poi i tanti, interminabili vagoni bianchi illuminati.

Il sergente mi aiutò a salire nella carrozza, e poi fece una cosa che non dimenticherò mai. Era un omone grande e grosso, un tipico contadino delle montagne. Chissà, forse era anche un padre di famiglia con un figlio della mia età. Di punto in bianco mi abbracciò, stringendomi forte, e mi disse: "Va' ragazzo... vai!".

Entrai nella carrozza e fui preso subito in consegna da una crocerossina che mi accompagnò in uno scompartimento dove iniziai a soffrire terribilmente per la prima volta il caldo. Improvvisamente, da dieci gradi sotto zero con i piedi e le mani intorpidite dal freddo ero passato a trenta gradi! Dopo il doloroso scongelamento, cullato dal treno riuscii a addormentarmi.

Dopo parecchie ore di viaggio il treno si fermò a Salisburgo, dove mi portarono al vecchio castello di Laufen, che era stato trasformato in campo per prigionieri e veniva utilizzato soprattutto come punto di aggregazione e smistamento per le operazioni di scambio e di rimpatrio.

Mi portarono in una palestra affollatissima, dove c'erano tanti altri prigionieri nella mia stessa situazione che dormivano tutti per terra sdraiati sulla paglia. Nel frattempo io mi ero preso una di quelle influenze che non dimenticherò mai più, per via di quella camminata sotto la neve a Spittal. Venne un dottore che mi diede delle aspirine mentre io lo pregavo di non riferire a nessuno che avevo la febbre così alta. Non ero ancora convinto di essere salvo e avevo una gran paura che mi rimandassero indietro perché ero ammalato.

Dopo un paio di giorni al castello, con mia grande sorpresa arrivarono una cinquantina di prigionieri che venivano dal mio stesso campo di Spittal. Ci baciammo e abbracciammo per la gioia di ritrovarci insieme, soprattutto con l'amico Charlie Kimball, il bostoniano di Cannes. Mi chiedo ancora perché ero stato fatto viaggiare da solo anziché insieme agli altri.

Quelli al castello furono giorni confusi, mi sentivo in una specie di limbo, e provavo uno strano stato d'animo sospeso tra la febbre, l'eccitazione e la speranza di essere ormai vicino alla libertà. C'era un trambusto continuo, tutti gridavano, saltavano e urlavano e io diventavo matto perché cercavo la quiete. C'erano addirittura dei soldati afroamericani che suonavano i tamburi e che cantavano continuamente a squarciagola.

A metà gennaio lasciai il castello per la Svizzera, sempre con un treno della Croce Rossa.

Il treno si fermò al confine di San Gallo, mi fecero attraversare tutta la carrozza e scendere dagli scalini di testa, che erano già in territorio svizzero, mentre il resto del treno sarebbe rimasto in mano tedesca.

Scesi sulla banchina, tutto frastornato, e non dimenticherò mai il gesto di una pia donna dell'Esercito della Salvezza che andava vestita all'antica con il cappellino e i nastri attorno al collo. Mi si avvicinò e mi donò una mela! Non ne avevo vista una da mesi e mesi, e anche se era cosa da poco la apprezzai moltissimo. Nel momento in cui misi piede a terra sentii per la prima volta che "forse" la mia vita era definitivamente salva.

Dico forse perché fu ancora una tale odissea tutto il mio viaggio per arrivare negli Stati Uniti, che finché non misi piede a New York non credetti mai fino in fondo di essere libero.

Stazionammo qualche giorno in un campo appositamente messo in piedi per il nostro scambio a Kreuzlingen, sul lago di Costanza.

Qui la Croce Rossa americana aveva il completo controllo della situazione e ricordo che sbrigarono tutte le pratiche burocratiche in accordo con il dipartimento di Stato americano per verificare la nostra destinazione e fare tutti gli accertamenti necessari sulla nostra identità. Poiché ero ovviamente senza un soldo, ricevetti dal governo americano un prestito "ufficiale" per le necessità più urgenti, con l'impegno di restituirlo appena mi fosse stato possibile. Riuscii a saldare il mio debito nel 1955, appena prima del mio debutto con *Lascia o raddoppia?*!

Dopo qualche giorno ci misero di nuovo in treno e questa volta attraversammo tutta la Svizzera. C'erano parecchi vagoni, e tutti noi che venivamo dal campo di Spittal, circa una cinquantina, eravamo stati raggruppati insieme.

Arrivati al confine con la Francia ci fu la consegna agli alleati. Diretti verso il porto di Marsiglia attraversammo tutti i campi di battaglia da dove erano salite le truppe guidate dal generale Patch durante l'Operazione Dragoon, quando a supporto delle operazioni in Normandia gli alleati avevano lanciato l'invasione del Sud della Francia.

C'erano dappertutto cannoni, carri armati e camion abbandonati ancora in mezzo ai campi. Ovunque paesi distrutti, ma la gente vedendo le insegne della Croce Rossa sul treno ci salutava festosamente perché capiva che era un trasporto di prigionieri che stava tornando a casa.

Arrivati al porto di Marsiglia ci aspettava una nave con la passerella appoggiata a terra. Era la *S.S. Gripsholm*. Un'enorme imbarcazione da crociera svedese-americana, tutta dipinta di azzurro e di giallo, che era stata trasformata appositamente per trasportare i prigionieri e per svolgere il lavoro dei viaggi scambio e dei rimpatri.

Fecero l'appello e salimmo uno per uno. Fu un'emozione incredibile perché capivo che forse finalmente ce l'avevo fatta. E poi, vidi e sentii una cosa che ancora oggi mi emoziona, e che ricordo come il simbolo di tutto il mio viaggio verso la libertà.

Sul ponte della nave c'era un'orchestrina di neri che eseguiva la musica di Glenn Miller. La sua musica era molto popolare negli Stati Uniti perché si trattava di un genere nuovo e poi anche perché il povero Glenn Miller, in uno spostamento da un campo all'altro per intrattenere i militari americani durante la guerra, era precipitato con l'aereo ed era morto. Mentre salivo sulla nave l'orchestrina stava suonando un pezzo molto famoso, *Moonlight Serenade*.

Questo motivo mi ha seguito per tutta la vita, e chiedo scusa se divento per un istante funereo, ma vorrei che fosse eseguito nel giorno in cui lascerò questa terra per andare dove, grazie all'intervento degli alleati, ho potuto tardare il mio appuntamento.

Mi fermai sul ponte per guardare verso il molo e seguire le operazioni di imbarco. Volevo anche capire chi erano tutti quei personaggi misteriosi che occupavano durante il viaggio la maggior parte dei vagoni, il cui accesso era assolutamente proibito. Appena li vidi mi venne la pelle d'oca. Si trattava di grandi invalidi di guerra. La maggior parte di quelli che salivano sulla nave erano accompagnati perché erano ciechi. Molti altri addirittura erano senza gambe. Con orrore vidi anche quelli che chiamavano i "basket cases", i casi da cestino. Li chiamavano così perché erano ridotti a dei tronchi, salvati per miracolo.

Il giorno dopo, la mattina dell'8 febbraio del 1945, la *Gripsholm* levò le ancore da Marsiglia e partimmo per attraversare l'Atlantico. Fu un viaggio particolarmente rischioso perché il comandante ci aveva avvisato che lungo il nostro percorso bazzicavano ancora molti U-Boat, i sottomarini dei tedeschi, che non ci avrebbero pensato due volte a silurare la nostra nave scambio. Come se non bastasse, praticamente per tutto il viaggio ci fu una tempesta con onde così alte che arrivavano addirittura sul ponte di comando. Tutti quelli che erano sulla nave stavano male. Io però avevo scoperto, insieme al mio pseudoamico Charlie Kimball, che camminare velocemente sul ponte più alto senza fermarsi aiutava a non stare troppo male. A bordo c'erano dei medici che sorvegliavano la nostra alimentazione, sapendo che per mesi avevamo avuto cibo molto povero e soprattutto scarso, e quindi sarebbe stato molto pericoloso rimpinzarsi senza controllo. Penso che quelle poche vomitate che ho fatto sul ponte non fossero dovute al mal di mare ma alla foga con cui mi ero imbottito di cose buone che mi mancavano da mesi.

Arrivammo mercoledì 21 febbraio del 1945 nella baia di New York dopo tredici giorni di viaggio.

Ci furono scene di felicità delirante, soprattutto quando avvistammo e poi passammo vicino alla Statua della Libertà. Eravamo tutti assiepati sul bordo della nave, feriti, ciechi, ammalati, deperiti dalla sottoalimentazione, e nessuno riusciva a trattenere le lacrime dalla gioia.

Passammo anche di fianco a Ellis Island, l'isola dove sbarcavano gli immigrati, e il mio pensiero corse verso nonno Michelangelo che era arrivato lì prima di me più di cinquant'anni prima.

Ellis Island durante la guerra era stata trasformata in ospedale per i feriti; inoltre vi si svolgevano le verifiche e gli interrogatori condotti dall'FBI ai militari e ai civili sospetti che rientravano dall'Europa o dal Pacifico. In alcuni viaggi scambio precedenti al nostro erano scoppiati dei gravi scandali perché vennero scoperti degli agenti nazisti che si facevano passare per civili americani. Da allora il dipartimento di Stato aveva intensificato i controlli, e l'isolotto era passato a svolgere anche la funzione di carcere.

La *Gripsholm* attraccò proprio di fronte a Manhattan, al Pier F. di Jersey City. Appena messa la nave in sicurezza al molo, salirono gli agenti dell'FBI e gli ufficiali d'immigrazione e iniziarono gli interrogatori. Io venni esaminato direttamente sulla nave, ma mi ero spaventato perché prima di me vidi parecchia gente che veniva automaticamente trasportata a Ellis Island. Temevo di andarci anch'io, e sapevo che sarebbe stato un altro incubo.

Il mio interrogatorio durò fino a tarda notte, ma grazie a Dio mi mandarono via. Seppi in seguito che ciò fu possibile anche grazie alle rimostranze di mio padre che, avendo letto il mio nome sul "New York Times" nella lista ufficiale delle liberazioni comunicata dal dipartimento di Stato, aveva scritto alla Croce Rossa, garantendo sulla mia identità e dichiarandomi come suo figlio, con una residenza ufficiale e la reperibilità per ogni evenienza.

Ma quella storia della famosa frase "Corvo tre" evidentemente non era stata digerita dall'FBI. Infatti fui seguito a vista in incognito per parecchi giorni da alcuni agenti, a controllare se per caso mi muovevo o venivo avvicinato da qualcuno in modo sospetto.

L'America!

Sceso solo sul molo a Jersey City, mi si avvicinò all'istante un taxi chiedendomi dove volevo andare. Io, come mi avevano istruito di fare, gli dissi di portarmi alla sede della Croce Rossa a Manhattan. Era lì che mi avevano detto che mi avrebbe atteso Philip Bongiorno, mio padre. Ai parenti non era assolutamente permesso avvicinarsi alla nave, ma il dipartimento di Stato aveva organizzato la gestione dei ricongiungimenti direttamente dalla sede della Croce Rossa.

A questo punto si verificò un altro fatto molto strano. Chissà perché, il tassista mi fece scendere in un posto che non era lontano dal palazzo della Croce Rossa, ma che non era esattamente l'indirizzo giusto. Mi sono sempre chiesto se questa sequenza di eventi anormali non fosse stata coordinata dall'FBI per studiare le mie reazioni e i miei movimenti. Come era possibile che un tassista non sapesse dov'era la sede della Croce Rossa?

Scesi dal taxi col mio sacchettino sgualcito di San Vittore e il mio inseparabile pacchettino della Croce Rossa che mi avevano dato prima di partire da Spittal. È proprio incredibile come funziona la mente umana. Ero arrivato negli Stati Uniti, dove avrei potuto avere tutto quello che mi poteva venire in mente di mangiare, e non riuscivo a mollare quelle poche scatolette di prodotti che avevo ricevuto dalla Croce Rossa canadese in Austria!

Chiesi a un passante di indicarmi dove era esattamente l'ingresso del palazzo della Croce Rossa, e guarda caso mi disse che era a poche centinaia di metri, al 315 di Lexington Avenue. Così, pian pianino, intimidito dal pesante traffico di New York, mi incamminai per raggiungerlo.

Oggi, a più di sessant'anni di distanza, mi sembra come di vedermi in un film. Un ragazzino zoppicante di appena vent'anni, magro come un chiodo, uscito da poco dal carcere dopo lunghi periodi di isolamento, reduce da vari campi di concentramento, con tanta fame e tanta paura, che regge nelle mani due pacchettini sgualciti, e ha sulle spalle una sensazione di totale estraniamento dalla società "normale"... mi vedo procedere lentamente, confuso, senza neanche il coraggio di guardarmi in giro, in mezzo a gente tutta ben vestita e rifocillata che non ha la minima idea di cos'è la guerra in Europa. Mi rassicurava un unico martellante pensiero che avevo fisso nella testa: "Sono libero! E tra poco vedrò il mio papà!".

Entrai così nel palazzo con la fiducia di incontrarlo subito. Ma lui non c'era.

Girai per quindici minuti nei corridoi chiedendomi disperato com'era possibile che mio padre non ci fosse. Fermai ansiosamente un impiegato e gli chiesi se poteva aiutarmi. "Guarda che potrebbe essere al piano di sopra" mi disse, squadrandomi come fossi un alieno.

Per salire, anziché prendere l'ascensore, che mi intimoriva, aprii una porta di sicurezza e mi arrampicai per le scale interne, quelle scale che sono adibite anche alle emergenze antincendio. Fatta una rampa guardai in su verso la seconda e lì vidi in controluce mio padre... che stava scendendo al piano di sotto perché gli avevano detto che forse io sarei stato lì. Ci fu un attimo di esitazione che durò in eterno, che poi esplose in una profonda, silenziosa commozione.

L'ultima volta che mio padre mi aveva visto ero ancora bambino. E ora mi presentavo come giovane uomo.

Papà

Ci tenemmo stretti per molto, approfittando anche del fatto che lungo quella scala non passava nessuno. L'ultima volta che l'avevo visto mi chiamava Mickey. Mi risvegliai dal suo abbraccio, rendendomi conto del passaggio del tempo quando mi rivolse la parola chiamandomi per nome. Adesso non ero più Mickey per lui, ma Michael.

Sapevo tutto di mio padre perché la mamma mi aveva raccontato che tipo di uomo era. Indubbiamente una personalità forte, molto sicuro di sé, e abituato a dare sempre ordini. Sia come avvocato che come padre di famiglia. Mi parlava un po' in inglese e un po' in italiano.

"Vieni Michael, come on boy, andiamo subito fuori di qua" mi disse trascinandomi verso l'uscita. "La tua vita ricomincia da questo momento. Andiamo alla mia macchina, è parcheggiata qui in strada."

La sua macchina era nientemeno che una Cadillac! Provai un'emozione fortissima a entrarci dentro, pensando alle macchinette che circolavano in Italia, e a come noi ragazzi in Italia ci riferivamo sempre alle auto americane enormi e con carrozzeria fuoriserie.

Papà accese il motore. "Ti porto in albergo" lo sentii dire.

Ma perché in albergo, pensai, ma non ha una casa? Ero però troppo emozionato, e non osai chiedergli spiegazioni.

Attraversammo tutta New York in mezzo a un traffico intenso come non avevo mai visto perché era l'ora di punta serale. Attraversammo il fiume, l'East River, sul famoso ponte di Brooklyn, altra cosa di cui in Italia si parlava sovente perché era uno dei simboli dell'America. Quando arrivammo in albergo nell'elegante quartiere di Brooklyn Heights in Pierrepont Street, a poca distanza dal ponte, dissi al papà che mi doveva scusare ma che non ce la facevo più. Ero troppo emozionato e troppo poche ore di sonno avevano preceduto il nostro incontro. Lui sorrise con affetto, e mi lasciò dicendo che sarebbe tornato la mattina dopo.

Dormii più di dodici ore filate, e al mattino seguente non sentii il telefono che annunciava l'arrivo del papà. Lui si preoccupò e si fece accompagnare fino dentro alla mia stanza, ma appena entrato si spaventò perché non mi vide nel letto. Ero sdraiato per terra. Dopo aver dormito per tanti mesi in cella e nei campi di concentramento e nelle cuccette della nave, non sopportavo più la morbidezza di un materasso, e durante la notte mi ero steso per terra con un cuscino.

Feci con lui il mio primo breakfast all'americana. Dopo tanta fame sofferta in Italia per via delle restrizioni annonarie e i mestoli di minestra dei campi di concentramento, vedermi portare un cabaret con succo d'arancia, bicchiere di latte, brioche, burro, marmellata, due uova al tegame con il bacon, formaggio e prosciutto mi lasciò stupefatto e senza parole. Mangiai tutto velocissimo, con mio padre che mi guardava ridendo. Non poteva rendersi conto di quanto avessimo sofferto noi in Italia per via della guerra, e soprattutto io a causa della prigionia.

Cercai durante la colazione di spiegargli com'era la situazione in Europa per via della guerra, ma mi accorsi che stentava a credermi. È assurdo, ma era quasi scettico, insensibile alla mia tragedia. In quel momento, con gli Stati Uniti in piena guerra, gli americani come lui non avevano la minima idea di cosa fosse il dramma che si stava svolgendo in Europa.

Papà oltretutto sembrava ignorare quasi tutto dei dieci anni che avevo vissuto lontano da lui. Sembrava quasi che non ritenesse colpa sua il fatto che ero cresciuto senza un padre, allevato solo dalla mamma e dagli zii a Torino. Mi chiedo ancora adesso com'era possibile che ignorasse delle cose così importanti. Era sorpreso, meravigliato nel sentire dei sacrifici che la mamma aveva affrontato per tirarmi su. Mi disse anche che qualche volta mi aveva scritto, ma devo ammettere che purtroppo quelle lettere non mi erano mai arrivate, o forse non me le facevano vedere.

Terminato il mio breakfast, dopo la nostra conversazione, papà sembrava un po' scosso. "Vieni che ti porto a casa."

"A casa?" gli risposi incuriosito. "Ma aspetta, adesso tocca a me con le domande. Io non so nulla di te, quale casa? Dove abitavamo a Central Park quando ero piccolo?"

"No. Un uomo, Michael, non può rimanere solo tutta la vita, e ti devo dire che dopo il divorzio con tua mamma mi sono risposato." Anche se questo era un fatto normalissimo, per me, apprenderlo in quel modo, fu un enorme shock.

Mentre eravamo nella Cadillac, e papà guidava in silenzio verso la sua nuova casa, io mi sentivo annichilito e fissavo le case fuori dal finestrino. Guardavo tutto e niente in particolare, mi sentivo strano. Da un lato mi sentivo bene, protetto, perché finalmente ero al sicuro con mio padre in una città che rappresentava la mia infanzia, ma dall'altro c'era in me una profonda sensazione di solitudine, un'idea di essermi perso, di non essere capito. Ero stato catapultato in quella città che viaggiava a una velocità impressionante, immensa e caotica come non avevo mai visto, ma mi sentivo lontano da casa e da tutti i miei affetti.

L'abitazione di papà era una villa nella zona residenziale di Brooklyn, molto bella, con un grande giardino di fronte. Quando arrivammo sulla porta di casa ci attendeva la sua seconda moglie, Martha Caldwell. Una donna elegantissima, di gran classe, che parlava un inglese molto forbito in quanto era originaria di Boston. Devo dire che fu gentilissima con me, ma poco dopo averle stretto la mano, senza volerlo perché pensava che il papà me lo avesse già detto, mi causò un secondo shock.

"Vieni" mi disse la moglie di mio padre "mio figlio in questo momento è in un college del Connecticut, ti puoi sistemare nella sua stanza."

Papà, vedendomi turbato, corse subito ai ripari. "Michael, guarda che non è figlio mio."

La seconda moglie di mio padre aveva anche lei divorziato parecchi anni prima. Aveva ereditato centinaia di migliaia di dollari dal padre che era il proprietario di una centrale distributrice di latte a Brooklyn.

Nella loro magnifica casa di Brooklyn, situata a 546 E 17th Street viveva anche la madre di lei, un'anziana un po' bisbetica. Il figlio quindicenne di lei frequentava una delle scuole più famose e più care degli Stati Uniti, nel Connecticut.

Purtroppo, non ci misi tanto a capire che la Caldwell era una donna piena di boria, e non so perché arrivava a innervosirmi a un punto tale che mi dava addirittura fastidio vederla con la sigaretta in bocca. Non faceva altro che vantarsi di mille cose ed era di un'eccitabilità estrema. Spesso faceva scenate con pianti isterici per le cose più stupide immaginabili.

Disgraziatamente iniziarono subito le gelosie e le rivalità nei miei confronti.

Per alcuni giorni, la casa ogni sera si riempiva di invitati che venivano a conoscere il giovane reduce di guerra, figlio di Philip. Si facevano raccontare tutto quello che avevo passato, ma mi accorgevo sempre di più che purtroppo nessuno mi credeva fino in fondo e si rendeva veramente conto dell'enorme tragedia che aveva colpito l'Europa e soprattutto l'Italia.

Venivano anche molti italoamericani colleghi di mio padre coinvolti in politica. Non tutti poi erano d'accordo con il coinvolgimento degli Stati Uniti nella guerra in Europa, e mi facevano sentire come se tutti noi che avevamo sofferto la guerra fossimo gente che aveva approfittato della potenza americana. Molti di loro, che erano emigrati dall'Italia prima della guerra, a differenza di mio padre avevano ancora profondi sentimenti fascisti e parlavano bene di Mussolini dicendomi in tono quasi accusatorio: "In fondo voi lo avete tradito".

Ricordo che in quel periodo mio padre mi portò da un dentista per sistemare i denti che a causa della carenza di vitamine si stavano completamente rovinando. Il dottore mi aveva rilevato settantasei cavità, un primato a suo dire. Ma dopo un paio di sedute rifiutai di tornarci perché ogni volta che il dentista mi vedeva mi prendeva in giro chiamandomi "Michaijlovic" invece di Michael, perché secondo lui io ero un rosso, uno sfegatato comunista. Questo tale dottor Stein era un personaggio veramente bizzarro, un tipico ebreo newyorchese e mi sono sempre domandato se fosse anche lui una spia o qualcosa del genere, perché ogni volta che andavo da lui riusciva sempre a estorcermi un sacco di informazioni; addirittura iniziai a pensare che sotto ipnosi mi facesse raccontare delle cose, perché non so in che modo riusciva sempre a sapere tutto di me. Tutte cose che poi mi riferiva ma io non mi ricordavo assolutamente di avergli mai detto.

Giorno dopo giorno iniziai a sentirmi sempre più depresso. Nessuno sembrava capirmi, era come se tutto quello che avevano fatto i giovani come me non contasse nulla. Come se fosse stato tutto inutile. Eppure in Italia a qualcosa era servito, mi dicevo.

C'era anche un altro problema, che parlare di partigiani significava far nascere un vespaio perché per gli americani i partigiani erano solo comunisti. Mio padre era un po' più aperto sulla questione, lui aveva preso una posizione molto netta contro Mussolini e il fascismo sin dalle leggi razziali del '38, ma comunque l'ambiente che lo circondava era piuttosto rigido e tutto veniva interpretato alla luce dei soli affari interni americani.

Ma il vero problema per me era che mio padre sembrava non capirmi dal punto di vista emotivo, non sembrava proprio recepire il mio stato d'animo, il fatto che avessi bisogno di affetto, che ero ancora spaventato e che avevo un disperato bisogno di sentirmi in una famiglia.

La voce dell'America

Pochi giorni dopo il mio arrivo, un funzionario del dipartimento di Stato era venuto a cercarmi presso la casa di mio padre chiedendomi se ero disposto a raccontare ai microfoni della *Voce dell'America* le mie vicissitudini di guerra.

La voce dell'America, come *La voce di Londra,* trasmetteva tutti i giorni sulle onde corte le ultime notizie circa la vera situazione bellica, perché le radio di propaganda italiana e tedesca non parlavano mai di sconfitte e di avanzate alleate in Italia. Accettai subito con entusiasmo perché compresi che questo sarebbe stato il mezzo ideale per far sapere in Italia, dove tutti ascoltavano le trasmissioni che arrivavano da Londra e dagli Stati Uniti, ai miei parenti, ai miei compagni di scuola e ai giornalisti della "Stampa" che mi ero salvato e che ero vivo.

Mia mamma non sapeva ancora nulla del mio arrivo a New York. Era stata liberata da San Vittore un mese prima di me, e sebbene io avessi continuato a scriverle nei miei pellegrinaggi tra i vari campi di prigionia, non avevo mai avuto la certezza che lei ricevesse le mie lettere. L'idea di come potesse soffrire non avendo più mie notizie mi tormentava. Incredibile ma vero, seppi dalla mamma che ricevette le mie lettere tutte insieme alcuni mesi dopo la fine della guerra.

La sera in cui feci la mia prima trasmissione alla radio, mi pare che andasse in onda alle 21.30 in Italia, un mio compagno di classe che era in ascolto sentì la mia voce e con grande coraggio, nonostante non fosse ancora finita la guerra e ci fosse il coprifuoco, uscì di casa per andare fino al numero 22 di corso Marconi, dove abitava mia mamma. Suonò il campanello e quando la mamma rispose le urlò forsennatamente al citofono: "Signora Bongiorno, suo figlio è vivo! Ho sentito la sua voce!".

Mi viene la pelle d'oca quando penso allo shock che deve aver avuto mia madre in quel momento. Il mattino dopo tutta Torino, parenti, amici, compagni di scuola e dello sport, sapevano che mi ero salvato.

Fra i tanti giri che mio papà mi fece fare in macchina nei primi mesi del mio arrivo, mi portò anche in visita a quella che era stata la sua università. Nientemeno che la prestigiosa Princeton University.

Non avevo mai visto un college americano, e ne fui molto impressionato. I giovani che potevano frequentarlo vivevano una vita straordinaria, perché oltre ad avere a disposizione ottimi insegnanti (alla Princeton in particolare), avevano anche tutte le possibilità per praticare ogni tipo di sport. Mio padre mi portò anche a vedere la mia prima partita di football americano. Io, abituato a giocare al pallone in Italia, mai più immaginavo quale spettacolo poteva essere un incontro di football americano con atleti grandi come armadi, completamente bardati. L'organizzazione della Princeton era tale che sugli spalti dello stadio c'era un reparto tutto diviso a fette a seconda degli anni in cui gli studenti avevano frequentato l'istituto. Ai suoi ex compagni venuti a vedere la partita, mio padre mi presentava molto fiero dicendo: "Pensate che mio figlio è arrivato dall'Europa dopo aver vissuto delle esperienze drammatiche". Non diceva però che mi aveva praticamente abbandonato per dieci anni. I suoi ex compagni così mi davano grandi pacche sulla spalla e mi dicevano "Good Boy", e poi a mio padre: "Congratulations Phil!".

Qualche volta mi portava anche nel club degli ex di Princeton, nella famosa Park Avenue di New York. Un posto di gran classe condotto alla maniera della vecchia Inghilterra.

All'interno delle mura di casa la situazione però andava progressivamente peggiorando.

La moglie del papà era gelosa di me, sostanzialmente perché le persone a cui venivo presentato nutrivano per me un grande interesse, e non si curavano affatto di suo figlio. Continuavano a crescere così le rivalità e i malintesi.

Papà, dapprima con toni scherzosi, poi sempre più seriamente, ogni volta che ci trovavamo soli mi esternava il suo vero pensiero nei miei confronti. Mi diceva che io ero un "sissy", cioè una femminuccia, essendo stato cresciuto in Europa, e che dovevo cambiare completamente la mia idea di vita comoda all'italiana. All'inizio ero troppo sorpreso e in soggezione per ribattere, ma soffrivo in silenzio e non riuscivo a capacitarmi di come potesse dire certe cose proprio a me sapendo che ero ancora un ragazzo, appena uscito da un campo di concentramento dopo sofferenze di ogni genere.

"Per diventare uomo e capire cos'è la vita andare a scuola sarebbe tempo perso, ed è necessario che ti cerchi un lavoro." Mi era difficile rispondergli, ma cercavo di fargli capire che avevo bisogno di almeno tre mesi di riposo e di quiete, e poi che volevo andare a scuola per poter conoscere altra gente della mia età. "Sei un buono a nulla Michael, me lo aspettavo di avere un figlio senza voglia di lavorare, fatto per vivere la vita dei caffè come tutti i ragazzi italiani."

Ogni cosa che facevo gli pareva sbagliata.

Nel frattempo io timidamente mi affacciavo alla vita di New York, che era travolgente. Assistetti al ritorno del generale Eisenhower per le strade, con più di quattro milioni di persone festanti. Era tutto esaltante. Non avevo mai visto cose del genere nella mia vita. Dopo tutto quello che avevo passato mi sembrava ancora impossibile trovarmi in un posto dove la vita era così diversa e dove c'era a disposizione tutto quello che uno poteva volere.

La collaborazione con *La voce dell'America* proseguì: scrivevo articoli, parlavo alla radio, ogni tanto venivo anche chiamato a partecipare a delle riunioni con la redazione, e poi mi chiesero di parlare delle mie esperienze di guerra ad altre stazioni radio tra le più importanti d'America come la CBS, la NBC e la WABC.

Arrivata l'estate ci trasferimmo nel cottage della famiglia Caldwell a Twin Lakes, nelle campagne del Connecticut. Passai due mesi d'inferno in mezzo a discussioni e litigi di ogni genere. Arrivai al punto di essere messo addirittura fuori di casa dalla moglie di mio padre, ma in quella circostanza fui difeso con forza da lui.

Erano passati ormai quasi sei mesi dal mio arrivo negli Stati Uniti, la guerra in Italia era finita e anche quella in Giappone, e l'America rinasceva.

Ma la mia mente era confusa e addolorata dalle tristi vicende che continuavano a perseguitarmi. Avevo una specie di esaurimento nervoso e mi sentivo molto irascibile. Arrivai così alla fine dell'estate.

Avevano ristabilito i contatti telefonici con l'Italia e avevo potuto parlare per la prima volta con la mamma, alla quale ovviamente non dissi che mio padre si era sposato, ma soltanto che l'avevo incontrato, che vivevamo insieme e che stava bene.

Volevo risparmiare a mia mamma ogni minimo dolore, dopo tutto quello che aveva sofferto prima per crescermi, poi a causa della guerra, infine per l'enorme distanza che adesso ci separava.

Parlai anche con Luigi Cavallero, il redattore della "Stampa" di Torino. "Torna a casa Mickey" mi disse, "ti aspettiamo! Qui alla 'Stampa' ti attende un avvenire brillante." Ma io avevo in mente una cosa che mi sembrava più che normale. Segretamente coltivavo un progetto... Mi dicevo: "Visto che mio padre non ha fatto niente per me nel periodo della mia crescita, sarà contento adesso di poter fare qualcosa. Sarà felicissimo se gli chiedo di mandarmi all'università per prendere una laurea e magari diventare avvocato come lui". Ma mi mancava il coraggio per parlargli, e così rimandai la cosa.

Nel frattempo grazie ai contatti di mio padre mi era stato offerto un lavoro per una casa pubblicitaria.

"Con la conoscenza che tu hai del giornalismo" mi disse mio padre, "visto che sicuramente sai scrivere bene, forse potresti entrare in questo campo. In America, la radio e soprattutto la televisione che stanno nascendo diventeranno sempre più importanti. Ti porterò da un mio conoscente che sicuramente ti può dare, considerata la tua preparazione, un'ottima occasione lavorativa."

Con questa decisione, mio padre, inconsapevolmente, stava dando un nuovo indirizzo alla mia vita.

L'amico di mio padre era il più noto agente pubblicitario della colonia italoamericana. Aveva gli uffici, guarda caso, proprio a Washington Square, dove mi portavano in carrozzella a passeggiare nei miei primi anni di vita. Gira e rigira, ancora una volta hanno ragione i cinesi che ci si trova sempre allo stesso posto anche se in veste diversa. "Senti Michael" mi disse il signor Pettinella, "visto che tu arrivi dall'Italia e il tuo italiano è bello fresco, non come il nostro che purtroppo lo stiamo dimenticando oppure lo parliamo con un misto di dialetto dall'inglese all'italiano, vorrei che mi scrivessi i testi per i miei sponsor."

A settembre iniziai così il mio nuovo lavoro come script writer e apprendista della Pettinella Advertising Company, a Washington Square. Si trattava di scrivere testi per pubblicizzare i prodotti tipici italiani, soprattutto pasta, caffè e digestivi. Avrei preferito andare a scuola, come del resto faceva ogni ragazzo della mia età in America, ma non avendo i miei mezzi dovetti chinare la testa e fare quello che volevano gli altri da me. Il trionfo completo del mio papà.

Dal mio primo giorno di lavoro andai anche a vivere per conto mio, il papà mi aveva fatto capire che la mia presenza non era molto gradita nella sua famiglia. "Tutto questo è necessario per diventare uomo" mi ripeteva "e capire che cosa è la vita. Qui non siamo in Italia dove i ragazzi passano il loro tempo a fare nulla, siamo in America, e bisogna adattarsi a tutto."

Io cercavo in tutte le maniere di fargli capire che avevo bisogno di andare a scuola, se non altro per imparare a scrivere l'inglese correntemente, ma era come parlare a un muro. Ogni cosa che dicevo era sbagliata perché ero stato cresciuto come un "italianeddo" e il mio unico scopo era quello di spillar quattrini.

Per tre mesi lavorai come un cane guadagnando pochissimo e senza potermi concedere il più piccolo svago.

Avevo trovato una stanza a Brooklyn in una villetta a due isolati di distanza dalla casa di mio padre, dove abitava una signora di origine tedesca. Era emigrata in America dopo la Prima guerra mondiale, e aveva avuto un figlio nato negli Stati Uniti. Mi voleva un gran bene perché avevo l'età di suo figlio e mi faceva delle fantastiche torte di mele, le famose *apple pie*, che mangiavo con dei bei bicchieroni di latte. "Bevi, bevi, che ti fa bene! Dopo quello che hai passato nel mio Paese!"

Pagavo la stanza otto dollari, che prendevo dai venticinque dollari di stipendio che mi davano nell'agenzia dove lavoravo. La paga più bassa che si potesse ricevere negli Stati Uniti. Cinque li mandavo alla mamma e dodici mi servivano per mangiare. I panini nei luncheonette costavano venti centesimi, la Coca-Cola cinque centesimi e la torta dieci. Pagando tutte le spese me ne restavano ottanta.

Lavoravo dalle 9 alle 17, dopodiché tornavo subito a casa perché ero talmente stanco che non ce la facevo più a stare in piedi. Di nascosto poi, di notte, quando la signora tedesca dormiva, andavo in cucina e mi servivo dal frigo. Non so se mai se ne accorse, o se faceva finta di non saperlo.

Un bel giorno presi il coraggio a quattro mani e decisi di andare a parlare a mio padre nel suo elegante ufficio di Broad Street. Cercai di commuoverlo, ma lui fu insensibile. "Papà, io voglio studiare. Te lo dico sul serio, vorrei andare alla Princeton o alla Columbia come hai fatto tu."

La risposta di mio padre fu per me l'ennesimo shock. "No Michael. Forse tu non hai ancora capito l'enorme opportunità che gli Stati Uniti danno ai giovani come te, anche se non sono andati al college." Mi fece un lungo elenco di personaggi famosi diventati celebri e miliardari pur avendo iniziato come lavapiatti o lustrascarpe.

Inutile dire che non la presi per niente bene. Il nostro rapporto si raffreddò, e decisi di rompere completamente con lui.

C'era anche un'altra cosa che continuava a turbarmi profondamente. Ricevevo da mia mamma lettere piene di tristezza, dove mi raccontava delle sue tribolazioni e delle fatiche della vita quotidiana dopo la guerra. E dalle sue parole trapelava costantemente un certo tema. Lei e altri parenti e amici in

Italia avevano la netta sensazione che io stessi vivendo una vita da gran signore, da nababbo, attorniato da ogni lusso e dimentico di tutto ciò che avevo lasciato.

Decisi così, dopo settimane di dubbi e di ripensamenti, di rivelare a mia mamma per lettera che mio padre si era risposato, sin dall'anno del divorzio con lei. E che non stavo vivendo nel lusso, ma che ero povero, assai più povero di lei, il che era tutto dire. Mi aprii completamente, e le confidai che mi mancavano i consigli e l'affetto di una famiglia vera.

"Quando si ha sofferto tanto come ho sofferto io, senza vedere una via di scampo, ottenuta la salvezza non si cerca altro che l'affetto di una famiglia in seno alla quale poter rinascere. Questo è quello che io non trovai, e questo ha lasciato in me un vuoto profondo, incolmabile, che per sempre mi porterò dietro. Questa è la vita che conduco, di lusso, dimentico del passato? Io che speravo di avere un po' di pace e di tranquillità per dare inizio a una vita nuova. Sono giovane, ho passato tante traversie durante gli ultimi anni, e ho perciò speranza anche di sistemare questa cosa. Del resto meglio qui che ad Auschwitz sotto terra come molti miei amici. C'è da ringraziare il Signore che mi ha salvato la vita e mi ha portato qui dove almeno c'è da mangiare. Anche questa in fondo è un'esperienza che servirà per la vita. Se dopo di questo ci sarà ancora qualcuno che dice che sono un bambino lo farò a pezzettini..."

A partire dall'anno nuovo mi diedi forti propositi di rinascita. Volevo lasciarmi tutto alle spalle e ricominciare.

ANNO NUOVO VITA NUOVA. Decisi che d'ora innanzi questo sarebbe stato il mio motto.

Chiesi a mia mamma di non scrivermi più lettere piene di tristezza, e le dissi che dopo tanta scalogna doveva pure venire il momento di fortuna anche per me.

La WHOM

Le due principali stazioni radio in lingua italiana a New York in quel momento erano la WOV, che era attiva dal maggior numero di anni, e la WHOM, che proprio nel 1946 venne acquistata da Generoso Pope.

Pope, che era in stretti rapporti con Pettinella e con mio padre, era diventato in pochi anni un grande magnate dell'editoria e dell'edilizia. La leggenda narra che fosse arrivato dall'Italia con soli quattro dollari in tasca e che in poco tempo, grazie alla sua intraprendenza si fosse arricchito diventando un multimilionario e un uomo estremamente influente nella vita politica italiana e americana. Aveva cambiato il suo nome da Papa a Pope, ed era diventato cittadino americano e padre di tre figli, Fortune, Anthony, e Generoso jr.

I Pope erano i proprietari nientemeno che della Colonial Sand&Stone, una delle imprese di fabbricazione di cemento più importanti degli Stati Uniti, passata alla storia per i suoi appalti, per aver fornito di cemento le maggiori opere di New York come il Rockefeller Center, la Radio City Music Hall, la circonvallazione FDR, gli aeroporti e la metropolitana.

I Pope erano anche gli editori del "Progresso Italo-Americano", che era il più importante quotidiano italiano negli Stati Uniti, e considerando che la popolazione degli italoamericani contava circa quattro milioni di persone, l'influenza di Generoso Pope sulle elezioni presidenziali era decisiva a livello politico. Era molto stimato, e veniva considerato da tutti un grande benefattore. Il presidente Roosevelt lo volle nel Partito democratico come suo consigliere, e negli anni Trenta gli venne anche la tentazione di candidarsi per la nomina a sindaco di New York, nel periodo in cui pensarono di farlo anche mio padre e Fiorello La Guardia.

Gene jr (lo chiamavano così) e Fortune si erano da poco laureati in università molto prestigiose e, a poco più di vent'anni, già dirigevano "Il Progresso" e la loro nuova radio WHOM. Anche loro hanno fatto in seguito una grande carriera nel mondo dei media e dell'editoria, diventando famosi per aver lanciato negli anni Cinquanta il "National Enquirer" (il tabloid di gossip) e rimanendo sempre impegnati ad alto livello nella vita politica degli italoamericani.

Dopo pochi mesi, Pettinella, vedendo che lavoravo bene, decise di presentarmi a Fortune e Gene jr, che avendo appena comprato la stazione radio, avevano bisogno di assumere personale.

Così iniziai a scrivere anche per loro, e le mie pubblicità parevano funzionare molto bene. Le portavo personalmente al direttore, Fortune Pope, che quando mi vedeva mi diceva sempre con entusiasmo: "Ah, tu sei un ragazzo in gamba!".

Mi sembrava di essere tornato all'epoca di Cavallero, quando mi faceva fare il trombettiere alla "Stampa". "Sai" proseguì un giorno Fortune durante uno dei nostri colloqui nel suo ufficio, "abbiamo bisogno di un *log keeper*, ti piacerebbe farlo?"

Log keeper, tradotto in italiano, sarebbe il controllore degli orari del palinsesto.

"Certo che mi piacerebbe!" gli dissi. "Però io devo lavorare in agenzia da Pettinella fino alle cinque."

"Non c'è problema, a noi serviresti nell'orario principale che va dalle 6 a mezzanotte."

Il lavoro consisteva nello scrivere sul *log* (una scheda) gli orari dell'inizio e della fine di ogni trasmissione, più il minutaggio della pubblicità. Era un po' come la Bibbia, sia per la rete che per gli sponsor, perché così potevano controllare la puntualità di tutta la programmazione.

Mentre inizialmente pensavo fosse solo un lavoretto tanto per guadagnare altri venti, venticinque dollari, mi resi presto conto, passando a un'altra mansione, che il mestiere del *log keeper* (che mi obbligava a stare ben sei ore davanti all'altoparlante della radio) mi aveva insegnato la professione del presentatore. Per più di un anno avevo seguito con incredibile attenzione tutto quello che veniva detto e avevo imparato a memoria il funzionamento di tutti i programmi che andavano in onda.

Il lavoro mi piaceva molto anche perché al termine dei programmi in lingua italiana, da mezzanotte alle 6 del mattino, la WHOM trasmetteva musica jazz. Il presentatore era Symphony Sid, e chi è esperto di questa musica certamente sa che Symphony Sid ne era considerato il guru, il più grande disc jockey del jazz dei leggendari anni Quaranta e Cinquanta.

Era lui che tutta la notte trasmetteva, mettendo i dischi e intervistando i più grandi esecutori che venivano nei nostri studi a parlare con il pubblico che seguiva via radio. Così, fermandomi sempre fino alle due di notte ebbi modo di ampliare le mie conoscenze musicali. Ecco perché mi considero oggi un esperto. Conobbi tutti i più grandi jazzisti dell'epoca, a partire dai pianisti Lennie Tristano e Gil Evans, ai sassofonisti Lester Young, Charlie Parker, Gerry Mulligan, Lee Konitz, John Coltrane, Stan Getz...

Ancora oggi in Italia quando posso vado ad ascoltare il jazz al Blue Note di Milano, dove ogni tanto si esibisce il trombettista Enrico Rava, di cui sono diventato amico.

C'è un vecchio detto che dice "da cosa nasce cosa", e così puntualmente avvenne. Un giorno un annunciatore non si presentò al lavoro, e mi chiesero se me la sentivo di sostituirlo. Lessi parecchi annunci quella sera e, mentre leggevo, benedicevo il giorno in cui avevo accettato alla "Stampa" di Torino di fare il cosiddetto "trombettiere". Un lavoro poco gettonato che nessuno voleva fare perché si svolgeva alla chiusura del giornale, e praticamente consisteva nel rintanarsi in una cabina senz'aria per dettare come una macchinetta i principali articoli di fondo ai giornali affiliati.

Quella sera mi impegnai a parlare di petto e scandire bene le parole, come mi avevano insegnato gli stenografi in Italia.

Fu un grande e imprevisto successo per me. Il giorno dopo arrivarono decine di telefonate, soprattutto dalle ascoltatrici, che volevano sapere di chi fosse quella nuova voce così tipicamente italiana del Nord. Chi sembrava particolarmente interessato erano le cosiddette "spose di guerra", quella categoria di donne che avevano lasciato l'Italia al seguito dei militari americani che le avevano portate via con sé e sposate.

La direzione partì in quarta e mi propose subito dopo addirittura di condurre un programma di canzoni.

La mia prima trasmissione era sponsorizzata dall'effervescente Brioschi, un prodotto per digerire che si trova ancora oggi da qualche parte in Italia, soprattutto in quelle farmacie legate alle vecchie tradizioni. Divenne il programma favorito delle mie prime fan, le spose di guerra, che cominciarono a chiamarmi assiduamente tutte le sere per le loro richieste. Volevano sempre le ultime canzoni italiane interpretate da Natalino Otto, da Alberto Rabagliati, dal Trio Lescano, da Ernesto Bonino... Ovviamente questo era un genere che non piaceva assolutamente ai vecchi italiani arrivati prima della guerra.

Ebbi anche l'idea di mettere in onda le loro telefonate. Questo fu però un errore perché molte si lamentavano in diretta di come mal si adattavano alle usanze americane, così come era accaduto dopo la Prima guerra mondiale a mia mamma, e si sfogavano raccontando di come si scontravano con una realtà ben diversa da quella che avevano sognato dall'Italia.

Le confidenze in diretta delle spose di guerra, che sporcavano l'immagine patinata che voleva dare la direzione, insieme ai gusti musicali moderni dovuti al passaggio generazionale, fecero nascere le prime polemiche e rivalità in seno all'emittente.

La maggioranza delle persone che vi lavoravano era di origine meridionale, e di conseguenza la WHOM aveva un'impronta particolarmente legata alle tradizioni dell'Italia del Sud. Amavano Carlo Buti, Nino Taranto, Franco Ricci, Eva Nova e tanti altri nomi di questo genere dell'epoca.

Capii che se avessi voluto proseguire mi sarei dovuto adeguare alle esigenze editoriali e alle vecchie abitudini, pur cercando senza farmi troppo notare di portare avanti qualche piccola innovazione secondo i miei gusti personali.

Fortune Pope sembrava darmi sempre più fiducia, e con

grande passione mi impegnai a cercare una forma di linguaggio ideale per accontentare sia i vecchi che i giovani. Un'occasione arrivò con la pubblicità ai prodotti i cui marchi erano legati alla mentalità religiosa e affettiva della vecchia guardia. "Usate, cari amici ascoltatori, l'olio *Pace mio Dio*, che con il suo sapore darà tanta serenità ai vostri piatti." Oppure dicevo: "L'olio *Mamma Mia* è proprio quello che vi ricorderà i piatti preparati in Italia dai vostri genitori", e così via. Addirittura ogni sabato, con grande enfasi, facevo la pubblicità a una parrocchia di Brooklyn. "Non mancate alla messa di domani, alle ore 11, la chiesa è dotata di aria condizionata, e gli inginocchiatoi sono imbottiti bene, in modo che non vi farete male alle ginocchia!"

La cosa funzionava, e forse se oggigiorno in Italia anche i parroci facessero la pubblicità così alle loro chiese vedrebbero i fedeli accorrere in parrocchia ancora come un tempo. Non credo però che il Vaticano lo permetterebbe!

La direzione della WHOM aveva capito che io venivo dalla scuola dell'attualità giornalistica e perciò mi affidò presto anche la lettura del giornale radio. Le notizie arrivavano via telescrivente dalla *United Press* in inglese, ed era necessario tradurle. Io avevo una tale faccia tosta, e avevo ormai raggiunto una così grande dimestichezza che, per risparmiare tempo, non le traducevo prima ma andavo davanti ai microfoni con le notizie in inglese e le traducevo al volo.

In quel periodo iniziai anche, per mia curiosità personale, a seguire con maggior attenzione la televisione americana. Nel 1948, un programma famosissimo era l'*Arthur Godfrey Time*, che veniva trasmesso simultaneamente per radio e in televisione. Ammiravo Godfrey per le sue capacità di showman, soprattutto quando faceva la pubblicità. Infatti veniva seguito molto fedelmente da alcuni sponsor come la Lipton, la Frigidaire e le sigarette Chesterfield. Una delle sue invenzioni, o meglio delle caratteristiche della sua tecnica pubblicitaria, era quella di prendere in giro gli sponsor e tutta l'industria a essi connessa (senza mai offendere o essere volgare però). Questo suo modo di relazionarsi con il prodotto inspiegabilmente faceva impennare le vendite rendendo contenti tutti.

Vidi anche uno show, tra il varietà e il quiz, che mi impressionò molto. Era presentato da Robert Q. Lewis, che, per combinazione, ebbi occasione di intervistare qualche anno dopo in *Arrivi e partenze.*

Pensai anch'io di fare un quiz, il primo della mia carriera. Era sponsorizzato da un pastificio, il Ronzoni. Come premio, per ogni risposta esatta si vincevano varie quantità di pasta. I concorrenti più bravi andavano via sommersi dagli spaghetti. Avevo addirittura inventato uno slogan con il quale aprivo il quiz. "I maccheroni Ronzoni, sono buoooooni!", pronunciato con particolare enfasi sulle vocali della parola "buoni".

Misi in piedi anche un programma con ospiti, questa volta dal vivo. Fra i primi ad arrivare dall'Italia ci fu un certo Nino D'Aurelio, il padre di colui che successivamente divenne Johnny Dorelli, in seguito alla storpiatura del cognome. Johnny era molto piccolo, ma già cantava, e credo che anche lui si ricordi che una sera lo feci salire su una sedia e lui si mise a cantare "Vieni c'è una strada nel bosco...".

Incominciarono a venire anche parecchi cantanti lirici invitati da Arturo Toscanini, che dirigeva l'orchestra della NBC. Era diventato un mito in tutti gli Stati Uniti, e quando andava in onda milioni di persone ascoltavano le sue esecuzioni. In particolare ricordo che ebbi come ospite un baritono che suonava l'oboe nella sua orchestra e che si chiamava Giuseppe Valdengo. Purtroppo è scomparso di recente: ci volevamo molto bene e ogni tanto ci sentivamo per ricordare quei bei tempi.

Ero ormai diventato una delle colonne della WHOM e, rintanato nella mia saletta da speaker, mi lasciavo andare a osservare il variegato mondo che gravitava attorno agli uffici e agli affari dei Pope. Dai disc jockey, ai protagonisti dei programmi, agli ospiti celebri legati al mondo della musica e dello spettacolo, agli operai e impresari legati agli affari delle costruzioni, ai funzionari del Comune, ai giornalisti, ai politici, ai gangster... tutto un universo che fino ad appena pochi mesi prima non avrei mai immaginato che sarebbe diventato parte della mia vita.

Sebbene non ci parlassimo più da parecchi mesi, la moglie di mio padre mi fece un enorme regalo, forse senza neanche rendersene conto. Una sera alla radio venne a trovarmi il solito signor Pettinella e mi prese in disparte. "Guarda che verrà a trovarti una ragazza che è figlia di una compagna di università della signora Caldwell, la moglie di tuo padre. So che aspira a entrare nel mondo dello spettacolo, e ha fatto anche la *chorus girl* in una commedia musicale."

La cosa mi scocciava moltissimo. Ma quando la vidi ebbi il mio terzo shock. In bello però.

Lei aveva ventitré anni. Era bionda con gli occhi chiari come i miei, con un fisico eccezionale per via del lavoro che faceva. Ma stava uscendo come me da un periodo molto drammatico della vita. L'anno prima aveva conosciuto un giovane ufficiale della marina di cui si era invaghita. E, come spesso accade in tempo di guerra, chi partiva per il fronte si sposava. Ma purtroppo, il suo nuovo marito era in combattimento a bordo di una nave nel Pacifico.

Pettinella mi aveva detto: "Tuo padre ci tiene molto, mi ha detto di chiederti di dedicarle un po' di tempo e se possibile di aiutarla".

Ma in realtà fu lei ad aiutare me. Legammo subito, e devo riconoscere che questo incontro si rivelò la prima "imbarcata" della mia vita, come si suol dire. Era la tipica ragazza americana sognata da noi giovani in Italia, una di quelle che vedevamo nei film musicali, per intenderci.

Trascorsi con lei forse i più bei mesi della mia gioventù. Per via della guerra io non avevo mai conosciuto quel periodo spensierato che si vive da adolescenti e da studenti. Ma lei riuscì a farmi ricordare che ci si poteva ancora divertire, e che in fondo la vita poteva essere bella.

Uscivamo ogni sera, e mi portava, vista la sua passione per la musica, nei più famosi locali di New York, soprattutto quelli dove si suonava il jazz sulla 52nd Street e nel Village. Erano i posti leggendari, come il Birdland, il Three Deuces, il Royal Roost, il Village Vanguard... un mondo di cui avevo sentito parlare attraverso il disc jockey Symphony Sid e i suoi ospiti, ma che non avevo mai toccato con mano.

Mi insegnò anche a ballare, addirittura il charleston, di cui lei era una provetta esecutrice. Ricordo che al momento della chiusura dei locali quelli che erano rimasti facevano cerchio, e c'era sempre qualcuno che si esibiva in mezzo. La chiamavo "il mio angelo biondo", era uno spettacolo magnifico che non dimenticherò mai, e com'era naturale che fosse per due giovani così come noi, arrivammo presto all'intimità.

Io, reduce da mesi e mesi di guerra, avevo una grande euforia e voglia di vivere. E lo stesso lei, che appena sposata aveva visto partire il giovane marito senza poter vivere la sua luna di miele.

La fortuna mi sorride

Ero ormai avviato sulla strada del successo. Tra i compensi e le sponsorizzazioni alla WHOM, le corrispondenze con alcuni giornali italiani come "Tuttosport", per il quale facevo l'inviato, e la collaborazione con *La voce dell'America*, con la quale continuavo raccontando al microfono il mio calvario di guerra, mettevo da parte un bello stipendio mensile. Infatti, presi la patente e mi comperai la mia prima automobile, una Mercury.

Finalmente la fortuna aveva girato dalla mia parte. La WHOM mi aveva addirittura dato l'incarico di *chief announcer*, cioè capo degli annunciatori, e alla *Voce dell'America*, avendo saputo della reazione positiva in Italia nei miei confronti per le trasmissioni che facevo, mi proposero di entrare in pianta stabile con la possibilità di fare una bella carriera. Divenni così *special events officer*, ossia il responsabile incaricato degli onori di casa in occasione degli eventi speciali. Grazie a questa nomina mi trovai con due impieghi con orari fissi che mi occupavano tutta la giornata, uno alla *Voce dell'America* dalle 10 alle 17, e l'altro alla WHOM dalle 17.15 alle 24.

Ancora oggi quel 17.15 mi assilla perché alle 17 terminavo il mio lavoro nella 57th Street dove aveva sede *La voce dell'America* e di corsa, il più velocemente possibile andavo fino al numero 136 W della 52nd Street percorrendo cinque lunghi isolati, perché alle 17.15 dovevo mettere in onda un annuncio pubblicitario registrato per la WHOM. A quell'epoca non era ancora diventato di gran moda il footing, per cui quando la gente mi vedeva tutti i pomeriggi correre come un forsennato e attraversare sempre la strada con il semaforo rosso si chiedeva chi fosse quel matto!

Con la nomina a *special events officer* avevo dato il via a una carriera che avrebbe potuto darmi tante soddisfazioni anche fuori dall'ambito radiofonico e giornalistico. Mi avevano spiegato che avrei potuto addirittura entrare nel corpo consolare e fare carriera nelle ambasciate.

Anche alla *Voce dell'America*, com'era accaduto alla WHOM, cominciavano ad arrivare gli ospiti importanti dall'Italia. Soprattutto, iniziarono a fare affidamento su di me i giornalisti dei principali quotidiani italiani e i collaboratori e dirigenti della RAI.

Tra i tanti che conobbi in quel periodo non dimenticherò Gianni Granzotto, il famoso commentatore politico che era stato inviato negli Stati Uniti per trasmettere giornalmente. Granzotto faceva uso delle apparecchiature della *Voce dell'America* e mandava così i suoi servizi alla RAI. Fui io che gli insegnai a rilassarsi mentre dettava i suoi servizi, e quasi per gioco nacque lo stratagemma di giocherellare con la matita. Strada facendo divenne per lui una specie di strano vizio, che poi ripeté anche quando passò alla televisione!

Quando gli inviati della RAI rientravano in Italia evidentemente parlavano bene di me e della mia professionalità ai colleghi italiani. Un bel giorno mi telefonò dall'Italia un signore molto importante. Disse che si chiamava Vittorio Veltroni, e che era il capo del giornale radio e dei radiocronisti della RAI.

Veltroni aveva una voce molto cordiale, tipicamente romanesca. "Caro Mike, è da tempo ormai che ti seguo alla *Voce dell'America.*"

"Grazie direttore" gli risposi, "ma... guardi che io mi chiamo Michael."

"Mike! Suona meglio... no?"

Io rimasi un po' perplesso, ma se lo diceva lui non potevo contraddirlo.

"Credimi, è più facile per noi italiani... Senti Mike, è tempo di fare delle cose insieme" proseguì lui, "ho in mente un programma nuovo, si chiamerà *Voci dal mondo*, e ho pensato che tu potresti incaricarti di svolgere alcuni compiti in America che per noi sarebbero molto importanti. Cosa ne dici?"

Io continuavo a pensare al soprannome Mike, in fondo non era poi male. Chissà perché fino a quel momento non mi aveva mai chiamato nessuno così.

"Tu parli anche l'inglese perfettamente, e questo sarà molto utile. E poi con la tessera del dipartimento di Stato potrai andare da qualunque parte." Continuò spiegandomi che voleva che raccontassi per la radio com'era l'America dell'epoca, firmando due pezzi alla settimana. Uno doveva essere sportivo, e l'altro di colore. E con il suo caratteristico entusiasmo scherzoso concluse la telefonata dicendo: "Vedrai, non ti fermerà nessuno Mike".

Pensate che soddisfazione, divenire corrispondente ufficiale dagli Stati Uniti per la RAI! Capii immediatamente che quella era un'occasione straordinaria e pertanto chiesi subito l'autorizzazione alla WHOM di potermi assentare ogni tanto.

Fu così che iniziai a viaggiare in tutti gli Stati Uniti, realizzando dal '48 al '52 dei servizi davvero storici. Tutti pezzi da collezione! In pochi anni feci più di trecento corrispondenze. Intervistai centinaia e centinaia di persone coprendo gli eventi più significativi nel mondo della politica, dell'attualità e del costume (arrivai a intervistare addirittura il presidente Eisenhower, e personaggi che facevano la cultura del tempo come lo scienziato Enrico Fermi).

Per lo sport passavo dall'automobilismo al pugilato coprendo i più importanti incontri dal ring del Madison Square Garden, vicino ai grandi telecronisti americani. Io li ascoltavo e cercavo di dire quello che dicevano loro. È lì che ho imparato veramente il mestiere.

Quando mandavo questi pezzi in Italia, Veltroni radunava tutti i telecronisti e diceva: "Ascoltate, anche noi dobbiamo fare le nostre telecronache così. Vedete com'è conciso?". Lui non sapeva che in America avevamo già i registratori a nastro, perché in Italia in quel periodo si registrava ancora sui dischi. Allora io che cosa facevo? Registravo, poi tagliavo, mettevo insieme e mandavo una cosa di sette, otto minuti, che era perfetta. Ancora oggi, ogni tanto la RAI trasmette qualcuna delle mie radiocronache. Quasi sempre quella del pugilato, si vede che piace particolarmente. Purtroppo, per quante ricerche abbia fatto negli ultimi tempi presso gli archivi della RAI per recuperarne altre, non si riescono a trovare che pochi pezzi. Alcuni di questi si possono persino ripescare in Internet.

In una didascalia che ho scovato del "Radiocorriere" nel 1949 venivo designato come "*Michele* Bongiorno, un cronista della *Voce dell'America* che ha intervistato il famoso restauratore d'opere pittoriche Alberto Angeli...". Due anni dopo, nell'annuncio di un concerto di Duke Ellington al Metropolitan Opera House, ero già *Mike* Bongiorno.

La cosa che più mi piaceva fare nei miei viaggi in giro per l'America era andare a caccia dei personaggi e delle cose più insolite.

Fra i tanti pezzi di colore che inviai a Veltroni, uno lo colpì in modo particolare. L'intervista che feci a un pulisci-finestra italoamericano all'ottantaseiesimo piano dell'Empire State Building. Ero così incosciente che per dare maggior credibilità al mio pezzo mi ero addirittura fatto legare all'aperto vicino a lui per provare le stesse sensazioni.

Poiché l'Italia di quell'epoca stava vivendo una grande ripresa nell'agricoltura, decisi di andare nel Texas in un piccolo paesino vicino a Houston che si chiama Bryan, perché sapevo che lì c'era un contadino siciliano che aveva fatto una grande fortuna. Si chiamava Joe Restino. E come tutti gli italiani di grande volontà era riuscito dopo anni di duro lavoro, pezzo dopo pezzo, a mettere insieme un territorio vasto quanto mezza Lombardia. Joe mi accolse con grande cordialità, parlava solo siciliano e mi confessò che era analfabeta. Aveva mantenuto tutte le tradizioni delle famiglie del Sud Italia, aveva addirittura dodici figli che comandava a bacchetta come se fossero dei militari. Girai in lungo e in largo la sua fattoria perché era fiero di farmi vedere tutti i sistemi avanzati che gli Stati Uniti avevano sviluppato nell'agricoltura e lui era uno di quelli che li avevano messi in atto alla perfezione.

In Italia non esistevano ancora dei macchinari come quelli che mi fece vedere, grazie ai quali riusciva a tagliare, raccogliere ed essiccare il fieno tutto in una volta. Mi mostrò anche i sistemi automatici di mungitura delle vacche, ne aveva oltre cinquantamila, e i suoi figli, da veri cowboy, le incolonnavano tutte le sere nei recinti. Avevano anche uno strumento che non avevo mai visto prima, e che poi si diffuse naturalmente anche nel resto del mondo. Si trattava di una sorta di bastone elettrico con il quale bastava toccare il sedere delle mucche per farle correre e incolonnarsi. In quella zona del Texas era diffusissimo quello che è considerato uno dei serpenti più velenosi al mondo, difatti giravamo sempre con degli antidoti speciali in caso di emergenza. Si trattava di un serpente molto corto, con tutti i colori dell'arcobaleno. Mi ricordo che mi ero allontanato da Joe per un po' e me ne trovai uno di fronte. Mi misi a correre... feci una tale fuga che me la ricordo ancora!

La temperatura in Texas era sempre oltre i quaranta gradi, e l'umidità attorno al cento per cento. C'era un po' di refrigerio soltanto verso sera. Joe Restino uccise una mucca in mio onore e mangiammo grandi bistecche che fece arrostire ai suoi lavoranti sul fuoco vivo. Erano tutti ragazzi di colore. Trattati molto bene, ma purtroppo vivevano ancora come gli schiavi dell'Ottocento: non si allontanavano mai dalla fattoria e ogni sera dopo che avevamo mangiato, cantavano i loro tipici canti soul e i gospel. Nel buio pesto della notte, i fuochi accesi, la carne che arrostiva e i visi dei neri che cantavano per il loro padrone... Mi sembrava di vivere in un film.

Joe Restino aveva una proprietà così immensa che era costretto a spostarsi addirittura con dei piccoli aeroplani che pilotava lui stesso. Mi diceva: "Sai, io non so scrivere perché quando sono venuto via dalla Sicilia in cerca di fortuna non ero nemmeno stato a scuola. Eppure so far funzionare tutti questi aerei e questi apparecchi all'avanguardia senza saper nemmeno leggere il manuale di istruzioni".

A Hollywood era appena giunta dall'Italia (insieme a sua mamma e a sua sorella gemella Marisa) l'attrice Anna Maria Pierangeli. In quei giorni tutti parlavano di lei; andai a trovarla perché essendo una giovane star nata in Italia alla RAI interessava parecchio e si trattava, secondo le cronache, di un fenomeno nascente. A detta di tutti era destinata a diventare una grande diva del cinema americano. Purtroppo, per mille ragioni ciò non accadde. La Pierangeli fece molto parlare di sé anche per la sua storia d'amore con James Dean, che si uccise poco dopo l'inizio della loro relazione a bordo di una Porsche, mentre correva a oltre duecento all'ora lungo i rettilinei del deserto nelle vicinanze di Los Angeles. Fu proprio lì che conobbi anche Kirk Douglas, che visitava sovente la Pierangeli perché anche lui aveva delle ambizioni amorose nei suoi confronti. Convinto che tra noi ci fosse un'amicizia stretta (mentre io legai molto con la sorella Marisa), successivamente mi telefonò parecchie volte a New York perché voleva sapere se lei si ricordava di lui e se poteva avere speranze.

Vissi anche un dramma, che non raccontai mai a nessuno per la vergogna. Grazie al dipartimento di Stato, che per il mio incarico mi procurava i contatti con le grandi personalità politiche americane, avevo avuto l'occasione di intervistare nientemeno che il presidente degli Stati Uniti. Mi avevano autorizzato a non più di tre minuti di tempo, ma per l'emozione mi dimenticai di caricare la molla dell'apparecchio di registrazione prima dell'intervista. Alla sera, quando mi accorsi che avevo registrato sì e no un minuto e che tutto il resto era andato perso, avrei voluto uccidermi, ma non dissi niente a nessuno per la vergogna. Era stato un grosso scoop, ma avrei potuto fare molto meglio di quello che riuscii a montare.

Parecchi furono gli avvenimenti sportivi che descrissi per la RAI. Tra questi il Gran Premio di Formula 1 di Indianapolis. In Italia interessava moltissimo perché nel 1952 era venuto a correre nientemeno che il grande Ascari. Il giorno prima della corsa girammo insieme per visitare la città a bordo di una Rolls-Royce che la direzione della corsa gli aveva dato. Nonostante fosse una macchina di "rappresentanza", Ascari, che aveva il piede molto pesante, da gran corridore, la guidava a forte velocità nonostante le mie suppliche. "Stai attento" gli dicevo, "guarda che qui siamo in America, la polizia non scherza!"

"Ma no, non ti preoccupare, anche se mi fermano gli dirò che domani devo correre nel Gran Premio."

"Guarda che la multa la polizia stradale l'ha data anche al

presidente degli Stati Uniti. Non guardano in faccia a nessuno. Il limite qua in città è di quaranta all'ora."

Lui stava andando a centoventi. E difatti la polizia ci bloccò, dandoci una multa che, per evitare grane, pagai subito.

"Scusami Mike" mi disse, "ma sai volevo vedere come rendono queste macchine da commendatore."

Il giorno dopo Ascari in gara partì molto bene, secondo il suo solito, e per alcuni giri fu in testa fra i primi. Ma poi perse la ruota posteriore in curva e dovette ritirarsi. Ci siamo rivisti in seguito, dopo il mio rientro in Italia, all'autodromo di Monza. "Vieni Mike" mi disse in quell'occasione, "vieni sulla mia Formula 1, facciamo un giro come si deve! Qui la polizia non ci darà la multa." Accettai con incoscienza, senza sapere a cosa andavo incontro. Fu un'esperienza da cardiopalma senza precedenti!

Feci anche moltissime cronache di pugilato a cavallo degli anni Quaranta e Cinquanta. Il pugilato interessava moltissimo in Italia perché negli Stati Uniti i pugili più forti di cui tutto il mondo parlava erano di origine italiana, tipo Rocky Graziano, Rocky Marciano e Jake La Motta. Quest'ultimo offrì anche una grande occasione a un pugile italiano che le nostre cronache sportive avevano incensato e messo sugli altari convinti che fosse così bravo da poter conquistare il titolo mondiale. Si trattava di Tiberio Mitri.

Quando seppi che sarebbe venuto a New York per l'incontro mi venne quasi voglia di scrivergli per invitarlo a non venire perché Jake La Motta, conosciuto come "il toro del Bronx", era un demolitore senza precedenti e non guardava in faccia nessuno. Difatti, feci la radiocronaca da bordo ring e mi veniva quasi da piangere a vedere le sventole che prendeva il povero Tiberio. Non finì K.O. solo perché, me lo raccontò La Motta stesso, di cui ero anche amico, aveva avuto ordine di non distruggere quel bel ragazzo che era il mito delle giovani italiane. Io sapevo invece, grazie ai pettegolezzi che avevo raccolto, che quella sera Tiberio era piuttosto affranto. Era sposato con Fulvia Franco, Miss Italia '48, che a detta degli esperti avrebbe potuto sfondare anche negli Stati Uniti. Difatti, era venuta con lui in occasione dell'incontro, e mentre Tiberio si allenava lei contattava gente importante del cinema nella speranza di poter fare qualche film. Questa cosa aveva reso molto geloso Tiberio e prima del match si era verificato qualche pesante screzio con lei, dicevano i pettegoli, per cui Tiberio aveva perso la concentrazione.

Con Rocky Marciano, il cui vero nome era Rocco Francis Marchigiano, avevo stretto una buona amicizia. Ho fatto la cronaca di parecchi suoi incontri, alcuni di questi ogni tanto la RAI li trasmette ancora, soprattutto quello contro il *brown bomber* Joe Louis del 26 ottobre 1951 al Madison Square Garden. Tornato in Italia, parecchi anni dopo, andai persino a trovare i suoi parenti. Marciano era un uomo estremamente generoso, tant'è vero che aiutò anche Joe Louis quando questi, dopo essersi ritirato, si trovò in serie difficoltà finanziarie.

Un documentario che piacque molto in Italia fu quello che dedicai ad Aspen. All'epoca era ancora una cosiddetta *ghost town*, una città fantasma dispersa fra le montagne del Colorado. Ci ero andato perché in America stava da poco diventando popolare lo sport dello sci. Due miliardari americani di passaggio avevano capito che si potevano tracciare delle meravigliose piste lungo i suoi pendii e decisero di comprare l'intera montagna costruendo funivie e sciovie. In pochissimo tempo Aspen divenne così popolare che la Federazione internazionale vi fece disputare un campionato del mondo che io andai anche a descrivere. Era il famoso campionato del 1950 in cui Zeno Colò vinse nientemeno che la discesa libera e lo slalom, e Celina Seghi arrivò terza nello slalom speciale. Fu un tripudio per i colori italiani, e gli americani immediatamente si prodigarono per offrire un posto di grande prestigio a Zeno Colò come capo dei maestri di sci di Aspen, con un lauto stipendio, ma lui era talmente affezionato al suo Abetone che rinunciò. Con grande meraviglia degli americani, perché Zeno avrebbe potuto guadagnare migliaia di dollari.

All'inizio del Novecento ad Aspen abitavano migliaia di minatori perché erano state scoperte delle miniere d'argento molto ricche. Quando si esaurirono, tutta la zona fu abbandonata, ed era molto interessante per me girare nelle foreste alla ricerca delle capanne abbandonate dai minatori. Ne vidi parecchie, ancora intatte internamente. Trovai anche in un cassetto una cartolina che un minatore aveva ricevuto dai suoi parenti italiani.

Girare in quei meravigliosi boschi era anche un po' pericoloso, perché oltre a dei meravigliosi alci era anche pieno di animali aggressivi. Fu lì anche che per la prima volta ebbi la possibilità di provare a guidare un team di cani da slitta, scortato da un allevatore che mi dava lezioni.

Subito dopo i mondiali, Aspen prese talmente piede che da tutti gli Stati Uniti la gente amante della montagna vi si trasferì, trasformandola in una deliziosa cittadina, che oltre allo sport ha puntato molto, e lo fa ancora oggi, anche sulla cultura. Ci si tengono grandi concerti di musica classica, e vi abitano tutti i generi di artisti, scrittori, pittori, musicisti, attori. È molto facile ancora oggi, come allora, trovare agli angoli delle strade giovani esecutori del conservatorio che eseguono pezzi di Mozart, Bach, Beethoven ecc... per pagarsi gli studi, contribuendo a fare di questa piccola cittadina di montagna un luogo unico al mondo.

Grazie al successo di Aspen, in tutte le zone limitrofe in questi anni sono nati tanti altri centri sciistici di fama mondiale, come Telluride e Vail, resa celebre soprattutto dal grande Alberto Tomba che vi vinse parecchie gare.

Un giorno arrivarono dall'Italia due giovani giornalisti destinati a una brillante carriera: Antonello Marescalchi, che divenne poi corrispondente del telegiornale da New York, e Massimo Rendina, che ha ora raggiunto la veneranda età di ottantasette anni. Furono mandati da Vittorio Veltroni per studiare il sistema di registrazione a nastro che io avevo avuto la fortuna di adottare e che maneggiavo con molta dimestichezza.

Quando ci penso mi viene da ridere.

I registratori erano delle piccole scatole come quelle delle scarpe, con dentro le batterie e i nastri per registrare. Il risultato era perfetto ma purtroppo l'apparecchio doveva essere caricato a manovella come un organetto e la carica non durava più di sette o otto minuti. Di conseguenza mi capitò parecchie volte che nell'entusiasmo della cronaca dimenticavo di ricaricare l'apparecchio e alla fine mi trovavo sempre con dei buchi spaventosi nei miei pezzi importanti e dovevo fare i salti mortali per montarli.

Dopo un ciclo di incontri e interviste nella zona di New York, con Rendina e Marescalchi ci spingemmo verso il West e andammo a visitare il mitico Grand Canyon.

Organizzammo una discesa per raggiungere il fiume Colorado fino in fondo al canyon. Era una cosa poco consigliabile perché man mano che si scendeva la temperatura aumentava, fino a raggiungere quasi cinquanta gradi. La discesa veniva fatta a dorso di mulo, lungo un sentiero strettissimo con dei baratri laterali mozzafiato. Ancor più mozzafiato erano però i serpenti che vedevamo da tutte le parti, e che quando ci vedevano arrivare si rizzavano pronti a scattare.

In fondo al canyon c'è il fiume Colorado, dove ci venne l'idea, a causa del gran caldo e della gran fatica, di gettarci subito dentro per rinfrescarci. Fortunatamente però i nostri saggi accompagnatori ci fermarono appena in tempo per farci vedere cosa sarebbe potuto succedere. In quel punto, la corrente era così forte che trascinava con sé milioni di minutissimi aghi di pietra: solo a mettere una mano nell'acqua la si tirava fuori con delle ferite!

Ho rivissuto questa esperienza più di trent'anni dopo addirittura con mia moglie Daniela e i miei figli Mickey e Nico, e ricordo che anche con loro fu un'avventura straordinaria. Vivere la discesa lungo le cateratte del fiume Colorado con gli indiani a bordo di un gommone è una cosa che non ci scorderemo mai di aver fatto insieme. Ma di questo parlerò più avanti.

Con Rendina e Marescalchi ne passammo di tutti i colori, ma in fondo ci divertimmo tantissimo insieme. Rendina era davvero molto in gamba, era stato comandante partigiano durante la lotta di Liberazione, e ha fatto un carrierone con prestigiosi incarichi accademici. A tutt'oggi è docente universitario e membro del Comitato scientifico per le ricerche storiche sulla Resistenza. È stato nominato anche presidente dell'Associazione dei partigiani d'Italia, e nel suo *Dizionario della Resistenza italiana* ha scritto così di me: "Bongiorno, Mike. Cittadino americano, era in Italia con la madre di nazionalità italiana, sfollato l'8 settembre sulle Alpi piemontesi, attraversava nei mesi invernali i valichi alpini innevati, recando messaggi in Svizzera per conto della Resistenza. Catturato dai tedeschi e incarcerato a Milano, a San Vittore, venne scambiato con prigionieri tedeschi in seguito a trattative tra i comandi alleato e germanico, potendo così raggiungere il padre a New York e collaborare alle emissioni radiofoniche in italiano *La voce dell'America*".

Antonello Marescalchi era un giovane molto dinamico e anche un po' ribelle. Ricordo che mi creò una situazione molto imbarazzante perché, invitati a una festa organizzata da un'autorità del luogo in un nostro viaggio nella parte Sud degli Stati Uniti, dove in quell'epoca esisteva ancora una separazione tra i bianchi e i neri, si mise a fare la corte a una bellissima ragazza di colore che lavorava in cucina. Qualcuno riportò la cosa ai padroni di casa e successe il finimondo. Si rivolsero a me che ero l'accompagnatore ufficiale e che rappresentavo *La voce dall'America,* emittente statale, invitandoci a lasciare immediatamente la festa!

Quel periodo di viaggi e interviste attraverso l'America fu una scuola insostituibile, e mi servì moltissimo per consolidare la mia conoscenza del mestiere.

Fu lì, in quei lunghi e solitari viaggi attraverso l'America, che gettai le basi della mia lunga carriera professionale.

Tutte cose importanti per quanto concerneva il mio lavoro, ma in quegli anni, ogni volta che ritornavo a New York, continuavo a sentirmi profondamente solo. Quello che mi mancava più di tutto erano gli affetti familiari. Con mio padre i rapporti erano ancora piuttosto freddi, e lui continuava a dedicare il suo tempo alla sua nuova famiglia, che io non frequentavo.

Con la ragazza del charleston ci eravamo lasciati da ormai parecchio tempo. Io viaggiavo troppo per poter tenere una relazione, e anche lei aveva sentito la nostalgia per il teatro ed era riuscita a ritornare a lavorare a tempo pieno a Broadway. Di lei, dopo la mia inaspettata permanenza in Italia non seppi mai più nulla. Chissà se è ancora viva oggi? Avrebbe circa la mia età, ma preferisco ricordarla com'era allora con i capelli biondi alla maschietta, gli occhi azzurri e il fisico da urlo mentre ballava il charleston.

Fu così che iniziai a vedermi sempre più assiduamente con una giovane cantante lirica che si chiamava Rosalia Maresca. La conobbi perché era stata ospite in un mio programma alla WHOM.

Mi aveva colpito in lei quell'atteggiamento tipicamente italiano, così diverso dalla mentalità delle giovani donne americane. Con Rosalia mi sembrava di tornare in quel mondo di affetti che avevo lasciato nella mia famiglia in Italia.

Decidemmo in fretta e furia di sposarci, senza pensare alle conseguenze che ne potevano derivare.

Ma fu uno sbaglio. In breve ci accorgemmo che si era trattato di una scelta fatta troppo frettolosamente, e sia io che lei per rimediare ci buttammo sempre più a capofitto nel lavoro. Lei, impegnata com'era nella sua carriera di cantante concertista, e io con i miei continui viaggi professionali.

Con la stessa facilità con la quale ci eravamo sposati, in capo a un paio d'anni capimmo che non era più possibile continuare insieme, e approfittammo del fatto che nello Stato di New York era possibile ottenere addirittura un annullamento del matrimonio perché non avevamo figli, e per risolvere più facilmente e più in fretta la cosa mi addossai interamente la colpa.

Ci lasciammo in pace, perché entrambi avevamo capito che non eravamo fatti l'uno per l'altra. Il mio era stato un vero e proprio gesto di debolezza di fronte alla solitudine.

Il vostro Paese

Erano ormai circa otto anni che mancavo dall'Italia!

Otto lunghi anni senza vedere mia mamma, zio Nico e zia Pina, che praticamente mi avevano cresciuto, e tutti gli amici e i colleghi della "Stampa".

Anche se mi mancavano tremendamente gli affetti materni mi ero creato un cuscinetto di salvataggio attraverso il lavoro e la mia nuova identità americana.

In un certo senso ero ormai un uomo completamente cambiato, nove volte su dieci la mia mente ragionava in inglese, che ormai era diventata la mia lingua madre. Sebbene le mie radici italoamericane si facessero sentire anche nell'ambiente di lavoro, mi consideravo un *american boy* al cento per cento. L'*american way of life* mi aveva conquistato completamente.

Non mi ero mai deciso a intraprendere il viaggio in Italia anche perché in un certo senso ne avevo quasi paura. Temevo di riaffacciarmi al passato, di riconnettermi con il dolore della guerra. Rifuggivo dall'idea di dover riaffrontare i fantasmi di quel periodo, che la frenesia del mio nuovo mondo americano mi aveva aiutato a nascondere completamente dalla mia coscienza. A nascondere, ma non a risolvere, perché in un certo senso quelle esperienze drammatiche non mi lasciarono, e so che non mi abbandoneranno mai.

Avevo anche paura di lasciare il mio lavoro, che era tutto quello che avevo. Era il mio tesoro, il bagaglio in cui custodivo tutti i miei affetti e le mie conquiste. Inoltre, negli Stati Uniti, partire per un lungo periodo di ferie era considerata una cosa estremamente pericolosa. L'America, perlomeno allora, era un Paese in cui se ti assentavi per un po' di tempo c'era subito qualcuno che ti portava via il posto.

Accadde tutto nell'estate del '53. Ero appena rientrato da uno dei miei avventurosi viaggi come corrispondente per la RAI, e mentre mi apprestavo a riprendere i soliti ritmi di lavoro mi chiamò Pettinella, il proprietario dell'agenzia pubblicitaria che mi aveva introdotto alla WHOM. Mai avrei immaginato che stava per farmi una proposta che mi avrebbe catapultato improvvisamente in una fase del tutto nuova della mia esistenza.

Questa volta Pettinella mi parlò di un lavoro da fare per la WOV, la stazione radio che era la concorrente diretta della WHOM. Lui infatti vendeva la pubblicità a entrambe le stazioni, e non si faceva scrupoli di nessun tipo.

La WOV gli aveva chiesto di propormi di andare come loro corrispondente in Italia per raccontare con dei documentari la ricostruzione del Paese. Sapevano del successo che avevano avuto i miei servizi e le mie corrispondenze sull'America per la RAI, ed erano convinti che avrei potuto fare altrettanto bene anche in Italia per il pubblico italoamericano.

Mi sembrò subito un'occasione straordinaria, da non poter perdere.

Ci pensai poco. D'istinto, gli dissi di sì. Accettai. Questa volta nessuno poteva portarmi via il posto, e non correvo il rischio di perdere tutto quello che avevo costruito.

Durante il mio incontro con la direzione della radio per definire i dettagli proposi anche che poteva essere un'ottima idea visitare i parenti degli ascoltatori che vivevano nei paesi che sarei andato a visitare. Qualcosa del genere era già stato tentato ma non come io avevo in mente di fare.

"Per quanto tempo devo stare via?" chiesi.

"Il tempo di terminare il lavoro, regolati tu. Ma non stare via più di un anno" mi rispose il direttore della WOV. "Bada però che si tratta di un progetto molto dispendioso per noi, e il budget non ci consente di assumere un'altra persona. Dovrai arrangiarti tutto da solo, senza l'appoggio di un tecnico."

"Non è un problema" dissi io.

Mi sentivo forte grazie alla grande esperienza che avevo acquisito per *La voce dell'America* e per i servizi che facevo nei miei viaggi come corrispondente per la RAI.

Tra l'altro gli apparecchi di registrazione ormai non erano più come la famosa scatola da scarpe con la quale avevo fatto i miei primi servizi. Ormai c'erano le valigette con tanto di batterie ricaricabili che duravano più di un'ora. Era tutto più facile.

La trasmissione si sarebbe intitolata *Il vostro Paese* e il contratto che firmai mi richiedeva di partire praticamente subito. Mi diedi da fare per sbrigare le mie cose e organizzare la partenza. In fondo in quel momento della mia vita non avevo legami che mi trattenevano, a parte naturalmente quello con mio padre, che però non vedevo né sentivo da un po'. Il nostro rapporto si era assestato su un piano di reciproco rispetto, con la consapevolezza di vivere delle vite diverse.

Pensai che comunque fosse il caso di avvisarlo. Era da tempo che in qualche modo sentivo di averlo perdonato. Con la sua severità e la sua freddezza aveva condizionato la mia vita, ma è incredibile pensare come in realtà fu proprio lui a farmi fare i passi più giusti. Seppure con poca diplomazia, aveva intuito la mia personalità, e mi aveva condotto sul percorso ideale per me. All'epoca io non lo capivo, ma se l'avessi avuta vinta, se avessi fatto di testa mia e studiato da avvocato come volevo fare, chissà, tutta la mia vita sarebbe stata diversa.

Avevo saputo che sfortunatamente per lui si era al momento separato anche dalla seconda moglie. Era piuttosto affranto quando ci vedemmo, e mi sentii di proporgli di andare a vivere nell'appartamento dove avevo abitato fino a quel momento, a Peter Cooper Village, un grande nuovo insediamento che era stato costruito lungo le rive dell'East River. Lo avevo ammobiliato anche con parecchi mobili della casa dove io avevo vissuto da bambino e che mio padre aveva conservato. Si trattava di cose di grande valore che mia madre aveva portato in dote dall'Italia.

"Con che macchina girerai l'Italia?" mi chiese di punto in bianco mio padre, mentre seduti attorno al tavolo di un tipico diner americano gli stavo spiegando la natura del lavoro che sarei andato a fare.

"Be'... pensavo di spedire via nave la mia Mercury." Ma mentre glielo dicevo pensavo tra me e me che effettivamente era oramai diventata un po' vecchiotta per un viaggio del genere.

Papà mi prese in contropiede. Forse perché mi vedeva perplesso. "Dammi le chiavi, prenderò io la tua macchina, e tu prendi queste. Portati in Italia la nuova vettura che ho appena acquistato." Fu come al solito categorico, e la sua imprevedibile mossa di generosità mi spiazzò, come sempre mi capitava davanti a lui. La sua nuova macchina era nientemeno che una fenomenale Oldsmobile decappottabile. Rimasi di stucco.

Feci immediatamente le pratiche per spedirla in Italia via nave. Andai a ritirare il biglietto aereo che mi avevano prenotato quelli della mia emittente, e felice ed emozionato partii alla fine di settembre del 1953 per un'avventura che pensavo sarebbe durata neanche un anno, e che invece dura ancora oggi da ben più di cinquant'anni.

Appena giunto in Italia in quell'autunno del 1953, la prima cosa che feci fu di precipitarmi a Torino per rivedere la mamma.

Fu un momento molto commovente, paragonabile a quello in cui quando arrivai a New York incontrai mio padre che mi vide dopo dieci anni trasformato da bambino in giovanotto. La mamma invece mi aveva visto l'ultima volta a San Vittore da giovanotto, e mi rivedeva dopo quasi dieci anni da "uomo fatto".

Molte, troppe cose erano cambiate. Le mie aspettative erano alle stelle, ma fu un po' una delusione dormire per esempio in un letto diverso da quello che avevo lasciato, e non trovare più i miei abiti e le mie cose sportive, e soprattutto i miei libri scolastici. La mamma aveva forse fatto bene a liberarsi di tutto, ma l'effetto su di me fu come quello di subire senza anestesia un taglio netto del cordone ombelicale.

Girai, senza più riferimenti, per le vie di Torino, andando a caccia dei ricordi e dei sapori che avevano caratterizzato la mia infanzia. Ma non riuscivo a riconoscerli. Era cambiato tutto, la mia città non era più la stessa degli anni Trenta e dell'inizio dei Quaranta. Ma soprattutto, ero cambiato io.

Mi sembrava di non appartenere più a nessun luogo in particolare. Il mio essere diviso tra due Paesi, la discendenza ancora fresca da parte di mio padre con gli emigrati di sangue siciliano, il mio essere cresciuto ed essermi formato con le tradizioni piemontesi, l'aver passato anni di solitudine con una mamma e poi con un papà che non si parlavano ed erano su due sponde diverse dell'Atlantico, erano tutte cose che avevano contribuito a farmi crescere senza un preciso senso di appartenenza a un luogo. Mi resi conto che non avevo delle vere e proprie radici, appartenevo a tutti e a nessuno di questi luoghi.

Ma soprattutto, in quei giorni torinesi, c'era una cosa che mi addolorava in particolare. Andai alla "Stampa" con un groppo in gola perché sapevo che non avrei più trovato quello che era stato il primo uomo importante della mia vita, Luigi Cavallero. Colui che, da semplice ragazzo, mi aveva trasformato in un aspirante professionista in campo giornalistico.

Era morto in circostanze drammatiche a bordo di un aereo che lo trasportava insieme alla squadra del Grande Torino praticamente al completo. Fu l'incidente che commosse tutta Italia, noto come la tragedia di Superga. Era accaduto pochi anni prima, nel '49, si dice a causa della nebbia che imperversava su Torino, e che causò l'impatto del velivolo sulle fondamenta della basilica.

Alla "Stampa" erano rimasti pochi di quelli che avevo conosciuto quando avevo cominciato a lavorare in redazione, ma alcuni si ricordavano ancora del biondino italoamericano che era diventato la mascotte del giornale durante la guerra.

Decisi così di buttarmi a capofitto nel lavoro per la radio americana. Sapevo che non avrei avuto molto tempo, e che ci sarebbero stati migliaia di chilometri da fare.

Nel frattempo era arrivata a Napoli sulla nave la mia automobile. Andai a ritirarla e puntai subito su Milano per incontrare Vittorio Veltroni, il capo della redazione radiocronache e del giornale radio della RAI che mi aveva dato tanti incarichi come corrispondente dagli Stati Uniti. Ero sul punto di conoscere il secondo uomo importante della mia vita.

Arrivato in corso Sempione dove c'era la sede della RAI ricordo ancora come se fosse oggi i commenti dei colleghi giornalisti che si radunarono tutti attorno alla mia Oldsmobile. "Perbacco, è proprio vero" mi dicevano, "voi giornalisti americani guadagnate molto e avete mezzi superiori ai nostri. Tu giri su una specie di ammiraglia e noi invece andiamo ancora in barchetta a remi!"

Veltroni e io simpatizzammo subito. In lui trovai un uomo molto affabile e alla mano. Mi fece ancora i complimenti per tutti i servizi che avevo mandato in quegli anni dagli Stati Uniti. "Guarda Mike, tu sei un elemento molto prezioso per noi."

Si era già preparato un discorso che fu il vero e proprio ago della bilancia della mia carriera televisiva. "Hai una preparazione che secondo me è già adatta a svolgere il tuo lavoro giornalistico in televisione. Siamo ancora in fase sperimentale, ma abbiamo bisogno di qualcuno che abbia il coraggio di esibirsi davanti alle telecamere. Purtroppo troviamo difficoltà a convincere i tuoi colleghi a fare questo lavoro. Tutti hanno paura a farsi vedere e temono di perdere il filo del discorso. Alla radio si lavora sempre con degli appunti in mano, in televisione invece bisogna improvvisare."

"Sono lusingato, ma non credo di essere la persona giusta per te. Io sono qui in Italia solo per pochi mesi. Per fare i documentari per la mia emittente di New York devo viaggiare costantemente. Non avrei proprio il tempo di dedicarmi a un programma televisivo come tu mi chiedi."

Veltroni insistette. "Innanzitutto" mi disse, "il programma che ho in mente per te si svolgerà a Roma. E se non sbaglio ti muoverai soprattutto nel Sud Italia, quindi non dovrebbe essere troppo complicato per te raggiungere i nostri studi, una volta alla settimana." Andò avanti con grande insistenza. "Mike, non puoi rinunciare. È una cosa che sembra fatta su misura per te, e ci vuole anche una conoscenza dell'inglese come la tua."

Adesso che mi aveva visto di persona, proseguì, era convinto che fossi il personaggio ideale per il programma che aveva in mente, e non potevo assolutamente deluderlo.

L'offerta di esordire in televisione in sé non mi emozionò più di tanto, all'epoca noi della radio la vedevamo come una cosa di categoria inferiore e di nicchia. Soprattutto in Italia, dove praticamente non esisteva ancora. Ma furono in primo luogo la fiducia e il coraggio che quest'uomo continuava a darmi che mi entusiasmarono. Pur sapendo che avrei potuto avere difficoltà a svolgere i miei impegni per la WOV, la mia emittente italoamericana, accettai infine la sua proposta.

Si trattava di tenere una rubrica settimanale dal titolo *Arrivi e partenze*, che si prefiggeva lo scopo di far vedere e far conoscere al pubblico della televisione i personaggi più noti della politica e dell'arte che dall'estero approdavano in Italia. In pratica avrei dovuto intervistare le personalità straniere o italiane che erano in partenza o in arrivo a Roma.

"Tanto, anche se va male" pensavo, "fra meno di un anno devo comunque tornare a New York. È lì il mio vero lavoro."

1954

Dopo appena qualche settimana, tra il novembre e il dicembre del 1953 debuttai con quello che fu il primo vero programma televisivo della mia carriera.

Anche se viene considerata la prima trasmissione regolare della nostra storia televisiva, in realtà iniziammo a realizzarla già qualche settimana prima del periodo ufficiale, nell'epoca ancora cosiddetta sperimentale.

Lo studio si trovava in via Asiago (qualche volta si andava a fare la puntata anche all'aeroporto), ed era attrezzato per la radio, ma essendo quello il periodo dei "pionieri" della TV, gli scenografi lo avevano trasformato allargandolo in uno studio televisivo semplicemente imbottendo le pareti e le porte con mezzi di emergenza. Figuratevi che bastava aprire una delle porte laterali dello studio per accedere alla toilette. Fu così che con la celebre giornalista americana del gossip Elsa Maxwell, che era venuta in Italia per intervistare gli attori americani che lavoravano a Cinecittà, vivemmo un episodio estremamente imbarazzante.

Mentre stavo intervistando un altro ospite, la Maxwell chiese all'assistente di studio il permesso di uscire perché aveva un bisogno impellente. Le pareti erano così sottili che mentre *Arrivi e partenze* era in onda, noi in studio sentivamo tutto quello che succedeva nel bagno. Udimmo chiaramente tutte le sue rimostranze ad alta voce: "*Oh my God, I have never seen anything like it!*", non ho mai visto nulla del genere... e poi giù con tutti i rumori in diretta che immagino si possano capire.

La trasmissione era dal vivo e mentre ero in onda avevamo degli inviati che giravano per Roma e soprattutto in via Veneto per poi portarmi degli ospiti da intervistare. Li facevano entrare mentre ero in onda, convinti che io sapessi chi erano queste persone. Io purtroppo, essendo stato assente per tanti anni dall'Italia, molti dei personaggi che mi portavano non li avevo mai visti e non li conoscevo. Ricordo che una sera mi portarono un signore anziano con i capelli bianchi che parlava con una voce molto profonda, piuttosto difficile da comprendere. Non avevo la minima idea di chi fosse. E non sapevo che cosa chiedergli. Gira e rigira dopo aver tentato in vari modi di scoprire chi fosse gli chiesi così a getto se scriveva anche. "Eh..." rispose lui. "Conosci questi versi? 'Si sta come d'autunno sugli alberi le foglie'... oppure 'M'illumino d'immenso'!" La sua risposta fu così piena di pathos poetico che capii subito che non poteva essere altro che l'autore di quei bellissimi versi, il famoso poeta Giuseppe Ungaretti.

In quei primi mesi del '54, grazie alla natura della trasmissione, conobbi tantissima gente celebre in Italia e nel mondo. Roberto Rossellini, Vittorio De Sica, Alberto Moravia, Mario Soldati, Piero Taruffi, l'ambasciatrice americana Clare Luce, il presentatore televisivo americano Robert Q. Lewis... e tanti, tantissimi altri.

Alberto Sordi, ad esempio, che in quel periodo stava girando con Steno il film *Un americano a Roma*, aveva tenuto molto a conoscermi e partecipare alla trasmissione per vedere come mi vestivo.

Un giorno venne anche Alcide De Gasperi (poco prima della sua morte) con Giulio Andreotti. Dopo che De Gasperi se ne fu andato, Andreotti, che era rimasto senza passaggio, mi chiese se potevo accompagnarlo in centro, e così lo portai con la mia Oldsmobile in via Veneto.

Tra gli sportivi ricordo Primo Carnera, che era anche una persona straordinaria, un bonaccione dal cuore tenero con un grande rispetto per gli altri. Aveva studiato poco, eppure possedeva un'intelligenza fuori dal comune, quando gli parlavi capivi di trovarti di fronte a un interlocutore acuto e curioso del mondo.

La mia mente però era soprattutto indirizzata verso il vero lavoro per il quale ero venuto in Italia. Tra la fine del '53 e l'inizio del '54, in contemporanea con *Arrivi e partenze*, ero perennemente in viaggio per realizzare i documentari e le interviste per la WOV, il programma con i parenti degli italoamericani che avevano registrato su disco a New York i loro messaggi di saluto.

Lo sponsor era una ditta di maccheroni, e per avere diritto a registrare un messaggio da far ascoltare ai propri parenti bisognava aver inviato presso la redazione della radio un paio di coupon tratti dalle scatole della pasta.

I messaggi erano di circa due minuti ed erano veramente strappalacrime: "Mamma! Sono trent'anni che non ci vediamo ma non ti ho mai dimenticata. Sto mettendo via i soldi per venirti a trovare in Italia". Vi lascio immaginare la commozione delle mamme, delle nonne e dei parenti, tutti riuniti a sentire la voce dei propri cari che si erano allontanati dal loro Paese per andare a cercar fortuna negli Stati Uniti.

Le persone alle quali facevo sentire i saluti dall'America non avevano mai visto un registratore e tanto meno dei dischi di vinile, che mi venivano inviati dalla redazione ogni settimana. Avevo problemi soprattutto con le vecchie mamme, che non riuscivano a capire da dove arrivava la voce dei loro figli.

"Come fa a parlare con me se non è qua?"

"Figlio mio, non riconosco più la tua voce, sei cresciuto, mi vuoi bene come noi vogliamo bene a te? Torna in Italia prima che io muoia, ti voglio abbracciare" e parlavano a me come se fossi l'incarnazione del figlio, contemporaneamente abbracciandomi e coprendomi di baci.

Io stesso mi commuovevo e nell'andare via lasciavo la registrazione come ricordo, ben consapevole che non potevano risentirla perché non avevano gli apparecchi adatti per far funzionare i dischi.

Mentre si svolgevano questi episodi così commoventi venivo circondato da decine di persone nella sala del Comune dove in genere davo l'appuntamento. Fuori nella piazza c'erano centinaia di abitanti, incuriositi per quello che stava accadendo e soprattutto per il macchinone americano con il quale era arrivato "quel bel giovane dall'America". Io all'epoca davo nell'occhio perché, arrivando dall'America, andavo in giro vestito con camicie da cowboy, cravatte sgargianti e blue-jeans con tanto di stivaletti.

In molte località non avevano mai visto una macchina americana ed erano convinti che si trattasse di una macchina italiana. "Vedi" dicevano "è la nuova Fiàt!" con l'accento sulla "a".

Purtroppo le carte stradali di allora non erano molto precise, per cui sovente mi aggiravo senza sapere dove dovevo andare. Se eravamo nelle zone montagnose mi inerpicavo con grande coraggio su sentieri sconnessi adibiti solo al passaggio delle capre. Qualche volta la strada si interrompeva ed ero costretto a proseguire a piedi e a chiedere aiuto per trasportare gli apparecchi di registrazione. Molti, leggendo le sigle wov sulla targa della mia Oldsmobile, pensavano che fossi il rappresentante della bevanda Vov e dicevano ai compaesani: "Vedete, è venuto il rappresentante della Vov a vendere questo prodotto così buono per la nostra salute".

Quando mi trasferivo da un paese all'altro, soprattutto in Calabria e in Sicilia, avevo sempre il patema d'animo per il rifornimento della benzina. Pochi erano allora i distributori, e alla sera tra l'altro chiudevano. Una volta mentre stavo attraversando di notte il vallo lucano mi trovai completamente senza benzina. Ero disperato, perché da quelle parti di notte non passava nessuno. Rimasi lì tutta la notte finché al mattino, miracolo di Dio, vidi arrivare in groppa a un somarello un contadino. Mi guardò come fossi uno spirito arrivato dall'Aldilà.

"Che ci fate voi qui?"

"Per favore, avrei bisogno di aiuto. Sono rimasto senza benzina. Cosa devo fare?"

"State lì, ci penso io" e si allontanò trotterellando. Passai altre due ore senza sapere come tirarmi fuori da quell'emergenza, quand'ecco che lo vidi ritornare piano piano con una tanica in mano. Era andato a prendere della benzina apposta per me. Scesi dalla macchina, lo baciai e lo abbracciai.

"Ma cosa fate signore, è dovere mio aiutarvi!"

"E se qualcun altro nel frattempo fosse passato e mi avesse aiutato a partire, fin dove sarebbe andato lei a cercarmi?"

"Ho pregato la Madonna di ritrovarvi, anche lei dovete ringraziare, la Madonna!"

"Va bene, ma ringrazio anche lei, e oltre a pagarle la benzina le do anche una bella mancia."

Quelli erano gli anni in cui le industrie del Nord si erano rimesse in piedi e cominciavano a produrre in abbondanza per l'Italia gli elettrodomestici, soprattutto i frigoriferi, le lavastoviglie, i ferri da stiro e così via. Sovente durante i miei spostamenti venivo superato da camioncini con scritte pubblicitarie, guidati dai rappresentanti dei prodotti. Verso sera poi, era una corsa fra tutti per cercare di arrivare prima in qualche località dove c'erano degli alberghi per passare la notte. Qualche volta io arrivavo primo e mi sistemavo. Una volta però, non lo dimenticherò mai, arrivai a tarda sera. Non c'era più un posto dove poter dormire. Chiesi consiglio sul da farsi, e i locali mi segnalarono alla periferia del paese una casa dove forse avrei potuto trovare un letto. Quando la raggiunsi inorridii. Era quasi un tugurio, tutto buio e mezzo diroccato dove mi accolse un donnone obeso. "Se vuoi c'è lì uno stanzino dove puoi riposare" mi disse. Non era altro che un pagliericcio con un cuscino di fieno. E prima di ritirarsi mi chiese con un certo tono malizioso: "Vuoi anche una coperta?".

"No, no! Sto bene così perché questa stanza è calda." Quando raccontai in paese che mi era stata offerta una coperta si misero tutti a ridere. Nella mia ingenuità non avevo capito che ero finito in una casa di appuntamenti e che offrirmi una coperta equivaleva a offrirmi una donna! Ma cosa volete farci? Io allora ero ancora tutto Coca-Cola e sport e queste cose non le capivo.

Girando per i paesi della Sicilia notavo che in Comune oltre al sindaco c'era sempre qualche personaggio che sembrava avere una grossa influenza sulla gente. Erano dei personaggi che prendevano in mano la situazione e accompagnavano fino davanti ai miei microfoni le persone che dovevano ascoltare i messaggi. Anche con me sembravano voler comandare ed esigere rispetto.

Mi chiedevo sempre chi fossero queste persone e perché avessero tanta autorità, ma presto lo scoprii. Un giorno mentre ero in un paese vicino a Palermo uno di questi personaggi mi si avvicinò. "Guarda che domani devi venire in città perché c'è una persona importante che ti vuole incontrare."

Il fatto mi incuriosì, anche perché pensavo che, trattandosi di una persona importante, avrei forse potuto registrare anche una bella intervista. Detto fra noi pensavo che si trattasse di qualche ministro. Mi diedero appuntamento al Grand Hotel delle Palme, famoso albergo storico di Palermo. Quando arrivai con la mia macchina davanti all'ingresso fui accolto subito da un paio di tipici italoamericani. "Dacci le chiavi della macchina che te la parcheggiamo noi."

"Ma voi la sapete guidare?"

"Non ti preoccupare, quante macchine così abbiamo guidato prima ancora che tu nascessi!"

Mi accompagnarono nel grande salone dell'albergo dove in fondo vidi un uomo seduto in poltrona circondato da una mezza dozzina di energumeni tipo i nostri bodyguard di oggi. "Vieni vieni con noi, tu oggi avrai l'onore di conoscere Lucky Luciano!" mi dissero i suoi scagnozzi.

Ebbi un balzo al cuore, io che venivo dall'America dove si sentiva sempre parlare di questi famosi personaggi in odore di mafia, mi chiesi come fosse mai possibile che un personaggio come Lucky Luciano che era stato condannato a tanti anni di prigione si trovasse lì in quel momento. Mi avvicinai e lui mi squadrò ben bene. "Accomodati, Mike. Mi hanno detto che sei un bravo ragazzo e che stai facendo una cosa molto bella. Devi stare molto attento perché quando viaggi potresti incontrare anche gente pericolosa, ma non preoccuparti perché se hai bisogno noi ti aiuteremo. Nei paesi che raggiungerai troverai sempre qualcuno che ti aiuterà, perché Mike, non si sa mai, la vita è pericolosa."

Ero talmente emozionato per questo incontro che non sapevo cosa dire, e non ce la feci a chiedergli di rilasciarmi un'intervista. Ebbi modo di sapere tempo dopo come e perché

Lucky Luciano si trovava libero. Pare che gli americani, prima di sbarcare in Sicilia, per garantirsi il buon esito dell'operazione avessero contattato degli elementi mafiosi chiedendo la loro collaborazione durante l'avanzata. Molti di questi andavano in avanguardia con i militari americani verso i paesi che stavano per essere occupati, soprattutto quelli di cui erano originari, e preparavano il terreno per i comandanti americani che li seguivano. Mi raccontarono addirittura che quando arrivavano alle porte di queste cittadine avvisavano parenti e amici con degli altoparlanti.

Misteri da spy story, così come la famosa frase "Corvo tre" che dissi quando arrivai negli Stati Uniti al momento del mio scambio e che destò molto interesse nell'FBI.

Grazie a questi spostamenti continui, conobbi delle realtà che mi furono molto utili nello svolgimento del mio lavoro televisivo. Ogni volta che io facevo, o faccio tuttora un programma, mi sembra di rivedere tutte le facce e tutte le località che ho conosciuto in questi viaggi, ed è un grande vantaggio rispetto a molti miei colleghi che non hanno avuto occasione di conoscere così a fondo il nostro Paese. In molti di questi luoghi sono poi ritornato in lungo e in largo dopo tanti anni con il mio spettacolo estivo, il *GiroMike*, e così ebbi l'opportunità di riaggiornarmi dopo un cambio generazionale sulle abitudini e le qualità specifiche dei cittadini del nostro Paese.

Con la mia Oldsmobile, oppure in treno, ogni sabato rientravo a Roma per andare avanti con le mie puntate di *Arrivi e partenze*.

Erano giorni di particolare entusiasmo perché si stava chiudendo per sempre la fase sperimentale della televisione.

La prima domenica del 1954, il 3 gennaio, fu deciso come il giorno in cui si sarebbe dato il battesimo ufficiale al nuovo palinsesto della RAI. I dirigenti e i tecnici ritenevano che si fosse ormai raggiunta un'organizzazione tale che permetteva di regolarizzare il servizio offrendo all'utente una varietà di programmi di intrattenimento e un sistema di informazione tali da giustificare il pagamento di un abbonamento, il cosiddetto "canone".

Veltroni mi aveva lusingato facendomi sapere che i test svolti con *Arrivi e partenze* erano andati benissimo e che i programmisti avevano deciso di valorizzare la trasmissione inserendola ufficialmente nel palinsesto di presentazione, facendone a tutti gli effetti la prima trasmissione regolare della RAI.

Mi raccontò anche del grande lavoro che stava svolgendo in prima persona per mettere in piedi il telegiornale, che andò avanti a dirigere personalmente. Durava mezz'ora, dalle 20.45 alle 21.15, e quella prima domenica di gennaio esordì così: "La televisione italiana ha iniziato oggi il regolare servizio con l'inaugurazione ufficiale degli studi e delle attrezzature di Milano, Torino e Roma, trasmessa in telecronaca diretta".

La mattina ci furono una serie di cerimonie a Torino, a Milano e a Roma con la benedizione del vescovo e la presenza di tutte le autorità politiche e dell'azienda. Poi, nel primo pomeriggio, la linea passò a me che alle 14.30 attaccai con *Arrivi e partenze.*

Su quel giorno si è detto e scritto tanto. Soprattutto in occasione del cinquantesimo anniversario che si è svolto non molto tempo fa. Ma per me dal punto di vista pratico non fu un giorno particolarmente diverso dagli altri, a parte ovviamente i festeggiamenti e la sensazione di sentirmi partecipe di una giornata speciale. Noi di *Arrivi e partenze* continuavamo a fare esattamente quello che stavamo facendo già da qualche settimana.

L'unica differenza rispetto al solito era che mi fu dato l'incarico di aggiungere all'introduzione della puntata delle spiegazioni tecniche su come si facevano le riprese, e dire che cos'era uno studio televisivo. Spiegai dunque ai quasi venticinquemila teleabbonati cos'era la *giraffa,* "un lungo palo con in cima un microfono che viene azionato da un tecnico" (allora non avevano ancora inventato i radiomicrofoni che usiamo ora), e feci vedere quello che noi chiamavamo il *monitor,* con il quale chi parlava poteva seguire quello che andava in onda. Mostrai anche cosa succedeva dall'altra parte del vetro, dove c'erano i tecnici e i dirigenti responsabili della messa in onda. Fu interessante perché erano tutte cose che nessuno aveva mai visto prima.

Ricordo che erano presenti in studio con me anche l'allora direttore dei programmi della televisione Sergio Pugliese, che tra l'altro era anche un ottimo commediografo (un suo lavoro aveva avuto già notevole successo), e Vittorio Veltroni.

Il fatto di sapere che da quel momento gli abbonati avrebbero pagato per avere la televisione, mi dava un certo qual senso di responsabilità. Mi faceva sentire che dovevo stare più attento, e che il gioco si era fatto terribilmente serio.

Tra l'inverno e l'inizio della primavera del '54 stavo giungendo ormai agli sgoccioli del tempo a mia disposizione per la realizzazione dei documentari e dei viaggi con i dischi per la stazione radio WOV.

Mi apprestavo così a ripartire di nuovo per New York, e iniziai a fare il mio giro di saluti.

Andai a trovare anche Vittorio Veltroni.

"Ti ringrazio per la bella esperienza che mi hai fatto fare con *Arrivi e partenze*" gli dissi "ma è giunto per me il momento di partire. Sono venuto a salutarti con la speranza che quando rientrerò negli Stati Uniti mi farai riprendere il lavoro di vostro corrispondente."

Mai più immaginavo che in quel momento stava per verificarsi un colpo di scena che avrebbe cambiato totalmente la mia vita. Ricordo ancora l'espressione severa con cui mi guardò Vittorio Veltroni. Quasi come se io fossi un incosciente.

"Ma cosa stai dicendo Mike?"

Mentre mi fissava sbalordito pensai a come quest'uomo, che in fondo non conoscevo così bene, aveva influito sulla mia carriera fino a quel momento. Era lui che poco più di sei mesi prima mi aveva lanciato nella mia prima esperienza televisiva ed era sempre lui che qualche anno prima aveva insistito tanto nel cambiare il mio nome da Michael in Mike trasformandomi ufficialmente in radiocronista. "Mike, non ti sei reso conto di quello che è accaduto durante questo anno?"

Lo guardai perplesso. "Ma certo! Ho fatto tanta esperienza, e ti ringrazio davvero di cuore per avermi dato la possibilità di fare la conoscenza di tanti personaggi italiani e stranieri in tutti i campi della cultura e dello spettacolo."

"Mike... Mike... Ascoltami bene! Non puoi tornare in America adesso, e lasciare tutto quello che hai costruito qua in questi pochi mesi. Devi sapere che noi stiamo già facendo i primi controlli sui pareri e sulle preferenze degli italiani in rapporto alla televisione. Le statistiche ci dicono che tutti sono rimasti colpiti dal tuo aspetto di bravo ragazzo, con le tue giacche lunghe all'americana e le tue cravatte colorate che gridano vendetta! Stanno già nascendo molti protagonisti televisivi come te, ma tu sei in una posizione di privilegio perché sei quello che sta entrando nel cuore degli italiani. Tu devi rimanere in Italia! Infinite sono le possibilità che avrai se mi ascolti. Ci devi aiutare a inventare programmi, e insegnarci a fare tutte quelle cose che sta già facendo la televisione americana. Ne ho parlato con tutti i dirigenti, compreso il direttore dei programmi Sergio Pugliese. Anche loro hanno detto che con il personaggio Mike potremo tentare cose nuove, e iniziare quel cammino che porterà l'Italia da poche migliaia di televisori ai milioni che siamo sicuri di poter raggiungere. Anzi, se rimani, dobbiamo subito cominciare a lavorarci."

Le sue parole erano davvero molto allettanti ma venne fuori la mia solita paura di perdere tutto. "Mio caro Vittorio, tutto quello che mi dici è molto bello, ma di sola aria non si vive. Ti rendi conto che mi stai chiedendo di rinunciare a tutto quello che ho già seminato negli Stati Uniti per andare incontro a un rischio e a una scommessa? E che con il piccolo compenso di *Arrivi e partenze* non potrei certamente vivere in Italia?"

"Non ti devi preoccupare di questo Mike. Tutte le porte sono aperte per te. Come ti ho detto, ti voglio affidare da subito altri incarichi, e costruire con te dei nuovi programmi per la televisione... magari anche una rubrica di varietà... che potremmo lanciare tra poco. E potresti fare anche la radio qui in Italia, che ne dici?"

Rimasi in silenzio, e Veltroni ne approfittò per prendermi in contropiede. "Intanto ti porto dal professor Palmieri, che dirige il secondo programma della radio e a cui sicuramente riuscirai simpatico perché so che ama molto l'America."

Fu così che iniziai a compiere il mio traghettamento dal giornalismo al varietà televisivo, approdando poi in poco tempo al quiz. Sempre grazie a Vittorio Veltroni, che mi infuse il coraggio di dimenticare definitivamente il posto di lavoro che avevo in America e di non badare alle sicurezze materiali che avevo costruito con grande fatica al di là dell'Atlantico (in tutto e per tutto continuava a svolgere la funzione dell'incarnazione del mio angelo custode!).

Ma soltanto l'anno successivo, qualche mese dopo l'inizio di *Lascia o raddoppia?* Vittorio morì improvvisamente, stroncato da una terribile malattia. Fu un vero dramma, se ne andava lasciando una giovane e bellissima famiglia con due figli in tenera età.

Ebbi modo di parlare a lungo di lui con Walter, suo figlio (l'amato sindaco di Roma e ora a furor di popolo anche leader del nuovo Partito democratico) che aveva infatti solo un anno alla morte del suo papà.

Io e Walter ci incontrammo per la prima volta a Londra, un giorno di qualche anno fa, quando mi venne a cercare perché desideroso di ricostruire l'immagine del padre e di sapere qualcosa di più su di lui, avendolo purtroppo conosciuto per così poco tempo. Chiacchierammo con grande trasporto, gli raccontai che fui testimone della sua grande bontà d'animo e immensa professionalità (era infatti da tutti considerato l'*enfant prodige* della televisione) e gli confidai l'entità dell'enorme affetto e riconoscenza che nutrivo e nutro ancora nei suoi confronti. Fui stupito ed emozionato nel riconoscere in Walter molti dei tratti che contraddistinguevano il padre: una grande umanità, lo sguardo sensibile e profondo, la stessa stretta di mano sincera e leale.

Quando incontrai Palmieri gli raccontai che in America c'era una trasmissione radiofonica che spopolava. Era un programma musicale che si chiamava *Stop the Music*, che tradotto significa "Ferma la musica". Gli dissi che poteva essere una buona idea anche per noi fare una cosa del genere in Italia.

L'idea gli piacque subito molto, e a un punto tale che Palmieri decise di fare un grosso investimento. Mi diede una bellissima orchestra, diretta da un grande compositore e maestro, Lelio Luttazzi, e in brevissimo tempo, il 20 aprile del

'54, partimmo con il programma che fu battezzato *Il motivo in maschera*.

Il meccanismo del gioco era semplice: i concorrenti, sorteggiati dall'elenco telefonico degli abbonati (a volte venivano anche invitati nello studio di via Asiago a Roma), dovevano scoprire l'identità del "motivo mascherato", una canzone nota ma leggermente variata da Luttazzi nel ritmo e nell'armonia.

Prima di far sentire al concorrente il motivo travisato, che magari andava avanti per qualche settimana, facevamo degli indovinelli con domande dirette e con delle scenette alle quali partecipavano una bravissima attrice, Isa Bellini, e lo stesso Lelio Luttazzi. Avevamo anche due straordinari cantanti molto popolari in quel periodo, Emilio Pericoli e Jula De Palma. Il montepremi aumentava di settimana in settimana e ci fu anche qualcuno che vinse parecchi milioni. Tutti impazzivano cercando di indovinare il titolo originale del motivo, alcuni giornali addirittura suggerivano, sbagliando, il titolo esatto. Ricordo che al quotidiano "Il Tirreno" di Livorno c'era un critico, un bravo musicista, che indovinava sempre il motivo, e a un certo punto venne perfino diffidato dal far sapere in giro il titolo della canzone!

Il motivo in maschera fu veramente un enorme successo. Ritengo che fu il primo vero grande quiz in Italia.

Mi sono commosso in questi ultimi tempi quando sono andato a visitare gli studi di via Asiago, in occasione della follia che ho fatto con Fiorello e Baldini: la parata per le strade di Roma, travestiti loro da majorette e io da zio Sam.

Incredibile ma vero, per l'ennesima volta il famoso detto cinese che è stato un refrain della mia vita si è verificato. Presto o tardi si ritorna sempre nello stesso posto!

A quell'epoca, tre erano i grandi inserzionisti pubblicitari alla radio. La L'Oréal, la Stock di Trieste e la Martini.

I programmi da loro offerti erano seguitissimi in Italia, fintantoché non ci fu il boom della televisione.

Nel *Motivo in maschera*, ogni quarto d'ora si faceva la pubblicità ai prodotti della L'Oréal. Io mi ero già fatto parecchia esperienza con le sponsorizzazioni per i programmi radio della WHOM in America, ed ebbi il coraggio già allora di cominciare a dare una nuova impronta agli annunci.

All'epoca si usava interrompere il programma con un gong, e con un fare molto ingessato l'annunciatore elogiava il prodotto che sponsorizzava il programma. Io invece fui il primo in Italia a eliminare questo sistema rigido e cominciai a elogiare il prodotto della L'Oréal improvvisando e usando anche frasi spiritose.

Uno dei prodotti era una famosa saponetta. I dirigenti mi fecero sapere che c'era ancora nei magazzini uno stock di oltre seicentomila saponette rimaste invendute. Per invogliare all'acquisto, visto che io ero il personaggio emergente, pensammo di dire che per ogni due saponette acquistate avremmo regalato la mia fotografia. In poche settimane le mie fotografie si esaurirono, ma non fu così per le saponette. Molte ragazze pagavano, prendevano la fotografia e lasciavano lì la saponetta. Pensate che le mie foto cominciavano a essere così richieste che senza autorizzazione alcuni improvvisati editori le copiavano, le stampavano e le vendevano sui banchetti nelle strade.

Le vendite della L'Oréal in Italia comunque s'impennarono. Gli stessi francesi erano talmente stupiti dai risultati che inviarono da Parigi un loro dirigente che rimase a Torino per parecchi anni. Durante la sua gestione la L'Oréal dovette costruire un'altra ala per il suo stabilimento di Settimo Torinese, tanta era la diffusione dei suoi prodotti in Italia, soprattutto nei grandi magazzini. Quando la nuova ala fu inaugurata ebbi la soddisfazione di sentirgli dire: "Signori operai, questa ala la dobbiamo interamente a Mike Bongiorno che ci ha portato dei risultati che mai più immaginavamo!".

La mia collaborazione con la L'Oréal andò avanti per parecchi anni, e il 3 febbraio del 1957 alle ore 20.50 inaugurammo insieme anche il mitico *Carosello*, la trasmissione con le inserzioni pubblicitarie durata fino al 1977, che è rimasta così viva nella memoria degli italiani.

Feci in seguito tantissimi altri programmi radiofonici con formule di diverso tipo, e furono quasi tutti sempre sponsorizzati dalla L'Oréal. La cosa durò più o meno fino al 1972 quando decisi di smettere con i quiz radiofonici, e in televisione c'era già quello che io considero il mio più grande successo di sempre, il *Rischiatutto*.

Grazie al *Motivo in maschera*, che continuava il suo cammino di successo (andò in onda sul secondo programma dalla primavera del '54 all'estate del '56), divenni molto amico di Lelio Luttazzi. Ogni sera ci radunavamo in casa sua dove intervenivano i più noti attori e musicisti che vivevano a Roma. Era il periodo della dolce vita. Io avevo preso un appartamento in via Archimede, nella zona dei Parioli, dove abitavano gran parte dei protagonisti italiani e stranieri del mondo dello spettacolo.

Nella casa dove vivevo c'era Joan Collins, che allora andava per la maggiore, e che era una donna di grande bellezza, cosa che ha conservato attraverso gli anni; ancora oggi desta meraviglia per il suo aspetto attraente.

Al piano sotto il mio abitava nientemeno che re Farouk, che era venuto in esilio in Italia dall'Egitto. Con lui stava una bella e brava cantante lirica. Re Farouk era un personaggio molto autoritario e numerose erano le scenate che sentivo provenire dal piano di sotto.

Conobbi anche Ursula Andress. Stava in un albergo quasi di fronte alla casa dove stavo io. Era una ragazza di una bellezza incredibile, del resto se ne sono accorti tutti nei film che interpretò qualche tempo dopo con 007. Era di origine svizzera ed era fuggita di casa per amore di un famoso attore francese che viveva a Roma. La sua famiglia la cercava e aveva chiesto alla questura di Roma di trovarla. Ricordo che essendosi lasciata a un certo punto con il suo innamorato francese ebbe difficoltà materiali per la sopravvivenza. E chi poteva l'aiutava. Un giorno, non avendo i mezzi per pagare la stanza dell'albergo dove abitava, i proprietari le avevano chiuso a chiave nella stanza i suoi oggetti personali. Non dimenticherò mai la scena a cui assistetti una sera quando la incontrai proprio di fronte al suo albergo. A parte la notevole personalità e bellezza, era anche molto atletica, una specie di gatto.

La vidi arrampicarsi lungo la grondaia dell'albergo per salire fino alla sua stanza e recuperare le sue cose.

Il programma di varietà che mi aveva promesso Veltroni stava maturando. Erano stati coinvolti come autori alcuni tra gli umoristi più famosi dell'epoca quali Marchesi, Falconi e Mosca, che mettevano in piedi scenette di vario tipo insegnando l'etichetta e il buon costume.

Partimmo verso la fine del '54, intitolando il programma *Fortunatissimo – Questo sì questo no*. Si andava in onda dal teatro della Triennale di Milano, e i protagonisti erano tutti giovani attori e comici destinati a una brillante carriera. Tra questi c'erano anche Gino Bramieri e Sandra Mondaini che faceva "Cutolina", uno dei personaggi che ha continuato a fare per diversi anni.

Arrivi e partenze, *Il motivo in maschera* e *Fortunatissimo*: in questi tre titoli di trasmissioni è contenuta la popolarità del mio arrivo in Italia. Dopo pochi mesi anche chi non aveva avuto modo di vedermi in TV o di ascoltare la mia voce alla radio sembrava conoscere il mio nome.

La mia vita professionale assunse un ritmo frenetico. Dal sabato al martedì a Roma per le prove e le registrazioni di *Arrivi e partenze* e del *Motivo in maschera*, poi di corsa a Milano per le prove e la registrazione di *Fortunatissimo*.

Riuscii persino a trovare il tempo di partecipare a un rally automobilistico, il *Rally dei divi*, in coppia con l'attrice Marisa Valenti, e poi nel 1955 di nuovo lo rifeci con Elena Giusti, la grande soubrette. Queste manifestazioni in un certo senso mi permisero di rendermi conto della misura che aveva raggiunto la mia popolarità. Girando l'Italia con la mia Oldsmobile, fui costretto continuamente a dei fuori programma a causa degli ammiratori entusiasti che volevano salutarmi e non mi lasciavano passare.

In appena un anno, il mio successo dovuto alla trasmissione radiofonica, ad *Arrivi e partenze* e a *Fortunatissimo* fu tale che addirittura mi arrivò la proposta di presentare *Sanremo* per l'edizione del 1955, che si sarebbe svolta a fine gennaio. Il Festival era arrivato alla sua quinta edizione e fino a quell'anno lo aveva presentato sempre Nunzio Filogamo. Andare a Sanremo era come ricevere la laurea ufficiale della popolarità. Prenotai l'albergo, presi il biglietto del treno e mi preparai per partire.

La sera prima, mentre stavo preparando la valigia, mi era arrivata una strana telefonata da un funzionario della RAI che con voce funerea mi comunicava che un dirigente dell'azienda, non voglio far nomi, aveva improvvisamente posto il veto alla mia partecipazione al Festival. Troppe proteste si erano levate nei miei confronti perché dicevano che presentare un grande concorso di canzoni italiane era una cosa che spettava a un presentatore italiano e non a un italoamericano che non aveva niente a che fare con la musica italiana.

Ne fui addoloratissimo, non solo per la mia mancata partecipazione, ma anche perché fu la prima volta che sentii il peso dei pregiudizi nei miei confronti.

Visto che mancavano pochi giorni alla messa in onda del Festival, la RAI per rimediare in fretta e furia pensò di mandare al mio posto il giovane radiocronista che collaborava con me ad *Arrivi e partenze*, Armando Pizzo. Anche per lui fu una notizia shock, e se ne lamentò con me perché non riteneva di avere molta esperienza per questo genere di trasmissioni, essendo stato formato nella scuola giornalistica, ma non poteva certo rifiutare. Presentò il Festival con Maria Teresa Ruta, zia dell'attuale presentatrice, e purtroppo per lui le critiche dei quotidiani specializzati non furono molto gratificanti.

In quell'incredibile annata, la stampa aveva fatto in breve tempo di me un ragazzone romantico, di cui si stavano innamorando le giovani italiane. Effettivamente ricevevo incredibili lettere d'amore, e molte delle ragazze che mi scrivevano mi chiedevano di incontrarle.

Ricevevo dalle ammiratrici quasi cinquemila lettere con proposte di matrimonio alla settimana! Mi ricordo di una in particolare: "Se accetti, durante la trasmissione alza il braccio".

Turbato dalla cosa, per tutta la trasmissione evitai di muovere il braccio, al punto che al termine del programma qualcuno mi disse: "Ma come mai stasera eri così impalato?".

Visto il successo che io cominciavo ad avere, com'è naturale nascevano già le prime gelosie nei miei confronti. "Ma perché questo italoamericano ha il privilegio di fare questi programmi? E noi chi siamo? Non siamo all'altezza?"

Le malelingue e i pettegoli andavano in giro chiedendosi cosa ci facesse un italoamericano come me in Italia a insegnare come si facevano la radio e la televisione, mentre c'erano a spasso tanti altri giovani italiani che potevano fare il mio lavoro. Cosa che non era assolutamente vera, perché nessuno voleva fare la televisione, lo ripeto, proprio nessuno.

Io avevo addirittura dei grossi problemi a invitare gli attori come ospiti nelle mie trasmissioni, perché tremavano. Mi ricordo le battaglie che ho dovuto fare con Vittorio Gassman. "Ah, per carità, io non posso fare la televisione!" sosteneva lui.

Ma per quale motivo? Io lo sapevo. La mancanza di abitudine all'improvvisazione. La stragrande maggioranza degli attori erano abituati a ripetere le scene dieci, quindici volte, con l'aiuto del gobbo, e avevano paura di venire in televisione a fare una "recita improvvisata". Dopo un po' di tempo, quando la televisione divenne di moda e si capì che poteva avere influenza sul pubblico, le cose cambiarono, e gli attori si fecero più coraggio. Ma inizialmente era molto difficile averli come ospiti.

Le critiche dicevano che il mio modo di esprimermi era imperfetto e che avrei dovuto prendere perlomeno delle lezioni di dizione. Mi fu proposto di andare da Maria Luisa Boncompagni, la prima annunciatrice radiofonica italiana, nonché mamma di Gianni, per attenuare il mio accento americano, ma intervenne con decisione Veltroni che mi difese dicendo che non avevano capito niente.

"Ma io non ho cercato di prendere il posto di nessuno" dicevo ai giornalisti e ai colleghi che spettegolavano su di me. "Semplicemente non c'era nessuno che si sentiva pronto, e che voleva correre il rischio, come ho fatto io, di fare delle brutte figure in televisione. Tra l'altro fra non molto io dovrò ritornare in America e vi lascerò il campo libero."

La verità era che nessuno aveva il coraggio di andare in

TV. Bisogna rendersi conto che il successo del nuovo mezzo non era per niente scontato. Erano in molti che guardavano alla TV con diffidenza. "La televisione brucia" era lo slogan che si era diffuso tra i divi radiofonici. Non solo mancava il coraggio, ma molti temevano anche di fare dei passi indietro e di perdere la popolarità che garantiva loro la radio. La radio entrava in tutte le case, la televisione solo in quella di pochissimi fortunati. È vero che la curiosità era tanta, e che continuava a crescere in modo vertiginoso, ma ancora per parecchi anni lo stesso "Radiocorriere" continuò a dedicare maggiore spazio ai programmi radiofonici.

Com'è logico, nella vita tutti subiscono anche delle fregature. La prima, qui in Italia, la subii proprio mentre facevo *Arrivi e partenze*.

Gli uffici della RAI in quel periodo erano in piazza del Popolo, presso quello che oggi è l'Hotel de Russie. Da albergo era diventato sede della RAI e successivamente è tornato a essere uno degli alberghi più lussuosi d'Italia. L'ufficio cassa si trovava proprio lì, e una delle volte che andai a ritirare il mio compenso mi accorsi che dietro di me nella coda, che attendeva di essere pagato c'era un famoso radiocronista sportivo che da tutti gli italiani, me compreso, era considerato un mito. Era quello che seguiva tutti i Giri d'Italia facendo delle descrizioni diventate storiche. Ebbene, lui mi aveva riconosciuto e mi aveva fatto molti complimenti. Quando ritirai il mio compenso, allora la RAI pagava non con assegni ma con denaro contante, mi si avvicinò di nuovo dicendomi: "Senti, puoi farmi un favore? Devo fare oggi pomeriggio un pagamento, e ho bisogno di contanti. Se ti faccio un assegno mi daresti i soldi che stai incassando?".

Favorirlo significava per me una soddisfazione notevole, visto che la richiesta veniva da un personaggio così famoso e popolare. Gli diedi tutto quello che avevo incassato, mi fece l'assegno e ci stringemmo la mano. "Se hai bisogno domani puoi già andare a incassarlo" concluse salutandomi. Cosa che feci, ma quando allo sportello della banca mi dissero che non c'erano più i fondi rimasi ammutolito.

"Ma come" balbettai "l'ho incontrato appena ieri."

"Non ha saputo che proprio questa mattina è fuggito?" mi disse il cassiere. "È scappato in compagnia di una nota attrice cinematografica in Sudamerica." Infatti non tornò più in Italia e dissi addio per sempre al mio compenso.

Il cinema

Iniziarono a notarmi anche i produttori cinematografici. Uno dei miei primi lavori extratelevisivi in Italia nell'autunno del '53 era stato proprio un ingaggio per fare il cinereporter in un telefilm per la Cynar. La vicenda si svolgeva all'autodromo di Monza e fu in quella circostanza che incontrai di nuovo Alberto Ascari. In questa occasione mi fece fare un giro con lui su tutto il circuito, andando a più di duecento all'ora.

Non mi aveva messo il casco e fu un'esperienza terribile a causa del forte impatto dell'aria contro il mio viso, che non era protetto. Scesi barcollando ripromettendomi di non fare mai più una cosa del genere.

Nell'ambiente cinematografico si vagheggiava da tempo l'idea di mettere in cantiere un film con me, il biondino della televisione. La mia improvvisa popolarità faceva di me l'uomo nuovo su cui puntare. Addirittura si diceva che avrei dovuto impersonare me stesso in un film che raccontasse la mia avventurosa vita!

Effettivamente, la mia vita fino a quel momento rappresentava una storia terribilmente cinematografica, ricca di colpi di scena, di gioie e di dolori.

Da biondino con gli occhi azzurri divenni in breve un potenziale divo del cinema, ma io mi sentivo sempre un ragazzo miope e ingenuo, e facevo fatica a rendermi conto di quello che mi stava succedendo.

La prima proposta per fare un film come attore me la fece il fondatore della INCOM Sandro Pallavicini. Aveva sentito parlare delle mie vicissitudini belliche e del lavoro che avevo fatto in America, e aveva fatto scrivere un film intitolato *Il mio amico Mike*. Non fu mai realizzato, purtroppo, per ragioni di opportunità politiche. In quegli anni si era diffuso un certo antiamericanismo e ci fu anche un'ondata di revisionismo contro la Resistenza di sinistra. Tutti argomenti che sarebbero stati in prima linea nel film.

Al suo posto Pallavicini mi fece fare però una commedia con Lelio Luttazzi e Peppino De Filippo intitolata *Motivo in maschera*. Non ebbe successo e passò in sordina.

L'altro film che feci in quel periodo, e lo consideravo un grande onore, fu diretto da Luigi Zampa. All'epoca Zampa era conosciuto come uno dei nostri più grandi registi. Il titolo del film era *Ragazze d'oggi*, e interpretavo la parte di un giovane steward di una linea aerea. Devo dire che stavo molto bene in uniforme, e anche in coppia con la mia partner femminile, Marisa Allasio, che era allora una giovane attrice emergente. Fra gli altri interpreti del film c'erano Paolo Stoppa e Paola Quattrini.

Alcune scene si svolgevano sulle rive del lago Maggiore. Io dovevo guidare una lambretta con dietro la Allasio. Il problema era che io non avevo mai guidato né una lambretta, né una moto qualunque. Alla Allasio non lo dissi però, e credo che non lo seppe mai altrimenti penso che non avrebbe accettato perché rischiavamo di cadere in ogni momento.

Mi furono poi proposti negli anni seguenti molti altri film, ma si trattava di piccole parti. Ai produttori serviva solo il mio nome perché faceva presa sul pubblico. Io non avevo grandi velleità di attore, ma in fondo mi divertivo anche se mi ricompensavano con cifre irrisorie. L'unico film che ricordo molto volentieri perché mi fece rivivere l'atmosfera di guerra fu *Il prezzo della gloria*, che girammo nella base navale di Taranto. Io interpretavo un giovane ufficiale, l'unico a salvarsi dopo l'esplosione della nave in seguito a una cruenta battaglia. Ricordo che le ultime scene del film furono tecnicamente molto difficili da girare e, con la nave in fiamme, senza stuntman, dovetti stare per parecchie ore in acqua con il salvagente.

Lavorammo tutto il giorno con un freddo polare, eravamo ormai a dicembre, l'acqua era gelida e, come se non bastasse, anche se dalla regia continuavano a ripetermi che non erano pericolosi, mi giravano attorno dei bei piccoli squaletti.

Durante le riprese del film era già iniziato *Lascia o raddoppia?*, che in quel primo periodo si vedeva soltanto a Roma. Quando ogni settimana scendevo a Taranto per le riprese del film ero per i pugliesi ancora un illustre sconosciuto, mentre al Nord non potevo quasi circolare. Ogni mercoledì sera dovevo correre a Bari da Taranto per prendere il vagone letto perché il giorno dopo avevo la trasmissione. Una sera eravamo in ritardo con le riprese e non feci in tempo a cambiarmi i vestiti di scena e a togliermi il trucco. Arrivai in stazione a Bari nel momento in cui il treno stava per partire. Feci di corsa con i vestiti di scena tutta la passerella e la gente che era in attesa lungo la banchina, vedendomi conciato così, con la divisa semibruciata e il volto pieno di ferite posticce, si mise a gridare spaventatissima: "Cosa è successo, cosa è successo? Una disgrazia!".

Ogni tanto questo film viene trasmesso in televisione, ma viene ripetuto ancora di più *Totò lascia o raddoppia?*, il film diretto da Camillo Mastrocinque che interpretai con Totò in veste di concorrente. Le scene del quiz vennero girate proprio al teatro della Fiera di Milano, dove registravo *Lascia o raddoppia?*

Memorabile il famoso dialogo tra me e Totò:

"Mi dica, duca, dica."

"No, dica duca lo dico io. Lei dica duca e io dico dica."

Totò è passato alla storia come un mito, devo dire però che manteneva con me un atteggiamento di superiorità. O perché si riteneva un divo così distante dagli attori comuni, figuriamoci con noi della televisione, o perché effettivamente riteneva che, essendo di discendenza nobile, dovesse mantenere un comportamento di un certo tipo con il prossimo. Nato Antonio Vincenzo Stefano Clemente, detto Totò, si faceva chiamare Antonio Focas Flavio Angelo Ducas Comneno de Curtis di Bisanzio Gagliardi, altezza imperiale, conte palatino, cavaliere del Sacro Romano Impero, esarca di Ravenna, duca di Macedonia e Illiria, principe di Costantinopoli, di Cilicia, di Tessaglia, di Ponto, di Moldavia, di Dardania, del Peloponneso, conte di Cipro e d'Epiro, conte e duca di Drivasto e di Durazzo... entrando così ufficialmente nel *Guinness dei primati* per essere l'uomo con più titoli nobiliari della storia. Non si è mai potuto appurare però se effettivamente i suoi titoli gli competessero sul serio.

Un'altra fonte di guadagno per me in quel periodo furono i fotoromanzi, tanto deprecati perché si diceva che era roba soltanto per gli ignoranti o per la gente senza cultura. "Grand Hotel" o "Bolero Film" tiravano oltre un milione di copie alla settimana, tanto erano popolari. Il mio compenso per questi fotoromanzi superava di gran lunga quello per la mia partecipazione a un film.

Inizialmente i grandi attori del cinema si rifiutavano di apparire nei fotoromanzi, ma quando scoprirono che i lettori erano molti di più dei potenziali spettatori dei loro film, e che inoltre i compensi erano molto appetitosi, allora cominciarono a farli anche loro. Fra i primi ci fu addirittura Vittorio Gassman.

Tra televisione, radio, film e fotoromanzi la mia popolarità continuava a crescere vertiginosamente.

Nonostante questo, io non mi rendevo conto di quello che mi stava succedendo, mi sembrava che niente fosse cambiato rispetto a quando ero il ragazzo che correva tra gli isolati di New York, e in fondo covavo ancora una tremenda paura che da un momento all'altro tutto potesse finire, anche perché i giornali non erano mai teneri con la RAI e attaccavano indirettamente me, senza mai riconoscere i miei pregi e la serietà con cui affrontavo il mio lavoro.

Lo stesso Indro Montanelli, che come ho ricordato avevo conosciuto nel carcere di San Vittore, scrisse su di me un articolo che mi dispiacque molto. Con un linguaggio paterno e protettivo, poiché eravamo molto amici, mi metteva in guardia però (sia nel titolo sia nel contenuto) contro la fragilità del successo che si poteva avere in Italia. Scriveva così: "Preparati Mike perché fra un paio d'anni tutto sarà finito e nessuno si ricorderà più di te".

Lascia o raddoppia?

Lascia o raddoppia? secondo la maggioranza delle persone è stato il più grande successo della televisione in Italia. Cosa che io contesto perché considero che la mia trasmissione più bella e il mio più grande successo sia stato il *Rischiatutto*.

Comunque sia, *Lascia o raddoppia?* è entrato nel mito, nella leggenda. Esiste ancora oggi un agguerrito fan club che la considera come la prima vera trasmissione cult della storia della nostra TV.

Un giorno, verso l'inizio dell'autunno del '55 fui chiamato da Sergio Pugliese, direttore della programmazione. "Mike, tu hai avuto e stai avendo un notevole successo con la radio. Lo sai che avevi cinque milioni di ascoltatori quando andavi in onda il martedì sera? Non c'è ragione per cui non possiamo fare una cosa di successo ancora maggiore con la televisione! Ne abbiamo assoluto bisogno perché le grandi industrie italiane stanno cominciando a produrre i primi televisori destinati a entrare in tutte le case d'Italia. Oltretutto, se non ci muoviamo subito, le grandi industrie di televisioni americane invaderanno l'Italia."

Le industrie americane si erano già accorte del notevole apporto che stavo dando alla diffusione della televisione in Italia. Poco tempo dopo l'inizio della trasmissione organizzarono una cerimonia a Milano durante la quale un rappresentante dell'associazione dei commercianti americani mi consegnò un trofeo con una statuina raffigurante l'Oscar americano, solo che il personaggio invece della classica spada, aveva con sé una valigetta da commesso viaggiatore. Sulla base c'era scritto: *"Distinguished Salesman's Award* – A Mike Bongiorno per aver 'venduto' la televisione agli italiani". Era la traduzione alla lettera di una frase che però suona decisamente meglio in inglese: *To Mike, who sold television to Italians.* In inglese la parola *sold* ha un significato diverso da quello che ha in Italia. Per loro significa aver *convinto* gli italiani a comprare la televisione.

"Direttore" dissi a Pugliese "in America c'è da poco una trasmissione che sta avendo un successo senza precedenti, si parla di oltre cinquanta milioni di spettatori! Si chiama *The $64.000 Question,* che tradotto vuol dire "La domanda da sessantaquattromila dollari". Sta ancora andando in onda sulla CBS. Il meccanismo del gioco è semplice, si parte da una cifra base di due dollari, e raddoppiando si può arrivare fino a sessantaquattromila." Quella era decisamente una notevole cifra per quei tempi. "Perché non facciamo qualcosa del genere anche noi in Italia?"

"No no no Mike! Non è proprio possibile... si vede che non conosci ancora abbastanza bene questo Paese. Innanzitutto non abbiamo mai dato dei premi di quel genere, e non credo che la dirigenza dell'azienda ce lo permetterà. Poi la gente penserà che sia tutta una cosa pilotata da noi per creare dei personaggi su cui fare il tifo."

"Direttore, mi ascolti!" Fui molto insistente. "Se non mi crede vada negli Stati Uniti a vedere una puntata. Vedrà che cambierà subito idea."

Riuscii a convincere Pugliese a partire per gli Stati Uniti per verificare con i suoi occhi, e ci andò con l'allora direttore della RAI di Milano Alberto Passante. Dopo appena una settimana di sopralluoghi rientrarono convinti ed entusiasti.

"Mike" mi disse Pugliese "hai proprio ragione, una cosa così non l'abbiamo mai vista in Italia. Dovrai però fare qualche opportuna variante in modo da adattare il programma al gusto degli italiani."

E così venne il 19 novembre del 1955. Una data storica per la televisione italiana. Da un teatro appositamente attrezzato alla fiera di Milano mi presentai in diretta al pubblico televisivo, che non sapeva ancora nulla della eccezionalità di quello che stavamo per mettere in onda.

Avevamo comunicato ai giornali che era al varo una iniziativa destinata a coinvolgere tutto il Paese. Era il periodo in cui la stampa italiana non aveva buoni rapporti con la televisione, e nonostante gli inviti fatti, io mi trovai completamente solo in studio a spiegare come avrebbe funzionato *Lascia o raddoppia?*

Uscii dal teatro demoralizzato per quella che mi sembrò una totale mancanza di interesse. Ricordo che attraversai Milano per andare all'Hotel Cavalieri dove risiedevo, e notai distrattamente davanti ai bar dei gruppetti di persone insolitamente numerosi che chiacchieravano. Li sentii parlare della mia presentazione del programma, che avevano appena visto, ed evidentemente la cosa aveva suscitato la loro curiosità. L'idea del telequiz, a sentirli parlare, pareva a tutti qualcosa di nuovo e di veramente grosso.

I giornali, rispondendo all'interesse della gente, si accorsero presto dell'errore che avevano commesso. E chiesero tutti alla RAI l'invito per assistere la settimana successiva alla prima puntata ufficiale, quella del 26 novembre. Tali e tante furono le richieste che dovemmo costruire una tribuna per ospitare tutti i giornalisti accreditati. Lo stesso discorso valse per i fotografi. Dovemmo creare uno spazio di fronte al palco per ospitarli.

Per dimostrare che facevamo le cose con la massima serietà avevamo messo sul palcoscenico un tavolo attorno al quale sedevano alcuni funzionari della RAI, e il primo notaio della storia della nostra televisione. Era il dottor Niccolò Livreri, che dopo quarantaquattro puntate diede le sue dimissioni in seguito all'accusa di aver favorito una concorrente e fu sostituito dal notaio Carlo Marchetti. L'episodio in sé fu piuttosto clamoroso e venne ripreso dai giornali, ma sono certo che nacque da un equivoco e in ogni caso fu un errore fatto sicuramente in buona fede.

È noto che in America verso la fine degli anni Cinquanta ci furono dei grossi scandali legati alle vincite pilotate dei telequiz. Posso vantarmi del fatto che in più di cinquant'anni di carriera una cosa del genere nei miei programmi non è mai successa, e forse proprio grazie alla mia rigorosità in studio. È una cosa per la quale sono stato anche attaccato e preso in giro, ma devo dire che per me è un vanto perché, quando ci sono in ballo premi di milioni, uscire dal confine della legalità è un rischio molto sottile, che comporta conseguenze gravissime.

Il nuovo notaio, Marchetti, divenne così popolare nonostante la sua severità nel controllo delle domande che facevo, che addirittura fu costretto ad allargare il suo ufficio perché chi aveva bisogno di un notaio voleva quello di *Lascia o raddoppia?*, che era una garanzia di serietà assoluta. Anche se appariva molto severo, in realtà era di una bontà infinita, una persona davvero mansueta. Il suo hobby era allevare canarini!

Purtroppo i notai devono avere questo atteggiamento da duri per far rispettare le regole. Anche Ludovico Peregrini, il "Signor No", mio storico collaboratore da quasi quarant'anni, per esempio, è una persona docilissima anche se a detta di tutti in TV non lo sembra affatto.

Fu così che per la prima volta in Italia giocando al raddoppio cominciarono ad apparire davanti al pubblico della nazione incredibili personaggi, fuoriusciti da un'Italia che fino ad allora era rimasta nascosta.

Era gente dotata di grande cultura e soprattutto grande memoria. Per invogliare le persone a partecipare avevamo messo anche dei premi di consolazione per quelli che avendo paura di sbagliare a un certo punto dicevano: "Lascio!" invece di raddoppiare.

Chi arrivava fino in fondo portava a casa cinque milioni e centoventimila lire. Una cifra che oggi può sembrare ridicola ma che invece a quei tempi era sufficiente per comprare un appartamento o addirittura per costruirsi una villetta in campagna. Oltretutto, inizialmente lo Stato non era intervenuto per quanto riguardava le tasse sulle vincite. Ma in seguito lo fece, e molti concorrenti che avevano vinto la somma e l'avevano investita pensando di non dovere nulla allo Stato furono poi costretti a rivendere quanto avevano acquistato.

Io influii molto nella scelta dei concorrenti perché, forte delle mie esperienze americane, sapevo che era necessario scegliere persone che potevano diventare dei personaggi, e su cui potevo costruire una storia. La scelta era molto facile perché per la prima volta veniva data l'occasione di mettere in mostra gli hobby e la cultura segretamente coltivata da tanta gente che anche se non aveva un diploma o una laurea possedeva un bagaglio di conoscenze tale da rivaleggiare con chi aveva avuto la fortuna di frequentare le scuole.

Nei quattro anni in cui andammo in onda con *Lascia o raddoppia?* arrivarono oltre quattrocentomila domande di partecipazione. Va considerato che il livello del gioco era molto elevato, e chi partecipava giocava per rispondere a delle domande con una singola precisa risposta, a differenza dei quiz che vanno in onda oggigiorno dove ai concorrenti si dà addirittura la possibilità di scelta fra tre o più facili risposte scritte.

Il calcio, com'è ancora oggi, era lo sport che coinvolgeva di più gli italiani, ma era considerato più che altro una cosa che riguardava soprattutto gli uomini. Facendo i provini trovammo una ragazza che si chiamava Paola Bolognani. Sapeva tutto sul calcio e snocciolava con una facilità incredibile i risultati e le formazioni di tutti i campionati in corso e di quelli precedenti. Ebbe un successo straordinario. In pochi giorni tutti i giornali cominciarono a occuparsi di lei, della sua vita e della sua famiglia. In particolare i giornali scandalistici si divertirono a inventare di tutto, addirittura un suo presunto flirt con me. Oltretutto era anche una bella ragazza dotata di notevole intelligenza. Negli anni seguenti divenne addirittura sindaco. La "Leonessa di Pordenone" – così la chiamavano – vinse il premio finale ricordando tutti i nomi dei mediani del Bologna.

Memorabile lo sketch che facevano Ugo Tognazzi, che imitava la Bolognani, e Raimondo Vianello, che imitava me. Ricostruendo un tipico momento domanda/risposta del programma, Tognazzi e Vianello andavano avanti all'infinito pronunciando a mitraglia decine e decine di nomi a casaccio, senza che nessuno riuscisse più a fermarli...

Un altro personaggio femminile che fece parlare di sé tutta l'Italia fu Maria Luisa Garoppo, che si presentò per le tragedie greche. Era dotata di notevole cultura, ma al pubblico televisivo quello che di lei soprattutto interessava era il suo enorme petto, un seno come non si era mai visto! Non sto scherzando. Era talmente enorme che per farlo stare dentro l'inquadratura dello schermo il regista Romolo Siena doveva fare molti campi lunghi e si vedeva costretto a inquadrarla per intero. Durante la sua partecipazione, un gruppo di giornalisti in vena di spiritosaggini le fece posare sul tavolo i suoi seni; sotto questi venne messo un enorme foglio di carta su cui si tracciarono le misure con una matita. Me lo fecero poi trovare in camerino, chiedendomi di mostrarlo in trasmissione. Ma allora la RAI era di una *pruderie* inaudita, e non avrebbe mai permesso queste cose. La Garoppo negli anni successivi entrò in politica, occupando anche una notevole posizione nel suo partito.

Il primo personaggio maschile che creò una vera e propria rivoluzione in Italia sia tra gli ascoltatori sia tra i critici televisivi fu Luigi Marianini. Era un uomo di una cultura senza precedenti, aveva addirittura quattro lauree e parlava in un modo particolarmente forbito. Si presentava con un abbigliamento colorato: giacche, panciotti, camicie, cravatte come nessuno avrebbe mai osato indossare. Mi chiamava "mio dotto inquisitore" e ancora oggi di tanto in tanto la televisione trasmette le puntate delle sue partecipazioni a *Lascia o raddoppia?* Il suo abbigliamento di allora non creerebbe più sensazione visto come ormai si veste la gioventù odierna, ma la sua intelligenza non è mai stata superata da nessuno. Era di un'eccentricità incredibile, ogni tanto si vestiva da prete e passeggiava sotto i portici di via Roma a Torino sostenendo di aver avuto la "chiamata" del Signore.

Grande commozione suscitò un concorrente che si chiamava Felice Mannarelli, originario di uno sperduto paesino dell'Abruzzo, Montenero Val Cocchiara. Era venuto a *Lascia o raddoppia?* per pagarsi gli studi. Era così povero che lo avevamo sorpreso di notte mentre studiava sotto l'unico lampione della piazza del suo paese. La sua vicenda era così commovente che da ogni parte giunsero per lui aiuti di vario genere. Mannarelli arrivò addirittura alla domanda da cinque milioni e decise di raddoppiare suscitando grande emozione tra il pubblico per la sua sconsideratezza. "Se mi ritiro con quello che ho vinto posso continuare a studiare" disse "ma io devo aiutare anche la mia famiglia." Quando uscì dalla cabina tremava, era pallido e stava quasi per svenire, ma io e Edy Campagnoli, la mia valletta, gli fummo subito vicini, felici e contenti di aver potuto contribuire alla soluzione dei suoi problemi. In quell'occasione mi commossi fino alle lacrime.

A proposito di aiuti ai bisognosi, ci fu un coinvolgimento del pubblico molto forte in occasione della partecipazione di una bellissima ragazza toscana che si chiamava Marisa Zocchi, di Pratolino. La sua famiglia aveva un bar, e lei aveva imparato tutto sul ciclismo perché il bar era situato lungo una delle strade sulle quali si allenavano i grandi campioni. Non disse mai per quale ragione voleva giocare, ma scoprimmo successivamente che era per aiutare sua madre gravemente ammalata. Per paura di perdere quello che aveva già vinto, due milioni e mezzo, annunciò che non voleva raddoppiare in quanto i soldi che aveva vinto per lei erano già sufficienti. A questo punto, visto che anche il pubblico da casa si era sensibilizzato sulla vicenda, intervenne re Farouk, che come ho già raccontato viveva in Italia in esilio, e dichiarò ai giornali di essersi commosso a tal punto da voler mandare gli altri due milioni e mezzo che mancavano per permetterle di raggiungere la cifra del premio finale.

Parteciparono anche altri due personaggi che fecero grande sensazione. Il primo era un giovane di colore che si chiamava Olabisi Ajala, originario della Nigeria, già segretario del primo ministro del suo Paese. Aveva studiato Psicologia alla Columbia University di New York ed era venuto in Europa viaggiando in modo molto avventuroso attraverso la Francia, la Germania, l'Olanda e la Russia, dove infine era riuscito a entrare grazie al visto che gli aveva fatto avere nientemeno che Kruscev in persona.

Ajala aveva cercato di incontrare Kruscev durante un suo viaggio a Berlino, ma era stato arrestato perché la polizia aveva pensato che fosse un attentatore. Quando Kruscev però raccolse il suo appello e scoprì perché era lì, lo fece liberare e gli disse, da quel che raccontava Ajala, "di andare nell'Unione Sovietica a far vedere a quelli che non ne avevano mai visto uno come sono i negri"! Così infatti fece, e durante la trasmissione mi raccontò del suo incontro in una casa di contadini che non avevano mai visto un uomo di colore come lui e nell'offrirgli un bicchiere di latte gli avevano chiesto: "Nel tuo Paese anche il latte che bevete è nero come te?".

Ajala partecipò a *Lascia o raddoppia?* indossando gli abiti tradizionali della Nigeria. Era un personaggio talentuoso e istrionico, sempre vestito con elegantissimi capi nigeriani. L'ultima sera si presentò però in scena in frac, bastone con pomo d'argento e cilindro, mentre io indossavo il costume nazionale nigeriano. Dato che non comprendeva bene l'italiano gli davamo anche la traduzione inglese delle domande. Quando vinse uscì dalla cabina e mi prese in braccio provocando la caduta per terra di entrambi. Con i soldi vinti continuò i suoi viaggi attraverso il mondo. Appresi dai quotidiani che a Los Angeles per far parlare di sé si era arrampicato su un'antenna della televisione dove rimase per una giornata appollaiato all'altezza di trecento metri.

L'altro personaggio fu nientemeno che il più anziano concorrente della storia. Aveva ben ottantacinque anni, si chiamava Attilio Zuliani e si era presentato per le opere e i personaggi di Alessandro Dumas. Ci raccontò che fino a trent'anni era stato analfabeta, non sapeva né leggere né scrivere, cose che aveva poi imparato quando era emigrato in America e un suo compagno gli aveva dato in omaggio un volume di Dumas che divenne per lui il primo sillabario.

Non in tutti gli ambienti *Lascia o raddoppia?* era gradito, e chi aveva una grande cultura o rappresentava categorie sociali particolarmente elevate diceva di snobbare il programma. Comunque, anche chi diceva di non apprezzarlo veniva coinvolto dal dibattito e dall'interesse che il programma inevitabilmente suscitava, innescando tavole rotonde e analisi sociologiche molto approfondite. Fece notizia quando arrivò come concorrente il primo rappresentante dell'alta società, nientemeno che la contessa d'Aramengo. Naturalmente, io che cercavo sempre di fare spettacolo e di far parlare di tutto quello che dicevo e facevo, quando debuttò le baciai la mano dicendo: "Contessa, è la prima volta che ho l'onore di baciare la mano a un personaggio come lei". Tutte cose che oggi farebbero ridere, ma che allora servivano alla stampa per parlare e commentare.

Un'altra concorrente che ricordo fu Rossana Rossanigo, che aveva vinto parecchi concorsi di bellezza. La chiamarono "Miss Fossette". I giornali, costantemente alla ricerca di episodi da narrare, inventarono anche che io avevo un debole per lei, e che tra noi due era nato un flirt. Fui chiamato dalla direzione che mi chiese di chiarire subito il malinteso altrimenti il pubblico avrebbe potuto pensare che io la favorivo con domande facili.

Poiché allora avevo ripreso a sciare, dopo la lunga pausa per via del mio soggiorno negli Stati Uniti, fui particolarmente entusiasta quando arrivò un certo Piero Tassone che sapeva tutto sui grandi campioni del passato, sulle Olimpiadi e sui nostri atleti fuoriclasse tipo Zeno Colò, Celina Seghi, Roberto Lacedelli e così via. Era un ferroviere e se ricordo bene aveva perso il lavoro. Quando arrivò a due milioni e mezzo si ritirò perché diceva che non poteva correre il rischio di perdere una cifra che per lui rappresentava la soluzione di tutti i suoi problemi. Io però riuscii a risolverglieli anche in un altro modo. Visto che ogni weekend andavo a sciare a Cervinia, avevo conosciuto il proprietario di un grande albergo della famiglia Gallia. Lo raccomandai a uno dei fratelli, Luigino, che lo ingaggiò immediatamente affidandogli il deposito degli sci dell'albergo, che era frequentato dai VIP amanti della Valle d'Aosta. Grazie allo stipendio che riceveva e alle mance che gli davano, quando chiusero l'albergo Tassone riuscì ad aprire proprio a Cervinia un bel negozio che gestì per parecchi anni.

Ci fu anche un grande campione dello sport, e più precisamente dell'automobilismo, che si chiamava Louis Chiron. Tra la sorpresa di tutti, convinti che avrebbe scelto come materia la Formula 1, scelse invece la gastronomia. "Mi fa più paura" mi disse un giorno "vedere la lucina rossa delle telecamere che correre in pista o alla Mille Miglia." Terminata la sua partecipazione tornò a Montecarlo dove risiedeva, e mi raccontarono, ma non so se sia vero, che regalò uno dei gettoni d'oro che aveva vinto al principe Ranieri, che aveva seguito in televisione le sue prove.

Alla trasmissione partecipò anche il famoso compositore John Cage, che si presentò come esperto di funghi, vincendo parecchi soldi.

Ma di tutti i personaggi dei quattro anni di *Lascia o raddoppia?* indimenticabile fu Lando Degoli, il professore di matematica di Carpi.

A lui dobbiamo forse il vero lancio della trasmissione perché il suo caso fece scoppiare una polemica tale da coinvolgere tutta la stampa italiana. Ci fu addirittura un'interrogazione in Parlamento sulla questione.

Era dotato di un tipo di umorismo sottile e raffinato. Quando poteva faceva, con la sua cadenza emiliana, discorsi divertenti.

"Signor Mike" mi disse durante la puntata precedente allo scoppio del grande scandalo, "io mi ritiro!" Ci fu un urlo generale in teatro per questa decisione così "scioccante", e a me caddero le braccia perché stavo perdendo un concorrente prezioso. "Un momento, un momento signor Mike" proseguì lui "io mi ritiro... in cabina!"

Dopo questa felice battuta mai più immaginava che la settimana seguente la situazione si sarebbe capovolta e che il suo umore sarebbe stato ben diverso.

Partecipava per la musica lirica, e tentando la scalata a due milioni e mezzo inciampò sulla famosa domanda del controfagotto che recitava pressappoco così: "Nella partitura dei suoi melodrammi, Verdi usò mai il controfagotto? Se sì, dire in quale opera".

Degoli ebbe un sussulto, sembrò anche stizzito. Dopo qualche secondo di riflessione rispose: "Non lo so!".

Io, sperando di salvarlo, insistetti: "Dica un nome qualunque perlomeno!" .

Quasi allo scadere del minuto di tempo che aveva a disposizione azzardò: "*Falstaff*!".

La risposta era sbagliata. "Mi spiace signor Degoli la sua avventura è finita perché la risposta è *Don Carlos*."

Degoli se ne andò via molto imbronciato, e l'indomani decise di fare ricorso sostenendo che la domanda era stata fuorviante ed eccessivamente tecnica.

Si scatenò in sua difesa una protesta generale da parte dei professionisti e dei critici musicali. In seguito a un'immediata ricerca verificarono che il controfagotto era stato usato sì nel *Don Carlos*, ma anche prima, nel *Macbeth*. Di conseguenza noi non avremmo dovuto dire "in quale opera" Verdi aveva usato il controfagotto ma "in quali opere"...

Nessuno avrebbe mai immaginato che la questione potesse far scoppiare in tutta Italia una mezza rivoluzione. So che può sembrare esagerata questa mia affermazione, ma chi ha vissuto quel periodo non si può certo scordare dell'interesse con il quale il programma veniva seguito.

Da quel momento iniziò la caccia da parte dei giornalisti per scoprire chi era stato l'autore irresponsabile della famosa domanda del controfagotto. Ma poiché si trattava di un famosissimo critico della lirica italiana la RAI non volle mai rivelare il suo nome. Io scoprii dopo di chi si trattava, ma non lo dirò mai per rispetto. Uno sbaglio di quel genere nel clima dell'epoca poteva costargli "il suo buon nome"!

Il suo ricorso venne finalmente accolto, e Degoli fu riammesso a furor di popolo. Il giorno in cui ritornò in trasmissione, il suo nome e il controfagotto erano nelle prime pagine dei giornali, cosa impensabile al giorno d'oggi per un telequiz. Tale era il tifo e l'interesse per *Lascia o raddoppia?* che il giorno dopo la messa in onda, il "Radiocorriere" e i quotidiani della sera, soprattutto quelli di Milano tipo "La Notte" e il "Corriere d'informazione", addirittura pubblicavano integralmente tutto quello che era stato detto da me e dai concorrenti dall'inizio alla fine della trasmissione. Facevano il resoconto stenografico di tutte le puntate! Come se si trattasse di una storica seduta parlamentare, o di un processo da ricordare.

Degoli, uscito sul palcoscenico, elaborò un discorso che suonava un po' come una lezione alla RAI. "... Non ho intenzione di fare di questo palcoscenico la mia Waterloo..." Usò delle parole che rimangono nella storia della televisione, sagge e divertenti. "Io non sono un eroe. Sono un uomo mediocre, come tanti, forse un eroe della mediocrità. Per questo mi avete portato così in alto. La commissione ha preparato un'altra domanda. Questa domanda, se è facile, io la rifiuto per una questione di dignità. Se è difficile, la rifiuto perché siamo in comunicazione con Napoli e là nisciuno è fesso! Se poi la domanda è così così, la rifiuto perché io intendo restare, come disse il signor Mike l'ultima volta, l'uomo del controfagotto tutta la vita. In quanto poi al milione che mi hanno regalato, quello lì lo accetto, si capisce. C'è qualcuno che mi ha scritto: ma lei lo dia indietro, faccia bella figura, si tenga solo la macchina. A parte che questo gesto, credo, non sarebbe capito da molti, resta il fatto che, con tutta la propaganda che c'è stata, se dessi indietro il milione io manderei una fattura alla RAI per la propaganda che ho fatto, i televisori che hanno venduto eccetera, e credo che tre o quattro milioni li dovrei avere. Di conseguenza credo che anche la RAI fa un buon affare a darmi quel milione e duecentottantamila lire. E perciò io questa sera saluto tutti..."

La sua dipartita fu un gran brutto colpo per la direzione del gioco. Forse tutti avrebbero preferito un lieto fine con la vincita finale, ma è probabile che questo epilogo diede ancora maggiore forza e credibilità alla trasmissione perché fu dimostrato che i concorrenti non erano manovrati. Sono passati tanti anni da allora e nelle mie trasmissioni successive tipo *Rischiatutto* ho avuto tanti concorrenti "personaggio", ma nessuno uguagliò mai la popolarità di Lando Degoli che ebbe il coraggio di polemizzare apertamente con l'intoccabile RAI.

Dopo pochi mesi dal debutto di *Lascia o raddoppia?* la popolarità del programma era giunta a un punto tale che al giovedì sera alle nove tutta l'Italia si fermava.

Prima trasmettevamo al sabato, ma nel febbraio del '56 i gestori dei cinema e dei teatri protestarono per i danni subiti e coalizzarono le loro forze chiedendo alla RAI di spostare la messa in onda del programma perché in quel giorno nessuno andava più a vedere gli spettacoli e le sale erano vuote.

La data venne così spostata al giovedì, ma si resero conto che il fenomeno interferiva ancora troppo con i loro affari e così si attrezzarono per proiettare sul grande schermo *Lascia o raddoppia?* prima del film o dello spettacolo teatrale. La stessa cosa succedeva, incredibile ma vero, nelle sedute notturne del Senato e della Camera.

Vi prego di credermi, non sto esagerando, lo si può verificare dalle cronache giornalistiche dell'epoca. I bar di tutta Italia avevano acquistato un televisore, e nell'ora in cui andavamo in onda era impossibile entrare tante erano le persone che vi si ammassavano. Dai paesini di montagna dove non c'era ancora la televisione, decine di persone scendevano a valle percorrendo chilometri e chilometri per andare a vedere *Lascia o raddoppia?* nei locali che avevano già il televisore.

Un importante critico televisivo ha detto che è stata "la prima trasmissione che ha messo in scena il fantasma della modernizzazione, prima del boom economico". I concorrenti potevano sognare di portarsi a casa i famosi cinque milioni e centoventimila lire (una cifra incredibile per un Paese che era ancora contadino, con una guerra persa alle spalle) e se avessero "lasciato" a quota seicentoquarantamila avrebbero vinto una fiammante FIAT 600, il "destriero della motorizzazione di massa".

Alcuni critici dissero che con il suo successo *Lascia o raddoppia?* "ha legittimato la presenza della TV nella vita di tutti i giorni" e ancora: "Il Paese comincia a vivere in diretta l'avventura della conoscenza, a condividere un sapere, a parlare un'unica lingua".

Tutto quello che accadeva a *Lascia o raddoppia?* faceva notizia.

Noi protagonisti della trasmissione andammo anche in visita da papa Pio XII. Era il 14 ottobre 1956. L'udienza era stata concessa a un gruppo di vincitori e di vinti della trasmissione, tra cui c'erano anche Degoli e la Campagnoli. Il papa non aveva mai visto il telequiz, e così ricordo che lo informai sul meccanismo del gioco, e lui promise di assistervi una volta. Pare che l'abbia fatto il giovedì successivo! Ero visibilmente emozionato, ma ammetto che ero anche molto preoccupato perché temevo che sarebbe venuto fuori il discorso sul mio precedente matrimonio, che però era stato regolarmente annullato, e non volevo che la stampa cogliesse l'occasione della visita al papa per tirar fuori questa delicata questione della mia vita privata.

Visto il successo del programma, il palcoscenico del teatro della Fiera si era trasformato in una passerella. Venne anche come ospite d'onore Totò, e fu una delle sue rare apparizioni sulla scena televisiva. (Avevamo da poco girato le scene del film *Totò lascia o raddoppia?*)

Vi salì un giorno anche Giorgio de Chirico che approfittò dell'occasione per lanciare un anatema ferocissimo contro l'arte contemporanea. Disse addirittura che i quadri contemporanei non li capiva nessuno, nemmeno chi li faceva. Suscitò fragorosi applausi da parte degli spettatori a cui non pareva vero che una persona talmente autorevole potesse confermare quello che avevano sempre pensato senza aver avuto mai il coraggio di esprimerlo.

La mia prima aiutante, o valletta, fu Maria Giovannini, una bella ragazza romana che era stata eletta Miss Roma e anche candidata al titolo di Miss Italia.

Era sempre molto emozionata e in una delle prime puntate della trasmissione, nel momento iniziale in cui aveva l'incarico di introdurre il programma disse: "Dal teatro alla Scala di Milano va in onda..." anziché "dal teatro della Fiera di Milano va in onda...".

Si accorse subito del suo errore e cercò di correggersi: "... Dalla scala del teatro di Milano...! dalla fiera del teatro della Scala...!", inventandosi un incomprensibile cocktail di fiere, di scale e di scuse... e dopo una mezza invocazione al cielo quasi scoppiò a piangere... La cosa causò una risata generale, e lei finalmente riuscì a rilassarsi e disse: "Dal teatro della Fiera di Milano, ecco a voi *Lascia o raddoppia?*".

In quella RAI dove non ci si poteva permettere di sbagliare la poveretta venne immediatamente sostituita. E così dalla puntata successiva venne chiamata un'indossatrice bionda, si chiamava Edy Campagnoli, ed era stata scelta per la sua bellezza ma anche per la sua riservatezza. Il suo compito era di portarmi le buste e non parlare. Glielo avevano imposto i funzionari della trasmissione. L'avevano soprannominata "la valletta muta", avrà pronunciato sì e no venti parole in tutta la storia del quiz. Dicevano che la colpa era mia perché ero geloso, e non volevo che si mettesse in mostra. Tutte cose assolutamente non vere.

Purtroppo la Campagnoli oggi non c'è più, è scomparsa nel 1995. Presentammo insieme anche il Festival di Sanremo nel 1963, e dopo poco tempo si ritirò dalle scene. Le nacque una figlia molto bella, Patrizia, che a differenza di lei dimostrò di essere assai loquace! Per la breve ripresa commemorativa della trasmissione che la RAI volle mettere in piedi nel 1979, la ingaggiammo come mia assistente. Il padre era nientemeno che il grande portiere del Milan e della Nazionale italiana Lorenzo Buffon. Quando si sposò con la Campagnoli tutta Milano si bloccò, e migliaia di persone si ammassarono di fronte alla chiesa dove avvenne la cerimonia.

La regia era di Romolo Siena. Con lui avevo fatto anche *Fortunatissimo*, e successivamente proseguimmo la collaborazione in alcune mie trasmissioni degli anni Sessanta, *Campanile sera* e *La fiera dei sogni*.

Fu anche la prima volta che in televisione si creava un pupazzetto personaggio. L'omino di *Lascia o raddoppia?* divenne un "marchio" famoso.

Avevamo fatto parecchi tentativi e alla fine si decise per quello disegnato dall'artista Ennio Di Majo. Tra me e lui nacque anche una bella amicizia, e nel corso degli anni mi fece delle belle caricature che ancora conservo.

Io allora ero molto miope e odiavo gli occhiali. Pur di non metterli mi facevo scrivere le domande a caratteri cubitali. Nessuno sapeva questo segreto finché un giornalista dall'occhio molto lungo se ne accorse e pubblicò la notizia. Fu così che ricominciai a mettere gli occhiali quando leggevo, e a toglierli quando guardavo in faccia il concorrente. Il togli-e-metti gli occhiali. Un gesto che divenne una mia caratteristica, ripreso da tutti i miei imitatori.

Da quando qualche anno fa mi sono fatto operare agli occhi, recuperando la vista di un'aquila, non ho avuto più bisogno degli occhiali. Molti mi dicono: "Mah, ti manca qualcosa del Mike Bongiorno che conoscevamo qualche anno fa!".

È un'operazione semplicissima. A me è durata non più di un quarto d'ora per occhio, eseguita dal professor Philippe Crozafon di Nizza e dal bravissimo mio amico professor Limoli di Milano.

Recentemente, facendo ordine tra i nastri nei miei archivi, mi sono rivisto in quelle primissime battute di *Lascia o raddoppia?* Tecnicamente ero ancora un po' impacciato, non sapevo dove mettere le mani, e guardavo spesso a terra imbarazzato. Tutti gesti tipici di un ragazzo timido, e abitudini che attraverso gli anni di carriera ho avuto modo di correggere. Ma che in un certo senso mi hanno aiutato a identificarmi con il pubblico.

E sui miei difetti ho dato l'opportunità ad alcuni di scrivere. Esiste una sterminata letteratura di critici che si sono sbizzarriti nei miei confronti, e che hanno messo al microscopio ogni mia piega...

A proposito di questo, ogni giovedì alle 19, cioè due ore prima che la trasmissione andasse in onda, passavo negli uffici di corso Sempione a Milano dove trovavo i cosiddetti esperti, che sotto la guida del professor Mantelli sceglievano le domande da fare. Mi ricordo che ogni volta interveniva un giovane che portava una busta, si chiamava Umberto Eco. La consegnava a Mantelli e poi andava via. Ho sempre avuto il sospetto che all'interno della busta ci fossero le domande per il mio programma, cosa che però Eco ha sempre negato. Non sono mai riuscito a sapere la verità anche perché i nostri rapporti si raffreddarono notevolmente quando lui pensò di scrivere un saggio su di me, intitolandolo *Fenomenologia di Mike Bongiorno.*

Non fu molto tenero nei miei confronti. E suscitò parecchie discussioni e dibattiti. Io e la mia trasmissione eravamo diventati un fenomeno di costume.

La mia fenomenologia

Siccome anche Umberto Eco lavorava per la RAI, trasse spunto dalla sua esperienza per scrivere su di me. Concepì un saggio, divenuto molto celebre, dal titolo: *Fenomenologia di Mike Bongiorno*. In esso mi ha praticamente fatto una radiografia e sezionato come un chirurgo, descrivendo minuziosamente tutti i miei presunti difetti, i miei tic nervosi, e analizzando dettagliatamente la natura delle mie famose gaffe.

La *Fenomenologia* uscì per la prima volta sulle pagine di una rivista nel 1961, all'interno di un lungo articolo intitolato *Verso una civiltà della visione?*, poi venne estrapolata dal contesto, ristampata e inserita in una raccolta di scritti intitolata *Diario minimo*.

Più o meno un paio d'anni dopo la fine di *Lascia o raddoppia?* Lo dico perché innanzitutto ritengo che quel mio ritratto vada rigorosamente letto nel contesto del saggio dove nacque, che si riferiva a un insieme di argomenti legati alla televisione come fenomeno di comunicazione di massa.

Così scriveva Eco: "La TV presenta come ideale l'uomo assolutamente medio. [...] non offre, come ideale in cui immedesimarsi, il *superman*, ma *l'everyman* [...] Il caso più vistoso di riduzione del *superman* a *everyman* lo abbiamo in Italia nella figura di Mike Bongiorno e nella storia della sua fortuna".

Stabilì che ero diventato un uomo di successo perché rappresentavo l'ignoranza delle grandi masse, e sentenziava che non capivo il significato delle domande che leggevo: "Mike Bongiorno non si vergogna di essere ignorante e non prova il bisogno di istruirsi". E ancora:

"Mike Bongiorno parla un *basic italian*. Il suo discorso realizza il massimo di semplicità. Abolisce i congiuntivi, le proposizioni subordinate, riesce quasi a rendere invisibile la dimensione sintassi."

L'accusa di non aver studiato, quando non ho potuto farlo a causa di motivi ben precisi che ho spiegato nei capitoli precedenti, legati alla guerra e ad altre vicissitudini, all'epoca inizialmente mi ferì. Non potevo certo sbandierare di aver avuto una certa formazione scientifica né di avere alle spalle un rigoroso metodo accademico, ma già allora sentivo che il mio lavoro mi aveva portato a una conoscenza molto approfondita della psicologia della gente e delle tipologie di persone che abitavano l'Italia.

Oggi rivaluto queste cose con serenità, e dico che Eco non poteva certo capire che quella che sembrava una cosa alla portata di tutti, il rivolgere delle domande, e l'interagire con delle persone davanti alle telecamere, necessitava invece di un grande sforzo e di una conoscenza specifica, mista a una sensibilità molto articolata della psicologia delle persone.

Io dovevo, e ho sempre dovuto, sviluppare la capacità di trasformarmi davanti alla gente con cui interagivo, e la mia "intelligenza" consisteva nel saper tirare fuori il meglio (in condizioni di stress da riflettori) da qualunque tipologia di persona, passando in pochi istanti da una personalità tipo quella di Ungaretti a quella del grande campione sportivo, alla massaia, al politico di potere... ecc... ecc... Questa costante sollecitazione della mia sensibilità mi ha permesso di assorbire da ognuno certe caratteristiche umane e di conoscere e imparare con gioia le cose dalla gente che ho incontrato, comprendendole con l'esperienza.

Ho potuto affinare questa tecnica per quasi sessant'anni, e posso dichiarare con certezza che ci sono davvero poche persone che come me possiedono una cultura e una conoscenza così approfondita del nostro Paese e della gente che lo abita.

"[Mike Bongiorno] porta i *clichés* alle estreme conseguenze. Una ragazza educata dalle suore è virtuosa, una ragazza con le calze colorate e la coda di cavallo è 'bruciata'. Chiede alla prima se lei, che è una ragazza così per bene, desidererebbe diventare come l'altra; fattogli notare che la contrapposizione è offensiva, consola la seconda ragazza mettendo in risalto la sua superiorità fisica e umiliando l'educanda. In questo vertiginoso gioco di *gaffes* non tenta neppure di usare perifrasi [...] In fondo la *gaffe* nasce sempre da un atto di sincerità non mascherata; [...] la *gaffe* (in cui Bongiorno eccelle, a detta dei critici e del pubblico) nasce proprio quando si è sinceri per sbaglio e per sconsideratezza [...]"

La sincerità è una virtù, specialmente di questi tempi, e considero sia meglio eccedere in una cosa del genere piuttosto che in altre qualità specifiche. Molti che hanno investito invece il loro tempo in arzigogolate forme di diplomazia politica lo hanno spesso dimenticato.

"Mike Bongiorno è privo di senso dell'umorismo. Ride perché è contento della realtà, non perché sia capace di deformare la realtà."

Questa poi... non ho proprio dubbi di aver saputo dimostrare lungo tutto l'arco della mia carriera professionale di possedere una certa dose di umorismo e di saper scherzare con autoironia. Non bisogna confondere il rigore e la serietà professionale, a cui ho sempre tenuto moltissimo, con la mancanza di umorismo.

Nel 1961 non mi fece certo piacere però essere sottoposto a vivisezione da tutti gli intellettuali d'Italia, che si divertirono ad approfondire il discorso lanciato dalla *Fenomenologia*. Ma per il giovane Eco fu anche una specie di boomerang, perché le sue critiche suscitarono nelle grandi masse (che lui indirettamente attaccava) un'ondata di difesa e di affetto nei miei confronti, e per lui, grande autore di bestseller internazionali, divenne una palla di piombo al piede il dover continuamente rispondere ai giornalisti italiani che non mancavano di tormentarlo nelle interviste chiedendogli di commentare la *Fenomenologia di Mike Bongiorno.*

Da allora sono passati più di quarant'anni, e sovente durante le manifestazioni culturali a cui sono stato invitato (nonostante la mia ignoranza) mi è capitato di incontrare anche Umberto Eco, che ormai è diventato una grande celebrità mondiale. Ho tentato più volte di avvicinarlo per ridere insieme a lui di quello che aveva detto di me, che in fondo servì anche ad aumentare la mia popolarità, ma sfortunatamente non siamo mai riusciti a sederci a quattr'occhi da soli e smitizzare la cosa.

In fondo ritengo che *Lascia o raddoppia?* abbia dato tanto alla cultura italiana.

Anche se in quegli anni non tutti se ne erano accorti, la TV stava contribuendo in maniera importante alla costruzione della nuova identità nazionale, sia sul piano dell'aggregazione sociale (la mia trasmissione era un'occasione per stare insieme nei bar e nelle piazzette di paese) che sul piano dei contenuti.

È anche un fatto certo che *Lascia o raddoppia?* contribuì ad aumentare il numero dei televisori venduti e il numero di abbonati alla RAI. Realizzando quella che era stata la "profezia" di Vittorio Veltroni.

Nel 1959 la RAI aveva già un milione e mezzo di abbonati, e avere un televisore nel proprio salotto era diventato un obiettivo primario di tutte le famiglie dell'epoca.

Ma non solo Umberto Eco si dava da fare per avvilirmi, subivo anche i periodici assalti di certa stampa. Crebbe progressivamente una pioggia di riflessioni e di critiche, e finirono per dirne di tutti i colori su di me. Un gruppo politico fece addirittura un'interrogazione alla Camera per sapere per quale ragione un cittadino straniero come me dovesse essere stipendiato da un ente nazionale come la RAI. Un settimanale di estrema sinistra fece fare un'inchiesta per denunciare la pericolosità di *Lascia o raddoppia?*

Scesero in campo anche delle massicce forze a sfondo moraleggiante che affermavano che essendo io divorziato era perlomeno poco edificante che mi si facesse apparire con tanta insistenza sui teleschermi.

I giornalisti mi dicevano: "Guarda che noi ti attacchiamo perché in questo momento sei come il portavoce della RAI... Il nostro attacco va verso la RAI, non verso di te". Ma comunque, ero io il capro espiatorio ed era su di me che scrivevano delle cose molto brutte.

Una volta avevamo organizzato un cocktail per celebrare uno dei concorrenti che aveva vinto i cinque milioni, il premio massimo, e invitai dalla trasmissione anche tutti i giornalisti a festeggiare insieme a noi... non l'avessi mai fatto!

Presero la palla al balzo. "Come osi! Credi che siamo dei morti di fame! Non abbiamo bisogno dei tuoi inviti per andare a mangiare i panini e bere l'aranciata!" Io risposi che non l'avevo certo fatto per offenderli, però il giovedì seguente dovetti chiedere scusa ufficialmente.

Conservo un disegno di Giovannino Guareschi in cui c'è una figura che rappresenta la stampa che mi ammonisce e io che sono lì inchinato davanti a lei. Sono stato molto affezionato a Guareschi e conservo tutti i suoi libri; ha scritto talmente tanto che i suoi figli continuano a trovare nuovi libri in soffitta e in cantina, e me li mandano da leggere ricordando la mia amicizia con lui.

Anche Walter Molino mi difese (è stato uno dei patriarchi del fumetto italiano, la sua firma come caricaturista e illustratore è diventata famosa soprattutto per le copertine della "Domenica del Corriere"). Si era molto affezionato a me, e si divertiva a raccontare quasi tutti gli eventi importanti che mi succedevano, e in quel periodo ironizzò sul mio essere continuamente sotto processo.

Lavorare alla RAI allora era come lavorare in un ministero, l'azienda era di una severità incredibile, e quelli che facevano il mio mestiere (io ero diventato tra le persone più famose e popolari in Italia, come anche il mio collega Corrado) erano trattati come degli impiegati qualunque. Ci davano uno stipendio ridicolo. Dovevamo andare a fare le serate in giro per arrotondare: una volta ricordo che arrivai con una 500 in piazza del Popolo. Fu nei primi anni, quando già avevo però una certa popolarità. Il parcheggiatore mi disse: "Ma non si vergogna! Uno come lei che va in giro con la 500!". Gli risposi che mi davano trentamila, quarantamila lire per trasmissione. I nostri attori del cinema guadagnavano milioni, e io facevo i salti mortali per mantenere un certo trend di vita che la gente si aspettava da me vista la popolarità che avevo.

E poi c'era sempre il rischio che ti chiamassero dalla direzione per dire: "Stai attento, non devi più usare la tale parola...".

"Pesce" o "membro" erano assolutamente vietate! Non si poteva dire "membro del Senato".

C'era anche una rivalità incredibile, perché quando videro che *Lascia o raddoppia?* funzionava, cominciarono a svegliarsi molti personaggi che lavoravano nello spettacolo e che in precedenza si erano sempre rifiutati di fare la televisione.

Io, vista la pressione che avevo addosso e la mia giovinezza, ero costantemente in ansia per fare bene. Se, parlando con un concorrente, mi accorgevo di aver perso l'occasione di cogliere uno spunto per fare qualche battuta felice, allora non mi perdonavo per giorni. Ero raramente rilassato, lasciavo il teatro della Fiera spesso abbattuto e passavo la serata ripensando al colloquio con il concorrente, rimproverandomi per la scarsa prontezza di riflessi, e ripromettendomi di approfondire la conoscenza dei concorrenti per le prossime trasmissioni.

Mi resi conto che era assolutamente necessario che i concorrenti li conoscessi bene, a uno a uno.

Era proprio l'ingrediente principale per creare un contorno spettacolare. Il personaggio, il tipo, la sua storia, le emozioni che suscitava, erano la forza della trasmissione. I concorrenti diventavano famosi, ovviamente perché riuscivano a superare delle prove difficili, ma venivano consacrati a personaggi televisivi soprattutto per la loro personalità, che stava a me tirare fuori.

Il "rito del giovedì sera", a detta di Barbara Scaramucci, la bravissima giornalista che dirige gli archivi della RAI, era "un po' laico e un po' religioso... riusciva sempre a rendere eroe una persona comune, con il suo lato venale e il suo nozionismo... proprio per questo accontentava tutti e rappresentava una indimenticabile ora di identificazione con il sogno a portata di mano."

Infatti, il carattere delle mie trasmissioni, basate sulla realizzazione di sogni e speranze, finì col fare di me nella fantasia popolare una specie di mago.

Campanile sera

Tutte le cose belle hanno una fine, e dopo quattro anni decidemmo di chiudere con *Lascia o raddoppia?* Furono anni decisivi per la mia carriera, in cui consolidai la mia professionalità e il mio legame con il pubblico, e raccolsi anche degli importanti riconoscimenti a livello nazionale e internazionale.

Avevamo fatto ben centonovantuno puntate raggiungendo quasi dodici milioni di ascolto per puntata!

Il premio che mi diede la maggior gratificazione fu quello che ricevetti a Barcellona, quando mi proclamarono il miglior presentatore d'Europa. I rappresentanti di tutte le stazioni radiofoniche e televisive europee si costituivano in assemblea una volta l'anno per decidere quale trasmissione degli ultimi mesi aveva riscosso maggiore successo in senso assoluto, e quale dei presentatori aveva raggiunto la maggiore popolarità. Si chiamava Oscar europeo della radiotelevisione. Ritirai il premio proprio a Barcellona come presentatore di *Lascia o raddoppia?* e del programma radiofonico *Tutti per uno*. Ricordo che mi venne consegnato dal più famoso torero del momento nello stadio coperto di Barcellona alla presenza di trentamila persone. Mi emozionò profondamente. Fu un riconoscimento che mi gratificava di tutto il lavoro sodo che facevo con amore e con profondo senso di responsabilità.

A cavallo degli anni Sessanta, la mia popolarità era cresciuta a un punto tale da condizionare la mia vita e in qualche circostanza anche quella degli altri! I treni su cui salivo erano sempre costretti a dei ritardi causati dai miei ammiratori che volevano farsi firmare gli autografi...

Lascia o raddoppia? non aveva assolutamente perso il suo interesse, ma era nell'aria ormai da tempo l'idea di partire con un programma fresco. La stampa, volendo anticipare tutti, aveva diffuso la voce che *Lascia o raddoppia?* sarebbe stato sostituito con un nuovo telequiz dal titolo *Il ventuno*, modellato su un quiz show americano che stava ipnotizzando la nazione.

Io volli andare molto cauto e mi presi del tempo per pensarci bene perché il successo e la durata della trasmissione da cui venivamo erano una pesante eredità. Insistetti molto con la RAI per avere una piena libertà di decisione sui contenuti del nuovo programma da fare.

Infine, dopo lunghe riflessioni, si optò per la trasposizione televisiva di una mia trasmissione radiofonica che si chiamava *Il gonfalone*.

L'adattamento televisivo venne chiamato *Campanile sera*. Iniziammo ad andare in onda nel novembre del 1959, sempre dal teatro della Fiera di Milano, sempre di giovedì, consacrandola come la mia giornata del telequiz.

Il meccanismo del gioco era molto semplice, e si proponeva di coinvolgere sia la gente in studio che quella a casa e nelle piazze dei paesi italiani in gara.

A ogni puntata si sfidavano i rappresentanti di piccole o medie località della nostra provincia. Alcune tra quelle che hanno vinto di più sono state Castelfranco Veneto, Monfalcone, Arona, Mondovì, Monreale...

Ciascun paese inviava a Milano due concorrenti per rispondere alle mie domande culturali. Io li interrogavo su avvenimenti storici o folcloristici o geografici relativi al loro luogo di provenienza.

Contemporaneamente nelle due piazze un gruppo di esperti doveva risolvere i quesiti proposti dai nostri inviati speciali. Io dirigevo il tutto dallo studio centrale di Milano e davo tutte le disposizioni da seguire sul momento ai conduttori dei collegamenti esterni, Enzo Tortora e Renato Tagliani, che venne poi sostituito da Enza Sampò.

Quando i concorrenti in studio sbagliavano o non sapevano dare le risposte allora si collegavano con gli intellettuali del loro paese radunati in quello che chiamammo "il pensatoio".

La trasmissione era molto dinamica, con frequenti spostamenti dal teatro di posa ai paesi in lotta tra di loro, e con l'aggiunta di molte altre prove di vario genere. Di grande importanza erano le prove sportive. Le squadre andavano a giocare nel campo del paese avversario. I locali pur di battere gli ospiti ricorrevano a trucchi che suscitavano l'ilarità del pubblico, ricordo per esempio una gara dove i pescatori dovevano tirare delle barche legate a delle funi per una certa distanza ma non riuscivano a spostarle perché i concorrenti avevano messo sotto alla carena degli avversari della pece in modo che non si potessero muovere.

Al termine della puntata il paese che aveva vinto festeggiava fino alle ore piccole, e non importava assolutamente che non ci fossero dei premi in denaro. L'importante era conquistare il gonfalone e conservarlo il più a lungo possibile.

In ogni puntata trasmettevamo anche un documentario con le attrattive dei due paesi che si rivelò un grande mezzo di promozione economico e turistico.

L'ascolto medio fu di oltre undici milioni di telespettatori, andammo in onda per centoquattro puntate sino alla fine di novembre del 1961.

Enza Sampò con *Campanile sera* era agli inizi di una brillante carriera che prosegue ancora oggi come autrice e conduttrice. In modo elegante e raffinato contribuì a dare una nuova immagine alla donna in televisione, uscendo dai rigidi schemi del modello di semplice annunciatrice o semplice valletta.

Enzo Tortora aveva già dei precedenti nel mondo dello spettacolo in quanto si era fatto notare con la trasmissione *Telematch* in cui faceva scervellare gli italiani intorno a un oggetto misterioso, e aveva recitato in una compagnia goliardica genovese. Ma *Campanile sera* fu la sua vera consacrazione.

Vista la bravura e le caratteristiche culturali che Tortora aveva, cose che, se ben ricordate, secondo Umberto Eco io invece non possedevo, venne montata ad arte l'esistenza di una grande rivalità tra noi due, tipo quella che c'era tra Coppi e Bartali, tra Milan e Inter e così via. I giornalisti si inventarono battibecchi di ogni tipo e scontri di gelosia fra noi due al termine di ogni puntata. Cosa assolutamente non vera, anche perché la televisione stava nascendo e c'era spazio per tutti.

Ho voluto molto bene a Enzo soprattutto nel periodo in cui fu arrestato e messo in prigione in seguito alle false accuse di un pentito. Posseggo ancora una sua lettera che conservo gelosamente.

Enzo aveva un difetto, se si può considerare un difetto, quello di voler andare sempre controcorrente senza pensare alle conseguenze, forse per amore di notizia.

Fu allontanato dalla televisione diverse volte, la prima perché aveva permesso all'imitatore Alighiero Noschese di fare una bruciante caricatura di Amintore Fanfani. Dopo essere andato in Svizzera per circa tre anni, al suo rientro in Italia presentò un quiz denominato *Il gambero* e successivamente la *Domenica Sportiva* che riuscì a trasformare in un programma di intrattenimento. Ma di nuovo per amor di battuta, forse, provocò un incidente definendo la RAI "un jet colossale guidato da un gruppo di boy scout che si divertono a giocare con i comandi". Questa volta la pagò ancora più cara della prima, in quanto fu allontanato per ben otto anni e non ritornò più fino al 1977 con quello che io considero il suo più bel programma: *Portobello.*

La differenza fra me e lui era che io ho sempre cercato di essere accomodante, a costo anche di essere accusato di servilismo. Tante sono le cose che ho dovuto subire negli anni in cui lavoravo nella RAI. Ingiustizie, gelosie, e mancanze di parola. Ma forse grazie ai drammatici eventi da me vissuti nel periodo bellico, avevo imparato l'arte della diplomazia, e che per certe cose non valeva la pena complicarsi la vita. Difatti dal giorno in cui Vittorio Veltroni mi convinse a rimanere in Italia, era il 1954, al giorno in cui ho dato le dimissioni dalla RAI, ho fatto una trasmissione dopo l'altra.

Questo mio modo di pensare ha fatto sì che io stia festeggiando i miei quasi sessant'anni di carriera.

Anch'io avrei potuto muovere pubblicamente delle accuse a certi funzionari che non mi apprezzavano e che tentavano, nonostante io avessi milioni di spettatori che mi attendevano tutte le settimane davanti ai televisori, di allontanarmi dalla RAI per sostituirmi con qualche loro amico raccomandato. Si sa, si è sempre saputo, che nella televisione di stato tutto è politicizzato, e lo era soprattutto in quel periodo. Io non ho mai fatto parte di alcun partito anche se sovente mi facevano delle proposte, ho sempre pensato che chi fa un mestiere come il mio debba essere di tutti. Sinistra, centro o destra.

Secondo il mio modesto parere, l'Italia è un Paese campanilista dove quando ti identifichi con qualcosa quelli che non la pensano come te diventano tuoi "nemici". Un tipico esempio ce l'abbiamo nel calcio. Se sei interista i milanisti ti insultano. E se sei juventino come me, ti tirano le palline di carta e ti fanno le corna. Mi succede sempre quando vado allo stadio a vedere la mia Juve. Fra parentesi, proprio per questa ragione, da qualche tempo non ci vado più, anche perché ero costretto a uscire un quarto d'ora prima della fine della partita per evitare gli assalti dei tifosi. Ho smesso di andare quando dopo un incontro Milan - Juventus all'uscita da San Siro per l'entusiasmo di vedere Mike Bongiorno i tifosi si erano ammassati attorno alla mia auto e addirittura un gruppo di hooligan era salito sulla carrozzeria. Il peso era tale che mi sfondarono le sospensioni e fui costretto a rientrare a casa a piedi.

Il gonfalone, a proposito del campanilismo, aveva avuto in radio un grande seguito a causa della rivalità esistente fra i vari paesi del Nord e del Sud. L'idea di sfruttare la cosa anche in televisione aveva dimostrato di essere vincente. Inoltre, da poco tempo la televisione era arrivata anche nel Sud, e lì era particolarmente sentita perché sia le autorità locali che i giovani ambivano a mettersi in mostra e far vedere che erano più bravi di quelli del Nord.

Fino ad allora purtroppo l'Italia meridionale era stata un po' dimenticata. *Campanile sera* offrì per la prima volta al Paese la possibilità di conoscere meglio le grandi differenze che esistevano tra la mentalità meridionale e quella settentrionale.

Lontano dai riflettori

Non sono mai stato un tipo sedentario.

Ho sempre nutrito un indefinibile amore per il rischio, il pericolo, il cimento. A dar sfogo a tali impulsi spesso ha contribuito il mio lavoro: a New York verso la fine degli anni Quaranta ricordo ancora come un'impresa straordinaria quell'intervista che feci a un operaio arrampicandomi sull'apparecchiatura per la pulizia dei vetri dell'Empire State Building. Era una delle mie prime corrispondenze, e mi fece notare da Vittorio Veltroni.

La stampa, sin dai primi anni di *Lascia o raddoppia?* ha sempre seguito moltissimo la mia vita personale, ero sempre sotto i riflettori, e soprattutto la mia vita sentimentale incuriosiva molto.

Si diceva che mi metteva in imbarazzo parlarne, ma perché dovevo aver difficoltà ad ammettere che anch'io avevo come tutti una vita sentimentale? A me irritavano molto i pettegolezzi. Non ero certo insensibile al fascino femminile. Ma non amavo vantarmi delle mie avventure o sbandierare le mie conquiste.

Ero semplicemente geloso della mia intimità, dei miei sentimenti e dei miei pensieri.

Sebbene contassi numerosi amici, mi definivo un solitario. Non frequentavo i night club, non comunque per abitudine. Non facevo molta vita mondana. Entravo nei locali solo eccezionalmente in occasione di avvenimenti particolari.

Ero uno che beveva soltanto acqua minerale, e preferivo i cibi semplici e genuini. All'epoca ero assolutamente astemio!

Mi vennero attribuiti molti flirt, e per un certo periodo mi venne appiccicata l'etichetta di playboy. A volte mi divertivo a ripercorrere l'elenco delle fidanzate che mi attribuivano i giornali, una semplice cena a due, una serata a teatro, una passeggiata in montagna offrivano l'occasione al sorgere di voci, subito diffuse e ampliate e prese per buone da tutti o quasi.

Una delle mie prime storie a essere seguite dai giornali fu quella con l'attrice Fiorella Mari. La nostra relazione era nata sul set dei *Miliardari*, e venne spremuta dalla stampa anche per fare pubblicità al film. Fiorella suonava la chitarra, e ricordo con lei alcune liete e allegre giornate passate insieme al mare durante le pause di lavorazione del film.

Un'altra mia storia che fece particolare notizia fu con la soubrette Flora Lillo, che era tra i personaggi più noti del mondo dello spettacolo di rivista italiano. Fu una relazione lunga, che durò quasi cinque anni. Flora mi accompagnava dappertutto, spesso ci vedevano insieme in montagna a Cervinia, anche a San Siro all'ippodromo dove tenevo i cavalli, e a più riprese i giornali parlavano di matrimonio, ma noi smentivamo sempre.

Nella primavera del '62 conobbi attraverso una puntata di *Caccia al numero* una bellissima ragazza molto sportiva, Lucia Cesari, che faceva l'indossatrice. Lucia per amore imparò ad andare sott'acqua e divenne una provetta subacquea. La passione per il mare ci univa molto e facemmo insieme decine e decine di stupende immersioni.

Nonostante i compensi molto bassi che ricevevo dalla RAI, grazie alle attività extratelevisive che mi venivano continuamente proposte riuscivo ad arrotondare e a realizzare alcuni miei desideri di tipo materiale.

Siccome avevo da sempre una grande passione per le macchine sportive, verso la fine degli anni Cinquanta decisi di sostituire la Oldsmobile che mi aveva regalato mio padre e con la quale ero arrivato dall'America, con una Thunderbird della Ford.

Ogni tre-quattro anni cambiavo macchina, e dopo passai a una Corvette della Chevrolet, e dopo ancora alla Sting Ray, un prototipo speciale che era un'evoluzione delle nuove generazioni di Corvette. Era una macchina davvero speciale, un modello all'avanguardia che mi pento di aver venduto perché oggi sarebbe un pezzo da collezione. Ma dovetti farlo perché con quella conclusi il mio ciclo di macchine americane per acquistare la mia prima Ferrari, che mi costò con lo sconto meno di cinque milioni di vecchie lire.

Mi aveva convinto l'ingegner Ferrari, che mi voleva molto bene perché diceva che gli ricordavo il figlio che aveva perso. Seguiva tutte le mie trasmissioni e sovente mi chiamava per avere qualche ragguaglio in più sui concorrenti che partecipavano ai miei quiz. A volte mi sgridava anche perché diceva che li avevo trattati male.

Quando passavo da Modena facevo sempre una piccola deviazione sull'autostrada e lo andavo a trovare. Mi faceva pranzare con lui nel piccolo ristorantino di fronte all'officina, suscitando la meraviglia di quelli che ci vedevano perché molto raramente l'Ingegnere invitava qualcuno. Gli portavo in omaggio delle cravatte di cui parla anche in uno dei numerosi libri che ha scritto. "Con la notorietà che hai, Mike" mi diceva, "non puoi non avere una Ferrari. Abbiamo il modello che fa proprio per te. Pur essendo molto veloce è molto facile da guidare."

Il giorno in cui me la consegnò fu festa all'officina di Maranello. Invitò tutti gli operai all'aperto e quando uscì la vettura che mi aveva destinato, color giallo Ferrari, disse al capo officina: "Apri il cofano e aggiungi qualche cavallo al Mike, così avrà più ripresa degli altri".

Lo vidi trafficare con un cacciavite e ancora oggi non so se mi avevano preso per i fondelli o se effettivamente si possono aggiungere dei cavalli con due giri di vite.

Presi un gran bello spavento però quando guidando la mia Dino Ferrari mi capitò un incidente. Accadde poco dopo averla ritirata a Maranello e fu dovuto a un irresponsabile che stava fermo con la sua macchina proprio sulla corsia di uscita di Bologna. Aveva le luci spente, e dato che stava già venendo buio, io lo vidi all'ultimo momento. Feci una sterzata a sinistra e poi un'altra a destra per raddrizzare la macchina, ma la "Dino" aveva il motore posteriore che toccando il guardrail mi catapultò all'indietro sulla corsia centrale dell'autostrada. Riuscii a controllarla per una cinquantina di metri e poi uscii di strada andando a picchiare nell'unico punto del muretto laterale in terra battuta anziché in pietra. Presi un gran contraccolpo ma fui salvato dal motore posteriore che fece da cuscinetto. Rimasi con la macchina in bilico sul canaletto che scorre in quel punto. Scesi dal veicolo cercando di fermare qualcuno per farmi dare una mano. E qui successe un'altra cosa che ha veramente dell'incredibile, ma giuro che è proprio vero. A un certo punto arrivò un'altra Dino Ferrari gialla, precisa identica alla mia, con alla guida un signore che vedendo che c'era una macchina come la sua in panne si fermò subito e guarda caso aveva anche una corda nel baule con la quale mi tirò fuori e mi trainò fino all'officina più vicina.

Chissà chi era? Forse il mio angelo custode? La stessa guida invisibile che per ben due volte mi ha aiutato per strada in situazioni di emergenza. La prima fu quando stavo per arrivare con la mia Ferrari all'altezza dell'area di servizio di San Martino in provincia di Parma e rimasi senza benzina a circa cinquecento metri dalla meta. Riuscii, non so come, perché non c'era proprio più neanche un goccio di benzina, ad arrivare a ruota libera al rifornimento. La seconda volta mi si incendiò improvvisamente il motore posteriore proprio nell'istante in cui stavo entrando nella stessa area di servizio. Fortunatamente il benzinaio di turno intervenne tempestivamente spegnendo le fiamme con un estintore. Da quel momento annovero tra i miei protettori, oltre al mio angelo custode che ho già chiamato in causa molte volte, anche san Martino di cui tengo in casa una grande immagine che sono riuscito a recuperare dopo lunghe ricerche.

A proposito di rischiare la vita, in quel periodo ebbi un altro notevole shock. Durante un mio viaggio di ritorno dagli Stati Uniti, quando ormai stavamo già sorvolando l'Atlantico, si incendiò uno dei motori dell'aereo. Il pilota invertì la rotta per cercare di atterrare in stato di emergenza a Boston. Furono due ore di vero e proprio terrore a bordo. Eravamo circa una sessantina di passeggeri tra i quali c'era anche un sacerdote che ci fece pregare perché l'aereo si abbassava sempre di più sull'oceano dove vedevamo le navi della guardia costiera allertate per noi in caso fossimo precipitati in acqua. La bravura del comandante fu tale che riuscì a portarci in salvo. Sulla pista di Boston quando toccammo terra durante la decelerazione avevamo di fianco a noi le macchine dei pompieri che ci seguivano temendo che all'impatto si potesse sviluppare un altro incendio. Quando scesi dalla passerella finii a gambe all'aria perché scivolai sugli schiumogeni cosparsi sul terreno. Due ore dopo presi un altro aereo e potei rientrare in Italia sano e salvo.

Ma la mia vera grande passione era, ed è tuttora, lo sport. Li praticavo quasi tutti. Oltre all'atletica e allo sci, che mi accompagnavano dall'adolescenza, dopo il mio ritorno dagli Stati Uniti fui tra i primi pionieri della subacquea e mi buttai a capofitto nell'equitazione.

Ogni giovedì dopo la trasmissione partivo in compagnia di tutto il cast e andavamo a passare il weekend ad Arenzano, che era il paese di nascita dell'autore di alcune mie trasmissioni radiofoniche e di quelle televisive degli anni Sessanta, Popi Perani. Ad Arenzano avevano appena cominciato la costruzione delle case sulla collina. Per attirare i futuri clienti avevano addirittura già preparato un campo di golf da nove buche e una piscina di venticinque metri. Nella nostra compagnia c'era anche un giovane medico di Genova, Didi Serra, che divenne mio grande amico. Didi era famoso per gli scherzi goliardici che inventava a scapito del prossimo. Ricordo che una sera, mentre era in corso una caccia al tesoro organizzata dall'ACI di Genova e passavano davanti a noi a un minuto di distanza uno dall'altro i concorrenti, Didi ebbe l'idea di mettere un grande tavolo al centro della strada: facendo finta di essere uno degli organizzatori della caccia, fermava ogni macchina e consegnava agli occupanti una busta con il compito di raggiungere delle località sulle colline circostanti, dove regolarmente si sarebbero persi, facendogli fare dei giri enormi prima di arrivare al traguardo di Genova.

Dopo un'ora cominciarono ad arrivare in paese delle telefonate dalla piazza centrale di Genova, dove era situato il traguardo: erano allarmati perché non arrivava più nessuno. Venimmo a sapere anche che avevano mandato la polizia in perlustrazione alla ricerca degli equipaggi spariti.

Capimmo subito che marcava molto male per noi se ci avessero colto in flagrante. Tagliammo la corda e il giorno dopo ci fu da ridere quando sui quotidiani genovesi leggemmo le notizie che riportavano il fallimento della caccia al tesoro organizzata dall'ACI a causa di ignoti bontemponi!

Un altro scherzo che fece il mio amico Didi, che oggi tra l'altro è diventato una celebrità nel campo della ginecologia, fece notizia in tutta Genova. Era stato invitato a una grande festa da una nota famiglia nobile genovese. A un certo punto, dovendo espletare delle necessità corporali era entrato nella stanza da bagno dove in quel momento c'era un piccolo bambino seduto su un pitale che faceva i suoi bisogni. Didi lo spostò, prendendo il suo posto sul vasino e riempiendolo fino all'orlo. Poco dopo nel salone dove si stava svolgendo la festa arrivò trafelata la tata del bambino: "Signora, signora, sono molto preoccupata! Venga a vedere, il bambino ha fatto una cacca così!".

Didi mi coinvolgeva in tutte le avventure più matte. A un certo punto mi fece partecipe di un'altra sua grande passione, la caccia. Io però, dopo la prima esperienza abbandonai subito perché ero rimasto troppo impressionato dall'aver sparato a una lepre che non era morta. Mi sono sentito così meschino che ho restituito il fucile al mio amico. La caccia non faceva per me.

Visto che ad Arenzano stavano costruendo un porticciolo pensai che forse potevo attraccarvi la prima barca della mia vita. Feci tutti i miei calcoli e scoprii che i cantieri dell'Adriatico a Monfalcone stavano per lanciare una versione a uso civile dei battelli militari che erano divenuti celebri durante la guerra. Scelsi un battello lungo dieci metri, e lo chiamai *Ekim* ("Mike" alla rovescia). Data la mia ormai nota popolarità mi fecero uno sconto fortissimo. Me lo offrirono a prezzo di cantiere perché dicevano che sarei stato utile per fare pubblicità.

Un paio d'anni dopo, come capita a tutti quelli che comprano una barca, sentii il bisogno di "allungarmi" di un paio di metri. Vendetti la mia, guadagnandoci, visto che me l'avevano data a un prezzo irrisorio, e ne acquistai una da dodici metri con lo stesso accordo: grande sconto per la pubblicità che avrei fatto. Il cantiere da cui la comprai ebbe un notevole vantaggio perché, trattandosi di un natante più sicuro e molto veloce, cominciai a fare le mie prime crociere, sempre costeggiando per paura di essere sorpreso dal maltempo e dal conseguente mare in burrasca.

A piccoli balzi cominciai ad andare dall'Elba all'isola del Giglio, dall'isola del Giglio a Pianosa, da Pianosa alla misteriosissima isola di Montecristo, dove, mancando un riparo, era molto pericoloso stazionare di notte. Ma presto ebbi il coraggio di fermarmi anche di notte a Montecristo perché avevo allungato di nuovo la barca, questa volta grazie al mio amico Baglietto, il proprietario del famoso cantiere navale di Varazze. Grazie a lui feci un notevole salto di qualità perché finalmente potei possedere un vero e proprio yacht, un sedici metri, della nota categoria *Ischia*.

Mi ero talmente innamorato di Montecristo che ogni volta che potevo andavo a buttare l'ancora fin davanti all'unico approdo di Cala Maestra, destinato solo alle piccole barche a remi. I guardiani dell'isola, marito e moglie con un figlio, mi erano diventati molto amici perché il loro passatempo prediletto era la televisione. Vivevano in una casetta in mezzo a un giardino di piante tropicali che nel passato erano state donate dalle varie famiglie regnanti europee ai Savoia. Tra gli animali che affollavano l'isola c'erano degli uccelli molto rari che soggiornavano soltanto lì, e delle agilissime caprette che saltavano di rupe in rupe. I guardiani erano molto preoccupati per la presenza di una vipera velenosissima, i cui morsi procuravano la morte. Mi raccontavano che ogni anno arrivava un gruppo di scienziati per raccogliere questo veleno da usare poi in campo farmaceutico.

Ogni volta che mi avvicinavo a Montecristo i guardiani si divertivano a spiarmi con il binocolo per scoprire in anteprima quali ragazze portavo. Era il periodo in cui vivevo intensamente la mia vita sentimentale, ero giovane e rampante. Credo che due mie amiche non dimenticheranno mai il dramma che abbiamo vissuto una notte travolti da una terribile burrasca. Mentre eravamo attraccati di fronte a Montecristo il vento girò improvvisamente a maestrale, e nella posizione in cui stavamo eravamo costretti a muoverci, ma appena usciti dalla baia, dall'altra parte dell'isola ci imbattemmo nello scirocco, il vento di Sudest. Ci trovammo così in mezzo allo scontro dei due fronti, con onde alte dieci-quindici metri. Puntammo verso l'isola del Giglio, che con il mare calmo si poteva raggiungere normalmente in tre quarti d'ora. Noi invece navigammo trascinati da una parte all'altra in cima alle onde, crollando poi negli avvallamenti dell'acqua per oltre otto ore. Il capitano della mia barca, Marietto Figallo, non sapeva più come governarla, e avanzammo soltanto con i motori accesi al minimo. Arrivati al Giglio, appena riuscimmo a rifugiarci nel porto, fu una bella sorpresa scoprire che non c'era più nulla di intatto sulla barca. Gli armadi e tutto quello che contenevano erano andati in frantumi, i parabrezza non esistevano più, i letti si erano scardinati. È stata la più grande paura che ho provato in mare. Appena attraccati, le ragazze in quattro e quattr'otto impacchettarono le loro cose e sparirono dicendomi: "Non ci becchi più!".

Ero talmente spaventato che giurai a me stesso che avrei venduto la barca e non sarei più andato per mare. Ma come sempre succede, il giorno dopo, con il mare calmo e il cielo azzurro, dopo una lunga notte di sonno, partii nuovamente verso Livorno, che era diventata la mia base, per raggiungere i miei due più cari amici del periodo della subacquea, Paggini e Bencini. Il primo era proprietario di un oleificio, il secondo si guadagnava da vivere facendo dei piccoli lavori nel porto per disincagliare le ancore.

Quando avevo più giorni liberi a disposizione, ci spingevamo fino all'isola di Capraia, che allora ospitava un penitenziario ed era scarsamente popolata. C'era un porticciolo con una piccola osteria gestita da due vecchiette che quando arrivavo mi facevano una gran festa e preparavano a me e ai miei amici degli enormi piattoni di pastasciutta. Sovente portavamo con noi anche delle belle ragazze, che indossavano il bikini, causando le proteste dei guardiani dei carcerati perché essendo così discinte risvegliavano le loro voglie.

È lì che ho pescato la più grande cernia di tutta la mia carriera di subacqueo, e riconosco che lo devo ai miei due partner. Da parecchi mesi si parlava di una cernia di grandezza mai vista che si aggirava lungo una muraglia a venticinque metri di profondità, appena fuori dal porto vecchio.

"Vai avanti" mi dissero, "dopo circa trenta metri vedrai che c'è una tana. Non guardare dentro ma infila subito il tuo fucile e spara."

Cosa che feci, e centrai subito l'obiettivo, causando però un grande turbinio perché la cernia non ne voleva sapere di uscire dalla tana. Ci volle più di un'ora per tirarla fuori. Quando la vidi non credevo ai miei occhi. Entrammo in porto suonando la sirena del mio yacht per attirare l'attenzione. Avevamo appeso a poppa un animale che risultò poi pesare ben ventisette chili!

Vagando attorno all'isola sott'acqua, un giorno trovammo, subito dietro la punta sud, i resti di un galeone spagnolo. Era stato totalmente depredato da chi ci aveva preceduto, ma scavando con le mani ebbi la fortuna di trovare ancora una moneta d'oro. Pagai però cara la mia impresa. Fu proprio lì che fui preso dall'ebbrezza di profondità. Quando ti capita, diventi così euforico e ti senti così bene che vuoi andare ancora più giù, e non connetti più, e non ti rendi conto del pericolo che stai correndo. Ecco perché un subacqueo non dovrebbe mai andare in acqua da solo. Chi è con te, in questi casi d'emergenza deve afferrarti per un piede e tirarti su. Basta salire di una ventina di metri che tutto passa e si ritorna in sé.

Procedendo verso nord lungo la parete ovest della Capraia, c'è un punto dove ebbi un'altra grande sorpresa: vidi addirittura un apparecchio militare da caccia che era stato abbattuto durante la guerra! Tornato in porto raccontai quello che avevo trovato. Se ne parlò parecchio perché tutti volevano andare a vedere la carcassa dell'aereo. Questo mi costò una reprimenda dal comandante della guardia costiera, perché non avevo denunciato subito il ritrovamento. Andarono a prendere il relitto e lo portarono via.

Voglio raccontare un'altra avventura che mi è capitata, questa volta all'isola del Giglio, non so se comica o drammatica.

A poca distanza dall'uscita del porto mi ero avventurato alla ricerca di qualche pesce quando, con mia grande sorpresa e oserei dire anche paura, vidi appoggiata sul fondale un'enorme palla di ferro con tanti spuntoni. Ebbi subito la sensazione che si trattasse di una mina che probabilmente durante la guerra era stata posata lì per far saltare in aria le navi all'ingresso del porto.

In quei giorni al Giglio c'era anche un famoso fotografo subacqueo che lavorava per la RAI come consulente. Gli raccontai quello che avevo visto, e subito mi disse: "Mike, facciamo la foto dell'anno. Andiamo giù e ti faccio una fotografia vicino a quella che pensiamo sia una mina".

Scendemmo a quaranta metri di profondità. L'acqua era chiara e trasparente, e Pittiruti, si chiamava così, con la sua macchina fotografica subacquea cominciò a immortalarmi di fianco alla mina. A un certo punto mi fece cenno di salirci sopra, per scattare una foto ancora più sorprendente.

Quando tornammo a galla, anche in questa circostanza, come avevo fatto a Capraia, raccontai ai miei amici quello che avevamo trovato, e anche questa volta la guardia costiera mi venne a sgridare severamente e mandò subito due specialisti della marina a controllare: quando questi riemersero mi dissero che avevo corso un bel rischio perché quella mina era inesplosa, ed era pericolosissima. Se fosse scoppiata avrebbe potuto causare molte vittime. Dovettero subito eliminarla.

Fecero uscire le barche dal porto e allontanarono tutti quelli che stavano nei dintorni. E a un segnale prestabilito, il suono di una sirena, fecero esplodere la mina. Pensate che causò una fontana alta più di trenta metri, tanto era potente. E per parecchi giorni dopo bastava uscire in barchetta a remi con una retina per pescare pesci di tutti i tipi, in abbondanza.

Si trattò di un rischio che sarebbe potuto sfociare in dramma, visto che potevo saltare in aria mentre venivo fotografato, ma la parte comica della vicenda sta nell'epilogo. "Caro Mike, ti devo dare una brutta notizia" mi disse Pittiruti al telefono "mentre salivamo a galla mi si è aperta la macchina fotografica e il rullino è andato completamente distrutto. Non avevo il coraggio di dirtelo..."

Avevo conosciuto nel frattempo l'ingegner Victor De Sanctis. Oltre a essere un ottimo regista si dilettava a inventare strumenti necessari all'attività dei subacquei. Mi fece provare un profondimetro, fondamentale per sapere a quanti metri scendevamo, ma l'apparecchio più importante che mi fece testare, dal quale sono derivati gli strumenti che vengono usati oggi, era quello che noi chiamavamo decompressimetro. Man mano che si scendeva, una freccia nell'interno dell'apparecchio si muoveva verso una zona rossa, e quando questa veniva raggiunta significava che il corpo aveva immagazzinato una certa quantità di azoto, e che non bisognava salire fintantoché la freccia non fosse uscita di nuovo dalla zona rossa. Per fare questo bisognava fermarsi a una certa altezza per dieci-quindici minuti, il tempo necessario all'eliminazione dell'azoto dal proprio fisico.

È con lui che è stato girato il primo film di una battaglia subacquea, al quale partecipai per diletto anch'io. Aveva fatto costruire dei piccoli sommergibili che si muovevano sott'acqua, e sui quali noi subacquei potevamo metterci a cavalcioni per sparare le nostre frecce contro gli avversari. Per dare l'impressione che venissimo colpiti avevamo dei palloncini pieni di inchiostro rosso che infrangevamo per dare maggiore credibilità all'azione bellica. Fummo noi con questo primo filmato a suggerire ai registi di 007 il metodo per girare le spettacolari battaglie subacquee alle quali assistemmo in quegli anni.

Per le riprese ci aveva dato una mano notevole Egidio Cressi, che a quei tempi stava ancora sperimentando le sue mute, i suoi fucili, le sue bombole e tutto il resto. Posso dire senza tema di smentita che ho fatto da cavia per le sue apparecchiature.

Era venuto anche Duilio Marcante a dirigere le operazioni, forte della vasta conoscenza che aveva di quello sport, che in quel periodo era cosa da pionieri. È Duilio Marcante che mi ha insegnato tutto quello che si deve sapere quando si va sott'acqua. Era di una severità incredibile. Oserei dire addirittura crudele. Quando frequentavo il suo corso per prendere il brevetto nella zona di Punta Chiappa vicino a Genova, ci faceva immergere nel mese di dicembre senza muta con il solo slippino.

Quando uscivamo dall'acqua, la mandibola si era talmente bloccata che dovevamo aiutarci a vicenda per estrarre dalla bocca l'erogatore. Quando protestavamo per quello che noi consideravamo un inutile supplizio ci diceva: "Vedrete come ve la godrete quando dopo aver finito con me andrete finalmente sott'acqua con la muta". Aveva perfettamente ragione.

Per raggiungere il punto dove dovevamo immergerci durante il periodo di preparazione ci faceva camminare dalla strada scalzi, portando sulle spalle il bi-bombola che pesava ventotto chili. Era uno sforzo enorme. Ci faceva fare anche delle prove con gli apparecchi a ossigeno che venivano usati dalla marina militare. Con questi però non si poteva andare oltre i diciotto metri di profondità. Non so come facesse, ma per allenarci a una situazione di rischio riusciva, avvitando poco gli attacchi, a farli saltare improvvisamente mentre ci trovavamo sott'acqua costringendoci a pinneggiare velocemente verso la superficie per tornare a respirare.

Un altro esercizio molto importante che ci faceva fare per acquistare dimestichezza con le bombole ad aria era di buttarle sul fondo a una decina di metri di profondità, e farci tuffare solo in costume per andare a recuperarle in apnea e indossarle. Oltre a mettere in bocca l'erogatore, dovevamo anche metterci la maschera, tutto in pochissimi secondi.

La prima immersione con lui la feci a San Fruttuoso. "Ti porto a vedere il famoso Cristo degli abissi" mi disse, "sarà un'immersione facile perché si trova solo a sedici metri." Incominciai a scendere insieme al mio cuore che batteva fortissimo per l'emozione. Era la prima volta ed ero costretto a fare ogni momento la cosiddetta compensazione per evitare che mi scoppiassero i timpani. Scendevamo, e scendevamo e scendevamo, e io mi chiedevo: "Ma quanto ci vuole per arrivare a sedici metri?".

A un certo punto mi prese per un braccio, mi fece girare e mi indicò di guardare verso l'alto. Il Cristo degli abissi era molto più su di noi, e il profondimetro segnava addirittura quarantaquattro metri. Gli feci un cenno di disappunto per fargli capire che mi aveva preso in giro, e non appena tornammo in superficie gli feci severamente le mie rimostranze. "Ma ti rendi conto che non sono mai andato sott'acqua, e la prima volta mi hai portato a quarantaquattro metri?"

"Hai ragione Mike" mi rispose Duilio sghignazzando, "ma l'ho fatto per farti capire che fino a questa profondità si può andare abbastanza tranquilli perché si fa sempre in tempo a risalire anche in caso di emergenza. Ricordati però, quando andrai per conto tuo, di non andare mai oltre i cinquanta metri."

Cosa che invece io poi feci più volte, contravvenendo ai suoi consigli e prendendomi la famosa ebbrezza di profondità.

Tutti sanno quanto io ami la montagna, soprattutto se innevata. Avevo imparato a sciare molto bene nel periodo in cui ero nascosto nella zona sopra Sauze d'Oulx in Piemonte, ma dopo la mia cattura nel '44 e il mio successivo arrivo negli Stati Uniti in seguito al fortunoso scambio di prigionieri, raramente avevo ancora avuto occasione di praticare il mio hobby favorito.

Ecco perché dal mio ritorno in Italia nel '53 ho dedicato praticamente tutto il mio tempo libero durante l'inverno allo sci. Proprio allora stava nascendo lo "stile austriaco": curve a controspalla. Mi piacque e istintivamente cominciai ad assimilarlo. Naturalmente partecipai anche a delle gare, perché per me lo sport era essenzialmente competizione e sono sempre stato abbondantemente fornito di spirito agonistico. Ricordo che concorsi ai campionati italiani dei giornalisti classificandomi terzo. Quel risultato mi valse l'inclusione nella squadra che difese i colori italiani ai Campionati mondiali dei giornalisti.

Grazie alla mia irrefrenabile passione, per un periodo mi fu chiesto di fare il presidente del *Club Topolino*. Tenevo la corrispondenza sul giornalino, e inventammo anche la prestigiosa gara annuale di sci alla quale partecipavano tutti i più forti ragazzini, alcuni dei quali sono diventati addirittura grandi campioni. Facevamo le gare al Bondone, sopra Trento. Ricordo che un anno dopo la gara abbiamo fatto la sfilata con tutti i concorrenti, e io ero in testa con al mio fianco un ragazzino che aveva vinto, e che si chiamava Gustav Thoeni...

Purtroppo però ho anche dei ricordi dolorosi, perché con gli sci ho avuto innumerevoli incidenti. Il primo mi accadde il 31 dicembre del 1961. Era la vigilia di Capodanno. Mi stavo allenando per andare a fare i Campionati del mondo dei giornalisti sulla pista del Bardoney a Cervinia. L'ultimo tratto è molto ripido e, dato che allora le piste non venivano lisciate come si fa oggi, inciampai in uno spuntone di roccia. Lo sci sinistro non si staccò dal piede e mi fratturai il malleolo, e per puro miracolo non mi fratturai anche il bacino (cosa che mi successe invece molti anni dopo, sempre a Cervinia).

Mi ingessarono e mi portarono subito a letto nella stanza dell'albergo in cui risiedevo, il Grand Hotel Cervinia, per smaltire le iniezioni antidolorifiche che mi avevano fatto. In paese si sparse subito la voce che mi ero fatto male, e fino alle sei del mattino ci fu una processione continua di gente che veniva a farmi gli auguri, e naturalmente volevano tutti brindare con me all'anno nuovo. Fu l'unica sbronza della mia vita perché, come ho già detto, a quei tempi preferivo la Coca-Cola al vino!

Due giorni dopo, dovendo preparare una mia nuova trasmissione televisiva, si trattava di *Caccia al numero*, guidai la mia macchina fino a Milano pur avendo il piede ingessato, e pochi giorni dopo la presentai con la gamba ancora ingessata come se nulla fosse accaduto.

È un mio vanto, in quasi sessant'anni di carriera, il fatto di non aver mai mancato a una mia trasmissione, sia che fossi ingessato o che avessi la febbre alta.

Non avevo mai condotto un cavallo trottatore né avrei mai pensato di dedicarmi per parecchi anni a questa attività. Forse qualcuno si ricorderà dell'apparizione che feci a Roma in televisione nella trasmissione *Il musichiere* di Mario Riva. Avevo partecipato a una corsa e la RAI mi portò negli studi facendomi entrare con il cavallo.

Chi mi convinse a correre al trotto era stato il mio amico Aldino Simonetta. Ero andato a trovarlo nel suo allevamento a Vergiate. A un certo punto mi disse: "Mike, perché non provi a salire su un sulky e a fare un giro di pista? Ti diamo un cavallo che come si dice nel nostro gergo sa leggere e scrivere".

Mi insegnò a tenere le guide, misi un paio di guanti e partii. Man mano che andavo avanti mi sembrava di aver guidato un cavallo da sempre. Infatti non mi fermai al primo giro, ma continuai prendendo sempre più dimestichezza e aumentando la velocità. A un certo punto mi costrinsero a fermarmi. "Ci hai raccontato una storia. Non è possibile che una persona che per la prima volta si siede su un sulky possa portare un cavallo in questo modo. Sai cosa facciamo? Domani mattina ti portiamo in pista a San Siro e vediamo se te la cavi altrettanto bene anche lì. Se vai come adesso, potresti addirittura gareggiare con la categoria gentlemen."

Al mattino dopo si era sparsa la voce del mio arrivo e tutti i driver erano lì per vedere come me la cavavo. Andai così bene che i commissari mi dissero: "Se fai subito l'esame ti diamo una patente e fra pochi giorni puoi correre".

Debuttai pochi giorni dopo in notturna. Non vi dico l'emozione di trovarmi in mezzo a una decina di altri cavalli, abbagliato dalle luci che illuminavano la pista. La cosa incredibile fu che me la cavai subito a uscire dai nastri di partenza. È un'operazione che oggigiorno non si fa più perché si parte dietro a una macchina in movimento che si stacca quando i cavalli sono bene avviati. La partenza ai nastri invece era una cosa molto complicata. Bisognava entrare con il cavallo al passo e, non appena stendevano il nastro alle spalle, girare il più velocemente possibile e partire entro un paio di secondi. C'era un gran pienone nelle tribune perché i giornali avevano annunciato che Mike sarebbe stato in corsa. Non vinsi ma mi piazzai molto bene.

Da quel momento cominciai ad andare tutte le mattine alle sei a San Siro per allenare i trottatori che mi prestavano. E sovente ci tornavo anche al pomeriggio nonostante la nebbia fitta e magari anche la pioggia.

Conoscevo a uno a uno tutti i cavalli delle scuderie di San Siro, ma non potevo mai guidare i migliori perché i proprietari non me li affidavano, timorosi della mia scarsa esperienza.

Così un bel giorno decisi di acquistare Cruzeiro. Non aveva la fama di essere un animale eccezionalmente dotato, ma a me piaceva molto e lo presi.

Me lo vendette il commendator Manzoni, il proprietario del gran fuoriclasse Tornese. Successivamente ne comprai altri due, che chiamai Fazan e Michelangelo. Denominai la mia scuderia San Michele e ingaggiai come allenatore Bertini, che era considerato il miglior preparatore.

Divenni così appassionato che tutte le settimane andavo a correre in giro per le varie piste d'Italia.

Alla prima gara, suscitando uno stupore incredibile Cruzeiro vinse. Era un cavallo straordinariamente generoso.

Disputai con lui parecchie competizioni riservate ai non professionisti, classificandomi sempre primo o secondo.

Gli organizzatori delle corse naturalmente approfittavano della mia partecipazione per attirare il maggior numero possibile di spettatori. Quando correvo io, sugli spalti si radunavano centinaia di donne anche anziane che non avevano mai visto una corsa in vita loro, ma che in quella circostanza addirittura scommettevano qualche migliaio di lire su di me. C'era grande rivalità con i gentlemen avversari, per la maggior parte proprietari delle scuderie che partecipavano alle riunioni. Era tutta gente di una certa età, non molto preparata atleticamente, mentre io me la cavavo benissimo per via dell'attività sportiva che avevo sempre fatto. Bisognava avere delle braccia molto robuste perché i trottatori tirano molto e una delle difficoltà maggiori è trattenerli, soprattutto quando tentano di rompere il trotto per passare al galoppo. Bisognava essere anche molto attenti nelle curve, tenendo d'occhio le ruote degli avversari che ti stavano di fianco. Fu proprio per una disattenzione del genere che avvenne il mio incidente.

Durante una corsa, uno dei miei avversari, che a tutti i costi voleva prendere la corda, cioè la posizione più interna vicino al guardrail, mi agganciò con la sua ruota provocando il capovolgimento del mio sulky e di conseguenza la mia rovinosa caduta. Avrei potuto veramente ammazzarmi, ma grazie alla bravura degli altri avversari che riuscirono a evitarmi presi soltanto una bruttissima botta al muscolo esterno del femore sinistro. Mi provocai "soltanto" una borsite cronica, e quando guarii mi rimase una profonda fossa nel muscolo. Un po' come quello che capita ai corridori ciclisti quando cadono sull'asfalto.

Il mio cavallo Cruzeiro preso dallo spavento si staccò dal sulky e partì al galoppo impazzito. Fece così due giri di pista mentre gli inservienti cercavano di fermarlo. Quando ci riuscirono si era azzoppato e purtroppo non guarì mai, tanto che fui costretto a venderlo a una scuderia napoletana per fare quello che chiamano il "ruffiano". La sua mansione consisteva cioè nell'eccitare la cavalla che doveva essere montata, cedendo poi il posto al campione con cui essa doveva accoppiarsi.

Nonostante l'incidente continuai a correre ancora per qualche anno.

Andavo a letto tardi, e avrei dormito volentieri sette o otto ore di seguito. Ma alle 6.30 la mia sveglia suonava sempre. Nessuno mi costringeva ad alzarmi così presto, ma io desideravo farlo. Uscivo dal letto senza rammarico, facevo una doccia e la colazione. Non un semplice caffè o un caffellatte: era per me il pasto principale della giornata. Succo di frutta, fiocchi d'avena, uova al prosciutto, caffellatte, pane e burro. Poi uscivo di casa, salivo sulla mia Thunderbird e raggiungevo San Siro.

Provavo una gioia davvero indescrivibile ad avvicinarmi alla scuderia dove tenevo Cruzeiro, Michelangelo e Fazan, i miei cavalli. Non c'era nottata in bianco o stanchezza che potesse impedirmi di mancare a questo appuntamento mattutino.

Se avessi continuato probabilmente avrei potuto gareggiare anche con i professionisti, ma quando mi accorsi che i miei avversari si mettevano d'accordo tra di loro e mi bloccavano quando avevo la possibilità di vincere, o andavano in rottura permettendomi di tagliare il traguardo per primo, decisi di smettere. Recentemente ho incontrato uno dei miei avversari di una volta che ridendo mi disse: "Caro Mike, grazie per tutti i milioni che mi hai fatto vincere quando correvamo insieme! Io ero proprio uno di quelli che qualche volta ti bloccava e qualche altra ti cedeva il passo...".

Basta con i quiz a manovella!

Iniziavo a sentire il bisogno di inventare qualcosa di completamente nuovo nel campo del quiz, perché ritenevo ormai monotono il sistema del domanda/risposta di *Lascia o raddoppia?* e di *Campanile sera*.

Per scherzare, io definivo quelle trasmissioni "i quiz a manovella".

I miei successivi quiz negli anni Sessanta furono tutti il frutto di un'evoluzione, di una lunga ricerca autorale alla caccia di una formula che potesse rivoluzionare il modello che si era visto fino a quel momento.

Le trasformazioni in atto in campo economico e sociale, e soprattutto la moda e la musica, influivano fortemente anche su di me. A ogni nuovo programma sperimentavo con i miei autori dei nuovi modelli di quiz, e cercavo di stare al passo coi tempi. Non fu una cosa immediata arrivare alla formula vincente del *Rischiatutto*, fu una specie di lenta transizione, ma solo oggi mi rendo conto che quasi tutti gli ingredienti dei miei quiz di quel periodo sono stati poi utilizzati per creare i format dei grandi *game shows* che stanno spopolando nella TV degli ultimi anni.

Inizialmente andai in onda con dei programmi in cui oltre alla cultura era soprattutto necessaria la prontezza di riflessi. Bisognava essere al corrente dei fatti di attualità, in particolare gli avvenimenti della radio e della televisione, ma una delle caratteristiche principali era che i concorrenti non dovevano

Nonno Michelangelo (*in piedi*) e i miei bisnonni, Anna e Filippo.

Lo stemma araldico della mia famiglia.

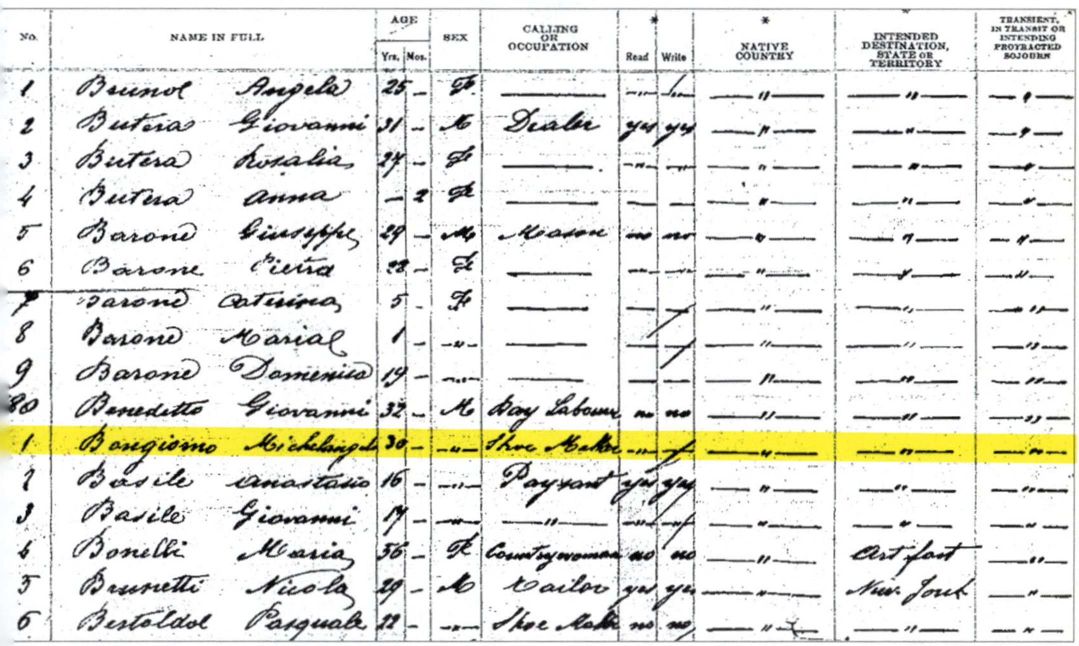

No.	NAME IN FULL		AGE Yrs.	AGE Mos.	SEX	CALLING OR OCCUPATION	Read	Write	NATIVE COUNTRY	INTENDED DESTINATION, STATE OR TERRITORY	TRANSIENT, IN TRANSIT OR INTENDING PROTRACTED SOJOURN
1	Bruno	Angela	25	—	F.	—	"	"	"	"	"
2	Butera	Giovanni	31	—	M	Dealer	yes	yes	"	"	"
3	Butera	Rosalia	27	—	F	—	"	"	"	"	"
4	Butera	Anna	—	2	F	—	—	—	"	"	"
5	Barone	Giuseppe	29	—	M	Mason	no	no	"	"	"
6	Barone	Pietra	23	—	F	—	"	"	"	"	"
7	Barone	Caterina	5	—	F	—	—	"	"	"	"
8	Barone	Maria	1	—	"	—	—	"	"	"	"
9	Barone	Domenica	19	—	"	—	—	—	"	"	"
80	Benedetto	Giovanni	32	—	M	Day Labourer	no	no	"	"	"
1	Bongiorno	Michelangelo	30	—	"	Shoe Maker	"	"	"	"	"
2	Basile	Anastasio	16	—	"	Peasant	yes	yes	"	"	"
3	Basile	Giovanni	17	—	"	"	"	"	"	"	"
4	Bonelli	Maria	56	—	F	Countrywoman	no	no	"	Art fact	"
5	Brunetti	Nicola	29	—	M	Tailor	yes	yes	"	New York	"
6	Bertoldo	Pasquale	22	—	"	Shoe Maker	no	no	"	"	"

documento che attesta l'arrivo di mio nonno Michelangelo a Ellis Island: il primo ongiorno a emigrare in America.

Mio padre Philip studente a Princeton; capitano dell'Aviazione americana nella Prima guerra mondiale; a New York.

Mio padre Philip e mia madre Enrica Carello, subito dopo le nozze in viaggio verso l'America.

Con mia madre negli anni Settanta.

Io da bambino: a New York, a Washington Square (*in alto a sinistra*) e sulle scale di casa mia su
la 12th Street (*in alto a destra*), sul *Conte Biancamano* in viaggio verso l'Italia (*in basso a sinistr*
con mia madre ad Atlantic City (*in basso a destra*).

Mia madre Enrica
sulle rive del Po con Bobi.

A Central Park
con la figlia di Lucy
(la mia balia).

Con Bobi a casa degli zii,
a Torino.

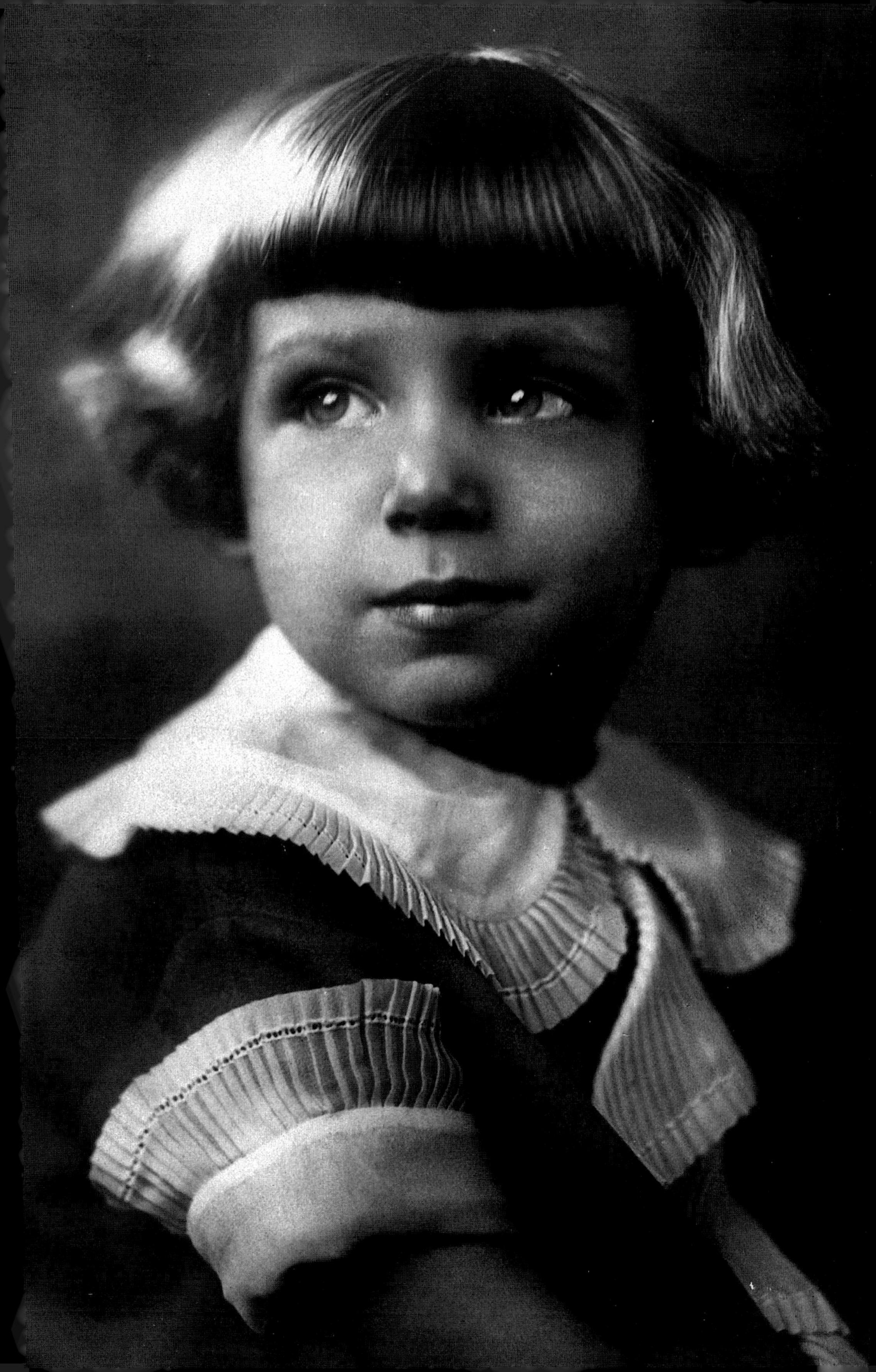

(*A sinistra*)
Sulle Dolomiti mentre
scalo una torre del Sella.

Foto di classe al Liceo
Rosmini: in centro, con i baffi,
il mio caro professor Chicco.
Io sono il secondo da sinistra
della seconda fila.

(*Nella pagina accanto*)
Durante una gara
di salto in alto.

A Sauze d'Oulx nei
primi anni Quaranta.

I tre uomini chiave della mia vita: Luigi "Gino" Cavallero (*sopra*), Vittorio Veltroni e Silvio Berlusconi.

...siamo la coppia più bella del mondo! tuo Silvio

Dopo la riunione di Roma

Liete previsioni in campo atletico

Allo Stadio Guardabassi di Roma, con un ritmo serrato ed appassionante di gare, i migliori atleti d'Italia hanno dato inizio ufficialmente alla attività atletica su pista. Considerando i risultati, nel complesso si può essere soddisfatti di questa apertura di stagione, anche se la prestazione di alcuni ha deluso. D'altronde bisogna tener presente che la maggior parte degli atleti si è presentata a corto di allenamento, in seguito agli impegni militari. E' il caso di Lanzi, che giustamente ne può trarre un motivo di scusa; si deve inoltre aggiungere l'errata tattica di gara, che lo ha costretto a una faticosissima rimonta all'uscita dell'ultima curva. Con ciò non si vuole certo screditare la vittoria di Paterlini; è doveroso, anzi, lodare la sua più che giudiziosa condotta di gara. Lo stesso suo tempo di 49"8, superiore di appena 5/10 di secondo al suo miglior risultato dell'anno scorso, può darci un'idea del valore di questo giovane elemento dell'Oberdan P. P., campione italiano della Gil e vincitore del Q. 44.

Negli 800 metri, in compenso, Lanzi si rifaceva dominando incontrastato e riscattando la poco felice prova dei 400 metri. Il torinese Bard lo seguiva a 4/10 di secondo.

Grande era l'attesa per Bevilacqua nei 3000 metri; fu l'assenza di avversari che lo potessero impegnare che non gli consentì di battere il primato italiano detenuto da Cerati da ormai molti anni. Gli 8'34" però, da lui impiegati, fanno capire che il primato non tarderà molto a crollare.

Nei 110 ostacoli e nei 100 metri piani i nostri due primatisti, Facchini e Mariani, sono apparsi entrambi in analoghe condizioni: scarsa preparazione e movimenti ancora legati. Non è quindi possibile, per ora, un giudizio.

Nei 400 ostacoli lodevole è stata la prova di Andreoli che, superando Fantone, si è piazzato dietro a Colautti, la cui vittoria era prevedibile.

Romeo nel salto con l'asta, superati bene i m. 3,90, abbatteva in seguito l'asticella posta a m. 4,06.

Nel salto in alto, Campagner ha dato grandi speranze per quest'anno. I suoi movimenti, che appaiono già abbastanza sciolti, e l'agevole passaggio dell'asticella, non mancheranno presto di darci il nostro primo atleta dei 2 metri. Questa misura, che è già stata tentata alcune volte in gara dal valido atleta di Schio, ha avuto finora esito negativo; anche domenica, passando senz'altro dagli 1,92 ai 2 metri, non è stato davvero fortunato nella prova.

Veramente degna di nota è la misura ottenuta dal torinese Bastino, che ha superato per la prima volta m. 1,90 con il suo caratteristico stile «Lewden» di cui si può valere solo chi ha una grande potenza di gambe; requisito di cui è dotato il forte decatleta del Fiat.

Nel disco è mancato il confronto Tosi-Consolini, la più forte coppia del mondo, pur tuttavia Tosi ha lasciato una ottima impressione con un lancio di m. 50,65, già di molto vicino ai suoi migliori lanci dell'anno scorso. Anche da questo atleta avremo certamente quest'anno risultati eccezionali.

Nel lancio del martello l'atleta del Baracca, Taddia, che dallo scorso anno detiene il primato italiano con m. 52,51, ha nuovamente sfiorato questa misura lanciando l'attrezzo a m. 52,23. Risultato più che promettente e che non ha bisogno di commenti.

La riunione di Roma, dunque, ha servito realmente a qualche cosa. Considerando nel loro insieme tutti i risultati ottenuti, le previsioni da farsi per quest'anno sono abbastanza buone. I campioni hanno mostrato serietà di intenzioni e tale preludio fa sperare, in campo atletico, una ripresa in grande stile nonostante il duro periodo bellico.

M. B.

Il mio primo articolo per "La Stampa", pubblicato il 5 maggio 1943.

Torino, 31 luglio 1943

Il sig. Michele BONGIORNO - giornalista - provvisto di documenti di identità, è autorizzato a circolare durante le ore di coprifuoco, dal giornale LA STAMPA alla propria abitazione in corso Marconi 22 per ragioni inerenti al suo servizio.-

IL COLONNELLO CAPO UFFICIO S. M.
(Oreste Rabbia)

Il lasciapassare consegnatomi quando lavoravo alla "Stampa" durante la guerra.

L'ultimo incontro con la mamma a Cravegna prima di fuggire in Svizzera.

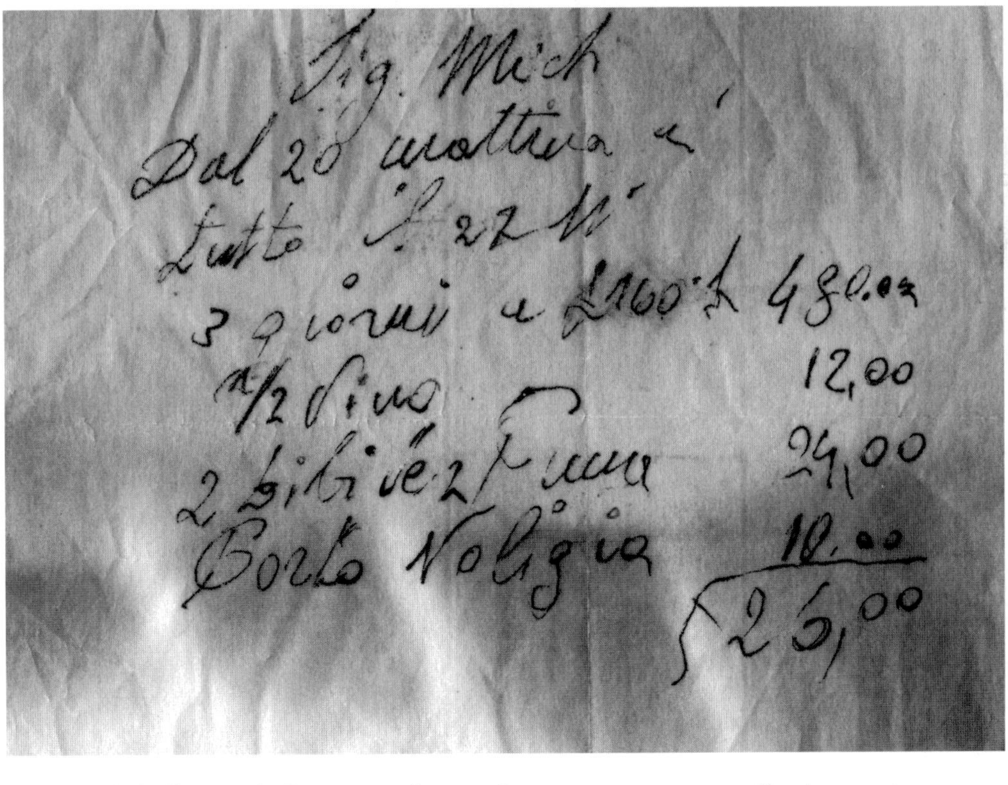

Sig. Mich

Dal 20 mattina a

tutto il 22

3 giorni a L. 160 = L. 480.00

1/2 vino 12.00

2 bibite 2 fumo 24.00

Porto Valigia 10.00

526,00

Il conto dell'albergo di Cravegna che non ho potuto pagare per il mio arresto improvviso.

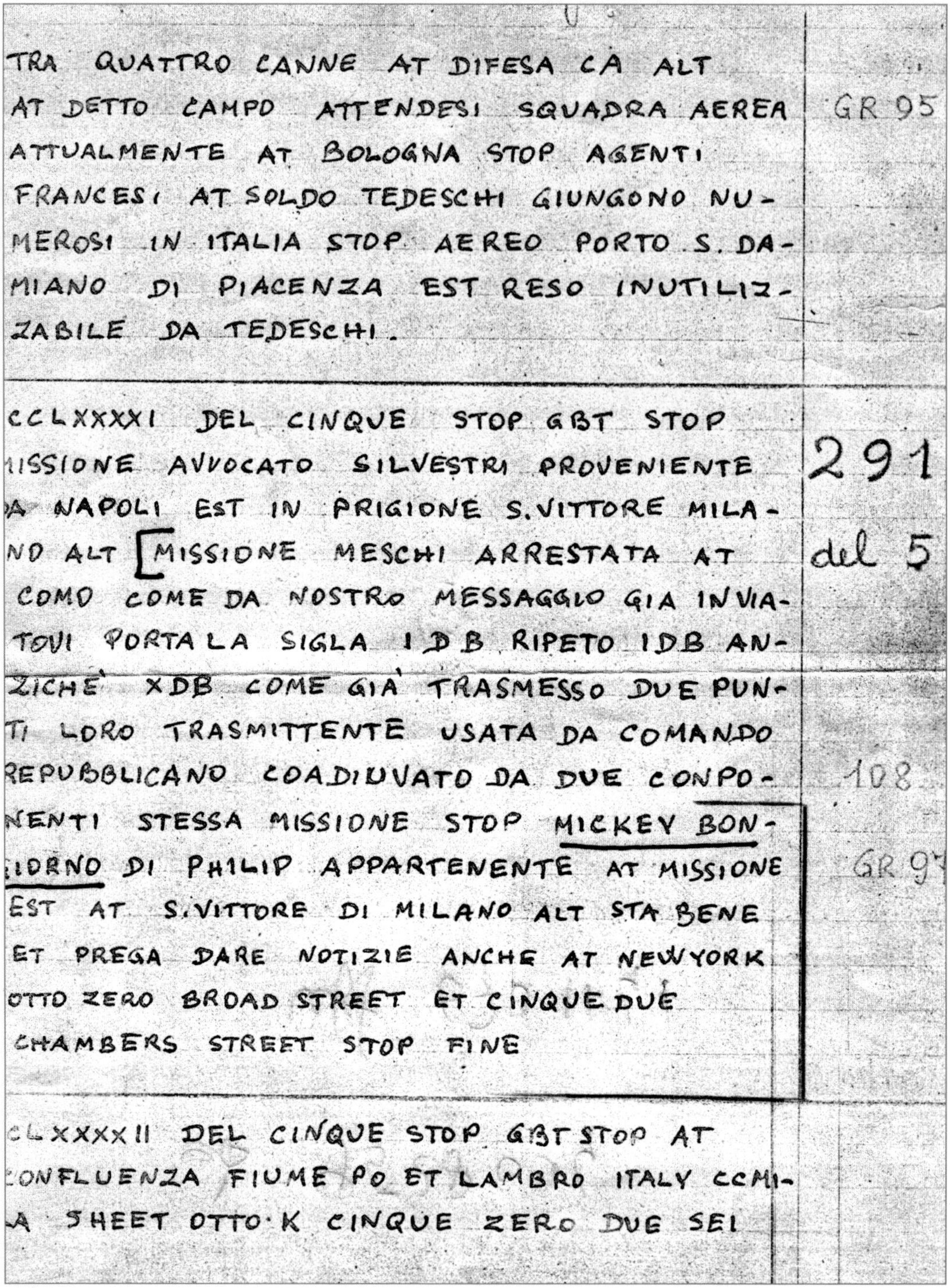

TRA QUATTRO CANNE AT DIFESA CA ALT
AT DETTO CAMPO ATTENDESI SQUADRA AEREA
ATTUALMENTE AT BOLOGNA STOP AGENTI
FRANCESI AT SOLDO TEDESCHI GIUNGONO NU-
MEROSI IN ITALIA STOP AEREO PORTO S. DA-
MIANO DI PIACENZA EST RESO INUTILIZ-
ZABILE DA TEDESCHI. | GR 95

CCLXXXXI DEL CINQUE STOP GBT STOP
MISSIONE AVVOCATO SILVESTRI PROVENIENTE
DA NAPOLI EST IN PRIGIONE S. VITTORE MILA-
NO ALT [MISSIONE MESCHI ARRESTATA AT
COMO COME DA NOSTRO MESSAGGIO GIA INVIA-
TOVI PORTA LA SIGLA IDB RIPETO IDB AN-
ZICHÈ XDB COME GIÀ TRASMESSO DUE PUN-
TI LORO TRASMITTENTE USATA DA COMANDO
REPUBBLICANO COADIUVATO DA DUE CONPO-
NENTI STESSA MISSIONE STOP MICKEY BON-
GIORNO DI PHILIP APPARTENENTE AT MISSIONE
EST AT S. VITTORE DI MILANO ALT STA BENE
ET PREGA DARE NOTIZIE ANCHE AT NEWYORK
OTTO ZERO BROAD STREET ET CINQUE DUE
CHAMBERS STREET STOP FINE | 291 del 5 | 108 | GR 97

CCLXXXXII DEL CINQUE STOP GBT STOP AT
CONFLUENZA FIUME PO ET LAMBRO ITALY CCMI-
LA SHEET OTTO K CINQUE ZERO DUE SEI

Messaggio via radio a onde corte del CLN che comunica alle forze alleate il mio arresto.

Luigi Meda, mio compagno di prigionia a San Vittore.

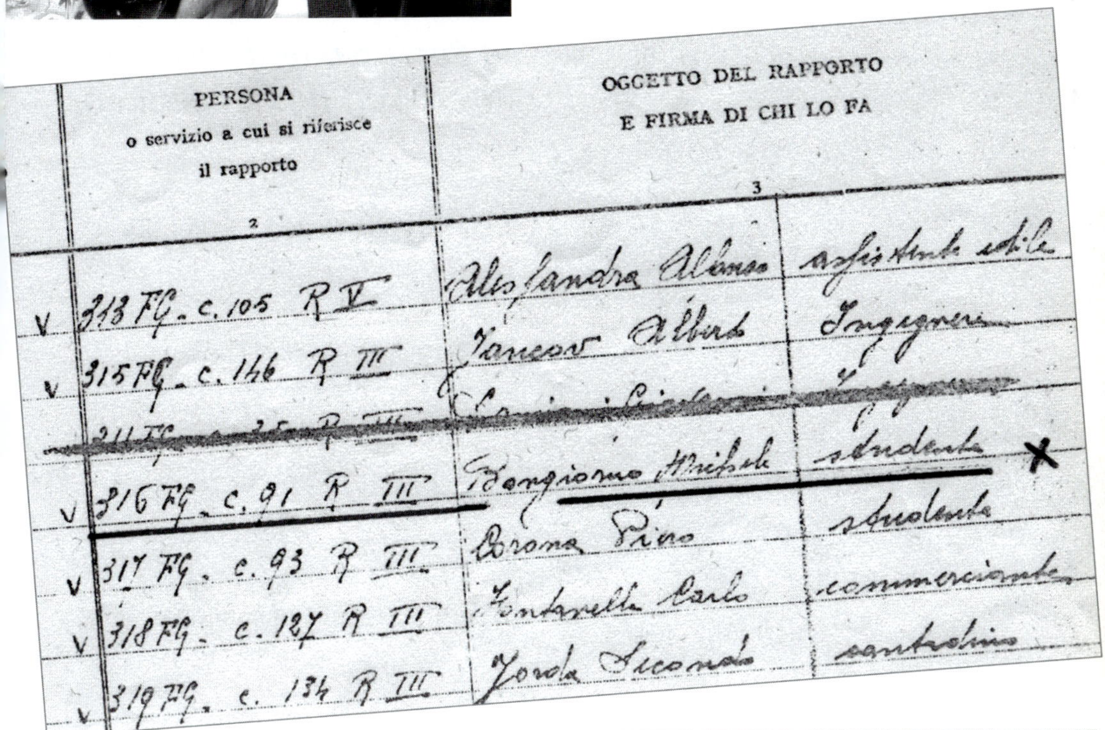

	PERSONA o servizio a cui si riferisce il rapporto (2)	OGGETTO DEL RAPPORTO E FIRMA DI CHI LO FA (3)	
v	313 FG. c. 105 R V	Alessandra Albino	assistente edile
v	315 FG. c. 146 R III	Jancov Albert	Ingegnere
	[illegible]	[illegible]	[illegible]
v	316 FG. c. 91 R III	Bongiorno Michele	studente ×
v	317 FG. c. 93 R III	Corona Piero	studente
v	318 FG. c. 127 R III	Fontanella Carlo	commerciante
v	319 FG. c. 134 R III	Fiorda Secondo	contadino

La pagina del registro degli ingressi a San Vittore relativa al mio arresto.

San Vittore: la freccia indica la cella 89, sesto raggio, in cui ero detenuto.

Città di Bolzano
Stadt Bozen

Campo di Concentramento di Bolzano
Durchgangslager von Bozen
estate 1944 - aprile 1945 / Sommer 1944 - April 1945

"Il Percorso della Memoria"
"Der Weg des Gedenkens"

Bolzano/Bozen 15.06.2004

Il campo di concentramento in cui sono stato imprigionato dopo la reclusione a San Vittore.

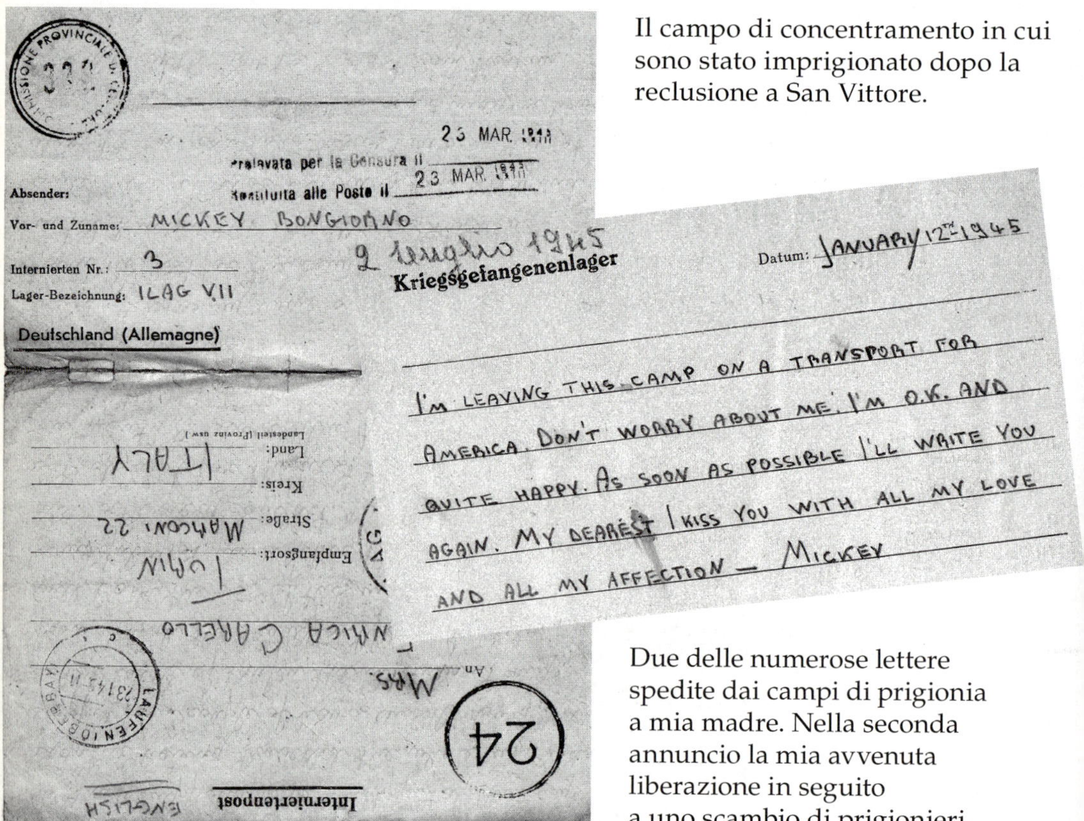

23 MAR. 1944
prelevata per la Censura il 23 MAR. 1944
Restituita alle Poste il
Absender:
Vor- und Zuname: MICKEY BONGIOANO
Internierten Nr.: 3
Lager-Bezeichnung: ILAG VII
Deutschland (Allemagne)
2 luglio 1945
Empfangsort: Torino
Straße: Marconi 22
Kreis:
Land: ITALY
Landesteil (Provinz usw.)
An Mrs. ... Carello
Interniertenpost
ENGLISH
24

Kriegsgefangenenlager
Datum: JANUARY 12TH 1945
I'M LEAVING THIS CAMP ON A TRANSPORT FOR AMERICA. DON'T WORRY ABOUT ME. I'M O.K. AND QUITE HAPPY. AS SOON AS POSSIBLE I'LL WRITE YOU AGAIN. MY DEAREST I KISS YOU WITH ALL MY LOVE AND ALL MY AFFECTION — MICKEY

Due delle numerose lettere spedite dai campi di prigionia a mia madre. Nella seconda annuncio la mia avvenuta liberazione in seguito a uno scambio di prigionieri.

Il mio primo annuncio radiofonico alla WHOM.

La famiglia di Generoso Pope, proprietaria della WHOM, festeggia con noi collaboratori. Io sono il terzo da sinistra.

WHOM
WHOM
FRATELLI DUMBRA
Vino Naturale
CALIFORNIA
Dry Red Wine
The Art of
ITALIAN
COOKING
MARIA LO PINTO
FRATELLI DUMBRA
VERMOUTH

280
LOCKHEED

AE-7201

La mia carriera in America: mentre conduco una rubrica gastronomica alla WHOM (*in alto a sinistra*); alle prese con un reportage alla Lockheed (*in basso a sinistra*); durante un'intervista a uno degli organizzatori della stagione pugilistica al Madison Square Garden per conto della *Voce dell'America* (*in alto*); con Massimo Rendina e Antonello Marescalchi, miei collaboratori, durante uno dei nostri viaggi negli USA come corrispondenti per la Radio Italiana (*in basso*).

207
REGIA
CANZIO
MOTIVO
in
Mike Bongiorno
TV

ſentre intervisto Giuseppe Ungaretti ed Elsa Maxwell in *Arrivi e partenze*.

erie di miei ritratti tra anni Cinquanta e Sessanta (*a lato*).

Scene dal set di uno dei miei primi film, *Il prezzo della gloria*.
Nella foto in alto a destra, sono con Pierre Cressoy.

Lascia o raddoppia? (sopra) Con il campione Gianluigi Marianini;
(sotto) il prototipo del logo della trasmissione creato da Ennio Di Majo.

Con Edy Campagnoli e Totò sul set di *Totò lascia o raddoppia?*

LA DOMENICA DEL CORRIERE

Supplemento settimanale illustrato del nuovo CORRIERE DELLA SERA - Abbonamenti: Italia, anno L. 1400, semestre L. 750 - Estero, anno L. 2350, semestre L. 1250

Anno 58 — N. 43 | 21 Ottobre 1956 | L. 30.—

"Lascia o raddoppia" a Castelgandolfo. Parecchi dei più popolari personaggi del quiz televisivo, accompagnati dai presentatori Mike Bongiorno ed Edy Campagnoli, sono stati ricevuti in udienza dal Papa, che si è trattenuto con loro affabilmente per alcuni minuti. In questo disegno, cominciando da sinistra in basso, si riconoscono: Adele Gallotti (cinema), Luciano Zeppegno (architettura), Adriano Anici (storia romana), Anna Maria Barbato (canzoni), Lando Dègoli (lirica), Attilio Zago (teatro), Giancarla Lucchini (architettura), Edy Campagnoli (presentatrice), Remo Cappelli (numismatica), Walter Marchetti (musica moderna), Egidio Cristini (Omero), Mario De Maria (ciclismo) e Ugo Rossi (gastronomia). Nel centro, di fronte al Pontefice, Mike Bongiorno. (Disegno di Walter Molino)

Alcune tavole di Walter Molino per le prime pagine della "Domenica del Corriere".

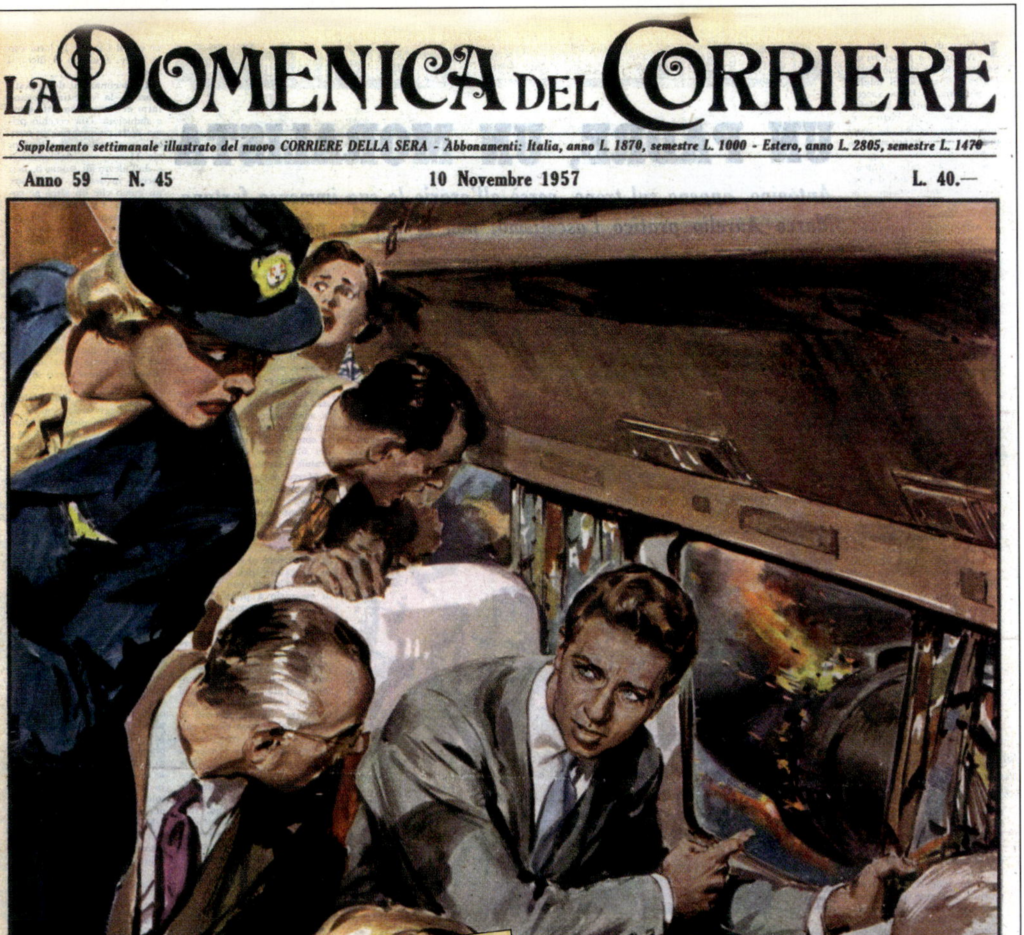

LA DOMENICA DEL CORRIERE

Supplemento settimanale illustrato del nuovo CORRIERE DELLA SERA - Abbonamenti: Italia, anno L. 1870, semestre L. 1000 - Estero, anno L. 2805, semestre L. 1470

Anno 59 — N. 45 | 10 Novembre 1957 | L. 40.—

Fi… a Parigi, è scoppiato un incendio. L'apparecchio, sul… o quando da un motore si sprigionavano fiamme. Il c… per bloccare il fuoco, mutò rotta e puntò su Boston. Int… oston. Il sangue freddo dei piloti e la calma dei pas… hiarato trattarsi di una "tremenda esperienza".

DOMENICA DEL CORRIERE

Settimanale del CORRIERE DELLA SERA

Anno 64 - N. 2 - L. 50 | 14 Gennaio 1962

Incidente sciistico a Mike Bongiorno. Mentre scendeva lungo la pista del Bardonney (Cervinia), il popolare presentatore della TV, per l'urto contro uno spuntone di roccia, è caduto riportando la frattura del malleolo sinistro. Mike rimarrà con l'arto ingessato per quasi tutto il mese. Il che non gli impedirà di partecipare alle trasmissioni in programma. Vedi articolo di Mike Bongiorno a pag. 21. (Dis. di W. Molino)

L'Aga Khan compra la Sardegna

Servizio alle pagine 15-16-17

Sanremo 1963 (*sopra*): circondato dalle vallette del mio primo Festival.

Redarguito dalla stampa in una caricatura di Giovanni Guareschi.

Sanremo 1966: con i vincitori del Festival Gigliola Cinquetti e Domenico Modugno.

Con Gigliola Cinquetti, Mina e Ornella Vanoni.

A passeggio
per piazza San Babila
a Milano.

on i miei ammiratori all'uscita del Teatro della Fiera di Milano (*sopra*).

on Edy Campagnoli, a Milano, circondati dai fotografi.

880000-MI

miei bolidi: (*in senso orario, da sinistra*) Sting Ray, Oldsmobile, Corvette, Thunderbird.

Con l'ingegner Victor De Sanctis, regista e pioniere della subacquea.

A pesca nei pressi dell'isola di Capraia (*a lato*).

Riprese della prima battaglia subacquea. Io sono il sub con la muta chiara.

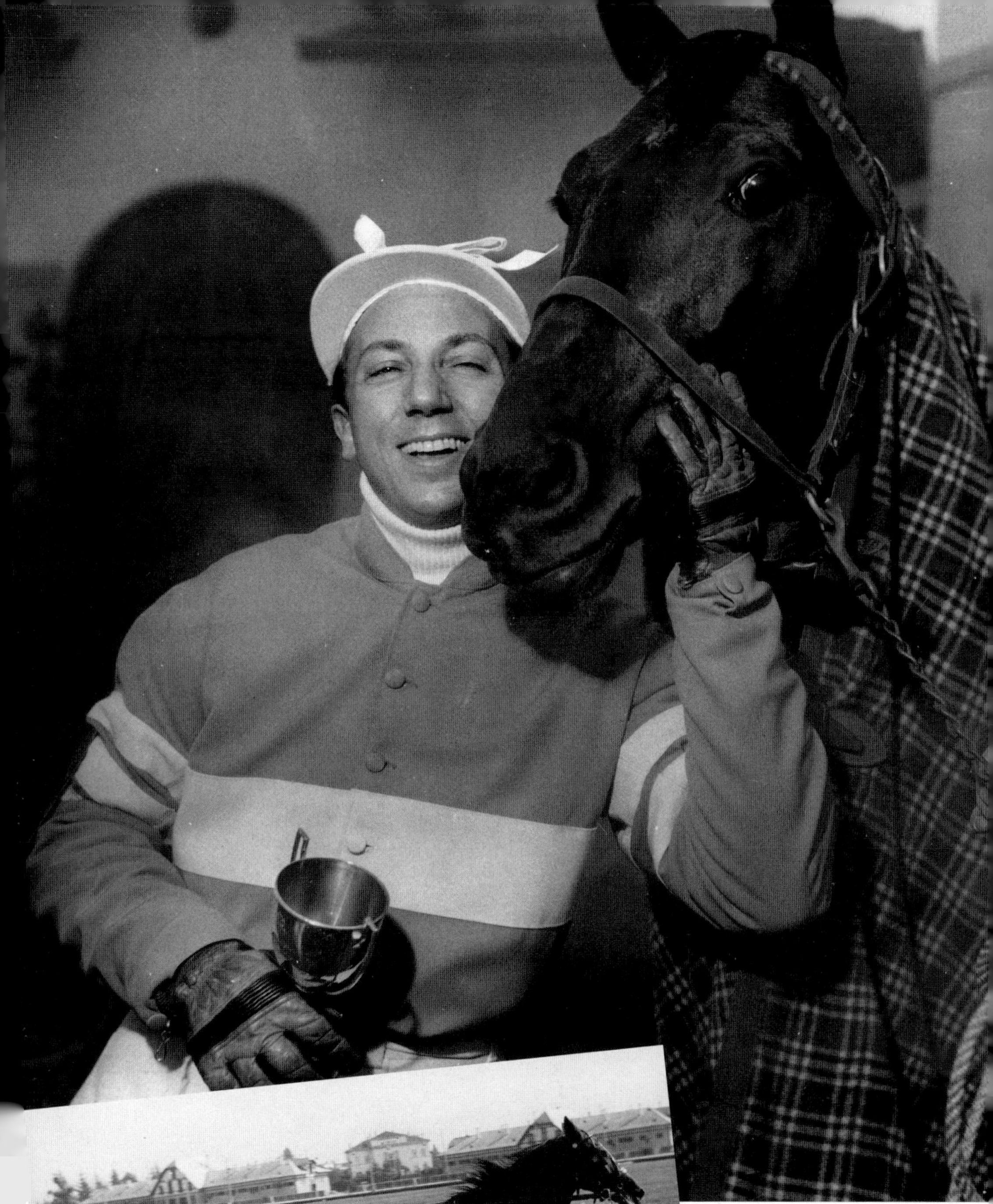

Con Cruzeiro, il mio primo cavallo.

Radiocronista al Giro d’Italia (*sopra*).

“Sempre più in alto!”: mi recuperano dalla cima del Castore e Polluce durante le riprese d
uno spot pubblicitario per la Grappa Bocchino.

In bicicletta per le strade di Milano (*a lato*).

Rischiatutto
Con il campione Massimo Inardi e Sabina Ciuffini (*sopra*).

Con tutta l'équipe del programma festeggio il mio compleanno. Tra gli altri, alla mia destra regista Piero Turchetti, alla mia sinistra Sabina Ciuffini, Paolo Limiti e Ludovico Peregrin

Con Sabina in bicicletta, all'uscita del Teatro della Fiera.

Con Giuliana Longari (*a destra*).

Marlboro
Marlboro

:on Silvio Berlusconi a Milano 2 agli albori di TeleMilano (*sopra*).
ı cabina di regia con i Bee Gees.

Nella pagina accanto) Con il presidente della Repubblica Giovanni Leone (*sopra*).
on Adriano Celentano all'Isola del Giglio.

Capri 1970: la mia prima foto (rubata) con Daniela.

Immortalato
da un amico
nel momento esatto
in cui chiedo
a Daniela di sposarmi.

Io e Daniela sorpresi
da un paparazzo a Vulcano.

Con Daniela a Madesimo: la prima vacanza sulla neve insieme.

Il giorno della presentazione ufficiale di Daniela alla stampa.

aniela in dolce attesa di Michelino, il mio primogenito.

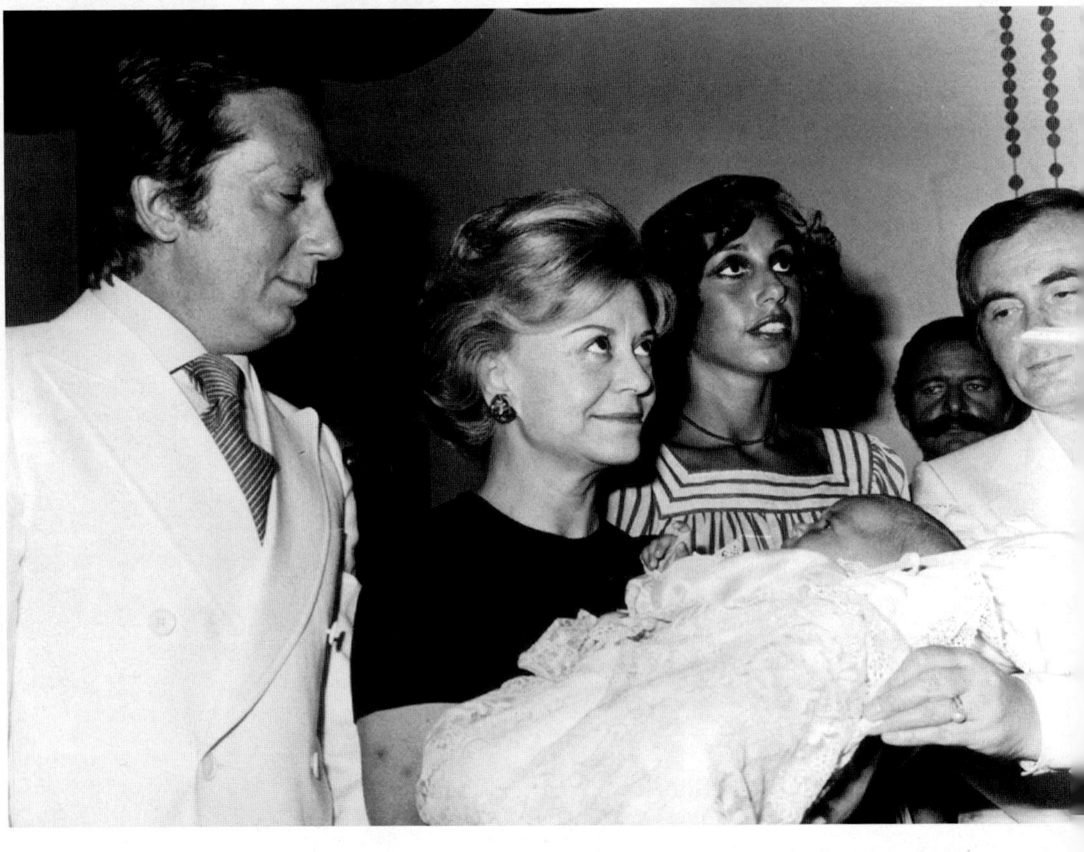

Con Michelino
a Vulcano (*a lato*).

Con Daniela durante
il nostro viaggio
in Guatemala (*sotto*).

(*Nella pagina accanto*)
Daniela con Michelino
(*sopra*).

Con Giulietta Masina,
madrina di Nicolò,
il mio secondogenito,
al suo battesimo.

© Olycom

© Enrico Gandolfi / Olycom

Superflash
Con Michele Alboreto e Andrea De Adamich (*sopra*).

(*Nella pagina accanto*)
Con Enzo Bearzot Campione del mondo.
La battaglia degli ascolti: Canale 5 ha superato Rai Uno.

Pentatlon
Con Michel Platini.

Con Vincenzo Torriani,
patron del Giro d'Italia,
e Gino Bartali (*sotto*).

(*Nella pagina accanto*)
Con Gary Coleman,
l'Arnold televisivo, e Pelé.

© R. Tricca

© R. Tricca

TeleMike
Con Giovanni Spadolini (*sopra*).
Con Elton John, le Bingo girls e Andrea, il minivalletto.

(*Nella pagina accanto*) La lite con Vittorio Sgarbi (*sopra*).
Con Giulio Andreotti.

Con il mio terzogenito
Leonardo e Bepi Garnero,
compagno di sciate
per trent'anni.

Polo Nord: la mia avventura più bella.

WALAPAI

I miei viaggi nel West
Con Daniela e Leo a Zabriskie Point (*sopra*). Io in versione Mike-Esploratore.

(*Nella pagina accanto*) Asfalto tra le praterie americane (*sopra*).
Discesa nel Grand Canyon con la mia famiglia.

Io e Leo riceviamo da "TV Sorrisi e Canzoni" un Telegatto e un Telegattino.

(*Nella pagina accanto*)
Con la mia famiglia in udienza da papa Giovanni Paolo II (*sopra*).
Io e la mia famiglia festeggiamo i diciotto anni di Leo.

Il mio debutto
da nonno:
con Stella (*sopra*)
ed Elia Tommaso,
figli di Nicolò.

(*Nella pagina accanto*)
Cavaliere di San Maurizio
e Lazzaro.

Dal set dello spot Wind con Fiorello
(*sotto e nella pagina accanto, in alto a sinistra*).

Scatto rubato durante i festeggiamenti per il successo del programma radiofonico *Viva Radio 2* (*sopra*).

Nel mio studio a Milano: sulla destra i venticinque Telegatti vinti finora.

Sul balcone di casa mia,
all'ombra di Mamma Rai.

più essere grandi eruditi, preparatissimi su una materia specifica. Si voleva rendere il quiz più accessibile a tutti.

Il primo programma della nuova serie fu intitolato *Caccia al numero*. Il meccanismo del gioco era strutturato come un grande rebus. Per risolverlo bisognava innanzitutto scoprirlo, e si faceva accoppiando delle figure scelte da un grande tabellone diviso in tante caselle, ciascuna contrassegnata da un numero. La trasmissione era molto veloce, durava mezz'ora, e ogni volta c'erano in gara due concorrenti. La mia valletta era Giuliana Copreni, un'attrice che veniva dai fotoromanzi.

Prontezza di mente, memoria visiva, colpo d'occhio, padronanza dei propri nervi, ecco che cosa serviva per vincere.

Fu il mio esordio sul secondo canale, e il primo programma a lanciare il genere "varietà" sulla nuova rete della RAI che era stata inaugurata da poche settimane.

Dopo questo programma, forte di tutte le mie esperienze americane pensai di fare uno show come quelli che stavano riportando molto successo Oltreoceano. Varai *La fiera dei sogni*, che debuttò nell'aprile del 1963.

I vincitori, anziché portare a casa milioni in gettoni d'oro, potevano realizzare un sogno, purché non superasse i cinque milioni e fosse originale e attraente. Durò tre anni, fino al 1966, e una delle grandi novità, simbolo dei tempi, era che dopo la serie ininterrotta di vallette mute tipo Edy Campagnoli, ebbi le prime vallette parlanti, che sapevano cantare, ballare e recitare.

All'inizio ci fu Paola Penni, poi nel 1965 scelsi le vallette canterine Anna Identici, Milena Manni e Anna Marchetti, e poi vennero Alba Rigazzi, appena eletta Miss Italia, e Gilda Giuffrida.

Alla *Fiera dei sogni* ci fu anche un impiego massiccio della musica leggera. Iniziai a usare le mie trasmissioni come trampolino di lancio per cantanti.

A volte mi prendono in giro perché dico che praticamente tutti i cantanti in televisione li ho lanciati io. Ma in un certo senso è vero, in quel periodo la maggior parte di essi veniva ospite da me in trasmissione.

Una su tutti, tra i tanti "big" che all'inizio della carriera tennero il loro battesimo da me, fu Mina.

La sua prima volta in televisione ebbe luogo nel 1959 a *Lascia a raddoppia?* Lei era una ragazza semisconosciuta, venne in trasmissione a interpretare il brano *Nessuno*. In quel periodo la direzione della RAI era rigorosissima sull'etichetta, e bisognava stare molto attenti a come ci si vestiva e a come ci si muoveva. Soprattutto le interpreti femminili dovevano contenere la loro carica sensuale ed espressiva, e stare attente a non mostrare troppo il loro corpo.

Quando vidi Mina arrivare in studio la rimandai a casa a Cremona a cambiarsi, perché sapevo che così com'era vestita non le avrebbero mai dato il permesso di esibirsi. Lei andò via di corsa e riuscì a tornare in tempo. Durante la sua esibizione, sul ritmo del rock, iniziò a muoversi in quel suo modo unico, trasmettendo tutta la sua carica esplosiva, cosa che agitò i funzionari della RAI presenti in studio. "Stringi... stringi sul primo piano" dicevano al regista Romolo Siena. "Questa canta con tutto il corpo. Qui si finisce male."

Provai tutta la mia ammirazione di fronte a quella ragazza, che aveva un talento straordinario, e capii che sarebbe presto diventata una grande star.

Nel 1963, in seguito alla sua coraggiosa decisione di non interrompere né di nascondere la sua gravidanza legata alla relazione extraconiugale con Corrado Pani, Mina subì una censura dai programmi televisivi e radiofonici della RAI. Fu solo due anni dopo che, essendo acclamata dal pubblico, i dirigenti decisero di riammettere la sua presenza sugli schermi.

Sanremo

Anch'io pochi giorni prima del debutto della *Fiera dei sogni* realizzai un mio grande desiderio. Finalmente la RAI, dopo dieci anni di miei programmi di successo, ritenne che il giovane italoamericano Mike Bongiorno potesse fare gli onori di casa a Sanremo.

Andare al Festival era come laurearsi all'università, era ricevere il riconoscimento pubblico delle proprie capacità.

La grande novità del 1963, a parte la mia partecipazione, fu che anziché avere una partner singola come era accaduto nei Festival precedenti, mi portai dietro tutte le vallette che avevano collaborato fino a quel momento nei miei quiz. Vennero con me Edy Campagnoli, la valletta muta di *Lascia o raddoppia?*, Giuliana Copreni, la mia assistente di *Caccia al numero*, Maria Giovannini, l'annunciatrice celebre per le famose papere dell'esordio di *Lascia o raddoppia?* e Rosanna Armani, sorella di Giorgio, che aveva collaborato con me in alcune trasmissioni radiofoniche. Era diventata addirittura la ragazza copertina della rivista "Arianna", che l'aveva scelta come testimonial per la sua grande somiglianza con Audrey Hepburn.

Fra i partecipanti di Sanremo del 1963 c'erano dei cantanti che sono tuttora attivi, come me peraltro. Wilma De Angelis, che ora vediamo sovente negli spot pubblicitari, Pino Donaggio, che addirittura è diventato uno dei più grandi autori delle colonne sonore hollywoodiane, Milva, oggi considerata tra i migliori interpreti brechtiani, Tony Renis, che da anni risiede in America e gode di grande popolarità a Hollywood. L'edizione del 1963 la vinse proprio lui con la canzone *Uno per tutte*, che cantò in coppia con Emilio Pericoli, uno dei cantanti della mia prima trasmissione radiofonica *Il motivo in maschera*. Spesso, quando appare in televisione in America, Tony canta ancora il suo famosissimo *Quando, quando, quando*, che proprio in America era stato lanciato da Dean Martin. C'era anche Johnny Dorelli, che aveva già vinto due storiche edizioni di Sanremo nel '58 e nel '59 in coppia con Domenico Modugno, e come me veniva definito "un altro italiano che viene dall'America".

Fu un passaggio naturale per me occuparmi di musica, visto che ogni settimana andavo in onda in radio con una grande orchestra e i cantanti più popolari del mondo. Insieme al quiz, la musica mi ha sempre accompagnato in tutta la mia carriera radiofonica e televisiva.

Me la cavai così bene che da allora a oggi ho presentato ben undici Festival. Se esiste una rivalità fra me e Pippo Baudo sta nel fatto che siamo in gara per vedere chi ne presenterà di più.

Il mio sogno del Festival negli anni Sessanta continuò per ben altre quattro edizioni consecutive. Grazie anche a Gianni Ravera, che da cantante si era trasformato in produttore e direttore artistico e che mi sosteneva davanti alla stampa che si chiedeva: "Ma perché sempre Mike?".

"Di lui mi fido" rispondeva Gianni "perché è di una serietà tale che sul palco di Sanremo fa filare tutti."

Infatti, evitando le messe in scena delle *claque* dei cantanti che cercavano di influire sulle giurie prolungando gli applausi, riuscivo a dare ritmo alla serata. Con Gianni Ravera avevo una grande intesa professionale e, complice anche il periodo storico e l'intensità delle canzoni presentate, a parere di molti quelli furono gli anni d'oro del Festival di Sanremo.

Qualunque mezzo era buono per far parlare di sé al Festival. Nell'edizione del 1966 la mia assistente Carla Maria Puccini inscenò addirittura uno svenimento sul palcoscenico. Ovviamente la cosa causò un grande scompiglio in platea. Tutti si aspettavano che io interrompessi lo spettacolo e che intervenissi per sollevarla da terra, e invece continuai imperterrito con la presentazione facendo finta di niente. Fui logicamente accusato dalla stampa di essere una persona insensibile e dal cuore di pietra. Oggi vi posso però raccontare che avevo avuto una soffiata, non posso dire da chi, che il fatto era stato premeditato e sarebbe accaduto per attirare l'attenzione. Quando la Puccini cadde, feci un cenno al cameraman affinché facesse un primo piano su di me mentre la Puccini veniva portata di peso fuori dalla scena. I telespettatori da casa non si accorsero assolutamente di quello che succedeva sul palco, perché riuscimmo a proseguire senza interruzioni. La Puccini comunque ha avuto una brillante carriera come attrice e, forse, oggi ride ancora dei fatti di allora.

Quei quattro Festival che presentai in successione furono davvero storici. Nell'edizione del 1964, che condussi con Giuliana Lojodice come assistente, vinse Gigliola Cinquetti con la canzone *Non ho l'età.* Allora la Cinquetti aveva solo sedici anni! Ancora oggi, dopo più di quarant'anni, qualche volta la canta con grande entusiasmo del pubblico quando viene invitata come ospite in qualche trasmissione, anche se ormai l'età ce l'ha!

Nella stessa edizione ci furono grandi polemiche perché a Bobby Solo, astro nascente della canzone per il suo stile molto americano, fu dato il permesso, a causa di una faringite, di esibirsi per la prima volta con il cosiddetto *playback.* La cosa destò molte lamentele tra i concorrenti avversari, e l'organizzazione si vide costretta a eliminarlo. La canzone era *Una lacrima sul viso,* che poi ebbe uno strepitoso successo, e ancora oggi Bobby la interpreta forse meglio di allora.

Bobby Solo fece anche parlare molto di sé perché, per emulare lo stile di Elvis Presley, si presentò truccato e con il rimmel sugli occhi.

In quegli anni arrivarono anche i primi cantanti stranieri, ebbi modo così di conoscere Paul Anka, altro cantante a tutt'oggi attivo, Frankie Laine, italoamericano il cui vero nome era Francesco Lo Vecchio, noto soprattutto per un motivo country intitolato *Mule Train,* e ancora Gene Pitney, Pat Boone, Cher, Mick Jagger...

Fu nel '65 che Pino Donaggio raggiunse la celebrità mondiale con la canzone *Io che non vivo (senza te)* cantata in tutto il mondo in ogni lingua. Vendette più di sessanta milioni di copie, e fu ripresa da moltissimi artisti, tra cui Elvis Presley che ne realizzò una versione in inglese dal titolo *You don't Have to Say You Love Me*.

Furono di nuovo gli anni di Domenico Modugno che nel '66 vinse in coppia con Gigliola Cinquetti con *Dio come ti amo*. Era la sua quarta vittoria, ed era ormai un divo affermato a livello planetario. Ricordo che Modugno era talmente contento di aver vinto che dalla gioia prese in braccio la Cinquetti.

Il '66 fu anche l'edizione del *Ragazzo della via Gluck* di Adriano Celentano e del debutto di Lucio Dalla, entrambi inspiegabilmente esclusi dalla serata finale. È incredibile pensare che *Il ragazzo della via Gluck* sia un pezzo che ancora oggi Celentano esegue in quasi tutte le apparizioni.

Si parlava spesso nei giornali dello scontro tra la musica melodica e quella moderna, rappresentata da molti cantanti che si ispiravano al "sound" e ai successi internazionali come quelli dei Beatles, che in quel momento impazzavano a livello mondiale.

Una canzone che fece cantare tutta l'Italia fu *Nessuno mi può giudicare* interpretata dalla debuttante Caterina Caselli, che in quell'occasione si presentò con una particolare capigliatura bionda che la fece definire come "la ragazza dal casco d'oro".

Purtroppo fui anche protagonista di un fatto tragico e drammatico in occasione del Festival del 1967. Il suicidio di Luigi Tenco. La sera in cui doveva salire sul palcoscenico per cantare *Ciao amore ciao* avevo notato che Tenco era fuori di sé. E non voleva assolutamente presentarsi. In quel momento conduceva la mia partner Renata Mauro, e io da dietro le quinte lo dovetti spingere con forza. "Canto questa e poi ho finito..." mi disse.

Continuai a chiedermi sino alla fine dello spettacolo che cosa volesse significare quella frase.

Purtroppo quando rientrai in albergo mi vennero tutti incontro gridando e piangendo.

"Mike, Mike... Luigi si è suicidato!"

Era già arrivata la polizia e stavano interrogando la cantante francese Dalida, che era con lui nel momento del tragico episodio. La sua morte è stata a lungo avvolta da un velo di mistero, e non si è mai saputo se si sia effettivamente suicidato o se gli sia partito accidentalmente un colpo dalla pistola che teneva sempre con sé. Quel che è certo è che lo shock causato dal gesto di Tenco innescò una seria riflessione sul "sistema" dei giudizi a Sanremo, e passò alla storia come un gesto di ribellione e di protesta, in anticipo sul movimento di contestazione giovanile che di lì a poco sarebbe scoppiato in tutta Europa.

Negli anni successivi le sue canzoni, che erano state tanto criticate, divennero invece dei bestseller e sono eseguite ancora oggi, e Luigi Tenco se fosse vivo sarebbe ancora tra i cantautori più amati.

Dopo aver presentato cinque edizioni, nel '63, '64, '65, '66, '67, la mia serie fu interrotta dall'arrivo di Pippo Baudo che diede il via così alla cosiddetta "gara" tra noi due a chi ne ha presentati di più. Adesso lui è a dodici, io a undici... e chissà a quante arriveremo... con la grazia di Dio!

Il mio rifugio

Con l'aumento della mia popolarità aumentarono verso la fine degli anni Sessanta anche i miei introiti. E così, come avevo fatto in precedenza con gli altri yacht, ne presi uno più lungo, un bel venti metri che attrezzai con tutto il necessario per le immersioni subacquee. Avevo sentito parlare della bellezza delle isole Eolie, e soprattutto dei loro fondali dove correva voce che si potessero trovare ancora tanti reperti antichi.

La prima isola che visitai nell'estate del '66 fu proprio Vulcano. In quegli anni era ancora un paradiso terrestre, vi abitavano sì e no un centinaio di persone e vi crescevano in grandi quantità piante di zagare. Il vulcano che aveva dato il nome all'isola era come si dice in termini tecnici "quiescente". Era stato protagonista di una tremenda eruzione nel 1888 e aveva semidistrutto il castello dello scozzese Lord Stevenson che vi aveva abitato per un po' di anni sfruttando le risorse minerarie per l'estrazione dello zolfo.

Lord Stevenson aveva addirittura dichiarato di aver preso possesso dell'isola in nome dei reali d'Inghilterra, e seppure storicamente e giuridicamente la cosa non avesse alcun valore, per tradizione da allora ogni anno se qualcuno della famiglia reale inglese passava in crociera nel Mediterraneo la veniva a visitare.

Di fronte al castello c'è un'enorme pozza di fango bollente nella quale vanno a immergersi tutti quelli che soffrono di dolori reumatici. Anch'io ne ho fatto uso ma non era possibile resistere più di un quarto d'ora.

Si usciva completamente coperti di fango come se si arrivasse da un girone dantesco, e bisognava correre subito a tuffarsi in mare per lavarsi. L'acqua dolce corrente non esisteva e nei primi anni che frequentavo l'isola arrivava ogni settimana una nave cisterna. Andavamo lì con i secchi e ne portavamo a casa il più possibile. Si pagava tre lire al litro.

Nell'isola oltre al vulcano grande ce n'è uno più piccolo, completamente spento dall'epoca dell'antica Roma, denominato Vulcanello. Questa zona dell'isola era totalmente disabitata, e dalla cima si godeva di una vista mozzafiato dei due golfi. Me ne innamorai subito e nel 1968 ne acquistai diecimila metri quadrati dal proprietario che non sapeva cosa farsene. Fu lì che feci costruire una bellissima villa in stile "eoliano" che ancora oggi costituisce un punto di richiamo per i turisti e un riferimento per le barche che passano a distanza. I contadini del luogo impiegarono tre anni per costruirmela e da allora per parecchi anni vi andai a passare le mie vacanze estive.

La villa era circondata da sabbia nera sottilissima di origine vulcanica che di giorno assorbiva il calore cocente del sole. Di notte con i miei amici ci divertivamo a camminare scalzi in mezzo agli arbusti per sentire quella strana sensazione di tiepido.

Purtroppo, con il passare degli anni e l'avvento della speculazione edilizia, le autorità competenti non provvidero a fare un piano regolatore, e Vulcano iniziò a pagare le conseguenze estetiche delle costruzioni abusive. Girò voce che la colpa fosse mia, che con la mia presenza avevo reso Vulcano improvvisamente affollata e meta di attrazione turistica, tanto che in piena estate era difficile circolare.

Tutti i giorni da Milazzo arrivava una nave carica di turisti che si fermavano per trascorrere la giornata e la prima cosa che facevano era quella di salire fino all'ingresso della mia villa. Mi chiamavano a gran voce: "Mike, vieni fuori, fatti vedere!".

Io dovevo uscire, firmare autografi e posare per le foto ricordo. Nel giro di pochi anni, la mia pace a Vulcano era finita.

Per evitare questo stress quotidiano, incominciai ad alzarmi presto al mattino, salivo sul mio yacht e passavo tutta la giornata in mezzo al mare, facendo le più belle immersioni della mia vita e scoprendo cose inaudite.

Io credo che non esista posto al mondo con un numero così elevato di navi affondate come il tratto di mare tra le Eolie e la Sicilia. Molte navi sono affondate a poche centinaia di metri dai litorali delle isole, e si trovano fra i cinquanta e i cento metri di profondità. Quelle che sono affondate al di là sono finite a oltre mille metri perché dopo il primo scalino, che arriva a cento metri di profondità, il fondo marino scende velocemente a gradoni.

Fino a quando non si sparse la voce e gli appassionati di subacquea iniziarono a venire da tutto il mondo per vedere le ricchezze archeologiche dei fondali delle Eolie, era facile imbattersi in navi da guerra o da trasporto affondate nelle battaglie tra i Romani e i Cartaginesi o per via di improvvise tempeste.

Essendo tra i primi a immergermi in quei fondali, ho avuto la fortuna di imbattermi in acque poco profonde in numerose navi affondate nell'era prima di Cristo o immediatamente dopo, con ancora i carichi intatti.

Si trovavano perlopiù anfore adibite al trasporto dell'olio e del vino. Di fronte all'isola di Filicudi trovai una nave con addirittura decine di anfore allineate una accanto all'altra. Erano lì da parecchie centinaia di anni e conservavano ancora i resti del loro contenuto. Quando ne portai una a galla ci trovai dentro due dita di vino.

Appena raccontato del ritrovamento, si sparse la voce tra i subacquei, che in pochi giorni fecero man bassa dei carichi traendone dei buoni guadagni. A cavallo fra gli anni Sessanta e Settanta le anfore erano molto richieste dai collezionisti tedeschi. Bastava andare a Milazzo dove ogni settimana arrivavano i compratori, che, davvero non si sa come facessero, riuscivano a portarle in Germania. Secondo la legge tuttora in vigore, i reperti antichi trovati sott'acqua devono essere consegnati alle Belle arti. Purtroppo, invece, quasi sempre vengono conservati ammassati in locali appositi in completo abbandono. Così perlomeno mi raccontavano, forse anche per giustificare l'appropriazione indebita. "Piuttosto che darle alle Belle arti con il rischio che si rompano" mi dicevano gli altri sub, "tanto vale che le diamo a chi le conserverà con cura negli anni a venire, dandoci anche un piccolo compenso per i rischi che abbiamo corso."

Io non so se i licantropi esistono ancora. Secondo le antiche leggende si tratta di uomini che quando sorge la luna piena si comportano come se fossero dei lupi ululando e ansimando. So solo che una notte mi avventurai lungo una collina dell'isola e a un certo punto vidi un'ombra che corrispondeva alle fattezze che ho descritto. Presi per mano la ragazza che era con me e fuggimmo a precipizio, convinti di essere inseguiti, fino alla mia barca.

Il giorno dopo, passeggiando lungo i sentieri dell'isola, mi vennero di nuovo i brividi quando incontrai sulla mia strada un individuo che aveva il viso completamente coperto da un fazzoletto. Raggiunto il centro dell'abitato raccontai la cosa a un abitante dell'isola che con una certa preoccupata segretezza mi disse che quel tizio era proprio quello che gli isolani sapevano essere il licantropo, e che aveva una malattia a causa della quale stava perdendo dei pezzi del viso. Garantisco che quello che dico è quello che ho visto! Solo un medico potrebbe sfatare questa leggenda, e convincermi che la mia avventura non fu altro che una specie di allucinazione.

Un'altra bellissima isola delle Eolie è Panarea. Negli anni in cui era frequentata da pochi turisti, per la maggior parte erano VIP italiani e stranieri, io facevo le mie immersioni soprattutto attorno a Cala Junco. Era un posto da sogno, con acque azzurre e trasparenti, dove gettavamo l'ancora e dormivamo in rada di notte. Al mattino alle cinque era una sensazione straordinaria svegliarsi tuffandosi in quelle acque.

Risalendo le pendici di Cala Junco si trovano ancora oggi i resti delle capanne abitate dagli uomini dell'età del bronzo. Col passare degli anni e l'arrivo dei turisti che durante l'estate invadono l'isola, Cala Junco si è rovinata. L'acqua non è più quella di un tempo, e a volte vi galleggiano le immondizie portate dal riflusso delle onde. Ora è addirittura proibito entrare con la barca, ci si può andare solo a nuoto.

Risalendo verso nord c'è l'isola di Stromboli, resa famosa anche dal noto film che Rossellini fece con Ingrid Bergman. Un tempo era abitata da qualche migliaio di persone, la maggior parte delle quali nel secolo scorso emigrarono negli Stati Uniti e in Australia. Di molti si sono perse le tracce, per cui lungo le stradine dell'isola c'erano decine di case abbandonate che non si potevano toccare perché era impossibile rintracciare i discendenti dei proprietari. La cima del vulcano che è tuttora attivo si trova a quasi mille metri. Io sono salito arrampicandomi fin lassù, come altri coraggiosi, ma son dovuto venire via subito per il grande calore e anche per gli schizzi infuocati che ogni tanto zampillavano dalla terra. È indimenticabile lo spettacolo, mi fermavo sempre ad ammirarlo girando attorno all'isola, dove lungo una parete scende la cosiddetta sciara del fuoco, una lingua di lava infiammata che si getta nel mare creando delle grandi nuvole bianche di vapore acqueo.

Nei fondali tra Milazzo e Vulcano giace una grandissima quantità di navi che affondarono all'epoca della Prima guerra punica, nel 260 a.C. circa, durante le famose battaglie navali tra i romani e i cartaginesi. Ma la vera grande scoperta in fatto di navi affondate fu quella che fecero i miei amici subacquei del luogo capitanati da Santino Vinciguerra, il proprietario dell'allora celebre Hotel Sable Noir.

All'epoca in cui non si erano ancora verificate le grandi invasioni turistiche, il Sable Noir era l'albergo in cui venivano a fare la loro vacanza i VIP internazionali.

Santino per anni aveva rincorso il suo sogno di trovare perlomeno una di quelle numerose navi che, secondo la storia, nel 304 a.C. erano affondate tra Lipari e Vulcano. È storia vera quella che racconto. Il tiranno greco di Siracusa Agàtocle, negli anni in cui teneva soggiogata Lipari, mandava ogni anno delle navi per riscuotere i tributi che gli abitanti del luogo erano obbligati a pagare.

Ogni volta facevano razzie e se ne tornavano a casa con statue preziose, piatti d'argento, monete, candelabri e monili di grande valore, carpiti perfino dai santuari locali di Eolo e di Efesto. Eolo però, secondo la leggenda, si volle vendicare scatenando una terribile tempesta nel momento in cui le navi si staccarono da terra. Affondarono tutte, trascinandosi negli abissi i grandi tesori.

Gira e rigira Santino Vinciguerra finalmente riuscì a localizzare una di quelle navi che giaceva a novanta metri di profondità, in bilico sull'orlo di uno strapiombo.

Si sa che è molto pericoloso immergersi a quelle profondità. Ci si può fermare solo per pochi minuti, e prima di tornare a galla bisogna fare tanta decompressione a vari livelli per scaricare i polmoni dall'azoto accumulato. Allora non erano state ancora inventate le miscele che si usano oggi nelle bombole per evitare l'embolia.

I miei amici mi invitavano spesso a unirmi alla "razzia" delle navi che facevano ogni giorno, ma io che non ero mai sceso oltre i cinquanta metri non mi univo a loro e mi fermavo a metà strada per osservarli visto che le acque erano trasparenti.

Tutto quello che riuscivano a prendere veniva conservato nella stanza di una villa di uno dei miei amici subacquei. Come potevamo aspettarci, quel continuo movimento in quella particolare zona dove c'era la nave iniziarono a notarlo in molti. La cosa giunse all'orecchio della Finanza che una sera fece una specie di blitz perquisendo alcune case e confiscando tutti i preziosi bottini.

Arrivò addirittura da Roma l'intendente delle Belle arti, responsabile dei recuperi marini. Non ricordo il nome, ma so che era tedesco e quando venne a Vulcano si volle immediatamente immergere per prendere visione del luogo dei ritrovamenti. Aveva portato con sé delle bombole con degli erogatori e con della rubinetteria che non avevamo mai visto.

Gli sconsigliammo di scendere con degli apparecchi che non aveva mai provato, ma ci disse di non preoccuparci perché sapeva il fatto suo e che erano materiali già testati a grandi profondità. Scese sul relitto, ma purtroppo per lui le guarnizioni delle bombole non ressero la pressione e non tornò più in superficie.

Qualche giorno dopo arrivò addirittura un mezzo attrezzato per le ricerche a grandi profondità. Circondò la zona con cavi e boe proibendo a chiunque di avvicinarsi. Cosa facessero là sotto non potevamo saperlo perché ci tenemmo ben lontani per evitare grane.

L'unico che ci rimise gravemente in fatto di salute fu proprio Santino Vinciguerra che, avendo fatto numerose immersioni a quella grande profondità senza prendere le necessarie precauzioni, e senza fare la dovuta decompressione, finì per avere un'embolia. Ricordo che fu portato a Palermo dove fu messo in una camera iperbarica per quasi centotrenta ore, un record per chi veniva colpito da una cosa di quel genere.

Tornò a Vulcano convinto che il peggio era passato ma purtroppo le sue condizioni di salute andarono peggiorando di giorno in giorno. A malapena riusciva a scendere dalle scale e la sua camminata diveniva sempre più traballante. Non molto tempo dopo morì, lasciando un indimenticabile ricordo di sé come lo storico pioniere dei fondali eoliani.

Il mio esilio

Dopo aver messo alla prova i singoli concorrenti a *Lascia o raddoppia?*, dopo aver fatto giocare uno contro l'altro i paesi a *Campanile sera*, dopo aver sperimentato un sistema enigmistico-mnemonico in *Caccia al numero* e dopo la novità dei sogni da realizzare nella *Fiera dei sogni*, mi presentai con un nuovo format nell'ottobre del 1966 dal titolo *Giochi in famiglia*.

Il meccanismo era quello di una sfida tra due nuclei familiari. I genitori contro i genitori, i nonni contro i nonni, e per la prima volta giocavano anche i bambini, cosa che fino ad allora era stata proibita. Come premio finale c'era in palio nientemeno che una villetta prefabbricata, con relativo terreno. Nel corso della trasmissione, al gioco si alternavano spazi musicali, intermezzi comici e ospiti popolari.

Anche se *Giochi in famiglia* fece dire ai critici che i miei quiz erano tutti all'insegna della "misura umana", mi accorsi sin dalle prime battute che il nuovo format strideva con il clima sociale che stava maturando. Si stava avvicinando il '68, la contestazione studentesca, le lotte operaie, le conquiste sindacali, la legge sul divorzio, e il modello stesso di famiglia stava evolvendo rapidamente. Il programma, che ne offriva un'immagine rasserenante, tipica e forse anche stereotipata, non sembrava più rispecchiare la nuova identità del Paese. Credo che in quel momento a nessuno fosse ancora chiaro verso cosa si andava, però era certo che l'immagine della famiglia che la trasmissione proponeva non rispecchiava più la realtà.

Anche i giornali, forse per amor di polemica, o forse con cognizione di causa, cominciavano a dire che il quiz stava mostrando la corda. Infatti durò appena una stagione, e non venne accolto bene né dal pubblico né dalla critica.

Simbolica del clima pesante dei tempi fu la partecipazione di Adriano Celentano, attraverso il quale ebbi uno dei soliti incidenti diplomatici con la RAI. Adriano, che era stato invitato come ospite in una delle prime puntate, aveva scelto di cantare una canzone un po' particolare, che si chiamava *Mondo in mi 7ª*. I dirigenti della RAI gli fecero sapere che per la natura della trasmissione, improntata alla spensieratezza e lontana da ogni intenzionalità politica, la canzone aveva un testo troppo forte e assolutamente non adatto. Celentano rispose escludendo la sua partecipazione alla trasmissione con un brano diverso, allora la RAI fece retromarcia e lo invitò di nuovo a patto che intervenisse sul testo e sul modo di interpretarla.

Quando finalmente venne in trasmissione, io tutto contento lo feci esibire senza sapere che avrei dovuto fargli un provino, e venni poi redarguito molto severamente dalla direzione della RAI, che fu scioccata perché risultò che non era stata cambiata nemmeno una parola della canzone in questione. Vi fu persino un'interrogazione parlamentare al riguardo.

Anche se sulla carta sembrava una formula vincente, tanto che molti dei suoi ingredienti sono stati ripresi in molti *game shows* più recenti, *Giochi in famiglia* lo considero il mio insuccesso più clamoroso.

Oltretutto era il periodo in cui cresceva professionalmente Pippo Baudo, che con *Settevoci*, una gara tra cantanti famosi ed esordienti con l'utilizzo dell'applausometro, stava ottenendo un grande successo, e questa coincidenza fu una manna per i giornalisti che si divertirono a creare ad arte dei paragoni sulla nostra concezione dello spettacolo e su una nostra presunta rivalità.

Dopo la chiusura di *Giochi in famiglia* iniziarono per me due anni molto difficili. Fu una vera crisi. Pagavo anche lo scotto di essere preso come bersaglio da un certo genere di contestatori. Io rappresentavo per molti un'immagine dell'Italia che in quel periodo tanti giovani rifiutavano, ma per partito preso, non perché io ideologicamente avessi preso delle posizioni contro di loro, anzi, la verità è che sono sempre stato vicino alle esigenze e al pensiero dei giovani, figurarsi che ho persino sposato Daniela quando era ancora una ragazza pienamente coinvolta nel movimento di contestazione studentesca!

Ma come se non bastassero le preoccupazioni sul lavoro si aggiunse anche una situazione poco felice concernente la mia vita privata. Nell'autunno del '68 mi ero sposato con Annarita Torsello, e seppur ancora freschi sposini, nel periodo della nostra unione che avrebbe dovuto rappresentare la massima gioia, ci rendemmo conto che le cose invece non andavano affatto bene come avrebbero dovuto, sin dai primi giorni dopo il matrimonio.

Annarita l'avevo conosciuta quando lavorava nell'agenzia Young & Rubicam di Milano, per la quale avevo fatto degli spot pubblicitari per il detersivo Dash. Mi avevano chiesto di fare da testimonial per il lancio del prodotto in Italia. Lavorammo parecchio tempo insieme perché si voleva fare la pubblicità con un sistema che fino ad allora non era mai stato adottato. Dovevo elogiare il prodotto arrivando nelle piazze affollate di massaie, appeso a un elicottero e con un fustino in mano. Un'altra idea nuova fu la presentazione del prodotto sotto forma di fumetti a colori pubblicati dai principali settimanali.

Annarita aveva collaborato alla stesura delle idee e dei testi, ed ero rimasto molto colpito dalla sua personalità.

Ma come tutti i grandi imprevisti della vita, seppure ci avessi creduto e avessi riposto in lei grandi aspettative, per me fu un brutto colpo capire progressivamente giorno dopo giorno che non eravamo affatto compatibili per la vita matrimoniale.

Nel Natale del '69 andai a trovare mio padre a New York. Speravo di schiarirmi la mente, e di uscire per un po' dal rumore e dalla mischia. Lo trovai che già non stava molto bene, infatti non molto tempo dopo sarebbe morto, e ciò mi rattristò ancora di più.

Fu uno dei periodi più cupi della mia vita, e in accordo col mio stato d'animo ricordo anche la pesantezza del clima politico che si respirava in Italia, erano infatti i tristi giorni della bomba in piazza Fontana.

Quando ritornai dagli Stati Uniti feci qualche breve apparizione in video, ma era poca cosa rispetto ai miei ritmi abituali.

Avevo per fortuna una trasmissione radiofonica, ma non vedevo l'ora di rientrare in TV.

Mi misi il cuore in pace, incassai tutte le critiche e mi feci un esame di coscienza. Ogni volta che ero andato in onda con un nuovo programma avevo sempre cercato di fare qualcosa di nuovo, ma ora, pensai, era davvero giunto il momento di rischiare sul serio, e di rivoluzionare totalmente le vecchie formule.

Mi era venuta una gran voglia di rivincita, e mi misi a studiare, ispirato anche dal mio viaggio in America, un programma di intrattenimento che potesse identificarsi con le caratteristiche socio-culturali del periodo storico, e soprattutto che potesse integrare le nuove tecnologie che stavano nascendo nel campo dell'elettronica.

Aspettavo impazientemente già nel 1969 l'occasione per ripartire, ma la RAI temporeggiava e i giornali iniziarono a parlare di un mio esilio. Io ribattevo, cercando di stare allegro, dicendo che sarei rientrato presto con una grande trasmissione, e spiegavo che lo consideravo un periodo sabbatico in cui avevo avuto modo di assistere a tutti i più grossi spettacoli della TV americana, e che avevo tratto degli spunti validissimi, che mi ero ispirato...

Ma il mio calvario continuava, e seppure da tempo ritenevo di aver ormai individuato l'idea giusta (il *Rischiatutto*, che considero il più bel programma di quiz che sia mai andato in onda), ci vollero due anni prima che potessi vararla.

Ci volle così tanto tempo soprattutto per il fatto che ebbi la sventura di imbattermi in un funzionario incaricato della produzione dei programmi che sembrava non volesse proprio il mio ritorno sui teleschermi.

Già dai tempi di *Campanile sera* avevo avuto sentore che il personaggio Mike Bongiorno non fosse gradito a molti di quelli che comandavano, per le mie origini americane ma soprattutto per ragioni politiche. Durante i collegamenti di *Campanile sera*, mentre intervenivano Tortora o la Sampò, c'era un funzionario che veniva sotto al palco e con un'incredibile cattiveria mi diceva: "Ma non ti vergogni a fare un programma così? È ora che la smetti".

Ogni volta che andavo a Roma per presentare il mio nuovo progetto a Giovanni Salvi, il responsabile della programmazione, mi faceva attendere a lungo per poi mandarmi un messaggio tramite la sua segretaria: "Sa, il dottore si scusa, ma sono sopravvenuti degli improvvisi impegni, sarà per un'altra volta".

Questo fatto accadde più volte, io continuavo a fare sfibranti viaggi tra Roma e Milano sperando di concretizzare, ma ricordo che arrivai a un punto tale di demoralizzazione che l'ultima volta che uscii dalla saletta d'attesa, non mi vergogno a dirlo, avevo le lacrime agli occhi. Sapevo di avere in mano qualcosa che avrebbe creato un enorme interesse in Italia, alla pari se non superiore a *Lascia o raddoppia?* Ma se non avessi più avuto la chance di realizzarlo, cosa avrei fatto?

Fu a questo punto che, scusate se lo ripeto ma io ci credo, intervenne il mio angelo custode.

Il destino mi sorride

Mentre mi avviavo affranto e demoralizzato verso l'uscita, incontrai nel corridoio della RAI un dirigente di nome Carlo Fuscagni. Oltre a essere estremamente intelligente e di una bontà fuori dall'usuale, Fuscagni aveva già svolto notevoli incarichi importanti. "Ma cosa c'è Mike" mi disse appena mi vide, "alla tua età con le lacrime agli occhi? Ma cosa è successo?"

"È l'ennesima volta che vengo a Roma per presentare una nuova formula di quiz che sono convinto dovrebbe interessare la direzione" gli confidai. "E per l'ennesima volta mi stanno mandando via senza aver avuto la possibilità di parlarne."

"Vieni nel mio ufficio Mike, e fammi vedere di cosa si tratta."

Avevo preparato minuziosamente anche dei disegni di quella che sarebbe stata la base del *Rischiatutto*: c'era il pannello diviso in sei colonne che rappresentavano ognuna una materia diversa e ulteriormente diviso in tanti quadretti di valori diversi. C'erano i jolly, che davano diritto al premio senza cimentarsi, e c'era la famosa parola "Rischio!" che era l'idea vincente del gioco, e costringeva i concorrenti a mettere in palio quanto volevano delle somme che avevano vinto, raddoppiando o addirittura perdendo tutto quello che avevano scommesso.

"I concorrenti in gara dovranno essere tre" spiegai a Fuscagni, "dei quali uno che avrà vinto nella puntata precedente sarà il campione in carica. Inizieranno rispondendo ognuno a delle domande riguardanti la propria materia preferita, in modo da poter mettere da parte un gruzzolo con il quale giocare alla fase cruciale del *Rischiatutto*. Quando le domande delle sei colonne saranno esaurite, i tre concorrenti verranno chiusi nelle rispettive cabine, dalle quali avevano già giocato prenotandosi con un pulsante, e farò di nuovo una domanda a ognuno di loro sulla materia con cui avevano iniziato il gioco. E questo sarà il momento più emozionante perché se capiterà che chi è in testa sbaglierà la risposta finirà a zero. Ci saranno capovolgimenti totali di situazione con l'ultimo in classifica che magari invece darà la risposta esatta e raddoppierà..."

Era un meccanismo fortissimo, che in parte mi era stato ispirato da una trasmissione americana con uno schema simile, *Jeopardy*, ma il gioco lì aveva una struttura molto meno elaborata del futuro *Rischiatutto*. I produttori americani non avevano pensato, come facemmo noi, di presentare le domande dei vari quadretti corredandole con diapositive e filmati e con l'intervento addirittura in persona dei personaggi in questione. In America si accontentavano di leggere la domanda nei vari quadratini, ma con la mia idea il quiz diventava molto più vivo, in quanto diveniva anche un vero e proprio spettacolo di varietà.

Avevo lavorato intensamente anche con Ludovico Peregrini e Paolo Limiti al nuovo format. Una delle nostre innovazioni principali fu proprio quella dell'inserimento di contributi filmati a supporto delle domande, e il domandone in cabina del raddoppio.

Carlo Fuscagni mi disse: "Mike, ma questa è la tua più grande idea dopo *Lascia o raddoppia?* Dobbiamo fare subito questo programma!".

"Vorrei anch'io che fosse così, ma purtroppo come ti ho detto il dirigente preposto ai palinsesti e alla produzione dei programmi da mesi non mi riceve."

Gli spiegai che avevo la netta sensazione che qualcuno volesse farmi fuori.

"Ma ci mancherebbe altro, dobbiamo parlarne subito." E aprì senza indugi la porta dell'ufficio di Salvi che era comunicante con la sua.

Lo trovammo seduto alla sua scrivania, che stava chiacchierando amabilmente con non so chi. Fu terribilmente imbarazzato perché l'avevo colto in flagrante dimostrando che non era assolutamente vero che era "così impegnato" da non potermi ricevere.

Fuscagni prese tutti i miei fogli e i disegni della scenografia, li stese sul suo tavolo e con poche parole, dirette e precise, espose la straordinarietà dell'idea che avevo portato.

Devo dire che il mio angelo custode si stava dando veramente da fare! Con grande, grandissima soddisfazione vidi l'espressione di Salvi cambiare. Proprio lui, che fino a quel momento non si era rivelato molto amico nei miei confronti.

"Ma è un'idea straordinaria, completamente nuova" disse, "dobbiamo subito darci da fare, non dobbiamo perdere tempo."

Sembrava non sapere più che cosa fare per valorizzare la mia proposta. "Sai cosa faremo Mike? Pensa, ci credo talmente tanto, che te lo faccio fare qui a Roma. E ti do addirittura il teatro delle Vittorie."

Tenendo presente che in quel teatro la RAI produceva solo le grandi trasmissioni di varietà con i nomi più celebri del mondo dello spettacolo, era davvero una dimostrazione di grande interesse!

"Ti devi subito trasferire da Milano a Roma" mi disse Fuscagni riaccompagnandomi all'ascensore, "dobbiamo cominciare immediatamente a mettere in piedi lo staff organizzativo." Sembrava che alla RAI non stessero più nella pelle per realizzare il mio programma nel più breve tempo possibile. Improvvisamente era cambiato tutto.

Rischiatutto

Il 5 febbraio del 1970, sul secondo canale, cominciò il programma destinato a diventare il quiz più importante della storia televisiva italiana.

Un vero e proprio segno del destino, perché probabilmente avrei abbandonato tutto se non mi fosse accaduta quella fortunata coincidenza di incontrare Carlo Fuscagni nei corridoi della RAI.

La mia vita è costellata di avvenimenti di questo genere, di colpi di scena straordinari nei momenti più imprevisti.

Il *Rischiatutto* è stato il mio quiz più maturo, il frutto di tanti anni di esperienza televisiva e di comprensione del mondo dello spettacolo, e venne costruito curando minuziosamente ogni dettaglio attraverso un lungo periodo di ricerca.

La partita durava in tutto poco più di un'ora. Era serrata, senza pause, e senza tempi morti.

Inizialmente pensammo di chiamare la trasmissione *A Repentaglio!* che avrebbe ricordato il titolo originale del programma americano *Jeopardy*, dal quale avevo tratto la prima ispirazione. Col passare dei mesi però, e con il consolidamento della squadra tecnica e artistica, il titolo venne modificato definitivamente in *Rischiatutto*.

La RAI mi diede il miglior scenografo del momento, un grande ufficio nel quale fare i provini per i concorrenti, e affidò la responsabilità della conduzione del programma a Giorgio Carnevali, che quando cominciammo ad andare in onda assunse anche il ruolo di controllore, piazzandosi a un tavolo alle mie spalle. Ogni volta che interveniva con delle decisioni con le quali non ero d'accordo mi avvicinavo a lui e inscenavamo delle discussioni con ampi gesti che venivano ripresi dal regista di allora che era Piero Turchetti.

Turchetti, famoso anche per la frase che io pronunciavo ogni volta che davamo il via al programma, "Fiato alle trombe Turchetti!" (a causa della famosa sigla eseguita da un gruppo di trombe), aveva già lavorato con me ai tempi di *Campanile sera,* curando alcuni collegamenti esterni. Era un personaggio colto, perfetto per un programma che si basava proprio sulla cultura. Ricordo le sue lunghe chiacchierate coi concorrenti sui loro argomenti. Era sempre interessato, aperto a tutto. Continuammo poi a collaborare stabilmente insieme fino al 1982.

Contribuì al successo della trasmissione anche una scelta accorta che feci per quanto riguardava la mia "valletta" Sabina Ciuffini. Eravamo nel 1970, un paio di anni dopo la "rivoluzione" del 1968, e gli effetti del cambiamento di mentalità e di comportamento soprattutto fra i giovani continuavano a influire sulla vita quotidiana.

Pensai che gli ingredienti perfetti per un'assistente televisiva moderna avrebbero dovuto essere la capacità di esprimersi bene, e un bel fisico. Ma soprattutto cercavo un tipo di donna moderna, in cui potessero identificarsi tutti i ragazzi, e che sapesse esprimere fascino e personalità.

Per un po' di volte mi piazzai insieme a dei collaboratori, stando in macchina di nascosto, davanti alle università di Roma. Eravamo appostati in diversi punti strategici e, quando vedevamo una bella ragazza che secondo noi rispondeva ai requisiti che cercavamo, uno di noi la avvicinava e la invitava, dopo averle chiesto naturalmente se le interessava, a venire negli studi della televisione.

Ne mettemmo insieme una ventina e vi devo dire che quando arrivò Sabina Ciuffini con una minigonna mozzafiato, capii che con lei avrei fatto centro. La sua era una bellezza dolce che incarnava lo spirito di quegli anni. Un bellissimo fisico, portava gonne vivaci e cortissime, lunghi stivali neri, e aveva un sorriso disarmante da bravissima ragazza. Nata in Argentina, ma italianissima, studiava filosofia, aveva una mente curiosa di tutto, e sapeva parlare molto bene.

Il pubblico televisivo si affezionò molto a lei, al suo modo di fare, al suo sorriso e alle sue minigonne che sono passate alla storia. La sua popolarità aumentò settimana dopo settimana in modo vertiginoso anche grazie alle parodie incentrate proprio sulle sue minigonne, che rappresentavano una grande novità per la televisione. Bisogna tenere presente che fino a poco tempo prima le ballerine dovevano indossare addirittura la calzamaglia, tale era la pruderie del costume televisivo.

Storico è lo sketch che faceva su di lei Alighiero Noschese, il più grande imitatore, a mio giudizio, che abbiamo mai avuto. Ogni tanto la RAI lo trasmette ancora nel momento in cui imita me e la Ciuffini mentre io le do severamente ordine di comporsi. Noschese a quel punto tirava un cordino, e la minigonna diventava una sottana lunga fino alle caviglie.

Un'altra delle scenette famose di Noschese ispirata al *Rischiatutto* era quella del trio di concorrenti da me puntualmente tartassati e maltrattati. A proposito del mio modo di trattare i concorrenti, bisogna dire che gli imitatori ci hanno sempre marciato. Anche Fiorello, in questi ultimi anni, si è sbizzarrito con il suo programma radiofonico ricamando sul mio modo di interagire con i bambini concorrenti di *Genius*.

Con la notorietà acquisita al *Rischiatutto,* la Ciuffini partecipò come mia assistente anche al Festival di Sanremo del '75, e successivamente divenne anche conduttrice di alcune trasmissioni Mediaset.

In trasmissione, di fianco a Giorgio Carnevali sedeva quello che si è consolidato nel tempo come il mio autore a vita: Ludovico Peregrini. Lo avevo conosciuto per qualche piccola collaborazione in radio, dove tra l'altro lavorava con me anche Paolo Limiti. Entrambi divennero gli autori delle domande del *Rischiatutto*. Limiti, che ricordo aveva anche una grande passione per le domande all'americana, stava in regia, e Peregrini invece alle mie spalle di fianco a Carnevali. Dopo il successo di *Rischiatutto,* Ludovico Peregrini, sempre presente in studio in tutti i quiz che ho fatto dopo, anche per Mediaset, oltre ad autore divenne una specie di notaio, un garante del regolamento. La gente da casa si è affezionata a lui abituandosi a vederlo intervenire spesso per invalidare le risposte imprecise nel suo ruolo di giudice di gara. Così si è anche guadagnato il famoso soprannome di "Signor No".

Eravamo una squadra solidissima, un gruppo di lavoro che ha fatto parlare di sé e che continuerà a farlo a lungo nella storia della nostra televisione.

L'eleganza, la raffinatezza e lo stile moderno della trasmissione venivano dati anche da un'originale grafica, e dalla famosa sigla a cartoni animati, con l'omino inseguito dalla "R" che alla fine riesce a stoppare dandole una randellata.

Bellissima era anche la musica della sigla di coda di Georges Moustaki, il cantante egiziano naturalizzato francese che aveva portato al successo *Lo straniero*, e che adesso ho saputo che vive in un'isola del Pacifico. Nelle ultime due stagioni, per variare, venne poi sostituita con *Amare di meno* di Peppino di Capri.

Insomma, il *Rischiatutto* era un concentrato di talenti tecnici e artistici, tutto imperniato sulla valorizzazione di due ingredienti che avrebbero fatto il successo della trasmissione: i concorrenti e il ritmo.

Così come per *Lascia o raddoppia?*, nel quale il famoso episodio del controfagotto aveva inavvertitamente lanciato il programma, anche il *Rischiatutto* fu battezzato con una tremenda gaffe.

"A cosa si riferiscono questi versi musicali?" chiesi a un concorrente.

"Ma sono quelli dell'inno nazionale italiano!" rispose lui.

Sulla mia cartellina invece era stato erroneamente scritto che erano versi di Giosue Carducci. E così gli dissi che la risposta era sbagliata.

Successe il finimondo in teatro, soprattutto a causa dei giornalisti che contrariamente alla prima puntata di *Lascia o raddoppia?* erano giunti numerosissimi. Urla, fischi, addirittura molti salirono in piedi sulle poltrone.

Io invece continuai imperterrito la trasmissione. In perfetto stile con la mia fama di imperturbabilità. Una cosa che avevo già dimostrato in passato in situazioni di crisi, per esempio a Sanremo durante lo svenimento della Puccini.

Il regista della puntata d'esordio, che fu poi subito sostituito con Turchetti, scappò dal teatro per evitare di essere travolto dalle polemiche del pubblico. Per quante ricerche abbiamo fatto, era talmente scosso dalla cosa che non fu più rintracciato né da noi né dalla sua famiglia per un paio di giorni.

Grazie al cielo la trasmissione era registrata e così evitammo un'altra figuraccia come quella del controfagotto. Giorgio Carnevali prese in mano immediatamente la situazione e, forte del suo incarico, decise, visto che dovevamo comunque andare in onda, di tagliare tutta la gara lasciando soltanto la lunga parte iniziale con la quale avevo spiegato il meccanismo del *Rischiatutto*.

I giornali ne parlarono comunque, ma gli spettatori a casa non ebbero mai modo di assistere alla clamorosa gaffe, di cui questa volta, concedetemi di dirlo, io non ero assolutamente responsabile.

Appena rodata la macchina del gioco, si capì subito che il *Rischiatutto* sarebbe stato un grandissimo successo. Sin dalle prime battute superavamo regolarmente a ogni puntata i venti milioni di ascoltatori.

Erano dati stupefacenti. La media del secondo canale era attorno ai sette milioni. La RAI si rese conto che si stava ripetendo un grandioso evento televisivo come ai tempi di *Lascia o raddoppia?* e forse più importante ancora. L'indice di gradimento raggiunse un record mai ottenuto per un quiz. Ricevemmo più di venticinquemila domande di partecipazione in quattro mesi, nel mio ufficio la segretaria era sommersa da pacchi di lettere e cartoline che giungevano da ogni regione d'Italia.

Tra gli spettatori si diceva che ci fosse addirittura papa Paolo VI e anche il presidente della Repubblica Giovanni Leone che, invitato un giovedì sera a una cena d'etichetta al circolo dei Granatieri di Sardegna, volle rimandare il pranzo di un'ora per seguire la trasmissione.

La prima stagione, quella dal teatro delle Vittorie a Roma, venne prorogata fino al 30 luglio, senza mai saltare un giovedì, neppure nei fatidici giorni dei mondiali di calcio a Città del Messico.

Dall'autunno del 1970 riprendemmo lo spettacolo dal teatro della Fiera di Milano. E fu soprattutto dalla seconda stagione che iniziò la serie ininterrotta di trionfi e di vincite davvero interessanti. Questo perché entrarono in gara uno stuolo di personaggi che diventarono ancora più popolari di quelli dell'epoca di *Lascia o raddoppia?*

Inizialmente pensavamo di concludere il programma alla fine della terza stagione, dopo la prima supersfida nel giugno 1972. Ma le richieste da parte del pubblico e le domande d'iscrizione continuavano a essere tali che decidemmo di varare un'altra fase della trasmissione.

Una delle lettere, tra le migliaia e migliaia che ricevetti, è rappresentativa della vastità dell'universo umano che toccavamo con la trasmissione: "Caro Signor Mike, io voglio venire a *Rischiatutto* per rispondere sui morti e sui cimiteri, sulle esumazioni, sugli scheletri, e sul sotterramento di uomini celebri. Sono stato becchino per più di mezzo secolo e ho sotterrato migliaia di persone. Ho settantun anni e spero di poter essere utile anche a lei".

Non è inventata! Era del signor Paolo Tognon, che risiedeva in provincia di Gorizia. Ma in quella circostanza non seppi se farlo venire davvero. In che senso voleva essermi utile?

E così per ancora due anni proseguimmo, senza mai cali di interesse, fino al 25 maggio del '74, quando in finale registrammo un ascolto di quasi trenta milioni di spettatori, più dell'allunaggio del 1969.

Dopo un paio d'anni che eravamo in onda si sparse la voce in tutta Europa dell'enorme successo della trasmissione e della media di ascolti record che stavamo facendo.

Ebbi numerose offerte di cedere la formula del *Rischiatutto*, visto che io ne possedevo i diritti.

Andai così in Germania, in Austria, in Olanda e in Svizzera in occasione della prima puntata nei rispettivi Paesi per insegnare al presentatore di turno il meccanismo. Per i soli diritti, le televisioni che mi avevano contattato pagavano il doppio di quello che io percepivo ogni giovedì quando andavo in onda.

Lo dico per dare un'idea delle condizioni in cui noi presentatori lavoravamo in regime di monopolio.

Di tanto in tanto, visto il successo, chiedevo un aumento di venticinque-cinquantamila lire. Si facevano una bella risata e mostrandomi la porta mi dicevano: "Stai attento, guarda che lì dietro c'è una fila di gente che aspetta di prendere il tuo posto".

Quando facevo meno di venti milioni il giorno dopo mi chiamavano dalla direzione per dirmi: "Stai attento perché siamo in calo, se va avanti così dovremo chiudere!".

Noi presentatori percepivamo un compenso annuale ridicolo se paragonavamo la nostra popolarità a quella degli attori cinematografici, che percepivano centinaia di milioni per ogni prestazione. Fortunatamente però la mia popolarità era tale che, se l'avessi voluto, ogni sera mi sarei potuto esibire in qualche locale notturno o in qualche festa di piazza.

C'erano inoltre i compensi della pubblicità per chi era fortunato ad avere uno sponsor, e le piccole partecipazioni in pellicole cinematografiche o gli interventi ai convegni delle grandi industrie.

Tutti questi compensi messi insieme facevano sì che alla fine non potessi certo lamentarmi del mio trend di vita. Fra le tante soddisfazioni materiali che mi tolsi, grazie al regime di superlavoro che mi imposi, c'erano le barche e soprattutto le automobili di grande prestigio.

Era molto ingiusto l'atteggiamento della RAI per quanto riguardava i compensi, ma eravamo in regime di monopolio e – finché non arrivò Silvio Berlusconi, che addirittura li decuplicò – pur di non perdere il posto, accettavamo la situazione.

L'ultima parola per la scelta dei concorrenti spettava a me.

Mi arrivavano dopo un primo incontro con due professori universitari nella sede RAI della loro regione, dopodiché venivano mandati a Milano per un secondo provino culturale, infine si trovavano con gli esperti che concordavano con loro le materie che sarebbero state messe sul tabellone del gioco.

A questo punto venivano da me, perché io sostenevo che per quanto bravi fossero, se non erano "personaggi" non avrebbero fatto presa sul pubblico.

Uno dei punti focali della mia professione è proprio il rapporto che devo essere capace di costruire con i concorrenti. Un rapporto diretto, semplice, non filtrato. La stessa cosa vale per il pubblico, che ama sentirti come uno di loro. Credo che la grande forza della mia professionalità sia sempre stata la capacità di instaurare un rapporto umano e sincero con il concorrente.

Il *Rischiatutto* mi concedeva più spazio per approfondire questo elemento umano. Avevo il tempo per parlare coi concorrenti dei loro hobby, potevo trascinarli sul podio pronti a sorridere ai riflettori.

Per esempio il giovane Rolfi: la sua vita di campagna illuminata dalla fede era una storia di sicuro successo, simile a quella che aveva catturato la fantasia di tutti gli italiani a *Lascia o raddoppia?*, del povero ragazzo del Sud che non aveva l'elettricità in casa e che studiava alla luce fioca dei lampioni della piazza del suo paese.

Il pubblico si identificava emotivamente, percepiva la passione, la verità delle situazioni, e ne veniva contagiato.

Nella settimana in cui il concorrente rimaneva campione si assisteva a un fenomeno pazzesco, praticamente diventava un oggetto di culto per il pubblico.

La gente veniva conquistata dalla sua personalità, tifava come ai festival musicali e negli stadi di calcio, e nelle librerie i libri sulla materia che portava il campione di turno avevano un'impennata di vendite. C'era davvero una specie di caccia al campione, piovevano inviti da tutte le parti e nel periodo della loro apparizione in TV ricevevano centinaia di telefonate al giorno.

Si creava attorno a loro un vero e proprio fenomeno di divismo in grande stile.

Io facevo lunghe chiacchierate con i vincitori. A volte li invitavo anche a casa. Li pregavo di fare vita ritirata, di non esporsi troppo, di far rispettare la loro privacy ora che sarebbero diventati bersaglio delle attenzioni della stampa. Dovevano fare vita da eremiti!

È indiscutibile che i campioni del *Rischiatutto* fossero dei veri personaggi. Ognuno con la propria distinta personalità, ma tutti con lo stesso grande carisma. Ci voleva davvero uno sforzo enorme per sopportare lo stress che dovevano subire ogni settimana. Riflessi pronti, lucidità mentale... poi le interviste, il telefono che squilla, i fan che ti reclamano, chi li insultava per partito preso e chi gli faceva proposte indecenti...

La prima grande campionessa del gioco, a tre mesi dall'inizio, fu Giuliana Longari. Esordì la sera del 7 maggio 1970 al teatro delle Vittorie a Roma, e vinse per undici settimane, tenendo il record di durata.

È di lei che si parlava il venerdì mattina in ufficio, nei negozi, al mercato, e forse è la campionessa che resterà nell'immaginario come la più popolare.

Era un bella donna, di origine abruzzese, sposata con un mediano di mischia di una squadra di rugby. Si era iscritta portando la Storia romana come materia per le domande preliminari e per il raddoppio. Fece una tale impressione ai dirigenti della RAI che successivamente le proposero di entrare a lavorare nell'azienda: oltre a essere stata un'ottima autrice di programmi è a tutt'oggi consulente per le Teche RAI.

La Longari viene anche ricordata per una famosa presunta mia gaffe, che come una leggenda metropolitana si è consolidata nell'immaginario collettivo degli italiani.

Il mito narra che durante la ventiquattresima puntata di *Rischiatutto*, il 16 luglio 1970, commentando un suo fatale errore in un momento di grande tensione emotiva, io le abbia detto: "Ahi ahi ahi signora Longari, lei mi è caduta sull'uccello!".

Si è speculato molto su questa frase, e regolarmente negli anni venivano sempre ipotizzate diverse soluzioni all'enigma. "Mike l'ha detto o non l'ha detto? Com'è possibile che l'abbia detto e se l'ha detto perché l'ha detto?"

Si tentò di spiegare la gaffe contestualizzandola in seguito a una domanda sull'ornitologia, o addirittura altri la collegarono al balletto *L'uccello di fuoco* di Stravinskij, e per altri ancora era riferita al famoso pittore Paolo Uccello.

Lasciatemelo dire, una volta per tutte. Mi dispiace sfatare un mito, ma mi sono preso la briga di andare a rivedere la trasmissione. Avevo sempre avuto il dubbio, ma mai la certezza.

Non ho mai detto quella frase.

Innanzitutto, essendo un ovvio doppio senso mi sarebbe costato un pesante castigo dalla RAI.

In quella puntata forse c'è un accenno, un frammento di una mia esclamazione sul quale è probabile che si sia tessuta la tela della leggenda. La Longari non era molto in forma, e rispose disastrosamente a quasi tutte le domande del tabellone, fatto molto particolare per lei perché di solito era sempre perfetta. A un certo punto, dopo l'ennesimo errore (e si può vedere nel video che c'è sul sito delle Teche RAI), le dissi: "Ahii ahiii ahiii...!!!" che è una mia tipica espressione, ma forse quella volta lo dissi con particolare enfasi.

Credo che quello sia stato il seme dal quale è nata e poi cresciuta la gaffe leggendaria. Ma per esaurire proprio tutte le possibilità, bisogna considerare anche altre fonti che circolano soprattutto su Internet, che dicono che la famosa frase venne creata ad arte in una trasmissione satirica di Renzo Arbore. Pare che un coretto satirico della band musicale del suo programma facesse: "Ahi... ahi... ahi... signora Longari...". Ma questa è un'altra delle tante ipotesi.

La stessa Giuliana Longari interpellata in proposito ha sempre dichiarato con convinzione che la cosa non accadde.

Eppure, chissà perché, ogni volta i giornalisti e la gente che la incontra le chiede di commentare l'aneddoto. È curioso, perché la cosa capita molto spesso anche a me.

Comunque sia andata, la frase fa ormai parte delle espressioni del nostro linguaggio corrente, così come l'altra mia famosa esclamazione "Allegria!" che io ripeto ormai in tutte le mie trasmissioni.

Un pomeriggio quando *Rischiatutto* da Roma si era ormai trasferita al teatro della Fiera di Milano, entrai nello studio per le prove in un momento in cui tutta la troupe, tecnici, regista, autori, cameraman ecc... ecc... erano seduti con la faccia ingrugnita nelle poltrone del teatro. Era appena terminata, come succede sovente nel nostro mestiere, un'accesissima discussione per la quale molti avevano detto frasi tipo "io me ne vado" in segno di protesta, ed ecco che bello bello, ignaro di quanto era accaduto, me ne entrai io felice e contento perché mi avevano appena comunicato che la trasmissione andava fortissimo. Così esclamai ad alta voce: "Allegria!".

Era il momento più sbagliato per pronunciare una parola del genere. Ma era talmente fuori posto in quel momento che, come spesso capita con le cose assurde, sbloccò la situazione, spezzando la tensione e riuscendo, con un effetto terapeutico, a far ridere tutti... riportando magicamente la serenità in teatro.

Gianfranco Rolfi fu un altro storico concorrente, che aprì la serie di vincite del secondo ciclo nell'autunno del 1970. Veniva da Roncadelle nel Bresciano, e giocava per la Storia della chiesa. Era venuto per aiutare la sua parrocchia, e si diceva che lui stesso sarebbe diventato sacerdote. Era un bel giovane che prima dell'inizio del gioco si faceva il segno della croce e diceva le preghiere. Ci risultava che nei momenti della sua partecipazione tutti i parroci e le perpetue d'Italia fossero davanti al televisore.

Ernesto Marcello Latini aprì il 1971, e lanciò la moda di rischiare alto. Divenne il più famoso tabaccaio d'Italia. Veniva da Monteporzio Catone e giocava per i romanzi di cappa e spada. Nel periodo in cui era in gara, tutti i fumatori dei paesi vicini pur di conoscerlo andavano ad acquistare le sigarette nel suo negozio. Amava il "Rischio", e ogni volta che gliene capitava uno giocava tutto quello che aveva in cassa. Non si è mai dimenticato di me, ogni tanto mi mandava una lettera o mi telefonava. Sentirò la sua mancanza perché ora purtroppo è scomparso.

Da Firenze, nella primavera del 1971, venne a giocare Andrea Fabbricatore, un preparatissimo farmacista dotato di grande senso dell'umorismo. Portava come materia la geografia. Inframmezzava le prove al pulsante con uscite comiche sgranando gli occhi in modo tale che fu addirittura scritturato per interpretare la parte di Calandrino in un film dell'epoca. Un giorno si presentò con il braccio ingessato. Era caduto dalla bicicletta e dal gesso gli fuoriusciva uno spuntone di ferro. Gli avversari lo vollero esaminare minuziosamente perché erano convinti che si trattasse di un apparecchio con il quale riceveva via radio le risposte ai miei quesiti. Mi risulta che Fabbricatore, grazie ai milioni che vinse si sistemò molto bene acquistando una farmacia che a tutt'oggi gestisce.

Massimo Inardi, il medico condotto con l'hobby della parapsicologia, era venuto in gara il 2 dicembre del 1971 portando come materia la musica sinfonica. Per anni fu il presidente dell'Istituto di scienze paranormali.

Viene ricordato come il mostro sacro e divenne in assoluto il più famoso campione di telequiz della storia della nostra televisione. Veniva anche chiamato "il mago". La sua tremenda concentrazione colpiva il pubblico.

Su di lui fiorirono altre leggende, non c'era domanda alla quale non sapesse rispondere, sia che gli fosse prospettata a voce o con l'aiuto dei dischi. A un certo punto stava vincendo così tanto che, confesso, tentammo il tutto e per tutto per farlo cadere.

Si era sparsa la voce che essendo un parapsicologo riuscisse a leggere nella mia mente le risposte che doveva dare. Per evitare polemiche facemmo addirittura una puntata dove anziché essere io a leggere le domande le leggeva Sabina Ciuffini. Ma lui continuò a vincere, e intanto gli ascolti salivano alle stelle. Nel suo periodo la media oscillava sempre attorno ai venticinque milioni di spettatori. Nel corso di alcune sedute che faceva con altri famosi parapsicologi, Inardi era riuscito addirittura a contattare lo spirito di quello che sosteneva fosse stata una delle mie reincarnazioni. Mi disse che si trattava di un guerriero che era sceso in Italia a capo delle orde barbariche, e che era stato ucciso in battaglia.

Fu anche il primo concorrente a devolvere la vincita di una puntata in beneficenza. Donò tutto a favore di un bambino bisognoso del trapianto di un rene.

Il genovese Enzo Bottesini era un esperto di subacquea e con la sua presenza diede grande impulso a questo sport in Italia. Nel periodo in cui giocava lui, i negozi specializzati esaurivano le loro scorte. Ricordo che fu invitato successivamente a presenziare in acqua al tentativo di record mondiale di immersione in apnea del grande campione Enzo Majorca. Bottesini fu protagonista in quella circostanza di un episodio drammatico e comico allo stesso tempo. Mentre Majorca pinneggiava per risalire a galla, gli andò a sbattere contro a venti metri di profondità, e quando uscì dall'acqua tutta Italia lo sentì scaricare una serie di parolacce pesantissime in diretta TV nei suoi confronti.

Alla fine della terza stagione, ideammo la prima supersfida tra i campioni. Fu un modo per far crescere ulteriormente la tensione, e pensavamo che potesse essere anche una maniera elegante e definitiva per chiudere in bellezza con il programma. Convinsi la RAI a spostare il *Rischiatutto* per l'occasione nel teatro d'arte al parco Sempione di Milano, che era dotato di una capienza indubbiamente maggiore. Avrei voluto lo stadio di San Siro pur di non dire di no alle tante richieste di partecipazione del pubblico che ci pervenivano.

La fotografia dei magnifici nove che concorsero alla vittoria finale resta come un'icona della storia del quiz. Inardi, Latini, Casalvolone, Longari, Buttafarro (la fatina), Ruzzier (l'uomo computer), Fabbricatore, Paolini (il gringo della Versilia), Lusetti (il bel tenebroso)... divennero personaggi di culto anche per i più giovani. Per tutti erano gli eroi, i *magnifici nove del rischio*. E uno dei momenti più solenni nella storia del quiz fu la sera del 10 giugno del 1972, quando Inardi divenne Supercampione.

Attorno ai miti della trasmissione andarono avanti per anni degli eventi paralleli e delle continue citazioni che facevano parlare del programma. I giornali stampavano poster e figurine e proseguivano scrivendo fiumi di parole. "Rischiooooooooo!" come lo urlavo io, veniva ripetuto da tutti i ragazzini, trasformandosi in un'altra delle frasi entrate nel linguaggio comune. A parte le imitazioni di Noschese, c'erano anche quelle di Loretta Goggi, che ne faceva una divertentissima imitando Sabina. Paolo Villaggio, impersonando Fracchia, l'impiegato sottomesso al sistema, sognava di essere il supercampione Massimo Inardi. Venne realizzato anche un gioco da tavolo che si vendette molto bene, e ancora oggi è oggetto di culto tra gli appassionati. Si stabilì con esso addirittura il record di vendita delle scatole. Quasi tutti i campioni diventarono protagonisti di caroselli, di spot pubblicitari e alcuni furono addirittura invitati a fare il cinema. La Longari condusse un programma radiofonico, e ogni venerdì a mezzogiorno la radio trasmetteva uno speciale per *Rischiatutto*, condotto dal regista Piero Turchetti. In un'Italia scossa da tanti sconvolgimenti e contestazioni, c'è chi ha detto che il *Rischiatutto* il giovedì sera placava le coscienze.

Daniela

Appena prima di conoscere Daniela, il mio mondo interiore era in grande scompiglio.

Mi ero sposato da poco con Annarita Torsello, e proprio io che credevo nel matrimonio, e che giudicavo la vita a due come la situazione ideale per un uomo e per una donna, stavo vivendo un'unione che fin dal suo esordio si dimostrava un vero e proprio fallimento.

Dal mio arrivo in Italia nel '53 la stampa aveva sempre seguito con molto interesse la mia vita sentimentale, spesso attribuendomi relazioni quando in realtà si trattava di semplici amicizie, oppure dichiarandomi numerose volte prossimo al matrimonio! Per questo motivo, con le mie fidanzate, tiravo il freno sul tema "vita coniugale". Avevo sempre ritenuto che quel passo andasse fatto con estrema ponderatezza.

Eppure, incomprensibilmente, il rapporto tra me e Annarita andò a rotoli praticamente subito dopo che prendemmo la decisione di sposarci. Col senno di poi, credo fosse imputabile a una specie di "inaspettata" reazione psicologica.

Vivevo il mio dramma familiare in perenne stato di agitazione, senza un riferimento emotivo che mi potesse bilanciare. E la cosa mi tormentava.

A vent'anni, con Rosalia Maresca, avevo già fatto un errore ed era giustificabile, ma averlo ripetuto, da uomo maturo, dopo trent'anni di attenzioni, non me lo perdonavo.

Vidi Daniela per la prima volta proprio nel momento in cui la mia mente era in tutt'altra predisposizione che quella di andare a "caccia" di nuovi incontri, ed ero sentimentalmente molto stressato. E fu un vero e proprio colpo di fulmine.

Era una sera d'autunno del 1969, mi trovavo in un ristorante che frequentavo abbastanza spesso perché era vicino a casa mia e alla sede RAI di Milano. Quella sera era pienissimo. Io chiacchieravo, tutto concentrato sul lavoro, con due miei collaboratori del *Rischiatutto*, erano infatti i giorni in cui stavamo mettendo a punto il programma. Finalmente la direzione della RAI mi aveva dato il via per una nuova trasmissione dopo mesi e mesi di un'agonia professionale come non ne avevo mai avute prima.

Alzai lo sguardo e vidi questa ragazza seduta a un tavolo proprio di fronte a me. Onestamente, ammetto che il primo momento in cui i nostri occhi si incontrarono mi vennero i brividi. Si fermò tutto il mondo intorno.

Non mi scorderò mai di quella meravigliosa emozione, che mi lasciò letteralmente senza fiato. Non riuscivo a trattenermi, e mi voltai più e più volte per guardarla, e i nostri sguardi si incrociarono ancora.

Quel primo sguardo me lo porto ancora custodito dentro come un tesoro.

Mi colpì anche il fatto che era vestita in un modo molto originale e moderno, uno stile che sembrava straniero, tipo londinese. Un po' hippie, con le frange, nello stesso tempo elegante e "glamour". Era una giovane donna affascinante, di una bellezza irresistibile e piena di charme, come non ne avevo mai viste, e di donne ne avevo viste tante.

Se ripercorro le tappe della mia unione con Daniela mi sembra che ci sia stata un'invisibile regia dal cielo che ha insistito per condurci sulle stesse strade. Il mio angelo custode evidentemente mi stava spingendo a voltare pagina, e andava preparando pian piano qualcosa di enormemente importante per la mia vita sentimentale.

Se in quel momento mi avessero detto che quella giovane e bellissima donna era la persona con la quale avrei avviato una relazione che dura ancora oggi dopo quasi quarant'anni, non ci avrei mai creduto.

Io, un uomo maturo, che a occhio e croce potevo avere almeno vent'anni più di lei, con la mia carriera e l'immagine pubblica, consideravo ormai finiti i tempi del playboy. Avevo bisogno di una relazione matura, stabile, come quella che stavo ancora tentando di tenere in piedi, ma che stava inesorabilmente fallendo. Quella ragazzina la ammiravo per la sua disarmante bellezza ma non avrei certamente mai pensato, mettendo in campo tutta la mia razionalità, di buttarmi in qualche avventura in quel momento della mia vita.

Eppure, a dispetto di tutta la logica del mondo, la mia storia con Daniela, una donna con ventisei anni meno di me, che sulla carta partiva come la scommessa più difficile e impossibile, è diventato l'incontro più importante e duraturo che abbia mai fatto. È proprio "l'avventura" che mi ha trasformato, rinnovando la mia vita e ribaltando tutte le mie meticolose e pignole routine: la profonda dimensione affettiva che ho cercato per tutta la vita ho avuto la grazia di incontrarla sulla soglia dei cinquant'anni.

Da quando siamo insieme sono senz'altro una persona migliore di quella di prima. Grazie a lei.

Insieme abbiamo affrontato e stiamo ancora percorrendo un lungo e fruttuoso viaggio. Siamo cresciuti attraverso un percorso a volte tortuoso, a volte limpido e scorrevole, a volte divertente, a volte scomodo, a volte gioioso, a volte drammatico, ma sempre e comunque emozionante, unico e meraviglioso.

Sono fiero di poter dire che le faticose e pesanti difficoltà che abbiamo affrontato, le abbiamo sempre superate.

È insieme a lei che ho conosciuto e gioito della paternità, che ho scoperto i valori della famiglia (e iniziavo a essere un po' in ritardo rispetto alla media perché alla nascita del mio primo figlio avevo quasi cinquant'anni!).

È Daniela che mi ha dato tre magnifici figli, Michele, Nicolò e Leonardo. Ognuno di loro è un universo a sé che in qualche maniera mi stimola sempre a guardare verso delle cose nuove ed esaltanti.

Se mi trovo a ottantatré anni a calcare ancora le scene degli studi televisivi italiani e a reggere ore e ore di dirette televisive credo di doverlo agli stimoli che mi sanno trasmettere i miei giovani figli e la mia bellissima e dinamica sposa.

Il fatto di avere una famiglia ancora unita è la più grande gioia della mia vita e anche il più importante traguardo che abbia mai potuto raggiungere.

Dunque, tutto iniziò così come per caso, ammirandola al tavolo di un ristorante... Ma nella mia testa c'era un tale tuonare di idee e progetti e di cose da fare e da sistemare che in quel momento fu come ammirare una bella statua; la guardai meravigliato, con stupore, ma poteva anche non essere vera che non mi sarebbe importato. Non sarei certo mai andata a cercarla.

Fu il destino invece a riportarla sulla mia strada. E lo fece più di una volta, con una certa insistenza.

La prima volta che la rividi fu dopo quasi un anno, a Capri.

Era l'agosto del 1970. Ero stato chiamato a presentare la rassegna "Mare Moda Capri", dove sfilavano tutti i più grandi stilisti del momento. C'era un programma molto mondano fatto di défilé, incontri, mostre, dibattiti e feste. Era una manifestazione che attraeva tutto il jet set mondiale, e a parte tutte le personalità della moda, c'erano anche le stelle del cinema e della cultura, industriali, politici, e aristocratici. La novità di quell'edizione era l'elezione della "Modella dell'anno" .

Il pomeriggio mi trovavo al teatro per le prove della manifestazione, e chiesi a un ragazzo che lavorava nell'organizzazione se poteva farmi avere un bicchiere di aranciata. Dopo poco mi vidi venire incontro con il bicchiere di aranciata in mano... Daniela!

Mi ricordai subito di averla già vista, ma in quel momento non sapevo né dove né quando. Appena mi sorrise consegnandomi il bicchiere di aranciata, ricollegai subito che era quello sguardo che mi aveva fatto sognare a Milano nel famoso ristorante molti mesi prima.

Presi il bicchiere, la ringraziai e prima di bere le domandai come mai si trovasse lì, e se lavorava per la moda.

Intimidita, mi rispose che stava dando una mano a due signore che collaboravano all'organizzazione dell'evento, Ileana Pareto Spinola e Anne Sophia Benazzo, considerate tra le più importanti talent scout della moda, due nomi ancora oggi molto noti nell'ambiente. Intorno a loro girava tutta la moda che contava, i direttori delle riviste più prestigiose tipo "Vogue America" e le modelle più famose. Daniela mi spiegò, in quella brevissima conversazione nata attorno a un'aranciata, che seppure quello non fosse il suo vero mestiere, faceva per loro la modella, indossando i vestiti quando serviva, e occupandosi soprattutto delle pubbliche relazioni.

La sera stessa venni invitato dagli organizzatori a una cena, e alla mia tavola trovai anche Daniela con Ewa Aulin e suo marito, un regista inglese. Ewa Aulin era una bellissima attrice svedese emergente, giovane, che tutti volevano; aveva da poco fatto un film con Marlon Brando e i produttori italiani erano tutti impazziti per lei.

Io andai diretto a sedermi vicino a Daniela. Lei era sempre molto timida con me, ma dal suo comportamento capii che sembrava contenta della mia compagnia.

Naturalmente i paparazzi appena ci videro seduti vicino cominciarono a fare centinaia di foto. In quel periodo c'era un'attenzione mediatica fortissima su di me. Era finita la prima edizione del *Rischiatutto*, che era andata benissimo, e c'era stata la Longari che aveva catalizzato l'attenzione di milioni di italiani.

Ero sempre fotografato e apparivo spesso sulle copertine dei giornali. Avevo addosso una pressione incredibile dai media, e tutto quello che facevo era una notizia.

Dopo cena, per stare più tranquilli, invitai tutti a bere qualcosa sulla mia barca che era ormeggiata alla marina. Vennero anche alcuni giornalisti, tra cui Lello Bersani, il famoso esperto di cinema. Fu una bella serata, sotto una romantica luna di mezza estate, ricordo che parlammo di immersioni e io raccontavo a tutti delle mie avventure sott'acqua. Poi, lungo l'arco della serata, mi ritrovai a chiacchierare a tu per tu con Daniela.

Con quell'aria perbene e contemporaneamente un po' selvaggia, era una ragazza diversa da tutte. Vestiva in un modo originalissimo, che è poi rimasta una sua caratteristica, e in quel periodo continuava a ispirarsi alla moda di King's Road a Londra, simbolo della Swinging London e di tutte le nuove tendenze. Un fisico come un grissino, girava a piedi nudi; aveva frequentato un liceo tedesco a Milano gestito dalle suore, ricevendo un'educazione molto severa e rigorosa. Ora studiava alla scuola per intepreti, e da come mi parlava capii che si interessava molto di politica e che le piaceva discutere seriamente di problemi sociali. Infatti era molto coinvolta con il movimento della contestazione studentesca e mi disse con fierezza che leggeva giornali come "l'Unità" e "il Manifesto".

Mi affascinò. Era una giovane ragazza pienamente coinvolta nel clima del suo tempo, una personalità carismatica con un cocktail di caratteristiche molto affascinanti, come non avevo mai visto prima.

Le raccontai di me, e dell'esasperazione che stavo vivendo a causa della separazione in corso con mia moglie. Ormai in quell'estate del '70 avevo anche inoltrato le pratiche per il divorzio.

Le confidai che i giornali l'avrebbero saputo tra poco e che avevo intenzione di rendere pubblica la notizia. Non avevo più niente da nascondere o da rimproverarmi. La cosa era fatta.

Quando poco dopo si alzarono tutti per andare a casa, le chiesi se voleva che l'accompagnassi. Attraversammo così in una lunga e romantica passeggiata i famosi sentieri di Capri che si affacciano sul mare, immersi nella macchia mediterranea, e c'inerpicammo su per i viottoli medievali, fino a raggiungere i gradini di casa sua. Volevo tanto baciarla ma resistetti. Ci lasciammo però dandoci un appuntamento per il giorno dopo, quando ci sarebbe stata una sfilata a cui avrebbe partecipato anche lei. Di questo momento conservo una storica foto, che fu scattata da un fotografo, per caso, che non sapeva che stava cogliendo uno dei momenti più simbolici della relazione tra me e Daniela.

Dopo la sfilata la salutai, quello stesso giorno sarei dovuto partire, e prima di andare via le chiesi di lasciarmi il suo numero di telefono di Milano.

La sua immagine nei giorni che seguirono mi rimase fissa nella memoria, non era soltanto una delle tante belle ragazze che avevo visto a Capri.

Tornato però alla routine quotidiana e travolto dal mio lavoro e dal momento delicato che stavo attraversando per via della separazione in corso, presto la dimenticai. Mi attendevano grossi impegni nell'autunno del '70, rientravo con il *Rischiatutto*, e il peso del dramma familiare che stavo vivendo continuava a disturbarmi molto.

Qualche mese dopo, quando ormai vivevo solo, facendo ordine nella mia borsa estiva trovai il suo numero di telefono e decisi di chiamarla per invitarla a passare una serata a casa mia.

Le telefonai, e lei mi rispose, un po' imbarazzata, che era molto sorpresa di sentirmi. Le proposi di venire a casa mia a vedere un programma televisivo che io avrei guardato per motivi di lavoro.

Non mi disse di no, ma si presentò con un amico. Fui molto turbato dalla cosa, e realizzai che evidentemente non era "sola" e che non mi aveva negato l'invito per educazione. In quel momento sentii addosso come un macigno tutto il peso della differenza della nostra età e delle nostre vite. Nelle meravigliose atmosfere romantiche e fuori dal tempo di Capri era sembrato diverso, ma a Milano nella routine quotidiana mi resi conto che frequentarla sarebbe stato impossibile.

Forse le avevo fatto paura. Sembrava interessata ma nello stesso tempo sfuggente. Ammetto che non era facile pensare di dover reggere una relazione sotto il tiro dei fotografi e di tutto il "carrozzone" che si portava dietro la mia notorietà, e lei non si era certo presentata come il tipo di ragazza interessata a questo genere di cose. Pensai: "Mike... lascia perdere!". E cercai di togliermela dalla mente.

Visto che ci trovavamo nel periodo natalizio, per chiudere in bellezza le inviai a casa un regalo di Natale: un gesto più da "papà" che da aspirante corteggiatore. Con quel gesto avevo chiuso. Non l'avrei mai più chiamata. Era stata come un fulmine che aveva attraversato i miei pensieri, ma mi dissi che avrei dovuto distogliermi dall'idea di frequentarla.

Ma evidentemente quella conclusione strideva con la volontà del destino, perché la provvidenza mise in gioco una serie di straordinarie coincidenze che mi portarono forzatamente a riesaminare quel mio stupido pensiero.

L'estate successiva, nell'agosto del 1971, stavo facendo come al solito i miei tradizionali spettacoli di piazza, e in quel periodo giravo soprattutto in Campania.

Ero reduce da alcuni mesi densissimi. Mentre il *Rischiatutto* faceva ogni settimana degli ascolti sempre più da record e si andava consolidando come un fenomeno unico e irripetibile nella storia della nostra televisione, avevo ricevuto la notizia dell'improvvisa scomparsa di mio padre.

Era morto a New York, la sua città, dove aveva vissuto praticamente tutta la vita. Andai in America per occuparmi delle pratiche funerarie, e come avrebbe voluto fu seppellito al Woodlawn Cemetery, uno dei più bei cimiteri del mondo in un enorme parco con alberi spettacolari.

Fu un grande dolore per me apprendere della sua morte. Anche se non avevamo un rapporto intimo né ci sentivamo in modo molto regolare, lui rappresentava un punto di riferimento solidissimo per me, era una colonna, una guida silenziosa, che seppure in modo enigmatico e con poca diplomazia mi aveva sempre guidato con schiettezza sulla strada giusta.

L'anno prima che morisse ero andato a trovarlo in America, dove aveva continuato a vivere in Peter Cooper Road, l'appartamento che avevo preso io agli inizi degli anni Cinquanta. Il suo ufficio l'aveva spostato in un prestigiosissimo stabile al 103 di Park Avenue. La struttura dell'ufficio legale che aveva creato continua ancora nel solco della sua tradizione, portata avanti da quelli che erano i suoi giovani partner, ed è tuttora uno degli uffici legali più importanti della città.

Vivendo a New York, nei primi anni della mia carriera non si era reso bene conto dell'enorme popolarità che avevo raggiunto, anche se gli mandavo i ritagli dei giornali che parlavano di me. Iniziò a capire solo quando, finito *Lascia o raddoppia?*, anche tra gli italiani d'America si diffuse la voce del mio successo, e ogni volta che incontrava qualche italiano, cosa che a New York accadeva spessissimo, questi gli faceva un sacco di complimenti lodandolo per la bravura di suo figlio e chiedendogli addirittura l'autografo oltre a fargli mille raccomandazioni di ogni tipo.

Il mio papà, che tutti chiamavano amichevolmente *Phil*, si divertiva nell'ultimo periodo a dire con fierezza ai suoi amici americani: *"Everyone knows Mike!"*, che vuol dire "Tutti conoscono Mike!".

La riappacificazione dei miei genitori rimase un sogno che tenni nel cassetto. A un certo punto, negli anni Sessanta mi sarebbe piaciuto almeno farli rincontrare, ma i trent'anni trascorsi dalla loro separazione pesavano ancora e la situazione che si era verificata tra loro due si rivelò insanabile.

La mia mamma, che invece aveva sempre continuato a stare a Torino, aveva vissuto passo a passo la mia ascesa, e anche lei veniva sottoposta a convenevoli di ogni genere. La andavo a trovare a casa sua di tanto in tanto, quando mi liberavo dagli impegni di lavoro, ma la sua figura rientrò fortemente nella mia vita solo in seguito, dopo la creazione della mia famiglia con Daniela, praticamente appena prima della nascita del mio primo figlio. La mamma legò molto con i parenti di Daniela, essendo due famiglie di piemontesi purosangue, e scoprirono di avere molte cose in comune.

La sera del 7 agosto del 1971, data storica per me e Daniela, dovevo esibirmi a Maddaloni, in provincia di Caserta, ma un paio d'ore prima dell'inizio il mio impresario mi disse che per ragioni organizzative si era deciso di cambiare località e dovevo invece andare a San Martino in Valle Caudina, un paesino in provincia di Avellino distante circa una quarantina di minuti in automobile.

A parte il fatto che da quel giorno sono diventato devoto di san Martino, la cosa straordinaria che avvenne fu che in quel piccolo paesino sperduto nell'Avellinese, fuori da ogni mio programma di percorso, incontrai Daniela, che era capitata anche lei lì per puro caso.

Era partita con un gruppo di amici da Forte dei Marmi in Toscana per continuare le sue vacanze in Puglia. Dovevano raggiungere altri amici in un posto che si chiamava Torre Incina, vicino a Monopoli. Strada facendo, l'amico che la accompagnava pensò di fare una piccola deviazione per andare a salutare una sua vecchia zia che non vedeva praticamente mai. Guarda caso, questa zia era proprio di San Martino in Valle Caudina.

Mentre Daniela si trovava nel centro del paesino a fare i

convenevoli alla zia dell'amico, sentì un annuncio all'altoparlante: in piazza stava per iniziare in via del tutto eccezionale uno spettacolo con Mike Bongiorno... Dopo pochi secondi riconobbe la mia voce mentre salutavo il pubblico!

"Dài... andiamo a salutare Mike!" disse al suo amico. Ma lui non ne aveva nessuna voglia, essendo invaghito di lei e probabilmente sapendo che c'era stato un accenno di simpatia tra di noi. Così Daniela, con un gesto tipico della sua intraprendenza, scappò via dalla casa della zia per venire in piazza da sola, a cercarmi. Si arrampicò sulle impalcature del retro del palcoscenico, e i tecnici e gli assistenti di scena rimasero di stucco quando la videro spuntare dietro la tenda. "E tu chi sei???" le chiesero chiamando anche un carabiniere che era lì per la sicurezza. Pensavano che si trattasse di una delle solite fan che volevano l'autografo.

"Volevo salutare Mike, sono una sua amica" rispose lei a uno dei tecnici. Inizialmente non ci credevano, ma vista la sua insistenza, e il suo indiscutibile fascino, il tecnico poi andò a chiamare l'impresario che venne a chiamare me.

Approfittando dell'esibizione di un cantante, uscii dal palcoscenico per andare a vedere chi mi cercava nel retropalco con tanta insistenza e, quando la vidi, fui talmente impressionato che la prima cosa che le dissi fu: "Adesso che ti ho ritrovato non ti lascio più!!!".

Lei sorrise, ci eravamo rincontrati in un modo così divertente e imprevedibile che qualunque tipo di formalità o imbarazzo erano crollati in un batter d'ali. "Rimani qui tra le quinte" le dissi, "e tra un'esibizione e l'altra verrò da te."

Si fermò a vedere tutto lo spettacolo seduta dietro il palcoscenico, e ogni volta che andavo da lei mi raccontava un pezzo della storia del suo viaggio fin lì.

A un certo punto, verso la fine dello spettacolo sbucò il suo amico che volendo raggiungerla per portarla via si mise a litigare con uno dei tecnici che non voleva lasciarlo passare perché ovviamente quella era una zona riservata.

Vedendo che Daniela lo conosceva, il tecnico lo fece passare, e questo venne dritto da lei tutto inferocito, e salutandomi molto freddamente disse a Daniela che dovevano andare via subito.

Lei mi guardò con aria divertita e anche un po' rassegnata, ma mentre mi salutava per andare via mi disse all'orecchio sottovoce che quello non era il suo fidanzato ma un amico innamorato di lei, e che purtroppo dovevano partire perché altri amici li stavano aspettando.

Era spiritosa e piena di vitalità, e io sapevo che questa volta non dovevo lasciarmela scappare.

Le chiesi almeno di dirmi dove andava, e di darmi il numero di telefono, o un qualunque altro modo per rintracciarla e poter parlare con più calma. Oltretutto dovevo andare avanti con lo spettacolo e sarei dovuto correre immediatamente sul palcoscenico perché l'esibizione del cantante di turno stava finendo. Mentre già mi stavo allontanando di corsa lei mi gridò dietro che sarebbero andati a dormire al Jolly Hotel di Avellino. Feci appena in tempo a sentirlo prima di rientrare sul palco.

Finito lo spettacolo le telefonai subito, anche se era notte fonda, e presi coraggio. "Questa volta" le dissi "dobbiamo veramente rivederci. Peccato che tu stia andando in vacanza con i tuoi amici, io domani ho finito la tournée e vado a fare la mia vacanza nell'isola di Vulcano. Perché non mi vieni a trovare?"

Lei rimase in silenzio.

"Devi assolutamente venire, vedrai è un posto bellissimo, e starai bene. Faremo anche dei giri in barca." Fui molto insistente, lei non mi disse di no, ma rimase sul vago, "vedremo", e ci salutammo dopo che le diedi il mio numero di telefono di Vulcano e le feci promettere di rifarsi viva in un modo o nell'altro.

È una storia che ha dell'incredibile ma vi assicuro che è veramente capitato così. Le probabilità che Daniela arrivasse in quel paesino in Campania furono il frutto di una serie di circostanze e di casualità molto, molto insolite.

E anche l'improvviso, imprevisto trasferimento del mio spettacolo da Maddaloni a San Martino è da considerarsi un'altra straordinaria circostanza.

Se poi aggiungiamo a questo il fatto che lei sentì l'annuncio e la mia voce dalla casa della zia dell'amico...

Se non ci fossimo incontrati così io mai più l'avrei richiamata! Un caso di sincronia perfetta.

Daniela mi raccontò successivamente che i giorni che passò dopo il nostro incontro a San Martino e prima del suo arrivo a Vulcano furono gli ultimi spensierati momenti della sua vita da ragazza.

Raggiunta Torre Incina, dopo alcuni giorni lasciò l'amico con cui era arrivata e ripartì con un altro gruppo di amici hippie su una Citroën 2cv, con tutti i libri e i giornali politici in macchina, cantando a squarciagola canzoni come *Contessa* di Paolo Pietrangeli, che era l'inno del '68, e il simbolo degli impegnati di quel periodo: "... Ma se questo è il prezzo l'abbiamo pagato, nessuno più al mondo deve essere sfruttato...".

Dormivano nei sacchi a pelo e attraversarono di nuovo lo Stivale fino alla costa del Tirreno facendo un indimenticabile viaggio, in cui a detta sua si sentì veramente libera e fu per lei come un percorso rituale di addio alla giovinezza per andare incontro alla sua vita da adulta.

Infatti aveva segretamente deciso di venire da me, anche di nascosto dai suoi amici che non lo seppero fin quando lei non li salutò dicendo che avrebbe proseguito il viaggio da sola. Posso immaginare la loro reazione...

Seppi poi da suo padre che tenerla a bada in quel periodo non era impresa facile. Quell'estate soprattutto, lei era sempre in movimento, e ogni tanto telefonava a casa ma era in tutto e per tutto il ritratto perfetto di una figlia ribelle.

"Dove sei?" le chiedeva suo papà Pier Giovanni quando chiamava dalle cabine pubbliche in giro per l'Italia "ma sei matta???"

Daniela scappava da tutto e da tutti, e aveva intrapreso una strada piuttosto "rivoluzionaria" secondo le caratteristiche di molti dei ragazzi che si riconoscevano nel '68. Ma successivamente diventò più moderata, anche se oggi non ha peli sulla lingua quando parla di politica e ha delle sue idee molto ben definite.

Aveva appena ventun anni quando venne da me a Vulcano.

Naturalmente quando disse ai suoi amici che li avrebbe salutati per venire da me fu uno scandalo: "Vergognati!" le dicevano. Ero un uomo completamente diverso da loro, innanzitutto con un'età per cui potevo quasi essere il loro padre, e poi rappresentavo il sistema che molti giovani contestavano... Chissà perché, in fondo non avevo mai sposato un partito né esternato pensieri o dimostrato di possedere una mentalità che andasse contro una certa visione del mondo nella quale loro si identificavano. E forse conoscevo molto meglio di certi ragazzi che giocavano a fare gli estremisti cosa volesse dire aver fame e dover lottare per la sopravvivenza. Forse erano la patina di ufficialità della televisione, e la solidità della mia carriera a relegarmi in uno spazio di conformismo.

Comunque sia, a Vibo Valentia Daniela salutò tutti i suoi amici innamorati, che la scaricarono al porto furibondi, e si prese un biglietto di sola andata per la nave traghetto diretta alle Eolie.

Io nel frattempo ero arrivato a Vulcano, e ammetto che speravo molto in una sua chiamata. Mi dicevo: "Chissà se, e quando, Daniela si farà viva?".

Quando suonò il telefono e sentii la sua voce provai una grande gioia. "Sono contento che tu ti sia ricordata di me. Sappi che quell'invito che ti ho fatto è sempre valido. Quando vuoi venire?"

"Subito" mi disse.

"Come subito?"

"Sto per salire a Vibo Valentia sulla nave traghetto che arriverà da te fino a Vulcano. Sarò lì tra poco."

La sua intraprendenza mi sbalordì, ma evidentemente, a livello inconscio stava già seguendo il percorso che i nostri protettori celesti ci avevano preparato.

Decisi di andarle incontro nel porticciolo di Vulcano con il mio yacht.

Quando arrivò la sua nave, gettò l'ancora a un centinaio di metri perché non poteva avvicinarsi al molo per i fondali bassi. Cercai con il binocolo, e la vidi sul ponte più alto. Rimasi un po' scioccato, non era la Daniela che avevo incontrato ma una specie di hippie, vestiva un sottanone colorato, aveva le trecce, e stava in mezzo a un gruppo di giovani dai capelli lunghi, con i caftani e i fiori nei capelli biondi, sembravano dei tedeschi, che ballavano a piedi nudi e suonavano la chitarra.

"Mamma mia!" pensai spaventato. "In che guaio mi sono ficcato?"

C'era con me un mio amico, un giornalista della "Gazzetta dello Sport". Gli chiesi il favore di andare con il gommone a verificare la situazione. Non volevo dare nell'occhio e farmi notare, e volevo evitare che qualcuno ci fotografasse per dare il via a qualche pettegolezzo.

Mentre lui si avvicinava al traghetto, io seguivo la scena col binocolo. Il mio amico si fece avanti e lo vidi andare incontro a Daniela, la salutò, le spiegò la situazione, lei fece un cenno con il capo, sembrava aver capito perché guardò verso di me che ero a qualche centinaio di metri di distanza sul *flying bridge* della mia barca.

Poi la vidi muoversi per andare a salutare i suoi amici hippie, io tirai un sospiro di sollievo perché per un attimo me li ero già immaginati tutti a casa mia... Salutò anche il comandante della motonave con cui sembrava essere diventata amica, e salì sul gommone con i suoi bagagli e un pacco enorme di giornali e di libri, accolta dal mio amico.

Poi mi distrassi un attimo, e quando tornai a guardare rimasi senza fiato perché vidi il mio amico che, dopo averla aiutata a sistemarsi sul gommone, le strappò il pacco di libri e di giornali dalle mani per buttarlo pari pari in acqua.

Lei rimase di stucco per qualche secondo, e poi vidi un gran sbracciare, un'agitazione e un pericoloso dondolare del gommone... "Evviva! siamo partiti bene" mi dissi ad alta voce.

Quando sembrò ritornare tutto alla calma, il gommone ripartì per venire verso la barca.

"Cosa ti è saltato in mente?" chiesi confuso al mio amico appena arrivarono al mio yacht.

"Abbi pazienza Mike" mi rispose, "tu sai come la penso politicamente. Quelle erano tutte pubblicazioni di sinistra."

Non seppi cosa dire per l'imbarazzo. Aiutai Daniela a salire sulla barca, la vidi un po' scossa per la storia dei giornali. Cercai di tranquillizzarla.

"Ciao Mike" mi disse Daniela, e poi con uno straordinario sorriso ironico aggiunse: "Ma che amico hai?", che come acqua gettata sul fuoco spense definitivamente tutta la tensione.

E così, questo fu il nostro primo incontro "ufficiale", frutto di una straordinaria casualità, elettrico, magnetico, intenso.

C'era in quei giorni da me un movimento di amici che andavano e venivano e, rotto il ghiacco iniziale dovuto alla mancanza di diplomazia del mio amico, Daniela si trovò fin da subito molto bene.

La portavo in giro e facevamo delle lunghe passeggiate per i sentieri dell'isola, andavamo tutti i giorni in barca e le feci scoprire tutti i più bei posti che avevo esplorato in anni di uscite. Anche a casa stavamo benissimo, la viziavo, la servivo e riverivo facendola sentire come una regina, portandola ogni sera fuori e andando a mangiare nei migliori ristoranti, finché lei a poco a poco iniziò ad accettare la mia corte.

A un certo punto suo padre, che stava a Milano, incominciò a telefonare molto preoccupato. Aveva saputo che la figlia era ospite di un artista della televisione. A quell'epoca la nomea della gente dello spettacolo non era delle più rassicuranti.

"Signor Mike, la prego, controlli mia figlia... sono molto preoccupato per lei, è una ribelle."

Iniziando a chiacchierare giorno dopo giorno al telefono con il suo papà, nacque tra di noi un bel dialogo, e scoprimmo di avere alcuni legami per via della mia e della sua piemontesità, addirittura ricollegammo che la mia mamma e la nonna di Daniela avevano un'amicizia di vecchia data e che si erano conosciute tanti anni prima a Torino, quando andavano insieme in carrozza a comprare i cappelli dalla loro modista personale.

"Non si preoccupi, dottor Zuccoli, sono un bravo ragazzo, e sua figlia qua è al sicuro."

L'estate volgeva al termine, e i miei amici se ne andarono via tutti, presi dai loro impegni. Ma io e Daniela restammo ancora, soli.

Evidentemente si era trovata bene perché rimanemmo a Vulcano da Ferragosto fino a ben oltre la metà di settembre. Lentamente si era trasferita dalla camera degli ospiti alla mia.

Che periodo fu per me quel '70-71! Con dei picchi emozionali incredibili: prima il divorzio, poi il record di ascolti con il *Rischiatutto* e l'entusiasmo adrenalinico per il grande successo, e poi quando sopraggiunse l'estate del 1971, lo shock e il dolore per la morte di mio padre, e poco dopo, quasi fosse un regalo fattomi dalla mano divina per riempire il vuoto, il fidanzamento con Daniela.

La più amara e la più spensierata estate della mia vita.

Ma allora non è un gioco?!

Cosa ne sarebbe stato di noi?

Adesso che l'incanto e la magia dell'atmosfera estiva stavano finendo, il nostro rapporto avrebbe retto al ritorno dei ritmi lavorativi di Milano?

Mi domandavo queste cose mentre io e Daniela salivamo sull'aliscafo per partire da Vulcano, diretti verso Roma.

Sapevo di dover subito iniziare con una serie fittissima di impegni di lavoro, tra cui c'era un nuovo ciclo delle mie solite serate, e soprattutto l'impegno per la preparazione della nuova edizione del *Rischiatutto,* che da quest'anno si sarebbe svolta a Milano al teatro della Fiera.

Daniela aveva deciso di andare immediatamente a trovare la sua amica del cuore che aveva avuto da poco un terribile incidente automobilistico, ed era molto malata. I genitori della sua amica l'avevano cercata chiedendole di andare a visitarla nella loro casa a Castiglione della Pescaia, vicino a Grosseto, per tirarla un po' su di morale.

Venne a prenderla un suo conoscente romano a cui aveva chiesto di accompagnarla fino in Toscana. Quando si presentò quel suo amico, non mi sembrava vero che lei se ne stesse andando via lontano da me, a vivere una sua vita con tutto un mondo di altre persone da cui io ero escluso. Confesso che ero geloso. Ma cosa potevo pretendere?

Rimasto solo, iniziai a pensare. E più mi ci arrovellavo, più lei mi sembrava in tutto e per tutto rispecchiare il tipo di donna che cercavo. Era fornita di una sua precisa e definita personalità, era intelligente, sportiva, attiva, indipendente. Si stava costruendo una professione nel mondo della moda, a cui si dedicava con autentica passione. In quel mese stupendo passato insieme al mare avevo intuito che sapeva amare le cose che amavo io, o si era comunque dimostrata interessata a cominciare ad amarle accanto a me.

Non era una posizione egoistica la mia, sentivo un bisogno profondo di avere accanto una presenza che dimostrasse di capire e apprezzare le cose che facevo. E, per quanto mi riguardava, sapevo che sarei stato in grado di darle il corrispettivo a tutto questo, che avrei saputo entrare nel mondo dei suoi interessi e appassionarmi alle cose che costituivano per lei motivo di vita e di gioia.

Un incontro di questo genere non era certo un progetto facile, ma come mi era potuta accadere una cosa simile? Non è che, mi dicevo, sarò ottenebrato dal dolore della perdita di mio padre e dal divorzio, e mi sto ingannando? Era successo tutto talmente in fretta e con una tale intensità che stentavo a credere non fosse soltanto un lungo e bellissimo sogno.

Nonostante il lavoro e la fila ininterrotta di dubbi e ripensamenti che mi affollavano la mente, la chiamavo spesso al telefono per salutarla e sentire come stava.

Ma a un certo momento non resistetti più. "Vengo a trovarti, devo vederti!" le dissi.

Mi liberai dagli impegni di lavoro e la raggiunsi a Castiglione della Pescaia. Arrivai all'incirca al tramonto, non era freddo ma era una tipica giornata al mare di tardo settembre, e andammo in spiaggia a fare una passeggiata. C'era un'atmosfera dolce, un mare stupendo, e camminammo sulla sabbia in quell'atmosfera autunnale con il golfino addosso a fianco delle capanne lungo il mare.

Nel momento esatto in cui mi fermai per dirle tutto d'un fiato "io di te sono proprio innamorato non è una storia così voglio sposarti..." dei suoi amici, che erano lì vicino, ignari di quello che stava succedendo, ci scattarono una foto. E quella foto, che immortalò la mia dichiarazione ufficiale di matrimonio a Daniela, esiste ancora.

Daniela l'ha fatta mettere in una bellissima cornice e la conserviamo in uno dei punti più importanti della casa.

Dopo la mia fulminante dichiarazione lei era imbarazzatissima, al punto che si commosse. Quell'estate anche per lei era successo di tutto, a una velocità impressionante! Era partita da Forte dei Marmi come una ragazzina intenta a vivere una vacanza da ribelle, e stava tornando a casa con una proposta di matrimonio da un uomo di ventisei anni più grande di lei. Naturalmente era confusa, e forse io avevo agito con troppa fretta. Ma mi disse che era innamorata anche lei, che era felice, e che però erano troppe per lei le emozioni da gestire in quel momento. Mi chiese di continuare a frequentarci a Milano, di darle del tempo...

E così, dopo la mia coraggiosa dichiarazione di matrimonio, iniziò una fase di corteggiamento "ufficiale", in cui ci telefonammo, ci frequentammo, facendo le cose come si deve secondo le regole dell'etichetta del fidanzamento. E appena tornati a Milano, andai anche a conoscere i suoi genitori.

Suo padre, Pier Giovanni Zuccoli era un uomo con un grande carisma, generoso e sensibile. Faceva di mestiere l'imprenditore e si occupava anche del mercato immobiliare. Era un gran gentiluomo, ma soprattutto la caratteristica principale del papà di Daniela era la ricchezza umana, il profondo senso di lealtà. Rappresentava il punto di riferimento di tutta la famiglia Zuccoli, un ruolo che svolgeva con un'autorità scaturita dal rispetto profondo che tutti nutrivano verso di lui. Anch'io imparai presto a provare per lui una grande stima.

Soprattutto nei suoi periodi di ribellione, Pier Giovanni ripeteva sempre a Daniela: "Ci vuole umiltà e tolleranza".

Sua mamma Luciana, invece, era una furia della natura. Una bellissima donna di origine emiliana, identica all'attrice Merle Oberon, esuberante, dinamica e piena di vitalità, che amava molto l'eleganza e il ballo. Mi raccontò che negli anni Cinquanta mi aveva incontrato in un albergo in montagna al Sestriere. Ci eravamo trovati nell'ascensore io, lei e una bambina che teneva per mano, sua figlia Daniela. A quell'epoca non andava ancora alle elementari, e io, il suo futuro marito, un trentenne di belle speranze appena rientrato dall'America, ero lì in piedi di fianco a lei in un ascensore!

Luciana mi aveva notato perché in quel periodo stava iniziando a crescere la mia notorietà, e uscendo dall'ascensore prima di dividerci nel corridoio dell'albergo, disse alla sua bambina: "Guarda Daniela, saluta questo signore che fa la televisione". Cosa che Daniela fece e io risposi con un gran sorriso diretto a lei ma soprattutto alla sua bella mamma!

Il suo racconto mi sconvolse. Scoprii dunque che la prima volta che avevo incontrato Daniela non era stato in verità nell'autunno del '69, ma ben venticinque anni prima, nel '54-55 al Sestriere, quando lei aveva solo quattro anni!

La tappa successiva fu la presentazione di Daniela alla mia mamma. Era una cosa che non avevo mai pensato di fare con le mie precedenti compagne, ma questa volta nacque come un impulso spontaneo. La mia mamma era una elegante signora quasi ottantenne, di gran classe, e legò subito con Daniela mettendosi a raccontare con gioia dell'amicizia che aveva avuto con sua nonna quando entrambe erano giovani donne torinesi negli anni Venti.

Quando Daniela si decise a portarmi nella sua casa di famiglia sul lago Maggiore, conobbi anche il resto degli Zuccoli, tra cui la famosa nonna Maria che conosceva così bene mia mamma. Era una di quelle tipiche donne granitiche piemontesi di una volta, una specie di gendarme che stava seduta tutto il giorno in giardino su una poltrona di ferro dando ordini con il bastone. Parlava perlopiù piemontese o francese. Mi fece parecchie domande riferendosi alla mia mamma, e so che dopo diede il suo benestare dicendo in piemontese: "*Col lì l'è un brav fieul*".

Mi aveva promosso. Ed ero particolarmente felice perché ero entrato a far parte di una gran bella famiglia, unita da solide e antiche tradizioni.

Da allora, gli Zuccoli mi hanno accolto a braccia aperte, e insieme a mia mamma sono diventati la mia vera famiglia. Il concetto di nucleo familiare, di senso di appartenenza, del calore di una casa mi era sempre mancato. Il carisma e il calore umano di Pier Giovanni, e la casa sul lago con la famiglia allargata hanno rappresentato per me l'appagamento di valori fondamentali che mi erano mancati, e che andavo disperatamente cercando da tutta la vita.

Con il permesso di papà Zuccoli ogni weekend io e Daniela andavamo a sciare a Cervinia. Con mia grande soddisfazione, perché avevo scoperto in Daniela una appassionata della neve come lo ero io.

Nini, lo zio di Daniela, che diventò anche un mio grande amico, veniva sempre con noi, anche perché nei primi tempi veniva "mandato" in missione dal papà di Daniela a fare da guardia e tenerci sotto controllo!

Bruciammo i tempi a un punto tale che fu proprio verso l'inizio della stagione a Cervinia che concepimmo il nostro primogenito, Mickey.

A dispetto dello zio controllore.

Mickey e Nico

Il 24 marzo 1972 nel municipio del quartiere londinese di Chelsea, in fondo a King's Road, io e Daniela ci siamo sposati. Era il coronamento della nostra incredibile avventura d'amore.

Avevamo scelto Londra per stare lontani da quello che sarebbe stato un chiassoso matrimonio a Milano, e in gran segreto durante tutto l'inverno avevamo pianificato la trasferta nei minimi dettagli.

Io ero ancora in attesa del divorzio, e c'erano dei tempi tecnici da rispettare. Non appena il mio avvocato mi comunicò che finalmente erano arrivate le carte, esattamente trenta giorni dopo, secondo le leggi in vigore, ci siamo uniti in matrimonio.

Daniela si era anche trasferita a Londra quindici giorni prima della data stabilita per il matrimonio, che era il periodo minimo richiesto dalla legge inglese. Io in quelle due settimane lavoravo molto, ero nel pieno della stagione del *Rischiatutto,* e andai avanti e indietro due volte, la prima rimanendo solo tre ore, il tempo per mettere la firma sulle carte, e la seconda per sposarmi. Ventiquattr'ore più tardi eravamo già in viaggio per tornare a Milano, con due aerei diversi per non farci sorprendere insieme dai fotografi.

I paparazzi e i direttori dei giornali avevano però sospettato qualcosa, e iniziarono a seguirci ovunque, senza mai lasciarci un minuto di tregua.

Decisi così che era venuto il momento di presentare Daniela ufficialmente alla stampa, e di annunciare che eravamo sposati e che aspettavamo un bambino.

Ho ancora la fotografia di quella sera, e a riguardarla adesso devo proprio dire che formavamo una gran bella coppia, io modestamente un bel ragazzo e Daniela timida timida. Alla scuola tedesca di Milano, dove aveva studiato, aveva imparato a fare l'inchino ogni volta che incontrava qualcuno.

Conquistò tutti, come avevo previsto. "Come sei fortunato Mike!" mi dicevano. Ma ciò che li sorprendeva di più era la nostra grande differenza di età. Infatti io avevo quarantasette anni, e lei solo ventuno.

Dopo aver reso il matrimonio pubblico, partimmo subito per una luna di miele "lampo" a Vulcano, dove ci eravamo innamorati e dove avevamo tanti bellissimi ricordi. Lì passammo la Pasqua del '72, la nostra prima da marito e moglie.

Al ritorno a Milano, Daniela con il pancione dovette affrontare una curiosità morbosa nei suoi confronti. Era inseguita dai fotografi e dai paparazzi ovunque, persino dal ginecologo, e i giornalisti andavano addirittura a caccia dei suoi amici per intervistarli e sapere qualcosa di più su quella misteriosa ragazza che era comparsa nella mia vita.

Il 21 agosto arrivò finalmente il mio primo erede. Lo chiamammo Michele, e poi Pietro Filippo in onore dei due nonni, ma per anni venne chiamato "Michelino" da tutti.

Poco prima della sua nascita ero in Puglia per una serata, che interruppi, perché da Milano era arrivata una telefonata che preannunciava la nascita per il mattino dopo. Ricordo ancora come fosse adesso la corsa che feci in automobile per arrivare alla stazione. Presi il treno che era già in movimento. Il mattino dopo, quando arrivai, per un soffio Mickey era già nato.

Appena giunto mi trovai coinvolto in una spiacevole discussione con i dirigenti della clinica perché qualcuno aveva fatto entrare un paparazzo, che aveva fotografato il bambino di nascosto. Daniela si era molto spaventata, quasi traumatizzata perché questo era piombato nella sua stanza senza avvisare e aveva scattato una valanga di foto con il flash e poi era scappato via come un ladro.

La cosa mi fece imbestialire perché, oltre al disturbo che aveva recato a Daniela, avevamo fatto di tutto per essere corretti con i giornalisti e non vendere l'esclusiva a nessuno... Qualcuno aveva invece fatto il furbo e ritenni la clinica responsabile di quell'intrusione nella nostra intimità.

Finita la bufera riuscii a vedere Michelino! Che sensazione provai quando Daniela mi porse dal letto il bambino! Mi squagliai, annullandomi in quell'esserino fragile che tenevo tra le mie braccia. Scomparvero come per incanto tutte le tensioni, e rimasi così, imbambolato, per parecchi minuti. Il suo piccolo corpicino, caldo, emanava un dolce profumo di latte, e mi trasmetteva una vitalità infinita che percepivo attraverso delle sottili vibrazioni.

Michelino... Mickey... ora è più vigoroso di me, e per tutti è diventato Michele! Credo che un padre difficilmente si possa scordare dell'emozione con la quale per la prima volta prende in braccio il proprio bambino.

Vicinissimi a Daniela e a noi tutti c'erano, come sempre lo sono stati, il nonno Piero e la nonna Luciana.

Se mio padre fosse stato ancora in vita, gli avremmo dato una grande gioia, ma purtroppo non c'era già più.

Conobbi presto anche la nostra tata, arrivata proprio quella mattina: Cecilia Rosa, detta Ina, è diventata un membro della nostra famiglia rimanendo con noi per quasi dieci anni! Veniva dalla storica scuola di Puericultura di Trento, dove secondo i principi dell'antica e severissima disciplina austroungarica si formavano le bravissime "Ine" (signorine) con il camice bianco e la spilla. Peccato che questa scuola non esista più: oggi è diventato molto difficile trovare delle persone preparate a un ruolo così delicato.

Ina si occupò in seguito anche di Nicolò, quando "scese fra noi" quasi quattro anni dopo, e per un breve periodo anche di Leonardo, il mio terzo. I ragazzi le sono attaccatissimi e la vanno spesso a trovare nel suo bellissimo paesino, a Molina di Ledro, in provincia di Trento.

Il giorno in cui Daniela entrò in casa con Michelino e Ina, nello stesso appartamento dove abitiamo tuttora, sentii veramente che la mia vita era cambiata, perché ora non ero più solo, ma avevo delle responsabilità verso di loro.

Inutile dire che Daniela mise subito la sua impronta nell'appartamento, che sconvolse totalmente trasformandolo da una casa modernissima (ero un appassionato di arte moderna) in un ambiente classico, pieno di mobili e quadri antichi. Aveva comunque ragione perché ancora oggi, quando torno a casa dal lavoro, mi trovo a mio agio in un ambiente all'antica come quello in cui sono cresciuto da bambino.

Avevo scelto quella casa perché era esattamente a metà strada tra gli studi della radio di corso Sempione e quelli televisivi della fiera di Milano.

Impiegavo sì e no cinque minuti per raggiungerli e data la vicinanza sviluppai il vizio di arrivare tre minuti prima dell'inizio dello spettacolo. Tenendo tutti col fiato sospeso.

Mi piace ancora fare così, soprattutto da quando ho capito che rendevo meglio entrando in scena senza aver prima incontrato, nell'arco della stessa giornata, i protagonisti della puntata. Questo mi aiuta a tenere alta la tensione. Io credo molto nella forza della spontaneità, ma è indubbio che per una buona improvvisazione bisogna sempre fare bene i "compiti a casa" nei giorni precedenti.

Diventare padre mi trasmise una grande carica, una forza emotiva che non avevo mai posseduto in precedenza.

Ricordo con grande gioia le prime estati che trascorsi con Daniela e Michelino a Vulcano.

Passavamo molto tempo a camminare tra i sentieri dell'isola, immersi nella tipica vegetazione mediterranea, insegnando a Michelino a camminare a piedi nudi sulla tiepida sabbia nera e giocando tra le strane forme di rocce laviche.

Ci seguivano sempre i nostri due meravigliosi cirnechi dell'Etna: Argus e Zankle.

Una razza di cani che purtroppo si va estinguendo. La loro origine risale all'epoca dei faraoni. Sono quelli che si vedono nelle effigi dell'epoca accucciati ai piedi del trono del faraone. Sono cani magrissimi, di un'agilità e velocità fuori del comune. Ma anche molto indipendenti. A un punto tale che se li si lascia liberi fuggono per andare a caccia per ritornare a casa dopo qualche giorno.

Dovetti diminuire il numero delle mie immersioni, soprattutto perché Daniela non si sentiva tranquilla quando uscivamo con il mio yacht e io insistevo per andare sott'acqua.

Escogitai furbescamente un sistema che a pensarci oggi mi fa ridere. Avendole promesso di non andare oltre i quaranta metri di profondità, legavo una cima alle mie bombole e le attaccavo alla prua della barca. Ogni tanto il comandante Raffaele Napolitano la tirava, e io rispondevo tirando a mia volta.

Tutti i giorni andavamo sopra una secca che avevo scoperto a una trentina di metri di profondità. Col tempo divenne famosa come "la secca di Mike", e se ne parla ancora oggi, anche se ho lasciato Vulcano.

Quasi alla base c'era una tana nella quale senza nemmeno guardare dentro infilavo il fucile e sparavo. Dopodiché tiravo fuori la freccia ed era come aprire un uovo di Pasqua con la sorpresa. Poteva essere una cernia, o un sarago reale, o un gronco, o addirittura una murena. Doveva essere una tana che piaceva molto ai pesci perché bastava tornare il giorno dopo per trovarne un altro in mia attesa.

Per far stare tranquilla Daniela incominciai a fare anche molte immersioni in apnea a una quindicina di metri, di modo che dalla barca mi potessero vedere.

Purtroppo una volta un pescatore distratto non si accorse che stava passando sopra di me e con le eliche del suo motoscafo agganciò la cima che era legata al mio fucile. Mi dette uno strattone staccandomi la maschera dal viso e mi trascinò per una cinquantina di metri sott'acqua. Fu un vero miracolo se non annegai.

L'incidente fece notizia e il solito Walter Molino sulla "Domenica del Corriere" fece anche una bella copertina per la cronaca.

Non dimenticherò mai lo shock e il trauma per il drammatico incidente di cui fu protagonista il piccolo Michelino.

Aveva solo ventidue mesi.

Visto che si andava di meno in barca per la presenza del

bambino, avevo deciso di costruire una piccola piscina davanti alla villa, profonda quasi tre metri.

Durante i lavori, quando non avevamo ancora messo dentro l'acqua, Michelino ci sfuggì di mano per rincorrere un pallone, e cadde dentro battendo la testa sulla pavimentazione.

Rimase inerte come morto, e se non fosse stato per la prontezza del nostro guardiano che gli rovesciò in faccia un secchio di acqua gelata credo che non si sarebbe più ripreso.

A prestargli i primi soccorsi fu il medico condotto di Vulcano, e da Milano intanto arrivò con la massima urgenza il suo pediatra, il dottor Canova, accompagnato dalla nonna Luciana.

Dopo le prime visite, poiché il bambino fortunatamente respirava, si decise di riportarlo a Milano in aereo per fare degli esami più approfonditi alla testa.

Andammo direttamente all'ospedale San Carlo, dove il dottor Canova era primario, e ricordo lo strazio quando gli facemmo la TAC di controllo. Infilare un bambino piccolo in quel tubo, mentre urlava in modo angosciante, senza sapere se aveva avuto delle lesioni gravi o no... mi vengono ancora i brividi a pensarci. Per grazia di Dio, dopo gli accertamenti ci comunicarono che non erano avvenute lesioni di nessun tipo. Si era leggermente incrinato il cranio, ma non fu nemmeno necessario ingessarlo perché qualcuno dall'alto aveva compiuto il miracolo. La sua fortuna era stata l'elasticità della calotta, tipica dei bambini, che nella caduta si era adattata all'impatto e incrinata quel tanto che serviva per proteggere il cervello. Michelino era caduto nell'unico modo possibile affinché non succedesse niente, un vero miracolo. Siamo devoti all'angelo Michele che lo ha protetto. A ricordo, il papà di Daniela mise un ex voto nella cappella di famiglia della casa sul lago: "Miracolosamente illeso".

La prognosi prevedeva però un periodo di grande riposo, in cui doveva stare più fermo possibile per permettere alla frattura esterna di rimarginarsi. Era come un osso che si doveva riformare.

Passammo così quell'estate sul lago in compagnia di tutte le nonne. C'era anche la Ina, la tata che aveva il più arduo compito di cercare tutto il giorno di tenerlo il più fermo possibile mentre lui si scatenava instancabilmente.

La vita di Daniela necessariamente era cambiata molto, e poiché io dividevo il mio tempo tra la famiglia, il lavoro e lo sport, che ancora ci tenevo a praticare per mantenermi in forma, lei si lamentava spesso di sentirsi sola. Da ragazzina ribelle quale era quando l'avevo conosciuta, era di colpo diventata una mamma e una "signora" che oltretutto doveva fare una vita molto solitaria perché i paparazzi la tormentavano seguendola dappertutto. Fu per lei psicologicamente un grosso colpo.

Ma la nostra unione vinse su tutto, e il dramma alla lunga finì per cementare il nostro dialogo, a un punto tale che l'estate successiva concepimmo volontariamente il nostro secondo figlio, Nicolò.

Accadde durante la manifestazione dei David di Donatello nel luglio del '75, che presentai al teatro greco di Taormina. Ero stato chiamato a condurre la manifestazione, l'equivalente del premio Oscar per il cinema italiano, e da Vulcano io e Daniela ci eravamo trasferiti per qualche giorno all'Hotel San Domenico, dove passammo dei bellissimi giorni romantici.

Un fatto incredibilmente curioso è che Nicolò, che ha intrapreso la carriera di regista, ha svolto il primo lavoro della sua vita come assistente alla regia, proprio a Taormina per conto del grande regista Woody Allen.

A proposito di Nicolò, nacque nell'aprile del '76. Per Daniela fu un parto complicato, il bambino era molto grosso, e ci fu un errore pazzesco da parte dell'anestesista che probabilmente non dosò bene l'anestetico e non si accorse che lei si era svegliata nel bel mezzo dell'intervento cesareo.

Di nuovo i paparazzi riuscirono a entrare di nascosto nella sua camera. Non c'era niente da fare, si muovevano abili e scaltri come delle spie, e ci condizionavano la vita.

Anche questa volta, per ragioni lavorative, io non ero presente quando è venuto al mondo. Nicolò arrivò in anticipo di qualche giorno sulla data prevista, e io mi trovavo negli Stati Uniti per una serie di spettacoli con alcuni tra i più famosi cantanti italiani.

Il "Corriere della Sera" fece per me una cosa eccezionale che fino ad allora non era mai stata fatta. Mi convocarono nell'ufficio di New York, e via satellite mi fecero vedere l'immagine del neonato. Riuscirono addirittura, con un trucco, una specie di fotomontaggio, a pubblicare la fotografia mettendoci tutti e due insieme.

Esplorando...

Presentare il Festival di Sanremo negli anni Settanta fu per me un'esperienza molto diversa da quella degli anni Sessanta.

Il clima politico e le trasformazioni sociali condizionarono la manifestazione, influendo sia sull'organizzazione che sul concetto stesso di "canzone italiana", alla ricerca di una nuova identità. Molti dei grandi cantautori, in aperta polemica, si rifiutavano di partecipare, e per la maggior parte quelle degli anni Settanta furono tutte edizioni segnate da discussioni, scioperi e dispute.

Nell'arco del decennio presentai in tutto cinque edizioni: nel '72 e nel '73 in concomitanza con il *Rischiatutto*, e poi ancora nel '75, nel '77 e nel '79.

Sentivo molto anche la mancanza di Gianni Ravera, con cui avevo avuto un grande sodalizio nelle edizioni degli anni Sessanta, e che rientrò a Sanremo nel suo ruolo di direttore artistico soltanto nel '79.

Arrivavo sempre a Sanremo un paio di giorni prima dell'inizio del Festival, e gli organizzatori mi consegnavano dei fogli con sopra soltanto i nomi degli interpreti e le canzoni in gara. Mi fornivano una segretaria e con lei ci chiudevamo nei sotterranei del teatro per preparare le presentazioni che avrei fatto, prendendo spunto dai giornali specializzati.

A quei tempi non c'era l'organizzazione che hanno ora i Festival, con i cantanti accompagnati dai loro impresari e dagli uffici stampa, e quindi mi dovevo arrangiare per raccogliere materiale interessante riguardante loro stessi e le canzoni che dovevano interpretare.

Avevo grosse difficoltà a preparare lo spettacolo come avrei voluto io, con tante interviste e le battute da scambiare con i cantanti: avevo l'ordine preciso dalla direzione della RAI che dovevo dire soltanto i titoli e il nome del cantante. Terminata la canzone dovevo congedarlo immediatamente senza commenti, impedendo alle varie claque di esprimere il loro entusiasmo con applausi e grida.

C'era sempre una grande tensione e tutti erano convinti che bastasse stare anche solo pochi secondi in più sul palcoscenico a ricevere gli applausi per influenzare le giurie.

Nel 1972 presentai in coppia con l'attrice Sylva Koscina, e ci fu uno sciopero a oltranza dei cantanti che contestarono il regolamento. Ricordo che personalmente mi sentivo in grandissima forma perché ero prossimo al mio matrimonio con Daniela, stavo per diventare padre, e al *Rischiatutto* era appena passato Inardi, portando gli ascolti alle stelle.

Nel 1973 presentai con Gabriella Farinon, l'annunciatrice televisiva detta "viso d'angelo". Ci fu una disputa feroce tra il sindaco di Sanremo e i vertici della RAI, che si rifiutarono di riprendere tutte e tre le serate. Il primo cittadino minacciò addirittura di bloccare la manifestazione. La RAI rimase ferma nelle sue decisioni, e fece riprendere solo l'ultima serata. Anche in questa occasione, le mie memorie si incrociano con il *Rischiatutto*. La prima serata del Festival, che non fu trasmessa in televisione, era in contemporanea con la messa in onda del mio quiz, nel periodo in cui era da poco uscito di scena Bottesini, un altro grande protagonista della trasmissione.

Nel 1975 il *Rischiatutto* era ormai finito, ma la RAI ritenne di farmi presentare il Festival con Sabina Ciuffini. Eravamo una coppia molto affiatata e funzionammo alla grande, anche se quell'edizione ebbe i soliti problemi organizzativi e politici che la martoriarono. In quella circostanza l'organizzazione era stata rivendicata dal Comune, senza l'appoggio dei professionisti del mondo della musica e delle case discografiche. L'industria del disco in segno di protesta aveva dunque deciso di snobbare il Festival. Il risultato fu un'edizione con dei partecipanti quasi sconosciuti al grande pubblico.

Finito il *Rischiatutto*, per staccare un po' dopo la lunga ed entusiasmante avventura televisiva, decisi di dedicare più tempo a quello che era stato il mio primo mestiere, il giornalismo.

In realtà non avevo mai veramente smesso di scrivere. Negli anni Cinquanta e Sessanta avevo continuato a tenere delle rubriche di vario tipo, spaziando da argomenti più leggeri, quasi "rosa", come quelli che trattavo su "Confidenze", a temi legati all'attualità e al mondo dello spettacolo.

Tenere una rubrica per la "Domenica del Corriere", firmando ogni settimana un'intervista a un personaggio e rispondendo a una lettera di un lettore, si rivelò per me una straordinaria decisione, che mi spinse a esplorare una volta ancora le diverse realtà del mondo della comunicazione, al di fuori della RAI, che in quel periodo erano in grande fermento.

Il lavoro di approfondimento che dovevo fare per scrivere i miei articoli mi diede l'opportunità di fare una vera e propria ricerca a trecentosessanta gradi sulle nascenti realtà delle TV locali, ed esaminai a fondo la RTSI (TV Svizzera) Telecapodistria e Telemontecarlo, che erano le televisioni estere in lingua italiana che si ricevevano in Italia.

Erano gli anni della riforma RAI e si era diffuso un feroce dibattito sui diritti e sull'esercizio delle TV private, e sulla legittimità del monopolio statale. Si stavano mettendo a punto anche delle grosse novità a livello tecnologico, tra cui la televisione a colori, che venne inaugurata ufficialmente in Italia nel '77. Io, sempre grazie alle mie indagini giornalistiche, l'avevo già sperimentata con la TV Svizzera ben due anni prima, facendo la mia prima apparizione a colori con una trasmissione che si chiamava *Personaggi in fiera*, alla quale partecipavano personaggi noti che raccontavano la storia della loro vita.

Mi occupavo anche di attualità televisiva. Il 27 novembre del '75 scrivevo un articolo sulla "Domenica del Corriere" intitolandolo: *Ma Pippo non lo sa*, in cui dedicavo a Pippo Baudo una riflessione sul fatto che ero rimasto piuttosto male quando avevo letto su un settimanale la dichiarazione che aveva fatto all'inizio di *Spacca 15*, dicendo che era ora di farla finita con "i quiz alla Mike Bongiorno" e che finalmente cominciava "un nuovo gioco all'italiana", e "basta col nozionismo", "basta con le domande sui fatti del passato: solo episodi freschi, novità, cronaca recente"... Mi dichiaravo sorpreso nel vedere invece che il suo programma sembrava una fotocopia del mio *Rischiatutto*.

Trattando il dibattito che nacque attorno alla riforma RAI e all'istituzione della terza rete, scrivevo: "Il vero terzo canale è la Svizzera. La trasmissione della TV Svizzera più seguita in Italia è il telegiornale, dovuto alla chiarezza e alla semplicità delle notizie. Il suo merito maggiore non è quello di dire cose che da noi vengono taciute ma il tacere cose che da noi vengono dette [...] piace quindi per quello che ha in meno e non per quello che ha in più...".

Mi occupai in modo dettagliato anche della realtà nascente delle TV locali.

Sulla "Domenica" del 5 febbraio '76 affrontai il tema delle televisioni via cavo: "Sorte perché si è tentato di creare un'alternativa ai due canali televisivi nazionali con delle emittenti che, appoggiate da gruppi privati o da società, hanno cercato di fare della controtelevisione".

Proseguivo spiegando che leader di tutte le televisioni era stata Telebiella, "che in poco tempo diventò molto potente, tanto da organizzare nei suoi studi convegni, dibattiti e veri e propri spettacoli".

Concludevo l'articolo con uno storico dettagliato racconto di visita agli studi di TeleMilano, cioè di quella rete che un giorno sarebbe diventata Canale 5: "Oggi l'esempio tipico di come deve essere impostata una televisione via cavo è TeleMilano, che si trova nel modernissimo quartiere di Milano 2. Sono andato nella sua sede per capire come è strutturata. L'impressione che ne ho ricavato è che questa televisione sia proprio sulla strada giusta...".

La cosa incredibile è che quando scrissi quell'articolo TeleMilano non era stata ancora rilevata da Berlusconi!

In quel periodo venni contattato da Telemontecarlo, che da poco aveva cominciato a trasmettere per l'Italia, e i dirigenti della rete monegasca mi chiesero di svolgere per loro un lavoro organizzativo per aiutarli a mettere in piedi dei programmi.

Fu la prima collaborazione della mia vita con una TV privata.

Io pensai subito di coinvolgere Indro Montanelli.

Innanzitutto era un mio grande amico, e poi lo consideravo il giornalista in assoluto più autorevole e più adatto ad affrontare una nuova sfida come quella che sarei andato a proporgli. Nella primavera del '76 mi recai nella sede del suo quotidiano "Il Giornale Nuovo", e proposi al mio amico Indro di preparare un telegiornale per Telemontecarlo. Di nuovo le nostre vite si incrociavano in un punto di svolta fondamentale.

Montanelli accettò la proposta, e mise in piedi un programma di informazione che chiamò *Il Giornale*, e che fu l'inizio della sua lunga frequentazione della televisione.

Poiché il capo della redazione sportiva era il grande Gianni Brera, proposi di coinvolgere anche lui con un programma sportivo. Ma non fu facile convincerlo ad accettare questo lavoro. La prima volta che si accesero le telecamere per riprenderlo, preso dal terrore si alzò di scatto e fuggì dallo studio. Io dovetti inseguirlo, lo raggiunsi nella strada e lo riportai indietro.

Ma le sue paure furono presto domate, e così nacque anche *Puntosport*, la sua prima trasmissione sportiva.

Nella primavera del '76, la stessa in cui nacque il mio secondo figlio Nicolò, presentai un'interessantissima rubrica di attualità intitolata *Ieri e oggi*, nella quale per la prima volta si raccontava la vita, come sto facendo oggi per me stesso, dei più noti personaggi del mondo dello spettacolo. Gli stessi protagonisti della trasmissione si congratulavano con me perché dicevano: "Ma come fai a sapere certe cose che non ricordo nemmeno io?".

Non pensavano che la mia collaborazione con la "Domenica del Corriere" mi fruttava l'accesso ai suoi archivi, dove c'erano una quantità enorme di notizie che li riguardavano.

Intanto preparavo il lancio del mio nuovo grande quiz, *Scommettiamo?* Decidemmo di vararlo nel dicembre del '76. Erano passati più di due anni dalla fine del *Rischiatutto.*

Era la trasmissione all'insegna del famoso "cavallino Michele". L'intero meccanismo del programma era ispirato all'ippica, a cominciare dal titolo e dalla sigla di testa che vedeva come protagonista un cavallino, Michele, somigliante a me (occhiali compresi). Tutti i bambini volevano il pupazzetto del cavallino Michele, ne vendemmo centinaia di migliaia. Un altro elemento di richiamo che riscosse molto successo era la sigla finale *Sogno*, interpretata da Mino Reitano.

Autori del gioco eravamo come sempre io e Ludovico Peregrini e la regia era ancora di Piero Turchetti. Invece delle classiche domande al tabellone, a cui gli italiani si erano abituati proprio con il *Rischiatutto*, i concorrenti erano impegnati nelle "corse", e ideammo diverse formule originali per rendere il gioco nuovo e moderno. Sulla carta il gioco sembrava molto complicato, ma vedendone una puntata risultava estremamente semplice e coinvolgente. C'erano "l'una tantum" e le "corse handicap"... il *dove; come; quando; chi; quale; perché;* e il prototipo di una ruota (come quella della fortuna), raffigurante il cavallino Michele, che facevo girare con la mia valletta.

A proposito di vallette, *Scommettiamo?* ne ebbe due. La prima fu Paola Manfrin, una ragazza ribelle che con le sue polemiche mi aiutò molto a fare spettacolo. Sovente mi correggeva. Una sera fece ridere tutti perché in primo piano mostrò alla telecamera la frase che si era scritta sul palmo della mano: "Asino Mike"! Dopo di lei venne Patrizia Garganese. Era una ragazza di una bellezza selvaggia, l'avevo conosciuta nel corso di uno spettacolo estivo nel Sud. Camminava scalza e indossava enormi sottane colorate che la facevano apparire come una zingara. Non fu facile convincere i genitori a permetterle di lavorare con me, infatti quando iniziò la sua collaborazione l'accompagnavano personalmente fino agli studi della trasmissione, e appena terminata la portavano subito via. Erano convinti che l'ambiente televisivo fosse poco raccomandabile.

Scommettiamo? mi diede delle grandi soddisfazioni dal punto di vista dell'audience. Nella stagione '76-77 il programma ebbe una media di venticinque milioni e mezzo di spettatori, poi nella stagione successiva si assestò attorno ai ventiquattro!

Fu anche il primo quiz che prevedeva la partecipazione del pubblico da casa, che poteva scommettere sulla vittoria o sulla sconfitta del campione della puntata, mandando una cartolina alla redazione in corso Sempione a Milano. In due anni ricevemmo oltre due milioni e mezzo di cartoline!

Nel 1977 fui richiamato a Sanremo, e presentai con Maria Giovanna Elmi, la "fatina preferita" dei bambini.

Fu l'anno della messa in onda a colori per la prima volta in Eurovisione, e del cambiamento di sede, a causa dei lavori di restauro, dal salone del Casinò al teatro Ariston, che conteneva milleottocento posti a sedere. Venne considerato come l'anno dei complessi. Vinse per la prima volta un gruppo musicale, erano gli Homo Sapiens con *Bella da morire*.

Anche in questa edizione ci furono parecchi contrasti organizzativi tra Comune e RAI, il regolamento fu cambiato di corsa, e mentre annunciavo l'ultima esibizione qualcuno a Roma decise di interrompere il collegamento e così la trasmissione finì senza che io potessi dare i risultati a chi aveva seguito da casa fino a quel momento. Sarebbero bastati due minuti in più...

L'edizione del 1979, con la presenza di artisti internazionali come Tina Turner e Kate Bush e di altri grandi interpreti della musica italiana, fu da molti considerata come l'inizio del rilancio del Festival. Miei partner erano il comico Enrico Beruschi e Anna Maria Rizzoli, una delle attrici italiane più belle e desiderabili degli anni Ottanta, che aveva spopolato nel genere della commedia sexy.

Per molti anni non ebbi più contatti di nessun tipo con Sanremo.

Fino a un giorno dell'autunno del '97, quando la mia segretaria mi informò che mi aveva cercato la RAI. Credevo fosse uno scherzo.

Invece era vero, e come un fulmine a ciel sereno mi venne proposto di tornare a presentare Sanremo, dopo diciotto anni!

Durante il Festival del '97, il mio undicesimo, mi tolsi tante soddisfazioni con Piero Chiambretti e Valeria Marini, inventando le cose più impreviste pur di fare spettacolo. Chiambretti che volava con le ali sul palco, la Marini con le sue lunghe gonne impigliate nel mio copione...

Un altro episodio che molti ricordano fu una polemica che scoppiò tra me e lo scrittore Aldo Busi, che a un certo punto in conferenza stampa mi attaccò, perché mi sentì dire che in televisione secondo me si vedeva troppa pornografia. Busi si scatenò, dicendo che da anni io facevo la pubblicità, e come intendevo metterla allora con la moralità dei prosciutti?

Una mia gaffe rimasta tra gli episodi memorabil di quel Festival avvenne quando, al momento della premiazione dei Jalisse alla fine dell'ultima serata (che vinsero con la canzone *Fiumi di parole*), andai cercandoli sul palco dell'Ariston per consegnargli il premio, e non mi accorsi che il gruppo dei cantanti era al mio fianco!

Il presidente della giuria di quell'edizione era Luciano Pavarotti. Tra me e lui ci fu un curioso scambio di testimone. Nel 1997, quando presentai il Festival, lui era alla presidenza della giuria. Nel 2000 i ruoli si invertirono, lo presentò lui con Fabio Fazio e io ero alla presidenza della giuria.

Ho avuto un grossissimo dispiacere a sapere della sua morte. Ho perso un altro dei grandi amici della mia carriera.

C'è stato un periodo in cui ci frequentavamo spesso. Ci incontravamo ogni anno da Henri Chenot a Merano per fare delle cure ricostituenti, per perdere peso e disintossicarci dalla cattiva alimentazione. Le ultime volte che sono andato a Merano, mi capitava di dare il cambio a Pavarotti nella più bella stanza che aveva Chenot, e Luciano, partendo e sapendo che subentravo io, mi faceva sempre trovare in stanza degli amichevoli e affettuosi bigliettini.

Nel 2007 sono di nuovo intervenuto al Festival per aprire la serata finale. Ma proprio in questa edizione Pippo Baudo mi ha superato con il numero di conduzioni.

L'incontro con Berlusconi

Proprio nel '77, l'anno in cui facevo *Scommettiamo?*, giocai anch'io d'azzardo, accettando l'incontro con un signore a me totalmente sconosciuto.

"Signor Mike" mi disse al telefono "mi chiamo Silvio Berlusconi. Ho in mente di creare una nuova televisione per l'Italia. Senza canone, basata soprattutto sugli investimenti pubblicitari dei grandi sponsor. Vorrei incontrarla perché penso che la sua collaborazione con me potrebbe essere molto proficua per entrambi."

Senza rendermi troppo conto di quali avrebbero potuto essere le conseguenze, per pura cordialità, dissi di sì alla sua proposta di conoscermi. In quel periodo continuavo ad aver voglia di esplorare strade nuove, e così ci mettemmo d'accordo per vederci l'indomani stesso, al ristorante 44 di Milano.

Devo confessare che il nome "Silvio Berlusconi" mi risultava completamente ignoto. Senza spiegare il motivo, chiesi in giro informazioni su questo signore, e la maggior parte mi diceva che Silvio Berlusconi era "solo" un palazzinaro, che stava per terminare di costruire il nuovo quartiere di Milano 2, e che a coronamento di una fortunata attività edilizia era stato recentemente nominato il più giovane cavaliere del lavoro d'Italia dal presidente della Repubblica Giovanni Leone.

Conoscevo Milano 2, perché ero stato, non troppo tempo prima, a visitare gli studi di TeleMilanoCavo, la televisione via cavo (antenata di Canale 5, ma che quando visitai non era ancora di proprietà di Berlusconi) che operava proprio all'interno del nuovo quartiere residenziale.

Dopo il caso Telebiella, io, come molti altri nel mio settore, seguivamo attentamente le vicende legislative che riguardavano il mondo delle telecomunicazioni e avevo di mia iniziativa voluto fare una visita dettagliata degli studi di TeleMilanoCavo a Milano 2 descrivendoli in un articolo per la "Domenica del Corriere".

In quella occasione avevo avuto modo di ammirare l'elegante quartiere che era ancora in costruzione e ammetto che ne rimasi affascinato, infatti nella mia rubrica sulla "Domenica del Corriere" lo definivo "un modernissimo quartiere" con "architetti lungimiranti" e concludevo dimostrando apprezzamento per la formula di quella piccola televisione via cavo che "era al servizio di una comunità di cittadini, dando particolare rilievo a tutti i problemi del quartiere".

Milano 2 mi aveva fatto l'ottima impressione di essere a misura d'uomo, pieno di verde, con dei bei laghetti e un sacco di spazi per i bambini. Scrivevo: "... a Milano 2 ci sono tre asili, due scuole elementari, e una scuola media. La televisione via cavo si è messa al servizio dei ragazzi realizzando programmi didattici che poi vengono trasmessi durante le ore di lezione".

TeleMilanoCavo era nata "per caso" perché gli urbanisti a cui Berlusconi si era affidato, per evitare l'impatto negativo delle antenne televisive, avevano realizzato una rete cablata, in cui era rimasto ancora utilizzabile un canale. Al sistema via cavo vennero così collegate le circa cinquemila utenze dei residenti, che corrispondevano più o meno a ventimila telespettatori.

Con la mia brevissima indagine non avevo raccolto pareri entusiasmanti su Berlusconi, la maggior parte lo definiva semplicemente un "imprenditore" e non certo uno che potesse affrontare con cognizione di causa il mondo dello spettacolo e della televisione, ma andando a rispolverare i miei appunti su Milano 2, e soprattutto dopo averlo incontrato, capii che era tutta invidia.

Uscii di casa il 9 ottobre del '77 e mi diressi, senza troppe aspettative, verso il ristorante 44 in via Cino del Duca, una traversa di corso Monforte a Milano.

Con lui conobbi anche Fedele Confalonieri. L'amico fidato di Berlusconi, con il quale era praticamente cresciuto condividendo anche una fortissima passione per la musica, al punto che addirittura per un certo periodo di tempo girarono a bordo delle navi da crociera, e qualche volta anche in locali da ballo nel periodo estivo, con un'orchestrina nella quale Fedele stava al pianoforte e Silvio cantava, soprattutto canzoni francesi. (Confalonieri, tra l'altro, ha ottenuto di recente il diploma al Conservatorio di Milano! È un brillante esecutore di Beethoven.) Da allora non si sono mai lasciati e insieme hanno percorso una strada di grandi successi. Confalonieri ha raggiunto l'apice nientemeno che con la nomina a presidente di Mediaset.

Incredibilmente, scoprii che l'unica persona che mi aveva mai sostituito in una serata era stato proprio Silvio Berlusconi. Accadde negli anni Sessanta. Ero stato scritturato a Piombino, una località dell'isola d'Elba, ma quando arrivai si levò una mareggiata tale che mi fu impossibile raggiungere il locale. Credo che quella volta si trattasse dell'elezione di una miss. Per sopperire all'emergenza il proprietario chiese di fare gli onori di casa al "chansonnier" Silvio Berlusconi, che oggigiorno sovente ama ancora raccontare questo episodio.

Era presente al nostro incontro anche un dirigente della concessionaria di pubblicità italiana per Telemontecarlo, per il quale io avevo svolto dei compiti organizzativi per arrotondare i miei introiti, facendo debuttare come commentatore politico Indro Montanelli, e come commentatore calcistico Gianni Brera. Loro stessi avevano caldeggiato il mio incontro con Berlusconi, che tra le numerose idee che aveva in testa in quel periodo, stava anche per diventare l'editore del "Giornale" di Montanelli.

La prima cosa che mi colpì di lui fu il viso luminoso e l'ininterrotto sorriso. Gli piaceva scherzare, e nel corso della conversazione raccontava di tanto in tanto qualche barzelletta.

"Caro Mike" mi disse amichevolmente "con l'esperienza che lei ha, mi potrebbe dare una mano per mettere in piedi una televisione moderna! Vorrei fare dei programmi in stile americano, con un ritmo molto veloce, telegiornali brevi ma molto più frequenti, e soprattutto grandi avvenimenti sportivi. Dobbiamo costruire una rete di ripetitori su tutta la penisola, in modo da trasmettere in diretta tutto quello che facciamo. La RAI è troppo legata ai vecchi schemi, e la sua consulenza, essendo l'unico che ha un'esperienza negli Stati Uniti, mi potrebbe essere molto utile. Dobbiamo acquistare i macchinari, ingaggiare il personale tecnico, e costruire un grande centro dal quale muoveremo i primi passi. Ho fatto un po' di calcoli e credo, anche se le mie previsioni sono un po' azzardate, che dovremmo farcela a partire in grande fra un paio d'anni."

Era così convincente, e così sicuro di quello che diceva, che fra me e me pensai che se quell'uomo fosse nato in America, con la sua preparazione e il suo carisma trascinante, sarebbe potuto diventare addirittura presidente degli Stati Uniti. Be', non è diventato presidente, ma in qualche maniera profetizzai bene, perlomeno primo ministro dell'Italia lo è stato!

Proseguì spiegandomi che ora che non si era più vincolati al cavo e che c'era stata la liberalizzazione delle trasmissioni via etere anche per le televisioni private, lui prevedeva un enorme sviluppo in questo campo. Mi confidò anche che molto presto avrebbe rilevato TeleMilanoCavo, la TV che operava come affittuaria proprio nel suo quartiere di Milano 2, e che conoscevo bene a causa delle mie indagini giornalistiche. Mi garantì che avrebbe fatto presto nuovi investimenti concentrandosi sulle dotazioni degli studi televisivi, sugli artisti e sullo sviluppo di nuovi programmi.

Io ero frastornato da tanta energia, ma anche molto affascinato. Terminata la cena Berlusconi congedandosi mi disse: "Allora, ci vuol pensare su? Le interessano le mie proposte?".

"Guardi... io sto conducendo dei programmi con oltre venti milioni di spettatori" gli dissi molto francamente, "non posso abbandonare tutto per qualcosa che in questo momento in Italia non si può fare fino in fondo data la presenza del monopolio della RAI. Lei sa che io vengo dall'America, dove radio e televisione sono sponsorizzati. Ho sempre sognato di poter fare una televisione così, e data l'esperienza che ho acquisito quando lavoravo a New York penso di essere la persona adatta per farlo. Ora sto partendo con mia moglie per una vacanza in Messico. Mi lasci pensare, parlerò anche con lei, e le farò sapere qualcosa."

Mentre eravamo ad Acapulco, Berlusconi chiamava con insistenza quasi tutti i giorni, arrivò perfino a inviare un enorme cesto di rose per Daniela, con l'invito a convincermi ad accettare la sua proposta.

Il suo corteggiamento tenace proseguì ancora per tutto il Natale del '77 e in seguito, fino ai primi anni Ottanta, quando ormai la costante frequentazione mi aveva sedotto completamente.

Le due parrocchie

Sapevo che la RAI non avrebbe sicuramente approvato che io collaborassi con qualcuno che si preparava a farle concorrenza.

Non fu certo una decisione facile da prendere, ma visto che si trattava di un lavoro di consulenza da svolgere in incognito, e considerando la mia inarrestabile curiosità, potevo permettermi di accettare di incontrarmi, di tanto in tanto, con Berlusconi nel suo piccolissimo studio di TeleMilanoCavo.

Il clima in RAI anche in quei tempi non era dei più tranquilli. C'era sempre tensione, e la solita pressione dovuta a questioni concernenti la politica piuttosto che a problemi riguardanti il mondo dello spettacolo.

Seppure nel '78 il mio quiz *Scommettiamo?* continuasse ad andare benissimo e a riscuotere grandi ascolti, io e i miei autori avevamo già messo la testa nella pianificazione del programma successivo: *Flash*.

Ma la RAI mi chiese di metterlo da parte momentaneamente, promettendomi che l'avremmo ripreso, per celebrare il venticinquesimo anniversario della nascita della televisione ufficiale (1954) con un'edizione rievocativa di *Lascia o raddoppia?*

Per l'importanza simbolica dell'evento la direzione decise di non badare a spese, portando il massimo dell'innovazione tecnologica: il colore, il *chroma key*, gli effetti speciali... Addirittura il pupazzone di Di Majo venne ripreso e realizzato a colori dall'animatore Bruno Bozzetto, e la scenografia fece costruire una cabina per le domande che sembrava una capsula spaziale.

Per ricalcare la tradizione e la continuità con la versione originale, scegliemmo come valletta Patrizia Buffon, la figlia di Edy Campagnoli, la mia storica assistente dell'edizione autentica.

Nonostante lavorassi molto in RAI, continuavo a essere in contatto telefonico con Berlusconi. In breve tempo avevo constatato che le sue promesse si stavano trasformando in realtà. Aveva rilevato la rete via cavo dalla vecchia proprietà, come mi aveva detto, caratterizzando da subito la sua nuova gestione con un arricchimento di servizi offerti agli inquilini della sua Milano 2.

Dunque, incoraggiato dai fatti, decisi di accettare la sua offerta di consulenza. Mi aveva comunicato un senso di concretezza.

Da una parte conducevo nei grandi studi televisivi della RAI per un pubblico di oltre venti milioni di spettatori, dall'altra invece, praticamente di nascosto perché non volevo dare nell'occhio, frequentavo le "cantine di Segrate". Ma qualcosa si era incrinato tra me e la RAI, e devo ammettere che mi divertivo molto di più nel sottosuolo di Milano 2, dove c'era un'atmosfera più vivace, con più spirito di iniziativa, e c'era la voglia di raggiungere dei risultati, e la consapevolezza di costruire una novità.

Il nome della rete era stato cambiato in TeleMilano 58, dal nome del canale utilizzato per le trasmissioni, e la responsabilità della messa in onda venne affidata a Giorgio Medail, che con me può essere considerato il più anziano collaboratore televisivo di Berlusconi.

Il "Cavaliere" passava la maggior parte del suo tempo libero con noi. Ci diceva: "Vedrete che se continuiamo così, fra poco partiremo alla grande".

Fu un periodo di attività febbrile, di grandi entusiasmi, di un'intensità che mi riportava indietro negli anni ai tempi dei miei primi lavori come corrispondente dall'America.

Eravamo dei veri stacanovisti. Lavoravamo anche fino a mezzanotte in un sotterraneo di Milano 2 dove era in costante allestimento un piccolo studio televisivo, inventando programmi che un giorno avremmo sfruttato e facendo addirittura dei piccoli test per sperimentare le nuove tecnologie.

Mettemmo in piedi diverse rubriche, tra cui *Caccia al personaggio*, inserito nella trasmissione *Polvere di stelle*, curata dai giornalisti di "TV Sorrisi e Canzoni" e dedicato al cinema, e *Milan-Inter club*, condotto da me e da Gianni Rivera.

Fu in queste riunioni che ebbi modo di conoscere e di stringere un'amicizia con Adriano Galliani che, come proprietario della Elettronica Industriale, un'azienda specializzata in apparecchiature per la ricezione dei segnali televisivi, con straordinario intuito e in accordo con Berlusconi, si era messo al lavoro con l'obiettivo di diffondere il più possibile il segnale, acquistando emittenti locali e bande di frequenza libere, e coprendo con dei ripetitori tutto il territorio nazionale.

Se c'è una persona che quando si mette in mente di ottenere qualcosa si impegna con una dedizione unica è Silvio Berlusconi. Andavamo avanti a panini e Coca-Cola, per poi uscire all'ora di tornare a casa in una tale nebbia che a volte non riuscivamo a trovare le nostre auto.

Visti i progressi che stavamo facendo e le grandi potenzialità che iniziavano a intravedersi, decidemmo di mettere in piedi un programma più articolato, più importante. Era l'occasione per TeleMilano 58 di fare un passo più lungo.

Decisi di chiamarlo *I sogni nel cassetto* e, ritenendo che fosse giunto il momento di scoprire un po' le carte, coinvolsi anche il mio storico autore Ludovico Peregrini, che ormai da tanti anni collaborava fisso con me in RAI.

Il programma fece il suo esordio il 9 dicembre del '79 e andò avanti fino al 4 aprile del 1981. Scopo del gioco era realizzare sogni per un valore massimo di venti milioni. Chi vinceva riceveva anche un bel pomodoro d'oro del valore di quattro milioni.

Puntammo alla qualità, sapendo che avremmo avuto gli occhi di tutti addosso. Impostammo un programma "rivoluzionario" che potesse coinvolgere il pubblico facendo spettacolo con la formula del quiz, e collegandolo alle caratteristiche commerciali fondamentali del tipo di televisione che stavamo inaugurando.

Guadagnammo da subito la fiducia di otto sponsor con i cui prodotti premiavamo i concorrenti, e con i quali potevo interagire rendendoli parte attiva del programma.

In questa trasmissione la mia valletta era una giovane originaria di Bergamo, inizialmente molto timida, che si chiamava Fabrizia Carminati, e la sigla musicale, tanto per restare in tema, si intitolava *I sogni son desideri* ed era cantata da Orietta Berti.

Fu il primo vero successo della TV privata in Italia, ed è unanimemente considerato il punto di partenza per la conquista da parte di Canale 5 del mercato della televisione privata.

Ben presto capii che avevo avuto ragione, nonostante le critiche dei dirigenti della RAI che mi avevano sconsigliato di andare a lavorare con quel "palazzinaro".

Il nostro successo e l'attenzione che riuscimmo a convogliare attorno a TeleMilano 58 spronarono Silvio Berlusconi, sempre all'avanguardia in fatto di iniziative, ad avere un'idea geniale che prese definitivamente in contropiede la televisione di stato.

Poiché TeleMilano 58, per questioni legislative, poteva trasmettere solo in ambito locale, Berlusconi pensò di ricorrere all'utilizzo dei videoregistratori professionali, che con le ultime innovazioni tecnologiche potevano essere impiegati come mezzo di distribuzione e di diffusione del programma.

Escogitò un sistema molto ingegnoso: *I sogni nel cassetto* veniva registrato in ben settanta copie sui nuovi nastri U-Matic, e poi inviato gratuitamente appena terminata la trasmissione ad altrettante emittenti locali che si erano affiliate a TeleMilano 58. Ricordo che da Milano partivano decine di macchine per portare le videocassette fino all'altezza di Roma e contemporaneamente partivano degli aerei che portavano le restanti nell'Italia meridionale.

La sera successiva, a un segnale coordinato direttamente da Milano, tutte le settanta emittenti partivano contemporaneamente con la messa in onda del programma.

È qui che compresi che Silvio Berlusconi era veramente un genio, perché era riuscito praticamente a creare un network nazionale, perlomeno per quanto riguardava la mia trasmissione, aggirando l'ostacolo delle leggi statali che non avevano ancora autorizzato la nascita di una sola emittente privata che potesse coprire l'intero Paese.

I meccanismi produttivi e distributivi rodati da *I sogni nel cassetto,* che consacrarono il programma come il primo di un network privato ad andare in onda in tutta la nazione, contribuirono all'ascesa di Canale 5 che venne ufficialmente fondata il 30 settembre del 1980, attraverso l'unione di cinque emittenti private del Nord Italia: TeleMilano 58 (Lombardia), TeleEmilia-Romagna (Emilia-Romagna), Tele Torino International (Piemonte), VideoVeneto (Veneto) e A&G Television (Liguria).

La forza di Silvio Berlusconi, è stata di aver intuito che il vero suo avversario era la RAI, e non le altre emittenti private che continuavano a farsi la pelle tra di loro. La sua vocazione era quella di creare un network che potesse competere ad armi pari con la RAI.

Seppure sottovalutando il fenomeno, perché ancora limitato a un livello locale, nella primavera dell'80 (quando ancora Canale 5 ufficialmente non esisteva) i dirigenti della RAI mi chiamarono esprimendo stupore e un certo sbalordimento per quello che sembrava un fenomeno molto interessante. Mi dissero: "Mike, vogliamo che tu faccia il programma che stavi preparando prima della riedizione di *Lascia o raddoppia?* Devi essere pronto per partire a novembre".

"Sì!" dissi io. "Il momento è ancora buono. Anzi, le statistiche continuano a dire che gli italiani leggono molto più di prima. Soprattutto i quotidiani."

Il programma che avevo in mente di fare era un'idea completamente nuova in fatto di quiz. Era principalmente basato, oltre che sulla cultura, sulle notizie della settimana e sui sondaggi svolti tra la gente. Puntavamo soprattutto sulla conoscenza delle notizie, provenienti da tutto il mondo. I concorrenti si preparavano leggendo il maggior numero possibile di quotidiani e ascoltando i telegiornali. Si sfidavano tra loro anche con il gioco dei sondaggi, cercando di avvicinarsi il più possibile a quelli svolti dalla DOXA, che ogni settimana mi forniva i risultati dell'inchiesta compiuta su millecinquecento persone trattando temi riguardanti, per esempio, i personaggi più amati, i campioni più seguiti, e i libri più letti.

Rispetto ai miei quiz del decennio passato, non c'erano più domande difficili su materie specialistiche, e niente più domande spiccatamente culturali, ma un gioco molto veloce costruito attorno ai flash di agenzia, illustrati da filmati e da diapositive. Per questo il titolo era *Flash*, una tipica parola che nel giornalismo significa una foto o una notizia improvvisa e immediata, e per questo scegliemmo come simbolo una macchina fotografica. Debuttò il 27 novembre del 1980, mentre io andavo in onda anche sulla neonata Canale 5 con *I sogni nel cassetto*, che oltretutto proprio in quel periodo debuttava con la sua formula di diffusione nazionale via nastro registrato. Autori eravamo sempre io, Ludovico Peregrini, e il regista Piero Turchetti, quello della mia famosa frase "Fiato alle trombe Turchetti!".

La media dell'ascolto fu di poco più di diciotto milioni di telespettatori a puntata, certamente meno dei ventitré, ventiquattro milioni dei miei quiz precedenti, ma non dobbiamo dimenticare che incominciava a farsi sentire la concorrenza delle TV locali.

La stessa concorrenza che io facevo a me stesso!

Facendo *Flash* continuavo comunque a pensare ai miei futuri impegni con Berlusconi. L'ascesa di Canale 5 ormai pareva a tutti una realtà inarrestabile: rispondeva a una profonda esigenza di cambiamento manifestata dalla gente.

Del clamoroso caso dei *Sogni nel cassetto* parlarono tutti, ottenendo l'effetto di consolidare le forze e la credibilità del nuovo network di Berlusconi a livello nazionale.

Un altro colpo di genio che ebbe Berlusconi fu di capire che lo sport era una cosa su cui bisognava investire. Il primo avvenimento sportivo di grande attrattiva che presentò al pubblico fu il Mundialito, un torneo calcistico tra le nazionali campioni del mondo che trasmise proprio nel momento più pionieristico di Canale 5, a cavallo tra il 1980 e il 1981. Lo sport divenne a ragione uno dei temi portanti del suo palinsesto.

Esaminando la programmazione, mi accorsi che non si prevedeva l'inizio delle trasmissioni prima del pomeriggio. Mi dissi: "Ma perché non ne parlo con Berlusconi e lanciamo la fascia del mezzogiorno?".

Gliene parlai in gran segreto, perché sapevo che avrebbe potuto essere un grosso colpo di scena.

Difatti così fu. Nell'ottobre del 1981 andai in onda a mezzogiorno con un gioco che intitolammo *Bis* e che andò avanti addirittura per ben nove anni!

Bis, nella sua semplicità, è considerato da molti giovani un programma quasi *cult*. Si trattava di risolvere un rebus che era coperto da trentasei caselle numerate. Dietro a ogni casella c'era un premio. Quando il concorrente azzeccava due caselle con lo stesso premio lo vinceva e scopriva un pezzettino del rebus. Chi lo risolveva vinceva il premio finale. Qui ebbi modo di sbizzarrirmi intitolando tutti i numeri in modo comico. Quando veniva "quattro" dicevo: "la sedia del papa"; "sette" era: "gamba di donna che ne ha persa una"; "undici": "i gemelli piccoli"... e così via.

Si sviluppò anche un forte tipo di merchandising, e ai concorrenti regalavo il pupazzo *Five* che era divenuto il simbolo di Canale 5. Fu allora che Marco Columbro fece le sue prime collaborazioni dando voce al pupazzo.

Inizialmente la mia aiutante fu Fabrizia Carminati che aveva da poco fatto con me *I sogni nel cassetto*, e poi ci fu un cambio della guardia e arrivò Fiorella Pierobon. Aveva un viso straordinariamente fotogenico, tipicamente americano, e io continuavo a dirle: "Se tu fossi in America diventeresti una grande diva". Per noi comunque lo divenne, in quanto fu nominata successivamente il volto ufficiale di Canale 5.

Dopo la Pierobon arrivò Susanna Messaggio. Indubbiamente fu tra le mie collaboratrici più intelligenti, difatti è quella che ha fatto carriera e tutt'oggi è sulla cresta dell'onda. Inizialmente era molto "birichina", ora invece gestisce un'agenzia di pubblicità e di relazioni pubbliche, dopo aver conseguito due lauree, una in Lingua e letteratura tedesca e una in Psicopedagogia.

Sentivo che l'utilizzo intelligente di tutte questi nuovi ingredienti stava avvicinando molto velocemente il momento del grande scontro alla pari tra Canale 5 e la RAI.

Lascio la RAI!

Prima dei Mondiali di calcio del 1982, ogni giovedì dopo *Flash* Berlusconi veniva a prendermi, si andava a mangiare insieme, si parlava. Lui aveva già in mente tutto il futuro della sua televisione.

"Mike, credo che siamo pronti" mi disse un giorno "per fare un grande quiz serale in *prime time* anche per Canale 5. E forse è il caso che tu lasci la RAI e ti dedichi interamente a me."

Quando me lo disse, fu un momento estremamente delicato della mia vita professionale.

Lasciare la RAI dopo venticinque anni di grandi successi con ascolti che a volte arrivavano addirittura a ventiquattro-venticinque milioni di telespettatori, non era una decisione facile da prendere. Avevo imparato a conoscere così bene Berlusconi che avevo piena fiducia in lui, ma si trattava comunque di un salto nel buio.

E se i suoi progetti non dovessero funzionare, pensai, e se il grande sogno che ha in mente naufragasse... cosa succederà di me? Mi considereranno di certo un traditore e non potrò più tornare indietro.

Anche lui si rendeva conto delle mie apprensioni, ma come sempre fa quando crede in una cosa, manifesta una tale forza di convinzione che non gli si può dire di no.

"Vedrai che sfonderemo, e tu avrai delle soddisfazioni ancora maggiori di quelle che hai avuto in passato. Ti garantisco tanti anni di lavoro sicuro, con un bel compenso."

Gli chiesi comunque del tempo, e mi feci avanti in RAI per chiedere un incontro ai dirigenti, e capire dal loro atteggiamento quale fosse la loro reale predisposizione verso di me. Volevo informarli che avrei potuto interrompere definitivamente la mia collaborazione, che durava da oltre venticinque anni.

Ancora una volta mi gelarono, dicendomi con una certa freddezza di stare molto attento perché le televisioni private non sarebbero durate molto. La RAI non poteva permettere che nascesse un concorrente temibile.

A questo punto mi rincontrai con Berlusconi.

Io che come presentatore percepivo dalla RAI meno di trenta milioni all'anno mi dicevo, ma anche se mi darà di più, vale la pena dare le dimissioni?

E quanto di più vorrà offrirmi? Qualche decina di milioni forse?

Mi feci coraggio. "Quanto mi offri?" gli dissi.

Berlusconi tirò fuori il suo taccuino per fare un po' di calcoli. "Ti bastano seicento milioni?"

Rimasi di stucco. "Ma per quanti anni?"

"All'anno, caro Mike!" Sembrava addirittura arrabbiato. "Ma non hai capito che ci saranno anche i compensi degli sponsor? Gente come te, che sa fare la pubblicità, verrà compensata considerevolmente anche da loro!"

Con la RAI, ci lasciammo con una stretta di mano.

Mi deluse molto il dirigente che per tanti anni si era occupato dei miei quiz, quello che tra l'altro mi aveva tanto ostacolato quando avevo progettato il *Rischiatutto*. Mi liquidò con freddezza: "Grazie per la collaborazione, spero che lei sappia cosa sta facendo".

Devo dire che rimasi per parecchio tempo affranto dal comportamento della RAI nei miei confronti. In genere, quando qualcuno che ha contato molto per un'azienda se ne va, gli viene dato un omaggio di riconoscimento.

Tutto quello che ho come ricordo della RAI è un piccolo medaglione fermacarte in bronzo che mi fu donato in occasione del venticinquesimo anniversario della televisione.

Berlusconi era elettrizzato, mi diceva: "È fatta Mike!".

Anch'io mi sentii contagiato dal suo entusiasmo.

"Ti prego di avvisare i tuoi colleghi che la televisione in Italia sta per cambiare, non ci sarà più il monopolio della RAI ma una grande concorrenza che farà lievitare gli stipendi. Dobbiamo informare subito le grandi aziende e le agenzie pubblicitarie che siamo a loro disposizione per lanciare i loro prodotti e non sarà più necessario fare anticamera per ottenere un passaggio nei caroselli. Ci sarà spazio per tutti. Non solo alla sera ma anche durante la giornata. Dobbiamo organizzare subito una grande manifestazione a Milano 2 invitando tutti gli addetti ai lavori per esporre i nostri progetti e annunciare che cominceremo subito un programma con le sponsorizzazioni presentato da Mike Bongiorno."

Fu una serata straordinaria, indimenticabile, che si svolse nella piazzetta dei Cigni di Milano 2. Arrivarono parecchie centinaia di titolari di aziende e soprattutto di dirigenti pubblicitari che si sarebbero occupati delle vendite. Erano tutti euforici perché avevano capito che si stava aprendo una nuova era, con la possibilità di fare nuovi investimenti in un campo che fino ad allora era molto ristretto a causa del monopolio vigente.

Ricordo che io e Berlusconi parlammo ai presenti stando in piedi su una cassa di legno. E quando terminammo molti mi vennero a chiedere quale sarebbe stato il mio primo programma.

Con uno dei suoi consueti lampi di genio Berlusconi disse: "Noi faremo un *Flash* ancora più bello per cui lo chiameremo *Superflash*!".

Capii in quel momento perché in occasione delle ultime puntate di *Flash* che avevo fatto in RAI Berlusconi mi avesse chiesto di portarlo all'interno dello studio al teatro della fiera per vedere come funzionava la messa in scena, soprattutto la parte scenografica. Già allora, anticipando i tempi come al suo solito (mentre fa una cosa sta già pensando a quello che farà sei mesi dopo), aveva in mente di fare qualcosa del genere anche a Canale 5.

Effettivamente l'idea del quiz *newsgame* basato sulle attualità e le notizie pubblicate dai giornali aveva funzionato molto bene, e quindi sarebbe stato un peccato varare subito un nuovo gioco, oltretutto la cosa era realmente fattibile considerando il fatto che io detenevo i diritti del format.

Quando Berlusconi venne al teatro della fiera, nessuno lo riconobbe. Si portò dietro Graziella Evangelista, la grande scenografa di molti nostri programmi, che purtroppo da qualche tempo non c'è più.

La cosa interessante da studiare era soprattutto il retro del tabellone, dove venivano piazzate delle specie di lanterne magiche che servivano per proiettare l'immagine delle domande. Non eravamo ancora arrivati all'elettronica di cui disponiamo oggi.

Mentre spiegavo il funzionamento di quelle apparecchiature, arrivò un dirigente della RAI che ci fece una gran scenata dicendo che non era permesso andare a vedere i meccanismi segreti del gioco. Mi fece anche un rapporto ufficiale alla direzione, cosa che probabilmente lasciò intuire ai vertici dell'azienda che stava per succedere qualcosa di grosso.

La prima puntata di *Superflash* andò in onda il 23 dicembre 1982. Il programma durò cento puntate e si concluse nel giugno del 1985, facendomi vincere due Telegatti che tengo in bella mostra, con tutti gli altri, sulla mia scrivania.

Ne fui ancora l'autore, con Ludovico Peregrini e Tullio Ortolani. Per l'occasione, arrivarono anche a darci manforte due produttori della RAI che seguendo il mio esempio avevano deciso di dare le dimissioni: Giancarlo Stecchi e Maria Eugenia Ghezzi. La Ghezzi divenne produttrice di tutti i quiz che feci successivamente. Il regista era Lino Procacci, e dalla seconda edizione fu sostituito da Mario Bianchi, che ancora oggi dirige i miei programmi.

Molto famosa divenne la sigla, *Amico è - Inno dell'amicizia,* cantata da Dario Baldan Bembo e da Caterina Caselli (che faceva il suo ritorno sulle scene dopo dieci anni!). Avevo suggerito io a Baldan Bembo di lavorare sul tema dell'amicizia, e molti considerano la canzone il suo più grande successo. Fu un clamoroso exploit, e rimase in classifica per ventiquattro settimane! "È... l'amico è... una persona schietta come te... che non fa prediche, e non ti giudica, tra lui e te è divisa in due la stessa anima..."

A causa della sua orecchiabilità, venne ripresa perfino nei cori da stadio tra i tifosi delle "curve", di cui è tuttora un must, anche fuori dai confini italiani. Così, nel corso del tempo, *Amico è* divenne familiare a milioni di appassionati di calcio in giro per il mondo.

A proposito di cori da stadio, non fu quella la prima volta che delle mie parole girarono per gli stadi. Negli anni Settanta avevo collaborato alla composizione dell'inno della squadra della Juventus, *Juve, Juve,* che cantavano in coro Bettega, Causio insieme a tutto il resto della squadra! Un altro musicista con il quale collaborai per la stesura di alcune canzoni fu Toto Cutugno.

Il filmato che accompagnava la sigla di *Amico è* fu girato a Cervinia.

Alla canzone venne legato anche un concorso a premi, coordinato da "TV Sorrisi e Canzoni", per scoprire chi fossero gli altri quattro cantanti misteriosi facenti parte del coro. Durante l'ultima puntata venne finalmente rivelato che a unirsi all'autore e a Caterina Caselli erano stati Gigliola Cinquetti, Pupo, Giuni Russo e Ornella Vanoni.

Per il pubblico da casa, che seguiva per la prima volta un grande quiz in *prime time* su un canale commerciale, la grande novità di *Superflash* era vedere la pubblicità entrare scorrevolmente nelle dinamiche del gioco.

Poiché promuovevo in prima persona durante il programma alcuni prodotti, alternavo la mia immagine in studio con quella in formato sponsor. Era un meccanismo tipico delle TV commerciali americane, alle quali Canale 5 si ispirava. Il concetto fondamentale era trasformare anche le telepromozioni in momenti di spettacolo, e il successo del programma era in larga parte determinato dall'incremento delle vendite dei prodotti sponsorizzati.

Tra gli sponsor che credettero da subito in quel nuovo tipo di operazione pubblicitaria ci furono la Standa, la San Pellegrino, la pellicceria Annabella di Pavia, il Postal Market, la Ferrarelle; alcuni di questi furono talmente contenti dei risultati che continuarono a seguire i miei programmi per molti anni.

Con *Superflash* si concludeva l'era della "paleotelevisione", come direbbe Umberto Eco, e si apriva quella della "neotelevisione".

Salumiere o materassaio dell'etere?

C'è chi dice che, da quando sono passato a Mediaset, ho fatto degli sponsor la mia ragione di vita. E la passione che metto nelle televendite ha suscitato ironie, addirittura alcuni intellettuali si sono sbizzarriti dichiarando che la vivono come un'offesa alla morale! Io sorrido a queste critiche.

Se in modo parallelo alla conduzione del gioco, e senza prevaricare su di esso, io riesco a non fare le mie telepromozioni in modo meccanico e sono capace di trasmettere del sentimento e comunicare con il pubblico, allora sono contento.

Ho sviluppato questa *forma mentis* osservando da ragazzo le regole del marketing e la realtà pubblicitaria in America. Verso la fine degli anni Quaranta, guardando la televisione americana, ammiravo molto Arthur Godfrey, un famoso presentatore osannato dai dirigenti delle televisioni, e amatissimo dalla critica e dal pubblico.

Aveva anche un'abilità straordinaria a fare la pubblicità. E Godfrey parlava solo dei prodotti che aveva testato personalmente. Con la buona reputazione che si era fatto, la gente pensava: "Se lo dice Godfrey, allora sarà vero!". Così, ogni volta che lui sceglieva di sponsorizzare un prodotto, si impennavano vertiginosamente le vendite.

Poiché mi impressionò molto anche il suo approccio ironico e divertente, nei miei programmi radiofonici alla WHOM mi misi a sperimentare anch'io un linguaggio più colloquiale rispetto alle formule ingessate che si usavano allora.

Soprattutto quando facevo la pubblicità, mi davo un gran da fare per inventare e poi interpretare degli slogan divertenti: nella parrocchia di Brooklyn "si prega bene perché c'è l'aria condizionata"... i maccheroni Ronzoni con me diventavano "buooooooooooooooni!", l'olio Pace mio Dio promettevo che avrebbe dato "tanta serenità al vostro palato", oppure l'olio Mamma Mia garantivo che riportava indietro ai "piatti preparati in Italia dai vostri genitori" ecc...

Quando arrivai in Italia, questo approccio alla sponsorizzazione non esisteva ancora. C'era un rigore molto formale nel modo di presentare i caroselli, ed era fermamente proibito per chi faceva dello spettacolo in radio o in televisione occuparsi anche delle campagne pubblicitarie.

Fu grazie a Garinei e Giovannini e a Mario Riva che si sbloccò la situazione.

Collaborando loro insieme già da parecchi anni nell'avanspettacolo, e riscuotendo grandissimi successi, avevano raggiunto una forza incredibile di contrattazione nei confronti della RAI, e tutto quello che chiedevano ottenevano.

"Se voi non date il permesso a Mario Riva di fare la pubblicità, non lavoreremo più con voi" disse uno dei due a qualche dirigente importante in RAI. Il risultato fu che diedero il permesso a Mario Riva e poi, di conseguenza, fui autorizzato anch'io.

Fu così che iniziai la mia carriera di uomo sponsor anche in Italia! Già dal *Motivo in maschera* avevo iniziato la mia collaborazione con la L'Oréal, che proseguì perché ne fui il testimonial per circa quindici anni!

Il modo di fare le televendite e gli spot televisivi è cambiato molto negli anni. Io ho spesso fatto da pioniere, mettendomi anche a disposizione per esperienze molto avventurose, lontane dallo stare in studio a decantare un prodotto.

Uno degli sponsor per cui ho fatto dei caroselli tra il 1970 e il 1972 è stata la birra Dreher, che per fare pubblicità si valeva anche di una squadra ciclistica di cui mi nominarono addirittura presidente *ad honorem*.

Presi sul serio il mio ruolo e ne approfittai per seguire spesso le corse, in particolare il Giro d'Italia. Capitava spesso che Torriani, patron del giro, mi ospitasse sulla sua ammiraglia oppure mi permettesse di seguire la corsa in prima linea con la vettura della Dreher. Mi piaceva stare vicino agli uomini in fuga, specialmente se erano protagonisti di un'azione solitaria. Ricorderò sempre in modo particolare la scalata delle Dolomiti fatta dal grande Bitossi, detto "cuore matto".

Un giorno mi trovai da solo in testa alla corsa, con lui che scendeva a novanta chilometri all'ora, tanto che il mio autista per quanto bravo fosse non riusciva a seguirlo. Una cosa mi colpì in modo particolare. Arrivato in cima alla montagna prima di buttarsi a capofitto lungo la discesa tirò fuori una boccettina di acqua di colonia e si profumò! Mi spiegarono che serviva per tonificarsi e favorire la respirazione. Altro che doping del giorno d'oggi!

Un altro degli storici sponsor per cui ho fatto diversi caroselli è stata la grappa Bocchino.

Con loro, esclamando la famosa frase: "Concludendo amici, Grappa Bocchino Sigillo Nero..." sono andato avanti dal 1974 al 1980. Vissi durante le riprese numerose avventure che mi causarono incidenti fisici e addirittura corsi il rischio di perdere la vita. Mi riferisco a quella volta sul Cervino.

Dopo il mio salvataggio si era sparsa la voce che lassù in cima al Cervino avessi lasciato la bottiglia di grappa che mostravo gridando: "Sempre più in altooooo!". Seppi in seguito che alcune guide fecero a gara per arrivare in cima a farsi una bevuta alla mia salute e a quella della Bocchino!

Nei periodi del debutto dei *Sogni nel cassetto,* e poi anche per un breve periodo in *Bis* e *Superflash,* devo dire che gli inserzionisti furono un po' scioccati quando incominciarono a sentirmi parlare dei prodotti da reclamizzare con frasi fino ad allora mai usate.

Essendo più libero di sperimentare, a volte li prendevo addirittura in giro, adottando la tecnica che avevo imparato trent'anni prima nei miei programmi di New York. Ci furono anche delle proteste, ma quando nei giorni successivi comunicarono che le vendite erano aumentate e la gente andava chiedendo ai negozianti quel tale prodotto di cui Mike aveva parlato in maniera così spiritosa, si resero conto dell'efficacia del mio metodo.

Nel corso degli anni, preso dalla spontaneità, arrivai a volte a delle forme di confidenza tale con i prodotti che sponsorizzavo, che risentendomi oggi mi sembra di aver sfiorato il sottile confine tra la serietà e la gaffe involontaria.

Una volta feci inorridire la Knorr, che fu per me tra gli sponsor più importanti, perché in vena di facezie dissi che i suoi dadi "erano così buoni che forse oltre a un buon brodo si potevano fare anche dei cocktail!". Oppure dissi anche che la carne in scatola era così buona che "consigliavo alle mamme di darla anche ai neonati...".

Ci fu ovviamente una protesta da parte dei dirigenti, ma dovettero rimangiarsi la parola quando arrivarono da parte dei barman più famosi decine di ricette che avevano inventato. I dirigenti della Knorr mi furono talmente grati per i successi riportati che quando nacque Leonardo, il mio terzo figlio, comperarono delle pagine intere sui principali quotidiani d'Italia facendoci scrivere, anonimamente, la frase "Benarrivato Leonardo". Le agenzie pubblicitarie si arrovellarono per un po' di tempo per cercare di capire chi avesse avuto un'iniziativa così originale.

La mia formula rivoluzionaria per presentare i prodotti, dapprima incompresa, divenne ricercata.

Io presi molto seriamente la cosa, e prima di girare le televendite, mi facevo mandare i prodotti e ne verificavo la qualità. Lo sanno bene i miei figli, che sono cresciuti con il frigorifero pieno di prodotti dei miei sponsor, che toccava anche a loro testare!

Poi visitavo la fabbrica. Spesso partivo con l'elicottero messomi a disposizione da Berlusconi per andare a trovare gli sponsor potenziali. Seguivo i processi produttivi, mi sinceravo delle condizioni di igiene e di quelle lavorative, e se tutto era a posto accettavo l'incarico. Chi ha lavorato con me lo può confermare.

Ricordo il mio arrivo alla Barilla, dove il titolare Pietro Barilla mi attendeva nel piazzale dinnanzi allo stabilimento lungo l'autostrada, con tutti i suoi operai. Barilla lo ricordo come una persona straordinaria. Si era affezionato così tanto a me che tutte le estati, quando in Sardegna le nostre barche si trovavano una vicino all'altra, veniva a nuoto da me nonostante la sua età avanzata, scortato da una barchetta con i suoi marinai. Dopo aver scambiato quattro chiacchiere con me si rituffava.

"Commendatore, non può tornare indietro, è troppo lontano, si stanca troppo, venga sulla barca!" protestavano i suoi marinai. Ma lui non ci voleva sentire e continuava imperterrito a nuotare.

Cercavo sempre nuove idee per coinvolgere il pubblico, ma una delle più efficaci la misi in atto nel corso del quiz *Bis*. Era un giochino interattivo molto semplice: attraverso un sorteggio e una telefonata a sorpresa chiamavo i telespettatori a rispondere a delle domande legate a uno sponsor: la Knorr. Aiutato dalla mia valletta, che era Susanna Messaggio, verificavo se il telespettatore possedeva in casa il prodotto Knorr da me scelto. Se ce l'aveva, allora veniva profumatamente premiato.

Uno sponsor al quale sono particolarmente affezionato è la pellicceria Annabella di Pavia, fondata dal dottor Giuliano Ravizza, con il quale ho instaurato un rapporto non solo di collaborazione ma anche di grande amicizia. È con lui che ho fatto le mie prime uscite nelle discoteche e nei locali notturni del Nord Italia. Ci presentavamo accompagnati da quattro indossatrici e con un paio di aiutanti che trasportavano decine di pellicce, alcune anche di grande valore. Tra una sfilata e l'altra facevo dei quiz e premiavamo i vincitori con i famosi ombrelli colorati di Annabella. Ne avevamo regalati talmente tanti che quando a Milano pioveva si vedeva circolare un sacco di gente con quei famosi colori.

"Vedi Mike" mi diceva Ravizza, "quegli ombrelli mi fanno pubblicità gratuita." Aveva perfettamente ragione. Con le nostre serate e la pubblicità che faceva nei miei programmi televisivi (ne ha fatta veramente tanta) le signore sapevano ormai che in Italia solo a Pavia nel suo atelier si poteva acquistare una bella pelliccia a buon prezzo. In pochi anni la sua notorietà giunse a un punto tale che le clienti potenziali arrivavano addirittura dal Sud affrontando un lungo viaggio. Per parecchio tempo tutti i giorni c'era una lunga fila dinnanzi al suo negozio in attesa di entrare. Fu un fenomeno commerciale senza precedenti dovuto alle grandi intuizioni di marketing di Ravizza, il quale con i suoi figli accoglieva tutti con una gentilezza tale che, grazie al cosiddetto passaparola, gli affari della sua pellicceria andarono alle stelle.

Purtroppo arrivò anche un momento di grande crisi quando Ravizza fu rapito. Accadde nell'autunno del 1981. Tornò poi a Pavia dopo parecchi mesi che lo avevano tenuto in catene, con la salute minata. La pellicceria Annabella ebbe di nuovo una notevole ripresa e avrebbe potuto fare ancora meglio se avesse aperto anche qualche filiale in altre località d'Italia, ma lui non ne voleva sapere perché, diceva, "la capitale della pelliccia è a Pavia, e qui devono venire".

Qualche anno fa, quando scomparse, i figli decisero finalmente di aprire un negozio di rappresentanza a Milano, addirittura in via Monte Napoleone. Lo gestisce la figlia Simonetta, mentre gli altri due figli, Riccardo e Ruggero, continuano l'attività nell'atelier di Pavia. Se Giuliano fosse ancora in vita sarebbe fiero di quello che sanno fare, e io per affetto continuo a seguirli con grande attenzione come se fossi uno di famiglia.

Alcuni sponsor erano così soddisfatti dei risultati che per manifestare la loro riconoscenza, oltre al compenso pattuito mi mandavano dei meravigliosi regali. Uno di questi era la Lavazza.

Altrettanto generosa era la proprietà dello yogurt Yomo, che mi era molto grata perché le avevo anche suggerito una novità per i suoi prodotti. Le consigliai, come piaceva fare a me a casa in modo artigianale, di mettere dei cereali nella parte superiore del bicchierino di yogurt, da mescolare con il prodotto. Venne chiamato "Più e Più", e i miei figli furono tra le prime cavie a testarlo.

Lo sponsor che forse mi deve più di tutti è Rovagnati, quello del Gran biscotto per intenderci. Grazie alla bontà del suo prodotto e alla mia entusiastica collaborazione riuscì addirittura a costruire un nuovo stabilimento. Parlavo dei suoi prodotti con tale trasporto che meritai l'appellativo di "salumiere dell'etere"!

Un altro mio sponsor che continua tuttora ad avere dei risultati straordinari è la Eminflex. Quando incominciai a parlarne nella mia trasmissione aveva venduto "solo" qualche milione di materassi. Di recente mi ha autorizzato ad annunciare che sta per superare addirittura i quattordici milioni di materassi venduti! Il commendator Giacomo Commendatore, che iniziò con un piccolo negozio a Bologna, merita questo traguardo. Oggi i componenti della sua famiglia gestiscono addirittura quattro grandi stabilimenti e fabbricano giornalmente migliaia di materassi.

Nel 2001 finalmente arrivò uno sponsor che mi chiese delle prestazioni meno pericolose che in passato: l'olio Cuore. Fu una grande esperienza lavorare sotto la guida di uno dei più famosi registi del mondo, Hugh Hudson, che tra i suoi film di successo annovera *Momenti di gloria*.

Raccogliendo l'esempio di altri testimonial prima di me, che si tenevano in forma e saltavano agilmente il famoso steccato, avrei dovuto fare la stessa cosa... ma dopo aver fatto finta di imitarli lasciavo il compito a mio figlio Leonardo, ben più agile di me vista l'età! In quell'occasione infatti Leonardo lavorò con me per la prima volta, insieme anche al mio cane Jackie, della razza dei Jack Russell. A proposito di cani, d'ora innanzi non dirò "Sempre più in alto!", come sul Cervino, ma "Sempre più grande"... in quanto ne abbiamo uno che pur essendo ancora cucciolo pesa già più di cinquanta chili e mangia un chilo di carne al giorno. Si tratta di una femmina di alano che abbiamo chiamato Zara. A prima vista incute paura data la mole, ma è invece di una bontà incredibile, soprattutto con i bambini, e di un affetto ineguagliabile con i padroni.

Era responsabile della produzione dello spot il titolare della Chiari & Forti, Giulio Malgara, che per tanti anni è stato anche il responsabile dell'Auditel, la società che si occupa della rilevazione dei dati di ascolto televisivi. Per lo stesso Malgara avevo precedentemente lavorato durante la mia spedizione al Polo Nord pubblicizzando il caffè pronto "Caldo caldo".

Lo sponsor che mi ha dato più soddisfazioni è stata però senza dubbio la Wind, la società italiana di telecomunicazioni, di cui possiede le quote di maggioranza il magnate egiziano Naguib Sawiris. Ho avuto modo di conoscerlo. È una persona allegra e simpatica che ricorda moltissimo come carattere Silvio Berlusconi.

Mio partner degli spot è sempre stato Fiorello. Con lui mi diverto ogni volta. Lavorando insieme, abbiamo stretto un legame di grande affetto e di profonda stima reciproca. Ancora oggi si parla dei numerosi travestimenti che abbiamo fatto, soprattutto quello dei barboni. Io poi mi sono esibito in numerose altre parti: Garibaldi, Dante Alighieri, il postino, il pompiere, il pizzaiolo e così via...

Grazie a queste interpretazioni molti dicono: "Mike è cambiato, sta dimostrando di essere un personaggio dotato di comicità e grande ironia".

Cosa di cui, se ben mi ricordo, Umberto Eco nella sua *Fenomenologia* mi aveva accusato di non possedere.

Io rispondo che sono sempre stato così, che nella mia anima c'è una profonda vena comica, ma il mio ruolo di presentatore di quiz, con in ballo centinaia di milioni, mi obbligava a mantenere sempre un aspetto rigoroso.

Senza previsione ho partecipato praticamente tutti i giorni al programma radiofonico di Fiorello intitolato *Viva Radio* 2.

Alle tre meno cinque mi chiamava sul telefonino, raggiungendomi nei posti più impensabili, visto che adesso ci si porta il telefonino praticamente ovunque, che sia in giro per il mondo o nel proprio bagno. Ogni volta inventavo qualche gag.

La popolarità di questo collegamento divenne tale che nei giorni in cui Fiorello non riusciva a raggiungermi, arrivavano telefonate di protesta alla RAI tipo: "Come mai non c'è Mike?".

Se ero per strada in automobile, quando mancava poco al collegamento le macchine si avvicinavano a me e facevano cenno con l'orologio di stare pronto! Anche questa esperienza è servita per mantenere viva la mia popolarità, che devo dire, prove alla mano, va dai bambini che amano tanto Fiorello agli anziani che mi seguono da più di cinquant'anni.

Nella mia lunga carriera ho incontrato tutti i tipi di artisti, ma vi posso garantire che uno come Fiorello non c'è mai stato. Sa imitare, cantare, ballare, presentare, raccontare barzellette, con una bravura unica. Sono andato a vederlo sovente nei suoi spettacoli, che fanno sempre il tutto esaurito. Mi menziona spessissimo e dice che mi vuole molto bene. Anch'io gliene voglio altrettanto.

Ha ancora una lunga carriera davanti a sé; se fosse cresciuto negli Stati Uniti sarebbe il numero uno. È molto attaccato alla famiglia e ha un fratello che fa l'attore, Beppe, che seguo e che è altrettanto bravo. Le sue interpretazioni nelle nostre fiction sono eccezionali.

Per festeggiare la prima posizione in classifica del suo disco, Fiorello mi ha coinvolto in una "folle" parata attorno all'isolato della RAI in via Asiago. Lui e il suo grande partner Marco Baldini erano vestiti da majorette e io da Zio Sam. Mentre mi preparavano mi sembrava di tornare indietro nel tempo a rivivere le parate per il *Columbus day* che vedevo sulla 5th Avenue a New York in braccio a mio padre.

Sono venute a vederci più di un migliaio di persone, il traffico è impazzito, e c'erano bambini con i palloncini e gente di tutti i tipi che scattava le foto e riprendeva l'evento con il telefonino. Purtroppo l'entusiasmo del pubblico che è venuto a vederci era tale che abbiamo dovuto sospendere e rifugiarci nell'interno.

A un certo punto però, quei furbi di Fiorello e Baldini se la sono svignata infilandosi dentro una porta secondaria del palazzo della RAI, lasciandomi lì per strada tutto solo, circondato dalla folla urlante. Mi preoccupai perché avevo addosso una massa impressionante di persone che volevano venire a salutarmi. "Dove siete spariti tutti?" mi misi a gridare.

Fiorello ha poi fatto sapere che è riuscito a vedermi e farmi mettere in salvo solo grazie alla tuba molto alta che portavo in testa e che svettava sopra la folla. "Incredibile, nonostante la ressa non ha un capello fuori posto" ha avuto la faccia tosta di dire!

Un successo dietro l'altro

Il secondo grande quiz che feci per Canale 5 fu *Pentatlon*, varato nell'ottobre del 1985 con un titolo molto discusso perché in tanti sostenevano che sembrava il nome di un medicinale. In realtà lo chiamammo così perché si articolava in cinque prove.

Lavorai per l'occasione con due nuovi autori, Luigi Albertelli, paroliere di alcune delle canzoni di maggiore successo in Italia, e il caro Illy Reale, scomparso tragicamente qualche anno dopo a causa di un incidente automobilistico.

Un notevole aiuto per la popolarità della trasmissione me lo diede il corvo Rockfeller, animato dal ventriloquo Luis Moreno, che in ogni puntata mi metteva in imbarazzo con la sua aggressiva ironia. Un grande consenso di pubblico lo ricevette anche la sigla di chiusura, *Questione di feeling*, cantata in coppia nientemeno che da Mina e Riccardo Cocciante.

L'idea che fece di *Pentatlon* un grande successo fu tuttavia l'inserimento del Bingo, in collaborazione con il settimanale "TV Sorrisi e Canzoni" che pubblicava in ogni numero due cartelle per giocare. Il pubblico da casa vedendo il programma ogni settimana avrebbe potuto sperare di vincere molti milioni.

Anche questa volta guadagnai due Telegatti da aggiungere alla mia collezione.

Visto che nei miei quiz i concorrenti vincevano tantissimo, decidemmo di donare anche una percentuale fissa alle opere benefiche. In totale, nel corso degli anni, siamo riusciti a raccogliere molti, molti miliardi.

La prima volta che avevamo fatto una cosa del genere fu il mercoledì della settimana santa del 1985 a *Superflash*. Stabilii che il dieci per cento della vincita dei concorrenti sarebbe andato al gruppo di fratel Ettore, "l'amico degli ultimi", un camilliano molto noto a Milano per il suo straordinario impegno nell'aiutare chi soffriva. Famoso era il suo rifugio alla Stazione Centrale.

Fratel Ettore arrivò in trasmissione con due o tre suoi assistiti per ritirare l'assegno. Ma appena entrato in studio, prima ancora di cominciare a parlare con me, ordinò: "In ginocchio, recitiamo l'*Ave Maria*". Tutti, pubblico in sala, tecnici, cameraman, assistenti, ci inginocchiammo a pregare. Pochi minuti ma in un'atmosfera di grande misticismo e commozione. Fu un momento indimenticabile, non registrato e quindi mai messo in onda.

Anche se ai concorrenti di *Pentatlon* non veniva richiesta una conoscenza specifica, perché le domande che facevo trattavano soprattutto argomenti quali le opinioni degli italiani e i fatti d'attualità, pensai di sperimentare all'interno del programma un prototipo di un genere che già allora si poteva etichettare come *game show*, cioè un gioco non ispirato alla cultura ma essenzialmente più accessibile al pubblico da casa.

In un mio viaggio negli Stati Uniti avevo visto *The Wheel of Fortune*, ovvero *La ruota della fortuna*, che in quel momento era tra i maggiori successi americani. Ne parlai con Berlusconi, ma si scoprì che la richiesta da parte degli ideatori americani per acquisirne i diritti era altissima. Decidemmo quindi di rimandare la cosa, e intanto fare dei test sperimentando il meccanismo del programma in un modo abbastanza diverso cosicché non potesse essere accusato di plagio.

Fu una specie di prototipo, e l'esperimento funzionò talmente bene, che decidemmo di svilupparlo ulteriormente mettendo a punto un programma ancora più articolato e intitolandolo *Parole d'oro*. Lo possiamo in pratica considerare l'antenato della *Ruota della fortuna* italiana, che finalmente vide la luce nel 1989 quando Berlusconi si convinse che valeva la pena andare fino in fondo e quindi pagare i carissimi diritti d'autore del format originale.

Contemporaneamente al lancio della *Ruota della fortuna* andavo in onda con un grande quiz/spettacolo che in onore mio venne chiamato *TeleMike*.

TeleMike è probabilmente il programma più regale e sfarzoso di cui io sia stato responsabile. Nel suo logo c'erano i miei occhiali, e nello spot che lanciava il programma si diceva: "*Mike è!*".

Ebbe un successo straordinario, tanto che durò circa duecento puntate, grazie anche alla collaborazione di Ludovico Peregrini, Illy Reale e Vincenzo Ceppellini, l'allora direttore editoriale della De Agostini, e con la consulenza di Franco Nisi divenuto poi direttore di Radio Italia. A *TeleMike* mi sono proprio divertito, era un vero quiz/gioco/spettacolo che prevedeva anche la partecipazione di cantanti che andavano per la maggiore, tipo Charles Aznavour, Eros Ramazzotti, Sylvie Vartan, Milva ecc... ecc...

TeleMike viene ricordato sovente anche da Simona Ventura, che vi partecipò come concorrente. Nel corso dell'intervista preliminare che le feci confessò che il suo sogno era quello di poter lavorare in televisione. Mi ero accorto che aveva talento e allora le dissi: "Ne parlerò con Berlusconi!". Simona non pensava che avrei mantenuto la promessa, e il suo sogno si avverò. Era nata per fare questo mestiere e da allora per vent'anni è passata di successo in successo.

A *TeleMike* rilanciai il gioco del Bingo, sempre abbinato al settimanale "TV Sorrisi e Canzoni". Anziché estrarre soltanto i numeri inventammo un ruolo nuovo: le *Bingo Girls*. Le sceglievamo accuratamente, con tanto di provini, e si può dire che furono le antesignane delle Veline e delle Letterine di oggi.

TeleMike stabilì il record assoluto in fatto di somme vinte all'epoca grazie alla concorrente Isabella Lama, che rispondendo alle domande sulle razze canine vinse un miliardo e duecento milioni circa! Una cifra che viene raramente raggiunta anche dai quiz in onda oggigiorno. Ci accorgemmo però che forse avevamo leggermente esagerato con il valore dei premi assegnati. Fu così che spostammo dal dieci al venti per cento del totale vinto la cifra da devolvere in beneficenza. Di conseguenza, con *TeleMike* raggiungemmo un altro record: quello della cifra distribuita da un programma alle opere benifiche. Si parla di più di tre miliardi di vecchie lire.

Non furono solo queste le ragioni per le quali *TeleMike* viene ricordato come il programma di maggior successo che ho presentato a Canale 5. Inventammo anche prestigiosi collegamenti via satellite a livello nazionale e internazionale condotti a turno dagli inviati speciali Marco Balestri, Giorgio Medail, e un giovane giornalista, Gigi Moncalvo, destinato a percorrere una brillante carriera.

Fra le tante nazioni dove mandammo i nostri inviati ricordo la Finlandia, l'Islanda, il Giappone, il Kenya, l'Alaska, gli Stati Uniti, e il Kuwait... dove Moncalvo con grande rischio ci descrisse le operazioni di spegnimento dei pozzi di petrolio incendiati da Saddam Hussein durante la Guerra del Golfo. Arrivammo addirittura a mettere in piedi, nonostante la tensione che esisteva allora tra gli Stati Uniti e la Russia, un dialogo via satellite tra gli studenti della Princeton University e l'università di Mosca. E per la prima volta nella storia, cosa mai più ripetuta da nessun altro, riuscimmo a far leggere alcune domande del gioco agli astronauti che sostavano in orbita nella base spaziale.

TeleMike fu seguitissimo anche dai bambini. Per le prime due edizioni, anziché avere le solite collaboratrici femminili, scelsi come valletti dei ragazzini. Tra questi ricordo particolarmente Susanna Galimi, la figlia del famoso chirurgo estetico, e Andrea Dotti, figlio del fotografo Mario Dotti che mi segue con i suoi servizi dall'inizio della mia carriera. Anche oggi di tanto in tanto lo presento nelle mie trasmissioni menzionando le paparazzate di cui fu protagonista e per le quali porta ancora in viso qualche cicatrice. Andrea Dotti ora è diventato un bel giovanottone che per vicissitudini di famiglia è stato addirittura cresciuto presso l'accademia militare di Santo Domingo. Quando mi viene a trovare sbatte i tacchi e si mette sull'attenti fino a quando non gli dico "Riposo!". Ci fu anche Roberta Gallese, una bambina di solo cinque anni che a ogni puntata ci raccontava un paio di barzellette.

Il 3 maggio del 1990 ci fu anche un grosso colpo di scena causato dalla concorrente Maura Livoli, quando io scoprii che aveva nascosto nel reggiseno dei fogliettini con degli appunti per eventuali risposte da dare.

Mi ero accorto di alcuni movimenti sospetti mentre era chiusa in cabina pronta a portare a casa l'ingente cifra di centoventi milioni di lire! Chiesi immediatamente alla mia valletta di andare a controllare cosa stesse succedendo di strano in cabina. La signora Livoli, di fronte all'evidenza, si arrese ammettendo di avere dei fogliettini nascosti nel reggiseno.

La cosa mi innervosì moltissimo, andai su tutte le furie, facendole davanti a tutto il pubblico una grande scenata, dicendo che si doveva vergognare in quanto stava commettendo un atto sleale nei confronti dei suoi avversari. "Signora, con lei è meglio che non parli perché diventerei villano!" conclusi. Fu immediatamente squalificata dal notaio e quando passammo alla proclamazione del vincitore, non so se per far parlare di sé o se effettivamente perché si trovava emotivamente sotto shock, cadde per terra svenuta. Chiusi immediatamente la puntata facendo finta di niente come al mio solito.

Al giorno d'oggi, considerando il fatto che in televisione c'è molto meno rigore, credo che un episodio di questo genere non causerebbe tutto il trambusto di allora. Il fatto suscitò delle aspre critiche dei giornali nei miei e nei suoi confronti, alludendo a una possibile messa in scena (cosa assolutamente non vera) e criticando come d'abitudine il mio atteggiamento.

Diamoci una stretta di mano, signora Livoli e "scurdammece 'o passato" come dicono a Napoli. In fondo quell'episodio servì accidentalmente ad aumentare il grande successo di *TeleMike*.

Un altro caso scandaloso, se così lo possiamo chiamare, fu la storica litigata che avvenne fra me e Vittorio Sgarbi. All'epoca lui partecipava come ospite fisso della trasmissione, commentando un fatto o una notizia di attualità. Lo scontro tra noi si verificò dopo un suo viaggio sopralluogo in Sicilia, dove era andato a vedere i danni causati dall'eruzione dell'Etna. La lava aveva raggiunto anche alcune case dei paesi lungo le pendici, e Sgarbi, che tutti conosciamo come un grande amante del bello, aveva dichiarato forse con eccessiva leggerezza: "Finalmente ci siamo liberati di quelle bruttissime case abusive", causando ovviamente le violente proteste dei proprietari.

Ribadendo il suo concetto in una successiva intervista negli studi di una televisione locale, fu anche allontanato in malo modo. Logicamente, quando tornò a Milano per partecipare a *TeleMike* gli feci notare che forse aveva un po' esagerato con i suoi commenti, o perlomeno era stato troppo equivoco, e che era necessario chiarire. Non lo avessi mai detto... immediatamente scattò la sua reazione e urlandomi in faccia negò di avere mai detto una cosa del genere. Io risposi un po' scocciato sostenendo che invece lo aveva detto, e lui, scaldandosi sempre di più, affermava con insistenza che invece non era vero, che mi ero sbagliato. Io a mia volta mi opposi, fermamente convinto, e continuai a insistere che invece era vero, e che doveva le sue scuse.

A quel punto diventò una specie di duello sul ring, lui che si accendeva e si infervorava sempre di più rasentando l'insulto, io che non volevo permettergli di mettermi al muro con la sua famosa dialettica, e sostenevo le sue "sferzate" denigratorie attaccando a mia volta, e sentendosi inchiodato lui degenerò in una scenata addirittura isterica. Il tutto avvenne sotto l'occhio delle telecamere accese e del pubblico allibito in sala. La cosa ci sfuggì talmente tanto di mano, che appena mi ripresi e mi accorsi che stavamo veramente esagerando, non potendo più controllarlo, mi allontanai dal fronte del palco con il microfono, lasciando che continuasse a sfogarsi da solo terminando la sua sceneggiata.

Nello studio successe il finimondo. Sembrava di essere allo stadio, il pubblico si era alzato in piedi e si era diviso in due, chi parteggiando per me e chi per Sgarbi. La regia si vide costretta a interrompere forzatamente la trasmissione, che riuscì a riprendere solo parecchio tempo dopo.

La direzione di Canale 5 tuttavia, trattandosi di un episodio che effettivamente era andato oltre i limiti di quello che allora si considerava televisivamente decente, diede ordini precisi al montaggio di togliere dalla puntata tutto l'increscioso episodio. Gli unici che riuscirono a entrare in possesso di quanto era avvenuto, furono come al solito quelli della redazione di *Striscia la notizia*, che da sempre registrano per conto loro tutti i programmi delle varie reti Mediaset con la speranza di trovare qualcosa di curioso o divertente da commentare. Con un episodio del genere, ovviamente loro ci andavano a nozze!

Per qualche anno si parlò nei corridoi del duello Sgarbi-Bongiorno, ma nessuno sapeva veramente quello che era stato detto, fino a quando Antonio Ricci, che di anno in anno diventava sempre più indipendente, non decise di fare il colpaccio e trasmettere le immagini inedite, raccontando lo storico scontro. Di conseguenza, molti quotidiani si sentirono liberi di pubblicare per esteso il nostro battibecco. Oggi il filmato è considerato una specie di video cult degli anni Novanta, ed è addirittura visibile su Internet. Se volete farvi due risate andate a vederlo su YouTube.

Considero gli anni in cui feci *TeleMike* quelli di maggiore successo e intensità per la mia carriera. Non solo perché il programma durò addirittura duecento puntate, dall'ottobre dell'87 al giugno del '92, ma anche perché in contemporanea ebbi la possibilità di partire con il famoso *game* americano che in precedenza non avevamo acquistato a causa dei proibitivi diritti d'autore: *The Wheel of Fortune - La ruota della fortuna*, che ancora oggi negli Stati Uniti va in onda dopo trent'anni di ininterrotti trionfi.

Modestamente, anche noi siamo andati molto bene, facendo ben tremilacentoventicinque puntate!

La sua collocazione nel palinsesto Mediaset è stata variata più volte, ma ritengo che quella più importante sia stata nel gennaio del '92 quando nacque il Tg5. La direzione di Canale 5 non aveva ancora deciso l'orario di programmazione del telegiornale, e comunque scartava la possibilità che andasse in onda in concorrenza con quello della RAI. Ma io avevo delle idee ben precise a riguardo, e convinsi Berlusconi, che si fidava di me. "Il successo della *Ruota della fortuna* è tale" gli dissi "che se la mettiamo in onda tutti i giorni alle 19 facendola durare un'ora potrebbe servire da traino per il Tg5 alle ore 20."

Avevo ragione. Il Tg5 al suo esordio totalizzò ben oltre otto milioni di spettatori, battendo il Tg1, e da allora cedetti sempre la linea al telegiornale con oltre cinque milioni di spettatori miei, favorendone l'inizio. Di questo è pienamente convinto anche Enrico Mentana che per molti anni lo ha condotto e diretto.

La *Ruota* vinse il Telegatto nel '92, '93, '94 e '95 come miglior quiz. Molte furono le vallette che mi aiutarono nella presentazione. E molte di queste quando mi hanno lasciato hanno iniziato una brillante carriera.

Purtroppo non posso dire così della mia prima aiutante, Ylenia Carrisi. Pensai che poteva essere un richiamo il fatto di essere la figlia di due personaggi notissimi come Al Bano e Romina. Non l'avevo mai incontrata prima e la scritturammo, come si dice, a scatola chiusa. Mi accorsi però fin dalla prima puntata che Ylenia aveva probabilmente dei problemi personali. Era molto chiusa e non riuscimmo mai a fraternizzare. Sembrava quasi che facesse una cosa che non le piaceva o non le interessava. Era arrivata al punto di dire che il papà l'aveva praticamente costretta a lavorare con me data la nostra vecchia amicizia. Appena finita la trasmissione scappava subito e in un paio di minuti era all'angolo della strada di fronte ai nostri studi in attesa di una persona che la veniva a prendere. Logicamente non le rinnovammo il contratto e lei ne sembrò quasi contenta. Avevo capito che ci voleva un'aiutante più complice e soprattutto più felice di essere con noi.

Tutti conoscono la drammatica vicenda a cui andò poi incontro Ylenia. Verrà mai risolto questo mistero? Io sarei molto contento se lei fosse ancora viva, anche se ritengo la cosa quasi impossibile, sapendo tutto quello che Al Bano e Romina hanno fatto per rintracciarla, senza risultati.

Il dolore per la perdita di un figlio è una cosa troppo grande perché lo si possa trattare speculando con delle ipotesi frettolose. Avendo passato un intero anno a fianco di Ylenia ho imparato a conoscerla e stimarla e ho provato e provo tuttora affetto per lei. Porto il massimo rispetto per il dolore di Al Bano e di Romina di fronte a questa grande tragedia che li ha travolti.

Tornando alla *Ruota della fortuna,* quando non fu rinnovato il contratto a Ylenia organizzammo dei provini ai quali si presentarono centinaia di giovani aspiranti. Per fare più in fretta a sceglierle, invece di incontrarle, me le facevano vedere mentre ero chiuso in regia. Quando ne individuavo una che mi sembrava potesse andar bene comunicavo all'assistente di studio di selezionarla dal gruppo e farla attendere. Le altre venivano mandate via con tanti ringraziamenti e ne subentravano subito un'altra ventina. Con questo sistema di sfollamento arrivai ad averne in studio una sola, che mai più immaginavo sarebbe rimasta con me per sei anni, dall'89 al '95. Si chiamava Paola Barale, e veniva da Fossano in provincia di Cuneo.

Aveva un fisico da schianto e quando confermai di averla scelta si sparse la voce come un lampo nei corridoi di Mediaset. Tutti volevano vedere questa ragazza così diversa dal genere di quelle che abitualmente facevano le vallette. Molti scrivevano in redazione dicendo che guardavano la *Ruota* solo per vedere la Barale che passeggiava su e giù davanti al tabellone mettendo in mostra il suo bel paio di gambe e soprattutto, anche se allora non lo si scopriva come al giorno d'oggi, un abbondante petto. Era molto spregiudicata e viaggiava sempre con una moto di grossa cilindrata. Quando arrivava agli studi di corso Europa a Cologno aveva sempre dietro un codazzo di motociclisti che la inseguivano lanciandole battute in corsa, a volte anche un po' spinte.

Successivamente la feci collaborare con me anche nelle trasmissioni di *prime time.* Grazie a queste, acquisì una conoscenza tale del nostro mestiere che ben presto le offrirono la possibilità di fare la presentatrice, addirittura partecipando da protagonista per un certo periodo di tempo alla trasmissione domenicale di Costanzo.

Paola Barale è ormai donna fatta e ora ha come compagno Raz Degan, un modello e attore israeliano che di recente è stato il protagonista di un bellissimo film di Ermanno Olmi, *Centochiodi*.

Un altro protagonista della *Ruota* è stato Damiano Gagliani con il quale abbiamo dato il via a una nuova forma di assistenza/intrattenimento di studio, inventandoci il ruolo dello "scaldapubblico". Da allora tutte le trasmissioni hanno un personaggio come lui che prima dell'inizio del programma parla con il pubblico in teatro raccontando barzellette e intrattenendolo in modo che quando il programma prende il via c'è già una bella atmosfera calda. Da allora il bravissimo Damiano mi ha sempre seguito in tutte le mie trasmissioni.

Inventai anche un arnese per "punire" bonariamente i concorrenti che sbagliavano. A volte era un badile, a volte una scopa e altre un battipanni, e quando ne facevo uso, il pubblico in sala ormai abituato faceva in coro: "Ahi ahi ahi ahi ahi!".

Purtroppo la *Ruota della fortuna* nel '93 fu segnata da un lutto per il tragico incidente che costò la vita a Illy Reale, uno degli autori più bravi che abbia mai avuto, e che ogni tanto appariva in video con le sue battute. Era un personaggio con una grande dote di umorismo, tutti i giorni quando arrivava in trasmissione ci raccontava qualche barzelletta inventata da lui. Una sera, appena terminate le registrazioni uscì con il suo fuoristrada, ma a causa del terreno bagnato slittò finendo a grande velocità contro il guardrail. Abbiamo pianto tanto, tutti, e ancora oggi non lo dimentichiamo.

Avendo registrato in anticipo parecchie puntate in cui Illy continuava ad apparire in video, prima di metterle in onda chiedemmo il parere e il consenso alla moglie. Visto che lei si mostrò d'accordo, rivederlo in video a sorridere con noi per molte settimane fu per tutti noi un'esperienza emotivamente molto forte.

A sostituirlo subentrò Alvise Borghi, che successivamente divenne anche autore di Gerry Scotti.

La *Ruota* fu repentinamente sospesa per ragioni di natura economica nel 2003, dopo oltre ben quattordici anni di programmazione e più di tremila puntate di straordinari ascolti. Purtroppo sorsero dei problemi con il pagamento dei diritti. Inizialmente eravamo partiti con ventimila dollari a puntata e gradatamente attraverso gli anni, grazie ai buoni rapporti con i detentori del format in America, eravamo scesi a poco più di cinquemila dollari. A causa di tagli che la dirigenza di Mediaset decise di fare al budget di rete, quando proponemmo ai proprietari dei diritti di continuare il rapporto pagando però duemila dollari (che ci sembrava già una cifra abbastanza importante) loro risposero molto rigidamente che non si poteva fare, e così si concluse, con mio grande dispiacere, la felicissima esperienza del *game show* più longevo della storia italiana.

Dopo la Barale, ormai impegnata con ruoli da presentatrice in altre trasmissioni, si avvicendarono davanti al tabellone della *Ruota della fortuna* Antonella Elia, Claudia Grego, Miriana Trevisan e Nancy Comelli. Tutte hanno fatto una brillante carriera. Claudia Grego ora fa l'attrice, Antonella Elia è stata una delle indiscusse protagoniste dell'*Isola dei famosi*, con il suo esuberante carattere e gli scontri che sosteneva giornalmente con le altre partecipanti. Con lei ebbi anche una storica lite, un altro dei pezzi cult di YouTube, perché non si trattenne dall'esprimere il suo parere personale durante una televendita della pellicceria Annabella. Da brava animalista, colse l'occasione di commentare le stragi di animali, prendendo al volo lo spunto da una concorrente che aveva appena vinto una pelliccia ma che dichiarò molto serenamente di non volerla prendere essendo un'obiettrice e convinta sostenitrice dei diritti degli animali. La libertà di opinione e di coscienza per la concorrente la compresi benissimo, ci mancherebbe altro, ma da Antonella, che era stipendiata per fare quel lavoro, non lo tollerai e montai su tutte le furie.

Miriana Trevisan, vera bellezza mediterranea, sempre gioiosa e piena di vitalità, ha proseguito facendo la modella, e ha esordito anche come attrice in alcuni film importanti. Ha anche condotto programmi sulle TV locali ed è tornata alla ribalta televisiva nazionale vivendo anche lei l'intensa esperienza dell'*Isola*. Nancy Comelli ha fatto l'ospite in molte trasmissioni ma non è ancora riuscita ad averne una tutta sua.

Ripensandoci bene, fra i tanti programmi che ho fatto ritengo che *La ruota della Fortuna* meriterebbe di tornare in onda perché è sempre attuale, un format che rimarrà a galla al di là delle mode televisive. Commercialmente ha dato dei risultati tali che a Publitalia la chiamavano la "gallina dalle uova d'oro". Pensate che negli Stati Uniti va in onda da oltre venticinque anni ed è tra le trasmissioni di maggiore ascolto.

Leo

Il 1989 fu per me un anno particolarmente propizio.

Dopo il lancio, avvenuto sotto una buona stella, della *Ruota della fortuna* in primavera, nel settembre ci fu una nuova importantissima svolta nella vita della mia famiglia. Divenni padre per la terza volta!

Ricordo che quando Daniela mi annunciò che sarebbe arrivato un bambino piansi per l'emozione. Io avevo sessantacinque anni e lei trentanove! Soprattutto, all'epoca, Daniela era considerata una donna al limite dell'età consigliata per avere un'altro figlio, e viste anche le difficoltà che aveva avuto al parto di Nicolò fu per lei una scelta molto coraggiosa.

Il mio pensiero corse subito a Salvador de Bahia in Brasile. In occasione del nostro consueto viaggio natalizio, avevamo pregato presso la famosa basilica di *Nostro Signore del Bonfim* chiedendo la grazia di poter avere un altro figlio.

Solo di recente era morto il papà di Daniela, Pier Giovanni Zuccoli, al quale eravamo tutti molto affezionati, e per istinto sentimmo forte il desiderio di ampliare nuovamente la famiglia. Confesso che, dopo i due maschi, desideravamo molto la femmina, ma comunque questo terzo figlio non arrivava mai.

La paternità io l'ho vissuta in ritardo rispetto alla norma. Il mio primo figlio Michele è nato che avevo già quarantotto anni, e alla nascita del mio secondo, Nicolò, ne avevo cinquantuno. Daniela scherzando sovente dice che io sono un padre un po' ritardato...

Leonardo, il mio terzo maschio, lo consideriamo il dono che Dio ci ha concesso per rivivere, nonostante fossero passati ben tredici anni dall'ultima volta, le esperienze che avevamo provato con i primi due.

Fu proprio visitando l'affascinante città di Salvador de Bahia, vecchia capitale del Brasile, che iniziò la storia del suo concepimento. Un abitante del luogo ci aveva detto: "Se volete un figlio andate a chiedere la grazia alla Madonna del Bonfim. Non rimarrete delusi! È un luogo incredibilmente potente".

Ammetto che fino ad allora non avevamo mai sentito parlare delle caratteristiche e della fama di quella chiesa, e chiedendo alla guida scoprimmo che il Santuario del Bonfim era un luogo di culto venerato come tra i più miracolosi del mondo, con una casistica impressionante di guarigioni e di prodigi.

Ci recammo sulla grande scalinata del santuario in una giornata bollente, ricordo che c'erano più di quaranta gradi. Nonostante questo mi impressionai a vedere una folla di credenti, pieni di devozione o bisognosi di risolvere qualche loro problema, avanzare lungo la ripida scalinata salendo verso il sagrato, in ginocchio.

Entusiasmato dalla scena portentosa e dallo slancio emotivo della gente, entrai nella chiesa trasportato dal flusso della folla, fino ad arrivare in fondo alla balaustra dell'altare. Quando improvvisamente mi girai per parlare a Daniela mi accorsi che non c'era più.

La cercai con gli occhi in mezzo alla ressa, e la vidi percorrere gli ultimi metri della navata, anche lei in ginocchio, in mezzo agli altri pellegrini. Quando giunse all'altare la aiutai ad alzarsi, afferrai una candela e gliela misi in mano accendendola.

Rientrammo in Italia con il ricordo di un'esperienza molto emozionante nel cuore, e con al polso anche i famosi braccialetti portafortuna, chiamati *Fitas* in portoghese, che venivano distribuiti nel piazzale della basilica ai fedeli.

Passato un mese, prendendomi la mano e mettendola sulla sua pancia Daniela mi disse: "Fra non molto sentirai qualcosa che si muove qui dentro!".

Ci siamo abbracciati e abbiamo pianto tanto dalla gioia. La vivemmo come la vera concessione di una grazia, la Madonna del Bonfim aveva portentosamente ascoltato le nostre preghiere.

L'intero periodo d'attesa di Leo fu un momento unico nella storia della mia vita. Il lavoro andava straordinariamente bene, il varo della *Ruota* mi aveva gratificato molto, ma soprattutto fu indimenticabile perché decisi di vivere molto più consapevolmente tutto l'arco della gravidanza di Daniela. Le stetti davvero molto vicino, vivendo con slancio e passione ogni piccolo movimento o trasformazione nella sua pancia, e facendomi sentire volontariamente molto presente dal futuro bambino. Passavamo ore ad ascoltare la musica insieme, andavamo a fare lunghe passeggiate in campagna (su una strada dove c'è una curva che ho battezzato "curva Leolino" in onore delle nostre soste) e mi dedicai anima e corpo a Daniela, pur senza trascurare il lavoro, per farle vivere al meglio tutto il periodo della sua benedetta gravidanza.

Per l'occasione decisi di interrompere il *GiroMike,* il mio grande spettacolo estivo itinerante che continuavo a fare non stop da moltissimi anni.

Andò tutto a gonfie vele, e Leo venne al mondo il 5 settembre con un meraviglioso parto al quale, per la prima volta, potei assistere, profondamente commosso e impressionato.

I miei tre cavalieri

I miei tre ragazzi sono davvero cresciuti. Ho la fortuna di poterli osservare contemporaneamente in diversi stadi della vita di un uomo, chi si sta affacciando adesso alle prime esperienze di indipendenza, chi si cimenta già con le prove di dover tirar su una propria giovane famiglia, chi inizia a ottenere delle gratificazioni importanti a livello professionale.

È una grande fortuna, ne sono consapevole, avere la lucidità di potersi rispecchiare in loro e rivivere, rivalutare le gioie e i dolori della propria vita, anzi addirittura sentirsi lanciati nel futuro attraverso il loro cammino.

Io ho avuto un'infanzia molto diversa dalla loro. Più difficile per certi versi, meno viziata dal benessere. Ma la mia è stata una generazione particolare, "quelli del '24" ci chiamano, maturati in tempo di guerra con la fama di un temperamento granitico e combattivo. Mi dico sempre che non posso paragonare la mia vita alla loro in modo diretto, perché sarebbe superficiale. Questa è un'altra epoca e loro sono figli di una generazione che si muove con un ritmo e con delle regole profondamente diverse da quelle con le quali sono cresciuto io. E non la voglio, anzi, non la devo giudicare, perché ogni tempo ha i suoi strumenti e i suoi insegnamenti.

Quello che io e Daniela ci siamo sempre imposti comunque, è stato di offrire e comunicare ai nostri figli una solida piattaforma di partenza, una base attraverso cui potersi nutrire dei valori umani e del sentimento fondamentale di una "famiglia".

Credo che l'educazione nella crescita sia tutto. È davvero la colonna della nostra società. E sono dell'idea che oggi sia più importante educare a saper gestire la propria vita a livello emozionale piuttosto che a una somma di nozioni e di informazioni che sono comunque accessibili in una società così dedita all'informazione come la nostra. La gratificazione mia e di Daniela è quella di aver saputo trasferire i valori universali ai nostri ragazzi, di avergli trasmesso un senso di umanità, di rispetto per gli altri, di solidità e di sicurezza che si porteranno dietro in ogni percorso della loro vita, e che si può forse riassumere così: la forza dell'amore che lega una famiglia.

Io stesso ho pagato nella mia infanzia il peso degli scontri culturali, tra una visione del mondo all'italiana e una all'americana, che hanno fatto perdere di vista ai miei genitori il mio bisogno di un certo tipo di affetto, di un certo tipo di calore umano. Da allora mi sono ripromesso che non avrei mai fatto mancare un sentimento del genere ai miei figli. Educare è saper trasmettere sicurezza attraverso l'amore. Poi ogni individuo saprà agire sul piano pratico e mettere a frutto secondo le proprie caratteristiche.

Per questo motivo ho tenuto molto al fatto che i miei figli a livello scolastico ricevessero un'educazione internazionale. Essendo io bilingue e cresciuto diviso tra due Paesi, ho sempre considerato una cosa importantissima che imparassero sin da bambini l'inglese. Li ho iscritti alla International School di Milano, dove hanno potuto socializzare sin dall'infanzia con altri ragazzi provenienti da tutto il mondo: africani, asiatici, arabi, americani, europei, e di tutte le religioni. Oltre all'importanza dell'inglese, che i miei figli oggi parlano come se fossero madrelingua, l'insegnamento fondamentale di quella scuola è stato convivere e familiarizzare con un mondo di stranieri, di diversi, rispettando le differenze fisiche e culturali, e imparando a comunicare con tutti.

E vado fiero anche di un'altra cosa. Di avergli inculcato il senso dell'importanza dello sport. I miei figli grandi si allenano insieme, vanno a correre e preparano insieme i loro obiettivi sportivi, ultimamente si sono dati alla corsa a lunga distanza. Leo in questo momento pensa più a sudare in discoteca che sulle piste di atletica, ma mi auguro che presto anche lui si unirà ai suoi fratelli maggiori. Si sa che lo sport fa bene al corpo e alla mente. Almeno così è stato per me.

Mi rendo conto che per loro deve essere stato difficile distinguere l'uomo della televisione da quello in casa. Capire il confine tra il padre e il personaggio pubblico.

Spesso mi è capitato, con tutti e tre, di sentirli dire mentre conversavano con gli amici che ne avevano due di papà, uno in casa e uno in televisione. Quello in video era per loro semplicemente un altro personaggio, come quelli che seguivano nei cartoni animati, una figura più quotidiana e facile di quella in casa, che viveva in un mondo luccicante di sorrisi, di applausi e di scene colorate.

Con Michele, come ho già raccontato, abbiamo vissuto un grande dramma nel 1974, quando cadde di testa nella piscina vuota di Vulcano. Fortunatamente non ci furono conseguenze fisiche, e tutto si risolse dopo l'interiorizzazione del grande spavento, nella consapevolezza di aver scampato la morte, di aver conosciuto la fragilità della vita. Ci ha fatto capire quali fossero le cose importanti, ci ha fatto riflettere.

Con Leo ho riscoperto i valori della paternità, rivivendoli in modo più consapevole e maturo, meno preso dalla frenesia e dalla fretta degli anni in cui nacquero i miei primi.

Con Nicolò, quello di mezzo, scherzo sempre perché dico che lui è il figlio che non conta! Be'... ci facciamo sopra una bella risata, e lui sa stare al gioco!

Oggi Michele è un uomo fatto, con una bella carriera nel campo che ha scelto, di produttore documentarista.

Ha studiato Economia e Storia economica in un'università molto prestigiosa, alla London School of Economics. Londra la conosce come le sue tasche, è una città in cui ha vissuto per molti anni, e che lo ha trasformato profondamente rendendolo poco provinciale e aperto verso una mentalità di collaborazioni internazionali.

Operando nel piccolo mercato dei documentari in Italia, ha dato in poco tempo un grande contributo alla valorizzazione del documentario nel nostro Paese, spingendolo molto a tutti i livelli nelle reti generaliste italiane che sembrano sempre poco disposte a trattare il genere, e offrono poco spazio. Ma lui non demorde, ed è tra i pochi ad aver realizzato dei film documentari di qualità che hanno avuto un ottimo riscontro sia della critica che del pubblico.

È riuscito a produrre con tutti i network italiani che contano, ottenendo dei riconoscimenti importanti anche a livello internazionale. C'è uno dei suoi documentari che a me piace particolarmente, girato sull'isola di Favignana coinvolgendo i pescatori del luogo che si sono rivelati dei veri personaggi da film neorealista. Un altro che ho apprezzato molto, data la mia passione per le corse al trotto, fu quello che realizzò sul cavallo Varenne, con il quale vinse vari concorsi dedicati agli avvenimenti sportivi. È stato trasmesso molto all'estero data la notorietà che aveva questo cavallo unico e irripetibile.

Nicolò è il "macho" della famiglia, appassionato di sport come me. Ha un fisico che gli permette di competere in tutte le specialità sportive. In questo periodo si sta dedicando particolarmente al triathlon, e ogni volta che c'è la traversata di qualche lago è fra i concorrenti. Mi ha dato una grande gioia in questi ultimi tempi rendendomi nonno, grazie alla sua sposa Tarin Meneghello.

Tarin è un'affascinante e dinamica ragazza croata, ma di origine veneta. Qualche centinaio di anni fa i suoi antenati emigrarono da Venezia verso la Dalmazia meridionale e si stabilirono in un meraviglioso isolotto di fronte a Spalato che si chiama Palmizana. Erano grandi produttori di quintessenza di rosmarino, un medicinale che all'epoca veniva considerato come l'aspirina di oggi.

La loro isola è un'oasi simile a un giardino botanico e c'è anche un porticciolo che è una delizia. Purtroppo, quando dopo la guerra subentrò in Jugoslavia il regime comunista le proprietà dei Meneghello furono tutte confiscate, e adesso a costo di grandi sacrifici stanno ricomperando piano piano quello che un tempo era loro. Fortunatamente con le terre rimaste loro, data la straordinaria bellezza del luogo hanno potuto aprire un ristorante con una serie di bungalow che fin da Pasqua sono già tutti esauriti. E vengono a trovarli turisti da tutto il mondo, soprattutto inglesi, austriaci e tedeschi, innamorati di quelle zone.

Tarin ha incontrato Nicolò qualche anno fa mentre lei frequentava l'università e lui seguiva la produzione di una fiction a Roma. Si sono innamorati perché condividono le stesse idee e soprattutto un certo modo di vivere. Nicolò è il filosofo della famiglia, di una bontà infinita, e tutti i giorni dovrei dargli una medaglia per come alleva i suoi figlioli. La prima è una femminuccia biondissima con gli occhi chiari come i miei. Si chiama Stella. Il secondo ha proprio preso dal papà, anche lui è un futuro macho e quando mi corre incontro e si arrampica sulle mie braccia ho difficoltà a sostenerlo tanto è pesante. Si chiama Elia Tommaso Filippo. Qualcuno di voi dirà: "Ah! Avete anche origini ebraiche se chiamate il maschietto Elia!". E io rispondo: "Come la mettiamo con lo stadio Sant'Elia di Cagliari?". Elia è venerato anche dai cattolici in quanto è stato uno dei nostri grandi profeti. A mio parere Nicolò ha un brillante avvenire come regista e come autore di sceneggiature. È votato ai libri e al cinema, ha avuto come madrina di battesimo Giulietta Masina, e ha addirittura fatto l'aiuto regista con Woody Allen, Wim Wenders e Dario Argento nei primi anni delle sue esperienze lavorative. Ha già scritto e diretto parecchi lavori per la televisione, l'ultimo che ha completato è sulla vita di Giuseppe Mazzini. L'argomento ce lo ha suggerito qualche tempo fa nientemeno che l'ex presidente della Repubblica Ciampi, che durante una riunione con gente dello spettacolo ricordò la grande figura spesso dimenticata di Mazzini.

Leonardo ha da poco compiuto diciott'anni! Il mio ex piccolino ora è maggiorenne, anche lui avviato alla vita. E proprio in questi giorni, mentre scrivo, parte per l'Inghilterra a fare l'università. Ha scelto una scuola molto moderna e orientata verso il futuro, un'università che si chiama SOAS (School of African and Oriental Studies) a Londra, che si occupa soprattutto di approfondire il funzionamento dei mercati orientali, tipo Cina, India, Africa, i luoghi in cui si giocherà il futuro economico del nostro pianeta.

Leo vive da solo per la prima volta nella sua vita, e ammetto di essere un po' in ansia. Mi chiama per chiedere se i calzini bianchi vanno messi con le camicie colorate in lavatrice, e chiede istruzioni su come fare una frittata. Io però gli dico che non posso molto aiutarlo, e allora gli passo al telefono sua mamma che se ne intende un po' più di me! È stato cresciuto come un figlio unico, pur avendo due fratelli, a causa della grande differenza d'età che c'è fra loro. Ha avuto anche lui una tata straordinaria, Rosaria, una simpatica donna sarda, dolce e molto in gamba, che l'ha cresciuto con grande affetto per più di dieci anni, diventando anche lei una presenza di famiglia e contribuendo a farlo sviluppare forte e sano. Un po' ribelle, forse, ma credo sia tipico di tutti gli adolescenti.

Leo sin da piccolo aveva sviluppato una certa sensibilità mista a una specie di umorismo tutto suo.

Ho raccolto in un libro le sue frasi che mi colpirono di più. La mia preferita è: "Mamma... papà, quando andrete in Paradiso, aspettatemi perché poi arrivo anch'io".

Sin da bambino Leo è cresciuto sui computer, ed è impressionante vedere come la sua generazione si sia formata con una mentalità elastica e in simbiosi con l'elettronica e l'informatica.

Lo ammiravo montare e smontare tutti i pezzi dei suoi computer (io che non ne so neanche accendere uno!) e assemblarli, poi gestire in contemporanea dieci forum e blog su Internet e costruire siti per se stesso e per i suoi amici. Nel frattempo riusciva anche a fare i compiti, non so come. E con buoni risultati, soprattutto in matematica, materia che suo padre non ha mai digerito e che lo ha portato svariate volte a essere rimandato a settembre. Leo è un ragazzo pieno di talento con una testa da cervellone, e gestire le sue ribellioni adolescenziali mi è costata parecchia fatica, considerando anche la mia età, ma ora lo vedo bene, decollato verso il suo futuro in una grande città europea.

Mi piace ricordare anche il fatto che Leo ha avuto un padrino d'eccezione... nientemeno che Silvio Berlusconi. Abbiamo fatto una grande festa per il battesimo, protagonisti il piccolo Leonardo e Silvio Berlusconi. Ricordo che dopo la cerimonia, sedendoci a tavola per la cena, come spesso fa il buon Silvio, a un certo punto si è alzato ed è andato al pianoforte e ha cantato una bella canzone fra gli applausi dei cento e più invitati. Tutti gli chiesero il bis, che lui concesse, e fece anche il tris. A questo punto mi avvicinai a lui. "Guarda che sta diventando buio e non potrai più sollevarti con il tuo elicottero dal prato della nostra villa!"

"Non importa, non importa, dirò ai piloti che possono andare, rientrerò in macchina. Ormai mi sono scaldato, qui sto bene, e continuo il mio repertorio."

Andò avanti per più di un'ora tra la meraviglia soprattutto dei carabinieri che erano presenti per fargli da scorta e che poveretti loro dovettero accompagnarlo poi fino ad Arcore, che non è certo molto vicino alla nostra casa sul lago Maggiore!

La routine milanese, il superlavoro, i miei continui spostamenti, spesso non mi permettevano di vedere i miei figli, la sera rientravo sempre tardi per le registrazioni delle mie trasmissioni, loro ogni tanto mi aspettavano ma non potevo pretendere né permetterlo troppo. E la mattina erano già a scuola, mentre io lavorando fino a tarda notte dormivo più a lungo.

Con Daniela pensammo che l'unico modo per non farceli sfuggire da sotto gli occhi, e poterli capire, controllare, vedere, era di istituire una tappa fondamentale come abitudine della nostra famiglia. Quella di fare due volte all'anno, d'estate e a Natale, dei viaggi insieme. Cascasse il mondo, sarebbe stato un impegno fondamentale.

Sono proprio questi viaggi che ci hanno cementato e unito come famiglia, spesso facendoci vivere delle vere e proprie avventure che ricorderemo per sempre.

Sulla strada

Io ho sempre avuto il mito del grande West americano. Gli spazi infiniti, i rettilinei che attraversando i deserti si perdono all'orizzonte, il fascino del mondo dei Pellerossa, le Rocky Mountains e i canyon con quelle forme rocciose uniche al mondo.

Sin dalla nascita dei miei primi figli coltivavo l'idea di portarli un giorno sulle orme dei miei lontani viaggi da corrispondente per l'Italia, quando giravo per il West con il registratore per il sonoro. A parte il fatto che quel periodo aveva condizionato moltissimo la mia formazione, ero stato a mia volta affascinato da bambino dai racconti di un viaggio che aveva fatto mio padre molti anni prima.

Così, appena furono abbastanza grandi da potersi godere l'esperienza, prendemmo l'abitudine di andare ogni estate per un mese intero negli Stati Uniti. Affittavamo un comodo furgoncino all'americana, e giravamo come dei vagabondi. All'avventura! Negli anni, abbiamo coperto migliaia e migliaia di chilometri, praticamente percorrendo a tappeto tutta la West Coast e gli Stati del Nevada, del Colorado, dello Utah, del Wyoming, del New Mexico, dell'Arizona e del Montana. Oltre naturalmente il passaggio di rito che facevamo sempre a New York, come punto di partenza o di chiusura del viaggio.

Una delle esperienze più belle per me fu di arrivare guidando vicino a Colorado Springs, in cima a una montagna denominata Pikes Peak. È una delle vette più alte delle montagne rocciose. Chi è appassionato di automobilismo sa che si sale addirittura fino a quasi quattromilatrecento metri su una strada che prima è asfaltata e poi è in terra battuta.

Salendo velocemente a quell'altitudine in macchina non ci si rende conto dei repentini cambi di pressione, e se non si è abituati a quelle altitudini si sente la mancanza di ossigeno. Lungo il percorso ci sono delle fontanelle che io pensavo fossero per dissetarsi, e invece scoprii che inserendo venticinque centesimi si poteva prendere una bella boccata di ossigeno! Tutti gli anni a Pikes Peak organizzano una maratona per i più intrepidi, e un'importante corsa in salita alla quale partecipano rallisti di tutto il mondo. Arrivano in cima in mezz'ora circa.

Scendendo verso sud da Denver si raggiunge Monument Valley. Quel paesaggio mitico che vediamo costantemente effigiato come simbolo dell'America, caratterizzato dalle formazioni rocciose colorate che siamo stati abituati a vedere in tutti i film western. *Forrest Gump* (un film che non c'entra niente con i western, ma che i miei figli conoscevano molto bene) lo descrive come "il luogo nel quale non si distingue dove finisce la terra e comincia il cielo".

Tutta la zona circostante è abitata dalla tribù dei Navajo, ai quali è stata destinata come riserva. È qui che finalmente ho potuto soddisfare la richiesta dei miei figli che speravano un giorno o l'altro di incontrare degli indiani veri. Anche se la maggior parte dei giovani indiani si è spostata in altre zone in cerca di lavoro, qualcuno si è fermato e vive all'interno del parco.

A un certo punto, muovendoci con un fuoristrada seguendo un itinerario prestabilito, arrivammo a un bivio dove l'ingresso a uno dei due sentieri era sbarrato da una catena e c'era una scritta molto chiara: "Proibito entrare". Naturalmente noi, da bravi italiani, ci siamo detti che se era proibito entrare voleva dire che lì c'era qualcosa di veramente interessante. Difatti percorremmo un paio di chilometri in mezzo alle rocce e a un certo punto arrivammo a una radura in mezzo alla quale c'erano tre teepee (le tende degli indiani con la caratteristica forma a cono). Trovammo alcuni fuochi accesi e dei giovani indiani che spaccavano la legna.

Davanti a una delle tende sedeva una vecchia nativa del posto, a cui chiedemmo rispettosamente se potevamo farle una fotografia. La vecchia indiana era così contenta della visita, che ci invitò nell'interno della sua tenda, cosa che credo sia capitata a pochi turisti. All'interno c'era una pentola nella quale bolliva l'acqua e ci offrì una specie di tè, un infuso di foglie misteriose!

Uno dei giovani che stavano spaccando la legna fece salire i miei tre ragazzi sui loro cavalli senza sella, scortandoli in giro lì attorno.

Venimmo via felici e contenti, l'unica delusione per i ragazzi fu scoprire che i giovani indiani non erano come quelli che si vedono nei film, niente piume e niente arco, ma vestivano jeans e tenevano i capelli lisci annodati a codino.

All'uscita del sentiero dove avevamo superato la catena, ricevemmo una visita a "sorpresa". C'era un ranger, le famose guardie del parco, che ci fece in modo rigoroso e senza margine di trattativa prima una pesante ramanzina, e poi una multa di cinquanta dollari che pagai all'istante.

I ranger negli Stati Uniti non solo sono le guardie dei parchi ma sono anche preposti all'aiuto dei turisti in caso di emergenza. È quello che mi è capitato a Death Valley, la Valle della morte, una zona desertica a cavallo tra la California e il Nevada, uno dei punti più bassi della terra rispetto al livello del mare, inferiore di quasi novanta metri.

La temperatura non scende mai sotto i cinquanta gradi ed è qui che nell'Ottocento i pionieri del vecchio West che attraversavano l'America per andare in California con i loro carri ci lasciavano la pelle. Molti morivano stecchiti per disidratazione.

Con Daniela e i miei figli avevamo visto alcuni film che erano stati ambientati nella Valle della morte, come *Greed* di von Stroheim con la drammatica scena del duello finale sulla distesa desertica, e soprattutto *Zabriskie Point* di Michelangelo Antonioni. A Zabriskie Point, luogo leggendario soprattutto per Daniela, che veniva dalla contestazione studentesca, scattammo una foto di gruppo per immortalare la solennità della visita!

Per fare lo spiritoso, nella Valle della morte feci finta di svenire dal caldo, causando un grande spavento nei miei familiari.

Di passaggio in quel momento c'era il solito ranger che, convinto che io stessi veramente male, mi rovesciò immediatamente un intero secchio d'acqua in faccia. Mi sono ovviamente rialzato subito, dicendo a me stesso: "Ben mi sta!".

Viaggiando attraverso gli Stati Uniti, una delle più belle esperienze è percorrere in auto la famosa Route 66, la mitica *highway* costruita verso la fine degli anni Venti che collegava Chicago alla spiaggia di Santa Monica in California. Fu una strada usata per le migrazioni verso Ovest, e il bellissimo film di John Ford *Furore*, tratto dal romanzo di John Steinbeck, racconta appunto l'odissea di una famiglia di agricoltori in viaggio dall'Oklahoma verso la fertile California nel periodo della Grande depressione. È considerata la "strada madre" degli Stati Uniti, immortalata nella musica, nella letteratura e nella televisione.

Ora c'è in atto una specie di revival, e quei lunghi tratti della Route 66 che diventarono strade statali, locali, private o addirittura abbandonate, ora il governo americano li ha dichiarati strade di interesse storico.

Attraversando l'Arizona, abbiamo deviato in un tratto di strada praticamente abbandonato, cominciando ad arrampicarci, sapendo che in cima alla montagna avremmo trovato lo storico villaggio fantasma di Oatman.

Il paese è molto piccolo, c'è una strada centrale con negozietti tipo vecchio West che vendono le cose più inutili che si possa pensare. Man mano che avanzavamo ci venivano incontro degli strani animali, incroci tra un somaro e un cavallo, che giravano allo stato brado per le vie del Paese.

Avevamo con noi in macchina delle carote, e gliene offrimmo subito. Non l'avessimo mai fatto, da quel momento fummo seguiti dappertutto da una decina di questi esseri.

Vi abitavano ancora più o meno un centinaio di persone. Tipi molto strani, che avevano abbandonato per problemi personali la vita civile e si erano ritirati in questo paesino dimenticato.

Entrando in un saloon per bere mi sembrò veramente di essere in un film. All'interno c'erano una decina di tipi stranissimi appollaiati attorno al banco con molti bicchieri vuoti... ci guardarono in malo modo nel silenzio più totale. Era una situazione molto imbarazzante, e così, come una volta gridando "Allegria!" avevo sbloccato la tensione negli studi del *Rischiatutto*, questa volta pensai che la cosa migliore da dire fosse: "Whisky per tutti!". La cosa suscitò grandi applausi, e parecchie pacche sulle spalle per tutti noi. Per restituire la cortesia, uno di loro ci invitò a visitare dall'interno un luogo che non a tutti è accessibile. La stanza del vecchio albergo abbandonato dove negli anni Trenta si rifugiavano per vivere la loro storia d'amore lontano dai pettegolezzi della stampa Clark Gable e Carole Lombard.

Un'indimenticabile avventura che ho vissuto con la famiglia al completo è stata la discesa lungo il Grand Canyon a bordo di un enorme gommone per il rafting. Ero già stato in precedenza nel Grand Canyon, scendendo a dorso di mulo insieme ai due inviati della RAI Massimo Rendina e Antonello Marescalchi. Ma questa volta, nonostante il costo abbastanza elevato, volli fare una esperienza nuova e vivere una straordinaria avventura insieme a Daniela e i miei figli.

Le operazioni sul fiume Colorado sono gestite da una tribù di indiani, i Walapai, gli unici ad avere il diritto di fare rafting sul fiume che è all'interno della loro riserva. Organizzano per i più audaci l'avventurosa discesa lungo le rapide del fiume, un percorso a volte anche piuttosto pericoloso quando si devono superare le cateratte più ardue. I salti e gli spruzzi d'acqua sono così violenti che dovevo reggermi con tutta la forza al gommone per non cadere in acqua. Una specie di giro sulle montagne russe. Ma dopo il superamento della prima paura, tra le nostre urla al settimo cielo, divise tra lo spavento e l'esaltazione, non vedevamo l'ora di trovare altre rapide, o chiedevamo agli indiani di fare dietrofront per ripercorrerle ancora una volta.

Ci accompagnarono due indiani, uno era enorme e pesava addirittura centocinquanta chili.

Ricordo che il calore era tale che ogni volta che ci bagnavamo ci asciugavamo in cinque minuti, l'aria era come un gigantesco fon. Il fiume Colorado scorre in mezzo a due pareti a picco, alte più di duecento metri. Ogni tanto all'interno di queste si trovavano delle spaccature dove gli indiani agganciavano il gommone e ci facevano entrare per fare una doccia di acqua gelida che scendeva a cascata dalla roccia. A volte si trovavano anche delle pozze di acqua calda termale.

Indimenticabile la notte che trascorremmo in sacco a pelo a metà del percorso, in una specie di ansa sabbiosa dove quando ci fermammo rimasi stupito dall'intraprendenza della tribù indiana. Non potei credere ai miei occhi quando li vidi estrarre da uno degli scompartimenti del gommone un intero equipaggiamento atto a creare una comodità impensabile per il posto in cui ci trovavamo. Per ognuno di noi c'erano delle brandine, dei sacchi a pelo, e addirittura un gabinetto portatile con tanto di vaso.

"Non vi sembra un tantino esagerato?" chiesi.

"Eh no Mister, noi non dobbiamo inquinare queste acque sacre."

Ci prepararono una cena eccezionale cuocendo sopra la brace delle enormi bistecche di carne. Avevano portato addirittura il gelato.

Dopo aver cenato ci sdraiammo sulla brandina a guardare in alto per ammirare estasiati un cielo stellato continuamente solcato dal passaggio dei satelliti artificiali e dalle stelle cadenti.

Tutt'attorno alla spiaggetta durante la notte continuavano a saltare i pesci, e ci venivano a visitare i castori di cui si scorgevano solo gli occhi luminosissimi.

All'alba delle cinque lasciammo a malincuore l'isolotto, proseguendo placidamente lungo l'ultimo tratto del fiume, e spinti dal vento caldo uscimmo dal Grand Canyon che si andava diradando sempre di più, fino a raggiungere il lago Mead, il più grande lago artificiale degli Stati Uniti.

Un'altra località che non mi dimenticherò è Jackson Hole nel Wyoming. Ai piedi dei monti Teton, vicino ai parchi di Yellowstone e al Grand Teton National Park. È una riserva fantastica, abitata soprattutto da alci, e sede anch'essa di numerosi film western. Sui lati della valle sorge una montagna con impianti sciistici di risalita, dove nel 1967 hanno anche disputato delle gare di coppa del mondo di sci alpino.

A Jackson Hole mi rimase impresso un locale dove ogni sera arrivavano i grandi proprietari terrieri della zona a cavallo o con gigantesche jeep. Bevevano come delle spugne e si ballava tutti insieme al suono di una tipica orchestrina. Gli occhi di molti erano puntati su Daniela, che in veste di cowgirl costituiva una particolare attrattiva. Mentre io e Daniela stavamo appunto ballando, uno ebbe addirittura il coraggio di toccarle il sedere. "*How do you dare?*" dissi... "Come osi?".

Si fece una bella risata. "Se vuoi andiamo fuori e ci sfidiamo a duello!" Ovviamente noi non eravamo armati, mentre tutti gli altri cowboy giravano con la pistola sul fianco, e pensammo fosse il caso di lasciar perdere. Quando andai alla cassa per pagare mi dissero: "*For the italians... it's all on the house!*" che tradotto vuol dire "Per gli italiani è tutto offerto dal padrone del locale", che fra parentesi era quello che aveva dato la toccatina a Daniela.

In diversi anni di viaggi abbiamo attraversato quasi tutte le strade del West americano, visitando i principali parchi nazionali e i luoghi più significativi, sulla costa della California, del movimento della *beat generation* che piaceva tanto a Daniela, una serie lunghissima di vere e proprie avventure. Per ore e ore io e lei ci davamo il cambio alla guida del furgone, mettendo a volte il pilota automatico perché si andava su rettilinei interminabili senza curve. Daniela soprattutto mi faceva da navigatrice, e i miei figli stavano seduti dietro a giocare a carte sul tavolino pieghevole del furgoncino.

Ci sarebbero un'infinità di cose da raccontare, ma ci sono altri Paesi che ho visitato che mi hanno lasciato una forte impressione.

La Cina, per esempio, mi ha colpito molto, con Shangai e Pechino che ormai sono diventate due enormi metropoli che fanno la concorrenza a New York. Indimenticabile per me è stata la visita a Xi'an, una delle più importanti città della storia cinese. Mi raccontarono che qualche anno fa un contadino, scavando la sua terra, incocciò con il badile la testa di una statua. Avvisò le autorità locali che si misero a scavare, e da allora non hanno ancora finito perché in quella zona sottoterra hanno trovato sepolti migliaia di guerrieri, uno diverso dall'altro, con addirittura carri trainati da cavalli, tutti in terracotta. Questi reperti risalgono al 250 a.C., quando l'allora imperatore, evidentemente molto eccentrico, per paura di rimanere solo dopo la morte aveva ordinato la costruzione di un esercito in terracotta per fargli da guardia. È uno dei luoghi ormai entrati a far parte delle meraviglie del mondo.

L'India è stata un'esperienza molto seducente. Siamo partiti da Nuova Delhi per scendere piano piano in automobile fino a Mumbai, che è la nuova denominazione della famosa Bombay, attraversando in automobile praticamente tutto il Rajasthan, lo stato più grande dell'India e sede delle tradizioni più antiche.

Veramente affascinanti sono i palazzi da favola costruiti dai maharaja. La maggior parte sono stati oggi trasformati in alberghi di superlusso. In uno di questi ci avevano dato una stanza troppo piccola per tutta la famiglia. Protestai, e forse per chiedere scusa ci misero addirittura nell'appartamento del maharaja con delle vetrate a colori da fare invidia ai nostri mosaicisti di Venezia. C'erano persino un paio di altalene, chissà a cosa servivano, forse per i maharaja e le loro mogli?

Un giorno, durante il viaggio, la nostra guida si fermò in un piccolo agglomerato di case per permetterci anche di fare i nostri bisogni. Qui accadde una cosa che ha dell'incredibile. Mi appartai dietro a un muro e quando alzai gli occhi lessi la scritta: "Berlusconi merda!".

Non ci potevo credere, mi misi a ridere come un matto! Chi poteva essere quell'individuo, che nel nulla, su un muro nascosto in un angolo remoto di una paesino dell'India, aveva avuto l'impulso di scrivere quell'insulto per il buon Silvio! Ho fatto la fotografia ma non ho ancora osato farla vedere al diretto interessato.

Sempre a proposito dei miei viaggi in Oriente, ce n'è uno in Thailandia che non dimenticherò per il grave rischio che ho corso. Ero andato a visitare il famoso giardino delle rose a Bangkok, lungo il quale scorre un fiume. Mentre stavo facendo una fotografia a Daniela, la sentii improvvisamente urlare. Abbassai la macchina fotografica, e vidi un serpente cobra che arrivava velocissimo verso di me. Si bloccò a un paio di metri, alzandosi come per prepararsi all'attacco. Istintivamente feci un balzo di fianco e il serpente per miracolo si abbassò puntando verso un tombino dove si infilò, scomparendo.

Nonostante avessi preso le pastiglie che consigliano a chiunque vada a fare un viaggio in quei Paesi, fui colto da una terribile dissenteria che mi accompagnò per tutto il viaggio. I medici mi spiegarono che probabilmente la colpa era dovuta a un venditore di bibite. Sovente, mi dissero, aprono quelle della Coca-Cola e ci mettono dentro degli intrugli ai quali noi europei non siamo abituati.

Purtroppo ogni quarto d'ora dovevo fermarmi alla ricerca di un posto dove scaricarmi. Durante la visita a un grande allevamento di coccodrilli, si sa che in Thailandia sono specialisti di lavori in pellame, approfittai di una latrina tipo quelle che c'erano anche da noi tanti anni fa nelle campagne e in montagna. A un certo punto sentii uno strano rumore che veniva dal basso, mi alzai di scatto e mi accorsi del pericolo che stavo correndo. Una mezza dozzina di coccodrilli nani stava puntando dal basso verso le mie parti nobili!

Sono stato un paio di volte anche in Australia, su invito della comunità italiana che, per nostalgia delle belle canzoni che si cantavano quando lasciò l'Italia, ogni anno organizza dei piccoli festival che sono stato chiamato a presentare. L'Australia ha circa venti milioni di abitanti. Quasi un milione sono di origine italiana. L'ottanta per cento sono meridionali, soprattutto calabresi e siciliani, che hanno pure inventato una nuova lingua: l'italiese. Un giorno lessi la seguente iscrizione scolpita sul marmo e posta accanto alla porta di un ascensore: "Perfavore uzate le scale, il censori sono per li pacienti".

Tutti indistintamente hanno fatto una grande fortuna e la meritano perché, invece di andare negli Stati Uniti dove tutto era più comodo, hanno affrontato un viaggio lungo il doppio per andare in un continente pressoché sconosciuto.

Ho avuto la fortuna di visitare altri continenti, di girare praticamente tutto il mondo, tra Oriente e Occidente, viaggiando anche spesso da solo con Daniela.

Mi sono sempre mosso con il mio passaporto americano, ma finalmente nel 2003 ho potuto ottenere anche la cittadinanza italiana. Così, finalmente, l'italoamericano Mike Bongiorno è diventato anche un italiano vero!

In questi tempi di tensioni politiche a livello internazionale sono più contento di usare il passaporto italiano, e ci penso sempre più di una volta, a seconda di dove vado, prima di utilizzare quello americano. Con un certo dolore però, perché ho sempre sostenuto davanti ai miei figli, ed era vero, che il passaporto americano mi aveva salvato la vita, e che gli americani ti venivano a prendere in ogni remoto angolo del pianeta in caso di necessità.

Pur avendo vissuto molti più anni della mia vita in Italia che in America, e pur sentendomi praticamente un italiano a tutti gli effetti, provo ancora una certa fierezza per la mia componente americana, che ha segnato la storia dei miei antenati e che ha profondamente influito sulla mia vita. A partire da quando ero l'*american boy* che simpatizzava con i giornalisti alla "Stampa", avviandomi alla carriera di giornalista, all'amicizia che mi avvicinò automaticamente ai soldati alleati quando ero nascosto in montagna durante la guerra, al fatto fondamentale che mi salvò la vita quando mi trovai al muro davanti al plotone dei fucili tedeschi.

Sempre più in alto!

In montagna ci sono sempre andato ogni volta che ho potuto. Adoro la neve, il sole sulla neve e lo sconfinato senso di libertà che danno le grandi distese bianche... l'aria pura, i silenzi, la solitudine delle cime. Ho imparato a sciare da ragazzo ai tempi del liceo e poi quando mi trovavo con i partigiani sulle montagne del Piemonte. Poi ho abbandonato questa attività per tutto il periodo del mio nuovo soggiorno in America e l'ho ripresa quando sono tornato in Italia.

Le zone che ho frequentato di più sono il Sestriere, per un breve periodo con Daniela subito dopo il nostro matrimonio, Cervinia per tutta la vita, e adesso la valle dell'Engadina in Svizzera.

Daniela è una sciatrice provetta che scende soprattutto lungo i pendii più ripidi a raggio corto.

Le piste dell'Engadina le ho scoperte grazie alle corse dei cani con le slitte. È un'attività affascinante che lega l'uomo all'animale. Gli organizzatori avevano bisogno di una personalità nota per far parlare di questo sport e pertanto mi nominarono presidente *ad honorem* della federazione.

Mi ero già occupato di questa disciplina in una rubrica sponsorizzata all'interno di una mia trasmissione televisiva alla quale aveva partecipato un giovane di origine armena, Armen Khatchikian. Oggi è forse il più noto *musher* italiano. Era il gioco dei desideri, e una ditta produttrice di brandy sponsorizzava il sogno di uno spettatore. Khatchikian durante un suo viaggio in Alaska si era reso conto della spettacolarità delle *sleddog races*. Una disciplina che in quel Paese viene considerata sport nazionale. Giocò avendo espresso il desiderio di poter andare a vivere in Alaska per un certo periodo e imparare i segreti delle corse coi cani. Vinse venticinque milioni, più che sufficienti per il viaggio e il soggiorno in Alaska. Frequentò una scuola specializzata e imparò così in fretta che gli proposero di partecipare subito alla *Iditarod*, la più grande manifestazione annuale che si svolge in quel Paese, a memoria dell'impresa di un cane husky, il famoso Balto, che percorse centinaia di chilometri per portare da una città all'altra degli antidoti per curare un'epidemia mortale che si era diffusa tra i bambini. Balto divenne l'eroe dell'Alaska, ed esiste un suo famoso monumento anche al Central Park di New York.

L'*Iditarod* si corre lungo lo stesso percorso che fece quel cane durante l'emergenza. Milioni di dollari vengono scommessi sui probabili vincitori e si scommette addirittura sui concorrenti che non termineranno la prova. Khatchikian vi partecipò e nonostante fosse un novizio, che tutti erano certi si sarebbe ritirato non riuscendo a sopportare le difficoltà della gara, arrivò al traguardo stupendo tutti, dopo aver percorso quelle centinaia e centinaia di chilometri attraverso le distese ghiacciate.

La prima corsa che organizzammo in Engadina partiva da Zernez per arrivare al passo del Maloja. La chiamammo *Alpirod*. Un percorso lungo una settantina di chilometri. Arrivarono concorrenti esperti da tutto il mondo, abituati a trasferirsi da un luogo all'altro durante l'inverno per fare queste corse. Una grande quantità di loro erano addirittura allevatori di cani da slitta. Costituivano un clan di personaggi oserei quasi dire bizzarri ed eccentrici. Tra i più bravi c'era un austriaco che camminava sempre scalzo nella neve indossando solo una T-shirt. Viveva per i suoi cani e dormiva all'aperto abbracciato a loro. C'era un finlandese che era convinto che il cane capo della sua muta fosse così intelligente da riuscire a leggere le scritte lungo i percorsi di gara. Qualche istante prima di dare il via alla gara lo vedevo mostrare la mappa al suo cane e poi tornare indietro alla sua slitta di corsa per prendere il via. C'era anche un pilota di boeing dell'Air France che chiedeva sempre l'autorizzazione a sospendere i suoi impegni per venire a correre. Ogni tanto arrivava alla partenza un giapponese misteriosissimo, probabilmente molto ricco. Veniva in Rolls-Royce accompagnato dai suoi aiutanti che gli preparavano tutto fino al momento del via.

Uno degli aspetti più tecnici di questa disciplina sportiva è la scelta della composizione del gruppo di cani, e come decidere di legarli fra di loro per trainare la slitta. A seconda della bravura dei partecipanti, alcuni partivano trainati solo da cinque o sei cani, evidentemente molto forti, altri addirittura partivano con un team di dieci, dodici cani. Ovviamente a ogni gara cui ho dato il via arrivavano anche i grandi favoriti, quelli dall'Alaska, che terminavano sempre fra i primi tre. C'erano addirittura due donne, ed entrambe in edizioni diverse hanno vinto. Una di queste è nota come allevatrice dei migliori cani. Lei sì che era un personaggio veramente eccentrico. Viveva da sola in mezzo alla neve e ai ghiacci a una cinquantina di chilometri dalla più vicina località abitata, e lasciava il suo allevamento solo per le gare.

Alla partenza avevamo come minimo una cinquantina di partecipanti e, considerando che ogni equipaggio aveva dai sei ai dodici cani, c'era una baraonda pazzesca, un "canaio" infernale. Come minimo quattrocento cani ululanti...

Sono stato talmente entusiasta di questa razza di cani, i siberian husky, un tipo di cane lupo con gli occhi azzurri, che ne acquistai una coppia. Per quanto da molti anni vivano con l'uomo sono rimasti molto selvatici e ho avuto dei grossi problemi con loro. Quando li portavo nella nostra villa sul lago Maggiore di notte scappavano e andavano a caccia di galline.

Sotto la nostra villa c'era quella di Enrico Cuccia, il famoso banchiere italiano. Lui aveva un allevamento di galline padovane molto rare. Ovviamente i miei cani le avevano puntate e man mano le fecero fuori tutte. Cuccia mi chiamò per protestare e mi invitò a stare molto attento affinché la cosa non si ripetesse. Invece purtroppo accadde di nuovo. A questo punto ricevetti una lettera molto severa nella quale Cuccia mi diffidava per l'ultima volta dicendo che non avrebbe esitato a denunciarmi. Per evitare altre grane fui costretto a malincuore a restituirli all'allevamento che me li aveva dati.

A causa della frattura che mi sono fatto al femore qualche anno fa mi hanno sconsigliato di fare sci da discesa. Mi sono dato allora esclusivamente allo sci di fondo, e come tutti sanno, la zona ideale per praticarlo è l'Engadina dove ci sono centinaia di chilometri di piste perfettamente tenute. L'inverno scorso, tra gennaio e fine marzo, ne ho percorsi oltre duecento! Esco insieme a Daniela, che oltre a essere come vi ho detto un'ottima discesista se la cava molto bene anche con il fondo, tant'è vero che a tre quarti del percorso mi lascia sempre indietro. La cosa è abbastanza comprensibile se consideriamo che fra me e lei ci sono ventisei anni di differenza. Ho la soddisfazione però di lasciare indietro a mia volta a tre quarti di percorso gli amici fondisti che vengono con me e magari hanno oltre vent'anni meno del sottoscritto.

Da Cervinia ogni tanto mi chiamano gli amici. "Quando ti fai vedere di nuovo? Ci stai tradendo!" mi dicono.

"No, miei cari" rispondo io. "Terrò sempre nel mio cuore Cervinia, dove ho trascorso gli anni più belli della mia cosiddetta gioventù."

E non dimenticherò mai i maestri, le guide e i giovani battipista con cui andavo a lisciare le piste quando non avevano ancora inventato i gatti delle nevi.

E nemmeno dimenticherò mai le grandi nevicate record di più di un metro per volta, che ora purtroppo non ci sono più, e nemmeno Leo Gasperl, il grande caposcuola che fece storia per la sua tecnica e soprattutto per la sua eleganza. Era lui che mi vestiva tutto colorato da capo ai piedi quando la maggior parte degli sciatori indossavano solo giacche a vento e pantaloni scuri. Dicevano che mi vestivo così per farmi notare. Cosa dovremmo dire ora che sulle piste si vedono i colori più pazzi, e gli sciatori uomini e donne seguendo le mode dell'anno indossano i capi più stravaganti?

E non dimenticherò soprattutto il mio grande amico Bepi Garnero, con cui ho percorso lungo l'arco di decenni qualche migliaio di chilometri lungo le discese dal Plateau Rosa.

Sono fiero della nomina di qualche anno fa a cittadino onorario di Valtournenche e soprattutto di quella ancora più recente come cittadino onorario addirittura della Regione Valle d'Aosta.

A proposito della mia frattura del femore, incredibile ma vero me la sono causata non in seguito a una discesa spericolata ma durante un allenamento di fondo nell'inverno del 2002. Stavo percorrendo le ultime centinaia di metri della pista, era buio e quasi non si vedeva più. L'ultimo tratto era in discesa e chi se ne intende sa che, essendo gli sci di fondo molto stretti, è difficilissimo mantenere l'equilibrio, soprattutto se il terreno è ghiacciato. Caddi, e rimasi sdraiato per terra pregando Dio che passasse qualcuno, ma a quell'ora su una pista di fondo poteva esserci solo un fanatico come me... o come quella bella e brava ragazza della Nazionale giovanile di fondo che, dopo aver terminato il suo lavoro, venne a farsi qualche chilometro di pista anche se stava diventando buio.

Arrivarono i carabinieri che mi trasportarono al Pronto soccorso del dottor Maquignaz.

"Devi farti trasportare subito in un ospedale, Mike" mi disse esaminando le radiografie, "dovrai essere operato, non ho mai visto una frattura così minuta del femore." Mi raccomandò di non farmi ricoverare nel tale ospedale, di cui non faccio il nome, perché non si fidava.

Chiamai allora con il telefonino il dottor Meersseman, il famoso medico chiropratico che da anni cura le mie magagne, e che oggi si occupa anche di tutta la squadra del Milan con il Milan Lab, il centro di ricerca scientifica che lui stesso ha fondato, finalizzato alla prevenzione del rischio di infortuni. "Fatti portare con un'ambulanza all'ospedale di Varese" mi disse Jean-Pierre "perché lì c'è un chirurgo di gran fama, il professor Cherubino, dal quale vanno tutti i più famosi atleti incidentati."

Fu un viaggio molto lungo perché l'ambulanza andava ovviamente molto piano per non farmi soffrire, e arrivai all'ospedale alle tre di notte. Entrai tra gli applausi del personale e dei ricoverati come se fossi reduce da una grande impresa. Erano rimasti in piedi per vedermi. Mi assegnarono una camera dalla quale poco prima era uscito nientemeno che il nostro ex presidente della Repubblica Francesco Cossiga, ricoverato per problemi all'anca. Il professor Cherubino mi operò e mi mise nella gamba due chiodi che ho tuttora. Mi danno ancora un po' fastidio, ma molti esperti sostengono che non si debbano più togliere in modo da rinforzare l'osso ed evitare un'altra frattura in caso di caduta.

Anche in questo caso decisi di andare a lavorare comunque, e mi presentai in TV pochi giorni dopo con le stampelle, esattamente come quarant'anni prima quando ebbi un incidente simile, sempre a Cervinia. In quel caso, nel 1961 si trattava di *Caccia al numero,* in questo c'era la diretta di *Viva Napoli!* Apparvi al pubblico seduto su una sedia, e condussi così tutta la trasmissione!

Un altro incidente molto doloroso fu quello che ebbi a Saint-Moritz durante le riprese per gli spot pubblicitari della grappa Bocchino. Dopo avermi fatto esibire in parecchie discipline sportive invernali, compreso l'intrepido *ski joering* (la corsa che avviene facendosi trascinare sugli sci, attaccati a un cavallo), i creativi della pubblicità decisero di fare una ripresa mentre scendevo lungo la ripidissima ghiacciata dello *skeleton.* Lo skeleton è una disciplina olimpica, in cui l'attrezzatura di base è costituita da uno slittino di ferro che pesa una sessantina di chilogrammi, e sul quale ci si adagia a pancia molle tenendo i gomiti in fuori per mantenere l'equilibrio. Si raggiungono delle velocità che superano anche i cento chilometri all'ora, ma guai a sbandare perché, se non si hanno i gomiti appropriatamente imbottiti, toccando le pareti ci si può fare molto male. Non essendo molto pratico, incominciai a sbandare subito da una parte all'altra causandomi delle botte dolorosissime. Arrivato in fondo alla pista constatai con orrore che entrambi i gomiti si erano gonfiati a un punto tale che sembravano delle palline colorate. Anche in questo caso fu necessario l'immediato ricovero in ospedale a Milano, dove mi operarono togliendomi, a causa delle lesioni così gravi, le capsule sinoviali.

L'ultima avventura, la mia più famosa, e forse la più drammatica, la vissi nel 1976 sulla cima del Cervino, a 4478 metri. Si concluse felicemente dopo circa tre ore di paura per me e di allarme per quelli che si apprestavano a salvarmi.

Il tutto per poter gridare: "Sempre più in alto!" dalla cima del Cervino!

Il mio compito consisteva appunto nel portare sempre più in alto una bottiglia di grappa, la famosa Bocchino. Quando ci ripenso dico a me stesso che dovevo essere proprio incosciente. Mi portavano a bordo di un elicottero sulle cime delle nostre catene montuose, soprattutto quelle della zona della Valle d'Aosta, mi lasciavano lì tutto solo, mi giravano attorno con l'elicottero per riprendermi mentre sollevavo la bottiglia e poi mi venivano a riprendere per portarmi alla base.

Quel giorno sul Cervino era una giornata bellissima. Ma come sempre accade sulle cime più alte il tempo può cambiare improvvisamente. L'operatore delle riprese era talmente entusiasta dell'immagine che stava realizzando, con me appostato su quella mitica roccia sull'orlo dell'abisso di 2000 metri, che non si accorse che l'elicottero necessitava di rifornimento. Mi comunicarono via radio che si sarebbero allontanati per tornare subito. "State attenti" dissi, "non fate tardi perché vedo in distanza delle nuvole in formazione, e non vorrei proprio che la situazione meteorologica peggiorasse improvvisamente."

Le ultime parole famose. Purtroppo il rifornimento a Zermatt durò più del previsto e quando tornarono a prendermi non furono più in grado di vedermi. La vetta era completamente avvolta dalle nuvole, il vento soffiava fortissimo, al punto che dovetti legarmi al crocifisso che c'è piantato in cima al Cervino. Eravamo in contatto radio ma l'elicotterista non osava avvicinarsi per il rischio di sbattere contro le pareti. I componenti dell'équipe televisiva erano disperati perché correvo il rischio di rimanere bloccato lassù fino a chissà quando.

Mentre mi incoraggiavano, si inserirono nella comunicazione molti radioamatori del Nord Italia, che ascoltando la nostra drammatica conversazione mi dicevano: "Ma sei proprio tu Mike, lassù? Cosa fai lì, sei matto?".

"Eh sì" rispondevo io, "avete ragione. Se mi tirano fuori da questo guaio non dirò più 'Sempre più in alto!' ma 'Sempre più in basso!', dove non c'è pericolo..."

Dal Plateau Rosa alcune guide si stavano già organizzando per salire a prendermi, ma ci sarebbe voluto un tempo indefinito, quindi, visto com'ero attrezzato e con tali condizioni atmosferiche, era impensabile che potessero trovarmi ancora in vita. Approfittando della bottiglia di grappa che avevo con me ne ingurgitavo grosse sorsate per tenermi caldo. Mentre la situazione continuava ad aggravarsi, il pilota dell'elicottero prese una decisione drastica: "Se non lo recuperiamo adesso, domani mattina lo troveremo stecchito". Quel pilota era noto in tutta la valle perché in passato aveva già compiuto numerosi salvataggi, a rischio della propria vita. Decise di provare a recuperarmi, salendo ad ascensore sotto le sferzate del vento, partendo praticamente dalla base del Cervino e tenendosi a una cinquantina di metri per non urtare contro le pareti. Ce la fece solo grazie alla sua grande tecnica e al suo coraggio. Me lo vidi apparire sopra la testa, e nonostante il forte vento riuscì a rimanere immobile. Con una cima legata al verricello fece calare la guida Ettore Bich, che mi aveva già accompagnato nelle precedenti avventure. Scendendo si ferì anche, ma riuscì a legare la mia imbracatura al cavo dell'elicottero, che mi portò via di colpo, appeso nel vuoto fino al Plateau Rosa.

Promisi a me stesso che non avrei più accettato di portare la bottiglia di grappa Bocchino su qualunque altra cima, ma i miei buoni propositi non durarono a lungo. Mi feci convincere, per amore del lavoro, a portarla su un'altra delle vette alpine, e tutto andò bene quella volta, fino al momento del mio recupero. La dinamica doveva essere semplice: ogni volta che mi calavano il cavo, io lo attaccavo alla mia imbracatura, dopodiché il verricello mi sollevava direttamente fino nell'elicottero. Sfortunatamente questa volta il meccanismo si inceppò e, mentre l'elicottero prendeva quota, ogni volta che premevano il bottone per farmi salire io invece scendevo, per cui a un certo punto mi trovai penzolante a una ventina di metri, sospeso nel vuoto. Tentarono invano più volte di rimetterlo in funzione, ma alla fine si bloccò del tutto, quindi decisero di calarmi a terra nella neve nel primo luogo di emergenza disponibile. Aveva nevicato da poco, perciò appena mi appoggiarono io sprofondai e mi trovai immerso nella neve fino al petto: rimasi così impalato fintanto che non tornarono a recuperarmi con un altro elicottero.

Durante i tentativi per farmi rientrare nell'elicottero, mentre il pilota sorvolava le cime attorno al Rosa cercando il primo punto utile all'operazione, da un altro elicottero che ci seguiva scattarono delle foto sensazionali. Molti mi dicono: "Non sei tu, è impossibile che tu abbia fatto quelle cose, era sicuramente uno stuntman". Sono effettivamente foto straordinarie, e vi assicuro che quell'essere umano penzolante nel vuoto sono proprio io!

Il mio accordo con lo sponsor terminò lì, ma, per ricordare quelle incredibili avventure, continuarono di tanto in tanto a mandarmi dei bei bottiglioni di grappa, che bevevo con i miei amici di Cervinia. Tra questi c'era anche il maestro di sci Bepi Garnero con cui ho sciato per più di trent'anni. Il mio grande amico Bepi purtroppo non c'è più, è andato a sciare sulle nuvole in Paradiso. Sono contento però di aver realizzato insieme a lui, prima che se ne andasse, il nostro grande sogno di vedere il Polo Nord.

Polo Nord

Sono orgoglioso di esserci andato, anche perché i ghiacci del Polo Nord vanno scomparendo, e fra qualche anno dicono che ci sarà solo il mare.

Mi ero già avvicinato a quelle latitudini durante un viaggio a Stoccolma nella primavera del '78, e sin da allora il progetto di spedizione al Polo divenne per me il sogno proibito di una grande avventura.

L'idea della spedizione nacque dalla proposta di Lino Zani, che aveva concordato con papa Wojtyla di portare una croce al Polo Nord e una al Polo Sud per unire simbolicamente i due poli.

L'occasione di organizzare l'intera operazione arrivò con le commemorazioni per il centenario della prima spedizione al Polo Nord, organizzata nel 1898 da Luigi Amedeo di Savoia, il famoso "duca degli Abruzzi", e patrocinata da re Umberto I.

Lino Zani era molto intimo con papa Wojtyla, che lo considerava come un figlio. È noto nell'ambiente come "il maestro di sci del papa" perché più volte, spesso in incognito, Giovanni Paolo II, che era un grande appassionato di montagna e di sci, andava a passare qualche giorno nella sua capanna all'Adamello. L'aveva scoperta per caso, grazie a due sacerdoti polacchi che durante una loro gita estiva si erano fermati da lui. Il panorama era così bello e la località così lontana da tutti, che gli chiesero se se la sentisse di ospitare una grande personalità. Fu una grande sorpresa per Lino, quando vide entrare in carne e ossa nella sua capanna nientemeno che il pontefice.

Il papa, quando arrivava da lui per le vacanze indossava subito gli abiti da montanaro, con tanto di camicia a scacchi, pantaloni alla zuava e scarponi chiodati, e lì passava, a suo dire, le più belle e spensierate giornate dell'anno. Lino Zani possiede delle fotografie che non ha mai mostrato alla stampa perché non voleva che se ne facesse un uso improprio. Io le ho viste.

"Voi siete come la mia famiglia" diceva Wojtyla agli anziani genitori di Lino. Pranzavano e cenavano insieme, dopodiché il papa andava a riposare dopo aver fatto dire le preghiere a tutti. Ogni mattina prima dell'alba, quando era ancora buio, Lino e il pontefice partivano con gli sci ai piedi e si allontanavano di qualche chilometro. Il papa aveva un posto prediletto dal quale dominava tutte le montagne e i ghiacciai. Rimaneva lì per tre, quattro ore in contemplazione. Lino invece si allontanava di parecchie centinaia di metri, per lasciare che il papa si sentisse veramente solo con la natura e con il cielo. Lo accompagnava ogni tanto anche il suo segretario personale, padre Stanislao, che gli stette a fianco per decine di anni, tanto che possiamo considerarlo in un certo senso un suo discepolo, ed è stupefacente vedere come negli anni egli abbia raccolto anche tanti aspetti caratteriali di Wojtyla. Stanislao ora è tornato a Cracovia, nel ruolo di arcivescovo, ed è stato nominato addirittura cardinale. Chissà che un giorno non divenga papa lui? Mi ha anche invitato ad andarlo a trovare con Lino Zani. Evidentemente ha tanta nostalgia dell'Italia.

Grazie a Lino, io, Daniela e i miei figli abbiamo avuto la possibilità di essere ricevuti in privato dal papa. È una data che non dimenticherò, il 19 giugno del 1997.

La presenza del papa trasmette un'emozione difficile da tradurre in parole. Emanava una specie di carisma che mi piegò le gambe, facendomi seriamente riflettere davanti al mistero e al senso del sacro.

Mi sono intrattenuto qualche minuto con lui parlando proprio di montagne e di neve.

L'ultima volta che lo vidi, la sua salute era già malferma e non dimenticherò mai quello che ci disse accomiatandosi da noi prima di aprire la porta per rientrare nel suo studio: "E adesso avete uno sciatore in meno".

Quanto partì la spedizione al Polo, nella primavera del 2001, si unirono a noi una quarantina di guide alpine, giornalisti specializzati e famosi esploratori, oltre naturalmente ai tecnici incaricati delle riprese per conto della televisione. Andammo tutti insieme in visita al Vaticano per ritirare la croce da portare al Polo. In quell'occasione portai al papa in dono un paio di scarponi da discesa bianchi. Gli luccicarono gli occhi dalla felicità.

Per andare al Polo fummo costretti a passare prima dalla Russia perché le autorità preposte a rilasciarci il permesso, dovendo noi percorrere parte della Siberia, volevano incontrare uno per uno i componenti della spedizione. Ci convocarono a San Pietroburgo, dove c'è il più famoso museo del mondo dedicato al Polo. Vi sono conservate tutte le testimonianze, le fotografie, i materiali, e l'equipaggiamento di quelli che ci sono stati. Trovandomi lì ne ho approfittato per visitare il famoso museo dell'Ermitage.

La prima tappa la facemmo in una tipica cittadina della Siberia, Katanga. Praticamente tutto l'anno è coperta dalla neve e dai ghiacci. Le donne sono bellissime, e ci faceva una grande impressione vederle passare, alte e snelle, tutte col colbacco e con delle pellicce lunghe fino ai piedi.

Ebbi modo di toccare addirittura un mammut. Uno scienziato l'aveva trovato casualmente intatto, immerso nel ghiaccio, durante una sua spedizione. Per estrarlo avevano tagliato l'enorme blocco di ghiaccio che lo conteneva, e con un elicottero lo avevano trasportato in una grotta lungo il fiume di Katanga, dove la temperatura tutto l'anno era sotto lo zero. Mi dissero che ci sarebbe voluto molto tempo prima di liberarlo completamente dal ghiaccio e dai sedimenti di terra in cui era avvolto. Come dei certosini lo raschiavano piano piano con degli scalpelli per non danneggiarlo. Avevano già scoperto parte del cranio superiore e c'era ancora la peluria che toccai con mano prendendomi una grande sgridata dai guardiani.

Da Katanga ci trasferimmo con un enorme elicottero militare, adatto al trasporto di una ventina di passeggeri. Noi eravamo più di quaranta, il gruppo dall'Italia più le guide locali che ci avevano assegnato per precauzione ed eventuale difesa dall'assalto degli orsi, e ci ammassammo tutti dentro uno sopra l'altro in posizione scomodissima.

Purtroppo i russi ci costrinsero a lasciare a terra i nostri cani da slitta, che aveva portato con sé il famoso allevatore membro della nostra spedizione, Dodo Perri. Con alcuni di questi anche lui aveva partecipato alla famosa *Iditarod*. Ci dissero, lasciandoci di sasso, che non li potevamo portare al Polo perché temevano che avrebbero trasmesso delle malattie agli altri animali del luogo.

Atterrammo in un avamposto militare russo denominato *Schredni*, ormai abbandonato definitivamente dai soldati dopo la fine della Guerra fredda. Il campo era costellato di camion, carri armati, cannoni e vettovaglie che erano state lasciate lì in fretta e furia durante lo smantellamento perché non valeva più la pena di riportarle indietro. Vi vivevano due sole persone con un bambino, addette ai controlli meteorologici. Ci raccontarono il dramma della loro vita e il motivo per cui erano rimasti lì mentre tutti i militari se ne erano andati.

Dopo anni e anni di impegno con lo Stato erano riusciti a raggranellare una cifra sufficiente per lasciare *Schredni* e andare a vivere in quello che per tutti i russi rappresentava il sogno della vita: la Crimea. Purtroppo, mentre si accingevano ad andare via, pagarono lo scotto della grande crisi economica in Russia, che svalutò completamente il rublo, e si ritrovarono con un mucchio di carta straccia, costretti a rinunciare al loro sogno.

Avevano un bambino di dieci anni che quando noi arrivammo stava festeggiando il suo compleanno. Da quando era nato non aveva mai potuto giocare con altri bambini. I suoi unici compagni erano i loro cani e frequentava la scuola via radio. Provai molta tenerezza per lui, mi fece tornare in mente tutta la mia solitudine da bambino.

Mentre dormivamo nella loro casa fummo svegliati da strani rumori. C'era un grande orso bianco con il suo cucciolo che, attirato dal profumo del cibo, spingeva la porta d'ingresso per cercare di entrare.

Ci fermammo lì per qualche giorno. Di tanto in tanto uscivamo e facevamo delle lunghe camminate con gli sci.

Durante una di queste escursioni, vedemmo arrivare in distanza un puntino che piano piano cresceva venendo verso di noi. Quando ci raggiunse capimmo che era un uomo, un cacciatore con la barba e i capelli lunghissimi e un'enorme slitta trainata da una decina di cani, sulla quale trasportava le più belle pellicce che si possano immaginare. Il classico personaggio da film di avventure. Uno di quei cacciatori che tutti gli anni vanno in giro da soli per le zone polari per poi tornare in città e vendere le pelli. Gli comprai una meravigliosa pelliccia di volpe argentata per dieci dollari, la conservo ancora nella mia casa di montagna. Pensammo di fargli subito un'offerta con un bel compenso in dollari affinché ci cedesse la slitta e i cani per qualche giorno per poter trasportare le numerose masserizie che avevamo al seguito, e lui accettò immediatamente.

Con la tappa seguente arrivammo al confine della terra di nessuno, una località stranamente denominata dai russi Borneo. Da quel punto in avanti non c'era più controllo e ognuno avanzava a proprio rischio e pericolo. A Borneo c'è un'enorme piattaforma di ghiaccio dove possono atterrare con grande facilità addirittura gli aerei a reazione. Stavano costruendo un gigantesco hangar, e chiesi quale fosse la ragione di quella struttura. Mi spiegarono, e penso che questa iniziativa sia tuttora in atto, che un'importante agenzia turistica europea stava organizzando dei viaggi a pagamento per chi voleva visitare il Polo, al "modesto" prezzo di venticinquemila dollari. Partendo da Parigi ci si sarebbe fermati al Borneo, poi ci sarebbe stato il trasferimento diretto al Polo Nord su degli elicotteri speciali, per festeggiare con caviale e champagne e permanenza di un paio d'ore un'avventura che costituisce il sogno impossibile di tanti bambini. Senza fare il minimo sforzo! Se penso alle sofferenze immani che dovette superare il duca degli Abruzzi solo cento anni prima per raggiungere il suo traguardo!

Di notte riposavamo nelle tende che avevamo portato dall'Italia. E dai trenta gradi sotto zero di giorno passavamo a oltre quaranta sotto zero di notte. Dormivamo nei sacchi a pelo, che venivano trasformati in vere e proprie saune dal calore del nostro corpo. Ognuno di noi aveva una speciale bottiglia nella quale fare pipì, per evitare di uscire dal sacco a pelo passando da un grande calore ai quaranta gradi sotto zero. Purtroppo però la bottiglia non era sufficiente, perché nelle zone polari si consiglia di bere molta acqua, almeno cinque litri al giorno. Perciò, nonostante le precauzioni ci si vedeva costretti a uscire dal sacco. Per i bisogni più grossi il problema era ancora più grave. È facile immaginare la sensazione di scoprire le proprie parti intime a quaranta gradi sotto zero! Oltretutto bisognava farlo in pochi secondi con il sistema del giù e su. Prendendo a calci anche i cani siberiani che venivano a curiosare!

Al nostro seguito papa Wojtyla aveva mandato un rappresentante del Vaticano, monsignor Andreatta, che tutti i giorni diceva la messa. Le sue erano cerimonie uniche ed emozionanti, che vivevamo tutti insieme attorno a degli altari di ghiaccio che costruivamo di volta in volta, e spesso io e Lino Zani facevamo i chierichetti.

Fu precisamente il giorno di Pasqua del 2001 che finalmente raggiungemmo il Polo Nord. E lo ricordo come un giorno costellato da una serie di aneddoti veramente strani.

Accesi una fiaccola che mi avevano dato per festeggiare, ma per l'emozione la spezzai in due e un pezzo rovente mi cadde su una mano. Mi bruciò il guanto e mi lasciò un segno che porto tuttora.

Monsignor Andreatta disse la messa che andò in onda in collegamento via satellite dal Polo, fatto storico, con sullo sfondo la croce che il papa ci aveva dato. E io raccontai al pubblico italiano le dinamiche della nostra avventura.

C'è mancato poco però che il pilota dell'elicottero che era venuto a recuperarci ci abbandonasse sulla banchina di ghiaccio per via dei primi segnali dello scioglimento. L'elicottero era talmente pesante che cominciava a sprofondare.

Con ampi gesti ci faceva segno di raggiungerlo, e anche le guide ci invitavano ad affrettarci, ma monsignor Andreatta, che stava dicendo la messa, non voleva interrompere e proseguiva dicendo: "Un momento, un momento, devo ancora dare la benedizione finale".

Fummo costretti a portarlo via quasi di peso con il calice

e l'ostensorio ancora in mano, lo spingemmo dentro l'elicottero, io saltai dentro per ultimo mentre il pilota stava già per staccarsi dal suolo. Chi però non riuscì ad arrivare in tempo per salire fu il povero Dodo Perri. Ospitare anche lui sarebbe stata un'operazione complicata, dovendo caricare anche i cani. Rimase lì per quattro o cinque ore in attesa di essere recuperato nel giro successivo. Ma gli fecero buona compagnia le numerose bottiglie di champagne che avevamo portato per festeggiare il ritrovamento dell'esatta locazione del Polo Nord. Cosa abbastanza complicata perché il pack, essendo in continuo spostamento, rende quasi impossibile la sosta nel punto geografico preciso per più di qualche secondo. Quando credevamo di essere giunti alla meta, dopo qualche istante ci eravamo di nuovo spostati.

Dodo si tenne anche caldo bevendo il caffè bollente della recente invenzione del mio sponsor Giulio Malgara. Per la spedizione ci aveva fornito una grande quantità dei famosi bicchierini di plastica denominati "Caldo caldo", bastava strappare il coperchio che per reazione il liquido interno si scaldava. Per qualche tempo li vendettero anche negli stadi per il campionato di calcio.

Disgraziatamente Dodo Perri, che era un grande spregiudicato e non badava ai pericoli pur di vivere grandi avventure, è successivamente morto in seguito a un incidente subacqueo. Lo ricorderemo sempre come un bravo ragazzo, motivato da una passione straordinaria, che aveva sacrificato tutto pur di vivere con i quaranta cani del suo allevamento, e viaggiare da un continente all'altro per partecipare alle corse con le slitte.

Purtroppo non potemmo lasciare sul posto la croce per la quale era stata organizzata la spedizione, perché, verificando lo stato di scioglimento avanzato dei ghiacci, anche su consiglio delle guide, temevamo che non avrebbe retto in piedi e che sarebbe finita in acqua molto presto. Dovetti riportarla con me a San Pietroburgo. Chi va a visitare il museo del Polo la può vedere in bella mostra con il racconto e le fotografie della nostra impresa.

Io e Silvio

Credo di aver fatto molto per Mediaset.

Da quando ho mosso i miei primi passi con Silvio Berlusconi c'è stata una vera e propria rivoluzione in campo televisivo.

Mi rimbombano ancora nelle orecchie le parole dei dirigenti RAI. "Sono giochini quelli che stai facendo, e TeleMilano 58 con cui collabori è una piccola emittente regionale."

Io fui il primo a fare il grande passo. Capii che la strada sarebbe stata quella giusta. Il mio istinto, la mia esperienza, chissà forse il mio angelo custode... non riesco a razionalizzare troppo, ma certamente di una cosa mi rendevo conto: dell'azzardo che stavo correndo!

Era però un rischio che sentivo di correre in compagnia di una persona capace e lungimirante.

Sembrerà un controsenso, ma con il senno di poi posso dire che credo di essere nato per questo tipo di esistenza movimentata.

Anche se passo per un conservatore, un moderato un po' all'antica, sotto sotto, ora che mi posso permettere di riguardare tra le pieghe del tempo con una certa saggezza, e riesco a osservare in modo distaccato le mie azioni, mi rendo conto che ciò che ho amato di più nella mia vita non è stato tanto il denaro o il successo o la notorietà che mi sono procurato, ma quel tanto di rischio, di instabilità, di imprevisto, che spesso a intervalli di tempo mi hanno spronato e dominato.

E ciò che ho seminato nel mio campo d'azione è stato sempre portatore di cambiamenti, di innovazioni.

Non c'è dubbio che il patto di ferro tra me e Silvio Berlusconi nel settore della comunicazione televisiva abbia portato un'onda lunga di cambiamenti.

Tutti noi del mondo dello spettacolo dobbiamo riconoscere che grazie a lui il nostro lavoro ha avuto la giusta gratificazione, e che si è totalmente rivoluzionato il rapporto che esisteva tra noi e la RAI. Ovviamente, trattandosi di un monopolio, la RAI nei venticinque anni che precedettero l'arrivo di Canale 5 se ne approfittava.

Non c'era concorrenza e soprattutto noi presentatori, pur gestendo trasmissioni con un'audience di oltre venti milioni di telespettatori (io arrivavo anche a ventitré-ventiquattro) venivamo ricompensati con cifre irrisorie, se teniamo conto della popolarità che avevamo. In un anno io guadagnavo dai ventisei ai ventotto milioni di lire, cifra improponibile se paragonata ai guadagni di allora degli attori del cinema, tanto che ero costretto a girare l'Italia facendo ininterrottamente le cosiddette *personal appearances* (apparizioni personali) per arrotondare.

Il 2007 è un anno molto importante per quanto riguarda la mia collaborazione con Silvio Berlusconi e le sue attività televisive. Il primo contatto l'abbiamo avuto nel 1977, quindi sono trascorsi trent'anni da quando ci siamo conosciuti.

Vorrei fare una bella festa di anniversario con lui per ricordare insieme, e per raccontare a tutti le cose che abbiamo fatto.

Ho imparato a stimarlo sinceramente sul lavoro, perché è stato uno dei pochi capaci di ispirarmi sul serio nella vita, e con il tempo è nata un'amicizia che mi ha portato a provare un sincero affetto per lui e per la sua famiglia.

In anni di frequentazione ho visto praticamente crescere i suoi figli e ho imparato ad ammirarlo come patriarca moderno. Chissà se Marina e Pier Silvio si ricordano ancora di quando erano piccoli e portavo loro in regalo i palloncini, le magliette e i gadget dei nostri sponsor in occasione delle riunioni con il papà ad Arcore. Oggi anche loro sono divenuti adulti, e sono felice di vederli occupare con talento posizioni di grande prestigio. Pier Silvio, presidente di RTI e vicepresidente di Mediaset, e Marina presidente della Fininvest e del gruppo Mondadori.

Quante riunioni di lavoro abbiamo fatto insieme in cui lui era sempre allegro e disponibile. E quante volte sono stato testimone dei suoi gesti di generosità, forse il lato della sua personalità che mi ha insegnato di più ad apprezzarlo.

Spero davvero che troveremo il tempo per questo "Amarcord", nonostante la vita pesantissima che conduciamo. Lui dorme pochissime ore per notte ed è uno di quei rari personaggi pubblici che quando li chiami al telefono ti rispondono entro ventiquattr'ore al massimo, un po' come faceva l'avvocato Agnelli, che mi svegliava addirittura alle sette del mattino per parlarmi.

C'è una sola cosa che sono fiero di non aver fatto con Silvio Berlusconi. Seppure lui ci abbia provato con me in tutti i modi... ho resistito, e non sono diventato milanista!

Ogni volta che facciamo una convention di Mediaset e saliamo entrambi sul palco continua a sfottermi per il mio tifo juventino. L'ultima volta mi disse: "Ti ammiro per tutto quello che hai fatto, ma sai di avere un solo grave difetto! E per questo devi pagare una penitenza". Mi ha poi dato da mettere al polso un orologio con impresso sulla cassa, ahimè, l'emblema del Milan. "Così ti ricorderai ogni volta che guardi l'ora che non c'è solo la Juventus" aggiunse. Mi spiace, caro Silvio, doverti dire che me lo hanno rubato, e quindi, per me continua a esserci solo la Juventus (in attesa che anche loro mi mandino un bell'orologio!).

Quando nel 1993 Silvio Berlusconi decise di entrare in politica, ce lo fece sapere, e tutti noi che lavoravamo per le sue reti televisive capimmo che stava per verificarsi uno sconvolgimento nelle abitudini del gruppo. C'eravamo abituati alla sua straordinaria leadership e alla sua costante presenza negli studi delle nostre produzioni. Non passava giorno che non facesse un giro nei nostri corridoi, informandosi su come andavano le cose e discutendo con noi dei suoi progetti futuri.

Quando parlai di lui davanti alle telecamere, dichiarando che secondo la mia esperienza era un brav'uomo e una persona di cui fidarsi, mi attaccarono dicendo che usavo la televisione come strumento politico e che ho così condizionato milioni di elettori.

Io in verità lo feci solo per spiegare che stimavo l'uomo, e al contrario di molti miei colleghi non accettai mai l'offerta di entrare in politica.

Sono fermamente convinto che da un punto di vista politico non devo essere impegnato per rispetto verso il pubblico. Ci sono persone di destra, di sinistra e di centro. Quando si siedono davanti al video vogliono vedere in Bongiorno il presentatore, non il nemico o l'alleato.

La mia "carriera" politica ebbe una nuova improvvisa impennata quando "TV Sorrisi e Canzoni", all'epoca diretto da Massimo Donelli, che oggi è direttore di Canale 5, in occasione dei miei ottant'anni promosse una campagna in mio favore lanciando un appello pubblico per la mia nomina a senatore a vita. L'idea mi sorprese, e confesso anche che mi lusingò. Mi fecero sapere che, secondo un sondaggio, sessantacinque italiani su cento, quindi milioni di persone, si erano detti d'accordo. E fu particolarmente ammaliante il fatto che la proposta venisse ripresa da tutti i giornali di sinistra e di destra, e che tante illustri firme di questo Paese si dicessero d'accordo, da Enzo Biagi a Paolo Mieli, a Giuliano Ferrara, che si sbilanciarono generosamente spendendo una buona parola per me. Ringrazio di cuore davvero tutti.

Anche Berlusconi mi appoggiò, ma la cosa per vari motivi non ebbe seguito. Ancora oggi nei collegamenti televisivi a cui partecipiamo, mi saluta dicendo: "Ciao senatore!".

Le mie soddisfazioni le ho avute comunque, quando nel 2004 il presidente della Repubblica Ciampi mi ha nominato "Grand'Ufficiale con Ordine al Merito della Repubblica Italiana"; scopo della carica è ricompensare le "benemerenze acquisite verso la nazione nel campo delle lettere, delle arti, dell'economia...".

Così recitava il suo messaggio di auguri: "Con intelligenza, lavoro e rigorosa professionalità lei ha segnato la storia della TV italiana accompagnandola dalla sua nascita a oggi... Grazie per l'allegria".

Precedentemente a questa nomina i Savoia mi avevano nominato "Commendatore dell'Ordine di San Maurizio e Lazzaro", un riconoscimento che mi fa stare in compagnia di gente come Camillo Benso di Cavour, Edmondo De Amicis, Benito Mussolini, Giuseppe Verdi, Benedetto Croce, Luchino Visconti, Valentino Bompiani...

Recentemente mi hanno intitolato addirittura una via, al Lido di Jesolo: "Lungomare Mike Bongiorno". Questa cosa mi ha un po' impressionato, di solito lo si fa a gente che è già passata a miglior vita, come si suol dire. Non vorrei fosse una specie di spintarella sul viale del tramonto! Almeno mi consola il fatto che sul lungomare della spiaggia del Lido di Jesolo potrò godermi una bella vista!

È arrivata poi la mia laurea *honoris causa* in Scienze della comunicazione, che è un po' come la ciliegina sulla torta.

Caro Silvio, c'è chi mi ha definito "maestro e vero profeta del verbo berlusconiano".

Il nostro in verità è un silenzioso, indistruttibile patto che va al di là della frequentazione, che non c'entra niente con la politica, una vera intesa tra amici rivoluzionari che hanno vissuto insieme esperienze fondamentali, e che sanno di potersi fidare l'uno dell'altro.

Ora hai compiuto settant'anni, e io fraternamente ti dico: è ora di goderti un po' la vita. Non prendere esempio da me, *take it easy and relax*!

Superando il secolo

In questi miei primi trent'anni di collaborazione con il gruppo Mediaset, dai primi esperimenti nelle cantine di Milano 2 all'acquisto di Endemol, ho gioito ed esultato per ogni singolo nuovo obiettivo raggiunto, vivendo sulla mia pelle ogni piccolo traguardo, ogni tappa sofferta, ogni delusione.

L'azienda si è evoluta, si è trasformata in un modo impressionante, fino a diventare leader a livello mondiale nel settore della comunicazione televisiva.

Sovente io faccio gli onori di casa perché, anche se non possego delle azioni, considero Mediaset come se fosse anche una mia creatura.

Come riconoscimento, anni fa mi nominarono addirittura vicepresidente di Canale 5, con tanto di targa da mettere sulla mia scrivania. Lo sono tuttora, senza incarichi, fino a quando Pier Silvio non se ne accorgerà...

A partire dalla costituzione dei nostri modernissimi studi di Cologno Monzese, che sono un esempio per tutte le televisioni europee (e che conosco uno per uno come le mie tasche, fin dentro ogni sgabuzzino), ho vissuto con entusiasmo l'acquisto da parte di Berlusconi di Italia 1 e di Retequattro, per le quali sono stato sempre interpellato, contribuendo alla creazione delle linee editoriali e dei primi palinsesti delle tre reti: Canale 5, Italia 1 e Retequattro.

Ho testato personalmente con le mie trasmissioni i primi rilevamenti auditel, mi sono rallegrato per i risultati del superamento di Rai Due, ho visto entrare dalla porta uno per uno i miei colleghi dalla RAI, da Corrado a Sandra e Raimondo, a Pippo, a Raffaella... Ho assistito all'acquisto di "TV Sorrisi e Canzoni" (tra l'altro con "Sorrisi" ho appena festeggiato ottantaquattro copertine!) e mi sono entusiasmato per i progetti di espansione in Europa con Telecinco, La Funf e La Cinq.

Ricordo che brindai in diretta con Amanda Lear in collegamento da Parigi durante la trasmissione di presentazione ufficiale di La Cinq. E ci rimasi molto male quando qualche anno dopo purtroppo La Cinq venne chiusa nonostante il grandioso successo iniziale, a causa delle gelosie della concorrenza e del patriottismo di alcuni potenti, che non vedevano di buon occhio uno straniero alla guida di una televisione francese.

Ma il vero grande vanto è il successo che continua tuttora dopo tanti anni dalla fondazione in Spagna con Telecinco.

Ho avuto anche il privilegio di collaborare con alcune delle menti televisive più geniali e qualificate.

A partire dal talentuoso Carlo Freccero, che ha diretto i primi palinsesti delle tre reti, passando poi alla programmazione di La Cinq e successivamente alla direzione di Italia 1. Ci tengo a dire che Carlo Freccero è un genio, a volte incompreso, ma con una grande conoscenza della programmazione televisiva. Sicuramente l'uomo più creativo della televisione degli anni Ottanta e Novanta.

A questo si aggiunse il solidissimo rapporto di amicizia e di grande stima professionale che ho avuto con Giorgio Gori, che ha diretto Canale 5 dal '91 al '97. Il più giovane e il più bravo direttore di rete che abbiamo mai avuto, e che ha saputo dare moltissimo all'azienda, lasciandosi dietro un'eredità importante e un'impostazione alla programmazione di cui tuttora le reti godono. Da quando si è messo in proprio fondando una sua casa di produzione, Gori ha ulteriormente dimostrato la sua conoscenza del mestiere, mettendo in piedi una struttura ad altissimo livello che ha riscosso subito grandi successi, tornando, questa volta dal di fuori, a influenzare la programmazione di molte reti a cui vende i suoi programmi.

E non dimenticherò mai la signorilità e la competenza del mio direttore di Retequattro, Giancarlo Scheri, ex campione di pallavolo, un uomo con cui ho svolto un ottimo lavoro nel corso di anni, serio e rigoroso, e che ora ci ha lasciato per assumere l'importantissimo incarico di direttore delle fiction di Mediaset.

Ho vissuto la costituzione del piccolo esercito di venditori di Publitalia, la concessionaria per la pubblicità, ormai leader nel mercato nazionale ed europeo, che è la grande forza di Mediaset. Berlusconi sceglieva personalmente ogni singolo elemento dell'organico, che oggi supera addirittura i settecento individui, tutti giovani ragazzi elegantemente vestiti, con abito scuro e camicia azzurra, e guai a chi non metteva la cravatta!

Con loro ho avuto un rapporto molto stretto. Non c'è sponsor importante che non mi abbiano affidato, e insieme abbiamo ottenuto risultati grandiosi. Quasi quasi, ormai mi sembra di lavorare soprattutto per Publitalia!

Il mio maggior estimatore lì dentro oggi è Marco Manfredi, direttore delle iniziative speciali, che per sfruttare maggiormente le mie doti pubblicitarie ha addirittura inventato una rubrica intitolata "I consigli di Mike".

Di Publitalia fece parte Mario Brugola, un altro grande esperto del mestiere che purtroppo ormai è scomparso, e il bravo e buono Giorgio Restelli, al quale recentemente hanno dato un incarico estremamente difficile e delicato, quello di direttore delle risorse artistiche di Mediaset.

Negli anni Novanta, invece di calare i miei ritmi di lavoro a causa dell'età che avanzava, ho lavorato sempre di più! Forse come mai prima di allora!

C'è stato un periodo in cui, oltre a presentare *La ruota della fortuna*, nella fascia di mezzogiorno presentavo anche *Tris*, un gioco musicale con la partecipazione del maestro Tony de Vita, l'autore del grande successo mondiale *Softly as I Leave You*, cantato in tutte le lingue (persino da Frank Sinatra) e della cantante Wilma Goich, tuttora attivissima nonostante abbia tanti anni di carriera alle spalle. Responsabili del programma furono Illy Reale, Nino Longo (che ora possiede un ottimo ristorante) e Franco Nisi. Sono andate in onda centonovantacinque puntate con una media di ascolto di due milioni e mezzo circa, cifra notevolissima considerando la fascia oraria.

Ho fatto anche molti cosiddetti "Special". Vengono chiamati così perché si tratta in genere di programmi mirati a specifici argomenti.

La direzione di Mediaset ha sempre risentito del fatto che la RAI avesse in mano il Festival di Sanremo, e so anche che più volte cercò invano di accaparrarselo. Proposi pertanto a Silvio Berlusconi un programma musicale rievocativo delle più belle canzoni andate in onda nei Festival precedenti. Ecco perché lo intitolammo *C'era una volta il Festival*. Vi parteciparono, a parte i nostri più famosi cantanti, anche molti artisti stranieri tipo Pat Boone, Gene Pitney, Wilson Pickett... Il pubblico in sala votava con un insolito sistema, quello delle lampadine che si accendevano e che venivano conteggiate con un computer.

La responsabile della produzione di *C'era una volta il Festival* era Fatma Ruffini. Era stata tra le prime a entrare nell'organico di Canale 5 fin dalla sua fondazione, e tutt'oggi gode di un incarico di alta responsabilità, quello di direttrice responsabile del settore sitcom e dei varietà Mediaset.

La Ruffini si è specializzata importando in Italia le trasmissioni più importanti, sapendole produrre e ben adattare alle esigenze del nostro pubblico. È una donna con una volontà di ferro e un'enorme conoscenza del mestiere, un'altra dei grandi professionisti che ho incontrato lungo il mio cammino, e che hanno fatto la storia di Mediaset.

Forti del successo di *C'era una volta il Festival*, pensammo di realizzare una rassegna canora ancora più impegnativa, una vera e propria manifestazione musicale in concorrenza con Sanremo, che chiamammo *Festival italiano*. Visto che il Festival di Sanremo andava in onda in primavera decidemmo di farlo in autunno per non pestare troppo i piedi, scegliendo come località nientemeno che il forum di Assago, capace di ospitare migliaia di spettatori. Direttore d'orchestra fu Vince Tempera, la regia di Mario Bianchi e andammo addirittura in onda in diretta con le giurie organizzate dalla Abacus. Lo ripetemmo due volte. Il vincitore della prima edizione fu nientemeno che Fiorello, in coppia con Max Pezzali. La seconda edizione fu vinta da Sal da Vinci. *Festival italiano* diede molto fastidio a Pippo Baudo, che non so se per gelosia o perché temeva che il programma diventasse importante come Sanremo, annunciò che l'accesso a Sanremo sarebbe stato vietato ai cantanti che avevano partecipato al *Festival italiano*! Un "diktat" che influenzò notevolmente lo svolgimento della gara.

Per alcuni anni ho presentato un programma dedicato alla canzone napoletana. Si chiamava *Viva Napoli!* La scenografia consisteva in due tipici caffè all'aperto dove sedevano gli interpreti in gara per il trofeo finale, che andava alla squadra maggiormente votata. Raramente ho assistito a un così grande entusiasmo tra il pubblico. Trasmettevamo dal tendone di un circo che avevamo affittato. Tre ore prima dell'inizio c'erano già, non esagero, alcune migliaia di napoletani residenti a Milano, ansiosi di entrare per applaudire i loro beniamini. Le due squadre erano in genere capeggiate dai mitici Aurelio Fierro e Mario Merola con la partecipazione di cantanti del calibro di Gigi D'Alessio, Nino D'Angelo, Rita Forte, Manuela Villa e tanti, tanti altri che, chiedo scusa, non menziono.

Per parecchi anni ho condotto anche una gara internazionale di bambini tra i quattro e i dodici anni che si chiamava *Bravo, bravissimo*. Dagli Stati Uniti, dall'Unione Sovietica, dalla Cina e da molte nazioni europee ci mandavano ogni anno bambini prodigio che erano stati selezionati in trasmissioni similari dei rispettivi Paesi. Arrivarono piccoli cantanti, imitatori, ballerini, giocolieri, acrobati e soprattutto musicisti. I migliori in fatto di musica erano soprattutto quelli che arrivavano dall'Unione Sovietica e dalla Cina. Molti di questi che ora sono cresciuti, soprattutto i pianisti e i violinisti, sono diventati delle star internazionali e si esibiscono già con grandi orchestre sinfoniche.

Lo spettacolo aveva luogo nello storico teatro Ponchielli di Cremona, e il direttore musicale era Peppe Vessicchio.

Un programma similare ma riservato esclusivamente ai giovani strumentisti fu il *Premio Mozart*. Il nostro obiettivo era trasmettere musica classica per gli ascoltatori, ma soprattutto stimolare l'interesse fra i bambini. L'idea piacque anche alle emittenti straniere, per cui andammo a trasmettere il *Premio Mozart* a Parigi, Bilbao, Vienna e Montecarlo.

Purtroppo, nonostante lo share altissimo che *Viva Napoli!* e *Bravo, bravissimo* riportavano, la direzione di Mediaset decise di sopprimerle. Questo mi ferì molto, perché avvenne per motivi poco chiari. Mi fecero sapere che il costo di produzione era diventato troppo alto. Ma secondo altri, fu per accelerare il ricambio generazionale. Quel che è certo è che le trasmissioni andavano benissimo dal punto di vista dell'audience.

Chi ha risentito dei tagli dei budget e del nuovo corso editoriale è stata la Bongiorno Productions, che stava avviando una collaborazione proficua con Mediaset producendo alcuni programmi con ottimi risultati. Con mia moglie Daniela avevo pensato di fondare una casa di produzione con la partecipazione anche dei miei figli Michele e Nicolò, a cui affidammo il reparto di documentaristica per farsi le ossa. Cosa che hanno fatto con notevole successo, riscuotendo numerosi premi a livello internazionale. E devo fare tanto di cappello a mia moglie, che ha dimostrato di avere notevoli qualità creative e gestionali e che sicuramente avrà modo di mettere in evidenza anche in avvenire.

Nella mia lunga carriera ho vinto ben venticinque Telegatti.

A questo proposito ho un amichevole contenzioso in corso con "TV Sorrisi e Canzoni", l'ideatore e organizzatore del concorso, che sostiene che io non ne abbia vinti venticinque ma soltanto quattordici. Questo perché prima che diventasse il *Gran Premio Internazionale della TV*, come viene chiamato oggi, il concorso era ancora "solo" un premio nazionale. Internazionale o nazionale che differenza fa? L'importante è che io sono stato premiato per ben venticinque volte. Devo anche dire che non è assolutamente vero quello che si dice in giro, che i Telegatti sono stati inventati solo per premiare gli artisti di Canale 5. Anche quelli della RAI vengono premiati tutti gli anni, oltre alle grandi star straniere che appaiono su entrambi i network. Indimenticabili le ospitate dei protagonisti delle grandi serie TV americane di quegli anni come *Dallas* con Larry Hagman e Linda Gray; Henry Winkler, il famosissimo Fonzie di *Happy Days;* e la Joan Collins alias Alexis Carrington interprete di *Dynasty*!

Sono stato anche il presentatore delle prime sei edizioni. La manifestazione divenne sempre più popolare, il vero evento rivelazione dello *star system* italiano, che attraeva un bagno di folla delirante, come ai concerti rock, davanti alle porte del teatro Nazionale a Milano, permettendo anche al pubblico da casa di ritrovare tutti insieme i protagonisti e i beniamini del mondo della televisione.

Le prime edizioni dei *Telegatti* duravano un'eternità. Arrivavamo addirittura a quattro, cinque ore, perché ogni volta che un artista veniva premiato invitava sul palco anche tutti i suoi collaboratori per intervistarli. Ovviamente dopo un po' gli ospiti stranieri, che capivano ben poco, si stufavano e lasciavano il teatro. Io cercavo di tamponare sfruttando la mia conoscenza dell'inglese e cercando di coinvolgerli anche dalla platea. Le edizioni odierne sono ben programmate, e le grandi star americane vengono felicemente da Los Angeles affrontando ore di volo pur di farsi un po' di pubblicità con i *Telegatti*.

Tra i ricordi che conservo, quello più divertente è l'episodio scandalo di Benigni che baciò sulla bocca Silvio Berlusconi fra l'ilarità generale!

Quello invece che mi suscita più soddisfazione è aver premiato un mio grande amico, Michele Alboreto, il grande corridore di Formula 1 scomparso qualche anno fa in seguito a un incidente. Ogni volta che mi ricordo di lui mi vengono le lacrime agli occhi. Era di una bontà incredibile, tant'è vero che quando correva per la Ferrari era il prediletto del commendatore. Michele era anche un provetto collaudatore, e per amicizia ogni tanto dava uno sguardo alle mie macchine. Ce n'era una che gli piaceva in modo particolare, la Lancia Delta che aveva vinto il rally di Montecarlo. Dopo averle dato una "toccatina" ricordo che mi invitò a fare un giro con lui al volante lungo il percorso di gara di Montecarlo. Non c'era traffico perché era notte fonda. Guidava a oltre duecento chilometri all'ora, ridendo come se niente fosse mentre io me la facevo addosso per la paura. "Stai tranquillo Mike, non ci sono solo i freni ma anche le marce... guarda!" e scalava facendomi vedere dei trucchetti da esperto con il freno a motore. "Per scendere sotto i cento basta scalare le marce, e non dimenticare che a Indianapolis io sfioravo i quattrocento all'ora!"

Per quanto riguarda il mio "regolare" *prime time* dei primi anni Novanta, ci fu *Tutti per uno*, un *game show* basato sui sondaggi, che prevedeva la partecipazione di otto concorrenti divisi in due squadre. Giocarono con noi anche i telespettatori da casa senza dover utilizzare il telefono, grazie a uno speciale telecomando interattivo che chiamammo *Quizzy*.

Fu l'ultimo mio programma al giovedì sera su Canale 5, perché la direzione di Mediaset mi chiese di passare a Retequattro per servire da maggiore richiamo per gli ascolti. Sono passati parecchi anni da allora, ma io sono ancora lì. Certo mi farebbe piacere tornare a Canale 5, dove gli ascolti sono addirittura il doppio. Ma la direzione fa orecchio da mercante.

Retequattro la chiamiamo un po' la "Cenerentola" del gruppo. Dispone di mezzi inferiori, ma nonostante questo e grazie alla sapiente direzione di Giancarlo Scheri ha sempre raggiunto i suoi obiettivi e addirittura con me molto spesso ha superato lo share richiesto. Sono curioso di vedere che cosa succederà ora con il nuovo direttore Giuseppe Feyles, un torinese in Mediaset da tanti anni, già coordinatore delle produzioni per l'area di Roma.

Il primo quiz che feci in *prime time* su Retequattro fu *Telemania*. Un quiz vecchia maniera, in cui occorreva competenza e non soltanto fortuna.

Il tema attorno al quale ruotava il quiz erano le trasmissioni televisive andate in onda fin dalla fondazione della rete. I concorrenti li chiamavamo i "Telemaniaci". Tutte persone che in sostanza vivevano di TV.

Il tabellone era costituito da trentasei televisori suddivisi per i principali canali italiani: i tre di Mediaset e i tre della RAI. E usammo ampiamente materiale dagli archivi di tutti e due. Lo studio era un tripudio di reperti da museo dello spettacolo, soprattutto troneggiava una telecamera anni Cinquanta.

Molto brava fu Federica Panicucci, che nominammo nostro inviato speciale presso le televisioni straniere. Uno dei collegamenti più interessanti che fece fu quello con la CNN, che era diventata un mito perché era stata la prima emittente a trasmettere da tutto il mondo.

Mentre mi occupavo di Retequattro, continuavo comunque a fare dei programmi estivi su Canale 5. Per due anni presentai *Momenti di gloria*, una gara canora nella quale i concorrenti si esibivano interpretando una canzone di un cantante famoso, al quale dovevano rassomigliare sia nella voce che nell'aspetto. La giuria era costituita da illustri personaggi del mondo musicale e da Giampiero Mughini, il famoso tuttologo che vediamo sovente in qualità di opinionista nelle trasmissioni sportive.

Presentavo insieme a Ellen Hidding, una ragazza olandese con la quale potevo creare delle gag molto divertenti a causa della sua non perfetta conoscenza dell'italiano.

Autori della trasmissione, il cui format era di proprietà della Endemol, furono Popi Minellono, Ludovico Peregrini e Davide Tortorella, figlio di Cino, il famoso mago Zurlì. Davide aveva iniziato la sua collaborazione con me come uno degli autori e dei giudici di gara presenti in studio alla *Ruota*, e da allora ha continuato a firmare tutte le mie trasmissioni successive. Recentemente, con mio dispiacere perché ho perso un giovane collaboratore molto in gamba, ha lasciato la televisione per diventare direttore editoriale di una casa editrice.

Ho partecipato anche a diverse iniziative di Antonio Ricci: da ricordare una puntata record d'ascolti di *Striscia la notizia*, e la mia conduzione in coppia con la bella showgirl Antonella Mosetti a *Paperissima Sprint*. Fu un'esperienza molto divertente per me, e anche per il pubblico, in quanto per la prima volta mi vide in una veste diversa e meno formale, quella di comico e soprattutto di trasformista. Un'involontaria anteprima di quello che ho poi fatto con Fiorello nella serie di spot pubblicitari.

La lunga serie dei miei quiz proseguì nel nuovo "secolo" con *Genius*, che ebbe come protagonisti i ragazzi delle scuole medie inferiori che venivano sottoposti a domande culturali e di attualità. Era un format internazionale che andava in onda anche in America e tanti Paesi europei. Fu molto seguito non solo dai giovani ma anche dagli adulti, che non si vergognavano di dire che spesso non avrebbero saputo rispondere. Mi trovai a mio agio con i giovani concorrenti grazie all'esperienza di padre di uno come loro, Leonardo, che aveva pressappoco la stessa età.

Genius fu fonte di ispirazione anche per Fiorello che nelle sue trasmissioni mi prendeva regolarmente in giro accusandomi di "tirannizzare" i ragazzini. Ne nacque una sua imitazione di me veramente surreale, oserei dire molto sopra le righe, considerata però da molti una specie di pezzo radiofonico di culto.

Genius piacque talmente che fu sovente replicato con degli share addirittura superiori a quelli della prima messa in onda. In un'intervista che feci per un settimanale, dissi che mi sarebbe piaciuto fare un programma similare anche per gli adulti.

Fu così che nacque l'idea di varare *Il migliore*. Un quiz che prevedeva la partecipazione ogni settimana di venti concorrenti appartenenti alla stessa categoria. Vi hanno partecipato architetti, avvocati, archeologi, ufficiali, piloti, professori e addirittura parroci. Non sono riuscito ad avere la categoria suore! Ma dato che prevedo che *Il migliore* verrà ripreso ho ancora buone speranze. Caratteristica principale della trasmissione è che i concorrenti, vincitori o vinti, se ne andavano a casa sempre felici, dicendo che avevano trascorso una bellissima giornata insieme ai loro colleghi e con me. Lo share medio è stato di circa il dieci per cento, un record storico per una serie di Retequattro. Onore e vanto per il suo ormai ex direttore Giancarlo Scheri.

Santa Chiara aiutaci tu!

Il *Guinness dei primati* mi ha comunicato che detengo alcuni record nel campo della televisione.

A livello internazionale, sicuramente mio è il titolo della più lunga carriera televisiva mondiale.

In gara con me c'è stato il grande Bob Barker, il presentatore americano della trasmissione *The Price is Right* (L'*OK il prezzo è giusto* italiano). Ho scoperto però che si è recentemente ritirato, e quindi per un po' di tempo non dovrei avere più rivali!

A livello nazionale, ho il record del maggior numero di ore trascorse in un anno davanti alle telecamere (nel 1992 ho superato il tetto delle quattrocento ore), e con *La ruota della fortuna* ho raggiunto la quota di tremilacentoventicinque puntate, stabilendo il primato di longevità di un programma.

Io stesso faccio fatica a razionalizzare il valore e il significato di questi numeri, a concepire come l'incredibile avventura della mia vita sia stata possibile.

Sono sempre andato al massimo, senza mai sedermi sui risultati ottenuti, e dopo averli raggiunti ho puntato di volta in volta verso nuovi obiettivi. Questo mio irrefrenabile impulso mi ha sempre portato al fronte in tutti i grandi punti di svolta della nostra storia televisiva: dall'inaugurazione della TV alla pubblicità, dal varo del secondo canale alla TV a colori, dalla TV commerciale a quella interattiva...

Molti di voi probabilmente non ci crederanno, ma vi assicuro che quello che avete letto in questo libro è la pura verità.

Ora che mi sono preso il tempo di osservarmi attentamente attraverso il microscopio, mi rendo conto di come la mia esistenza sia stata costellata da una serie di straordinarie combinazioni. Di veri e propri colpi di scena.

Guardando indietro nel tempo e ripercorrendo velocemente le tappe del mio cammino, rimango affascinato dal mistero della vita, e mi meraviglio a rivedere quel ragazzino sulla pista di atletica, timido, tutto concentrato, che con le scarpette sbagliate si appresta a fare il suo migliore "salto in alto", che magicamente gli aprirà il nuovo mondo del giornalismo. E poi rabbrividisco vedendolo poco dopo con le spalle al muro nel cortile di un alberghetto in Val d'Ossola dove guarda la morte in faccia e attende lo sparo dei fucili tedeschi puntati su di lui.

Mi chiedo con stupore come ha fatto quel giovane spaventato e magro come un chiodo che sbarca sperduto sul molo deserto della periferia di New York a diventare in pochi anni l'audace condottiero del leggendario *Rischiatutto*.

E chissà cos'è che colpì la gente al mio ritorno in Italia?

Forse il fascino di un giovane straniero e malinconico... o il mio sguardo disincantato, provato dalle difficoltà affrontate negli anni precedenti? E i tre uomini chiave della mia vita professionale, gli incontri totalmente fortuiti che mi hanno spinto verso nuove e impreviste direzioni, l'arrivo di Daniela in un momento cruciale della mia vita...

Molti li definirebbero dei gran colpi di fortuna, altri la mano del destino... Ma io ho sempre avuto la netta sensazione, così come ho ricordato più volte nell'arco del racconto, di essere sotto l'ala protettrice di un angelo custode che mi ha guidato e condotto sulla fortunata strada che ho percorso.

Mi auguro che un giorno gli studenti universitari imparando il mestiere della televisione possano leggere queste mie memorie, e capire quanto sia stato difficile fare "il Mike Bongiorno".

Soprattutto lo sforzo di riuscire a tenere salde le redini di questa professione, senza lasciarsi travolgere dalla precarietà che caratterizza il nostro ambiente. Penso che anche altri miei colleghi avranno avuto delle difficoltà, ma oso dire che nessuno abbia mai avuto una tale adrenalinica altalenanza, data dal vivere episodi così drammatici e così trionfanti nello stesso tempo.

A proposito dei miei colleghi, non ho voluto fare pettegolezzi su di loro, come forse molti si aspettavano da me, o rivelare chissà quali segreti per destare stupore. Sarebbe stata una cosa vile, anche se oggi va molto di moda.

Ho avuto sempre rispetto dei miei colleghi, anche se è ovvio che in una carriera lunga come la mia si sviluppino particolari amicizie o simpatie. Spesso la stampa nel corso degli anni ha montato presunte rivalità, facendo credere alla gente, chissà poi perché, che io mi sia odiato cordialmente con alcuni dei miei più illustri colleghi.

Con Baudo per esempio abbiamo scherzato su questa assurda storia della parrucca, che dura da una vita, ma in realtà tra di noi c'è una profonda stima.

Con Fabio Fazio ho sviluppato una bella amicizia, e ho un'alta considerazione di lui perché va più in profondità rispetto agli altri, e pur facendo dell'intrattenimento riesce a fare anche dell'ottimo giornalismo.

Così come tutti sanno che ho sempre considerato Gerry Scotti il mio erede nel campo dei quiz.

Una cosa ci tengo a dire, anche a nome di quei quattro o cinque cosiddetti "senatori del video": Corrado, Vianello, Baudo, Costanzo, la Carrà. Eravamo, siamo e rimarremo personaggi irripetibili perché essendo arrivati per primi, abbiamo avuto la possibilità di lavorare tantissimo e di imparare a fare tutto. Agli inizi non c'erano gli esperti dei vari rami: oggi ci si è specializzati in maniera estrema, dalla pubblicità, al marketing, alle relazioni con la stampa... Una volta eravamo solo noi a darci da fare, a pensare ai testi, alle scenografie, ai costumi, e avevamo l'occhio pronto e attento su tutto.

Alla luce di questo, sarà sempre più difficile per i nuovi presentatori ripetere una carriera come la nostra. Nel mondo televisivo di oggi, senza dubbio in grande trasformazione, conquistare la fiducia e le emozioni delle persone è cosa ben più complessa, e ammetto che per noi è stato più facile entrare nel cuore della gente.

Anche nell'ambito dei format dei *game shows* di oggi, è più difficile colpire la memoria dello spettatore, spesso si parla solo della cifra assegnata (e si tratta di vincite clamorose), ma mai delle domande o dei vincitori.

Tocca proprio a me dire che per la maggior parte sono una sorta di continuo elogio all'ignoranza... dove nessuno diventa un personaggio, nessuno rimane nella memoria della gente per le sue qualità umane.

E poi c'è da considerare il fatto che l'imperativo di oggi sembra essere quello di stupire e di sconvolgere, altrimenti la gente pare rimanere insensibile. In questo momento fare scandalo non ti isola, anzi ti aiuta a far carriera perché l'obiettivo è far parlare di sé a qualunque costo. Purtroppo chi ha dei buoni sentimenti e sta in disparte e non entra in polemica, ha difficoltà a emergere.

Anche i veri drammi sociali, invece di rimanere nell'ambito del giornalismo, diventano un'opportunità di fare spettacolo.

Santa Chiara, protettrice della televisione, aiutaci tu!

Non che io sia un bigotto o che desideri una TV austera, o che possa ergermi a rappresentante della TV di cultura! Ma mi chiedo: come mai le mie trasmissioni vengono oggi ricordate come momenti che hanno segnato la formazione del nostro Paese?

È un altro paradosso della mia vita! Proprio io, che sono stato definito l'*everyman*, il portabandiera dell'*italiano basico*, quando l'anno scorso ho incontrato Francesco Sabatini, il presidente dell'Accademia della Crusca (che è la più antica e prestigiosa accademia di linguistica italiana) avvicinandosi mi disse: "Mike, lei ha insegnato l'italiano agli italiani!".

Mi ha fatto riflettere. Oggi si guarda soprattutto alle conseguenze dannose della televisione nel costume e nella cultura degli italiani, ma viene spesso dimenticata una cosa indiscutibile: la televisione ha contribuito in maniera determinante all'unità del nostro Paese nel dopoguerra. In modo particolare a quella linguistica, unendo il Nord al Sud.

"Era indispensabile che il suo italiano fosse semplice e accessibile a tutti" ha proseguito il professore, "se davanti ai televisori c'era il sessantatré per cento di non italofoni, per conquistare quella fascia di popolazione all'uso dell'italiano non si poteva usare altro italiano che il suo. La sua scelta stilistica, piacesse o no a noi professori, era quel che ci voleva per diffondere la nostra lingua!"

Epilogo

Girando la sera tardi nel mio studio, poso lo sguardo tra i cimeli e i ricordi che ho raccolto in sessantatré anni di lavoro (otto di radio in America, e poi cinquantacinque di radio e televisione in Italia).

I venticinque Telegatti che ho messo tutti in fila sulla mia scrivania, i pupazzi riproducenti le caricature delle mie mille maschere, il mike-presentatore, il mike-gentleman driver, il mike-sciatore, il bat-mike, l'angelo-mike...

Tutti questi volti mi riappaiono insieme come in un caleidoscopio, con le migliaia e migliaia di facce dei concorrenti e della gente che ho incontrato lungo la mia strada.

C'è chi dice che sono stato come uno specchio per molti. E che il segreto del mio successo sia il fatto che il telespettatore ha visto se stesso, guardando me. Molti, trovandomi in video da così tanti anni, hanno avuto come l'impressione che io non sia mai cambiato, rimanendo sempre lo stesso.

Ma è una specie di illusione ottica, perché io in oltre sessant'anni di carriera mi sento sulle spalle un'infinità di trasformazioni, di cambiamenti e di evoluzioni. Oserei dire che l'effetto si è creato perché sono cambiato così tante volte, di pari passo insieme all'Italia, rinnovandomi costantemente attraverso le epoche e le generazioni.

Non mi sono mai considerato un arrivato.

La rapida e vasta popolarità che ho raggiunto ha costituito

per me ben altro che un punto d'arrivo, e non mi è mai piaciuto fare il divo, o essere definito tale.

Io sono un personaggio del mondo reale. Mi comporto come si comporterebbe l'uomo della strada al mio posto. Se un concorrente è grasso o magro o buffo mi scappa la battuta e alla gente questo piace. "Toh" pensano "avrei detto la stessa cosa anch'io." Non c'è niente di studiato nel mio comportamento. Sono quello che sono, con tutte le mie manchevolezze.

Mi identifico e mi immedesimo nelle persone che ho conosciuto. Sono sempre me stesso in presenza loro, e credo che la gente lo senta e per questo si identifichi con me.

Sin da tempi dei miei giri nel Meridione negli anni Cinquanta, e poi con il *GiroMike* e i quarant'anni di serate che ho fatto su e giù per l'Italia, ho potuto conoscere a fondo la realtà del nostro Paese, soprattutto quella dei piccoli paesi, e in particolar modo quelli del Sud, che costituiscono il piatto forte delle nostre audience televisive.

Quando sono davanti alle telecamere mi sembra ancora di essere nelle piazze e di parlare a tutta quella gente che aspettava per ore e ore il mio arrivo. Care vecchiette, come vi voglio bene, non dimenticherò mai quando arrivavate con la vostra sedia di paglia prima degli altri per occupare un posto in prima fila!

La gente è cresciuta con me e ha vissuto tanti periodi della propria vita legati alla mia. Molti italiani mi considerano parte della loro famiglia.

Appena fuori dal portone di casa mia ho sempre saputo che avrei trovato qualcuno ad attendermi. Vecchi, bambini, donne e uomini di tutte le età... due, sei, dieci persone mi fermeranno nel breve tragitto che mi concedo fino al garage o al ristorante dietro casa; per chiedermi un autografo o una fotografia o semplicemente per dirmi: "Ciao Mike!" o per domandarmi come sto.

Spesso mi accorgo che mi guardano come se fossi un parente, e mi dicono le cose che si dicono a uno di casa: "Come sta tua moglie?", "Com'è bello il tuo bambino!", "Ma come sei dimagrito"...

Una volta una signora mi disse: "Signor Mike, lo sa, io ero fidanzata e dicevo alla mamma che andavo a vedere *Lascia o raddoppia?* E invece andavo nei boschi a far l'amore. E dopo mi facevo raccontare la puntata, prima di tornare a casa...".

Mi è capitato di confrontarmi con tutte le tipologie umane, dalla ragazzina che, scappata di casa due ore prima, non aveva il coraggio di ritornare sola e mi pregava di riaccompagnarla al mutilato che desiderava un aumento della pensione e mi chiedeva di raccomandare la sua pratica a qualcuno. Dall'uomo che voleva la bancarella al mercato e pensava che io potessi fargli avere la licenza subito, alla madre di famiglia alla quale il marito, da cui si era separata, si rifiutava di passare gli alimenti e pensava che si potesse risolvere la situazione con una mediazione mia prima di passare al tribunale.

Queste manifestazioni di affetto mi hanno sempre commosso e non mi hanno mai infastidito. L'interesse per me, e soprattutto l'affetto che una gran parte del pubblico mi ha manifestato, rappresentano ai miei occhi una specie di miracolo che continua a meravigliarmi come il primo giorno.

Ho sempre sentito fortemente la responsabilità di stare in video davanti a milioni di persone, affrontando con rigore le mie trasmissioni come se fossero delle "sante messe", semplici e lineari.

Dal mio lavoro ho avuto soddisfazioni di ogni genere. Forse perché l'ho sempre fatto con entusiasmo. E fino a quando questo entusiasmo non mi abbandonerà non smetterò.

I concorrenti nelle riunioni preparatorie li spremo ancora come ho sempre fatto. Della loro vita voglio sapere tutto, cercando di stabilire un rapporto di piena confidenza. Indago non solo su professione e stato civile ma anche sul coniuge o eventuale fidanzata, e sugli amori passati. E poi chiedo notizie sul paese dal quale provengono, specie se piccolo o sconosciuto, viaggi fatti, abitudini, sogni. Devo, in questi contatti, raggiungere lo scopo di conoscere il soggetto nel suo temperamento, nei suoi problemi, nelle sue possibili reazioni.

Tutto può fornire spunti per parlare durante i miei quiz.

Non mi riesce difficile perché ho sempre avuto simpatia

verso tutti e questo mio atteggiamento sinceramente amichevole riesce quasi sempre ad abbattere le eventuali barriere di diffidenza o di riservatezza eccessiva o di semplice timidezza.

Credo di aver imparato questo da mio padre, perché da piccolo lo vedevo parlare per ore e ore con la gente che lo frequentava per il suo lavoro di avvocato.

Tutti vorrebbero che io tornassi alla RAI, come se ciò significasse un mio ritorno a casa...

Ovviamente per ora continuo con Mediaset, ma è sempre aperta la mia porta verso la RAI, magari quando deciderò di chiudere la mia carriera.

Recentemente, il presidente della RAI Claudio Petruccioli, durante una sua relazione al Prix Italia, parlando di "qualità" davanti ai rappresentanti di vertice di diverse televisioni pubbliche ha detto: "Mike è sempre un grande, ovunque sia. Ma solo in RAI quando si immerge nella tradizione diviene monumento e paradigma, e così lo vedono e lo riconoscono milioni e milioni di persone".

Grazie presidente! Non me lo dimenticherò.

Ci sono ancora tante cose da fare, e se penso che magari fra trent'anni i miei nipoti andranno su Marte io vorrei andare lì con loro.

Discendo da una stirpe di persone molto longeve, la mia mamma è quasi arrivata alla soglia dei cento anni, quindi ho buoni motivi per sperare!

Nel mio studio continuo a tenere accesi i televisori, i videoregistratori e gli impianti satellitari, per vedere e rimanere connesso con i programmi di tutto il mondo. Sul terrazzo ho una parabolica enorme.

Lavoro qui di notte, soprattutto, perché di giorno ogni cinque minuti arriva una telefonata, m'interrompono in tutti i momenti. A mezzanotte in casa vanno tutti a dormire e io mi metto qua, faccio il mio lavoro, metto la mia musica... La musica da camera a me piace – quella sinfonica mi fa una testa così – oppure il jazz, mi piace molto il jazz...

Appendice

Elenco trasmissioni RAI

Arrivi e partenze
(1953-1955: rete nazionale, domenica 14.30)

Fortunatissimo – Questo sì questo no
(1954-1955: rete nazionale, sabato ore 21.15)

Lascia o raddoppia?
(1955-1959: rete nazionale, sabato ore 21 fino all'11 febbraio 1956, giovedì ore 21 dal 16 febbraio 1956.)

Campanile sera
(1959-1961: rete nazionale, giovedì ore 21)

Caccia al numero
(1962: secondo canale, domenica ore 21.10)

La fiera dei sogni
(1963-1966: secondo canale, venerdì e sabato ore 21.15)

Giochi in famiglia
(1966-1967: secondo canale, venerdì ore 22.15)

Rischiatutto
(1970-1974: secondo canale, giovedì ore 21.15)

Ieri e oggi
(1976: secondo canale, martedì ore 22.15)

Scommettiamo?
(1976-1978: Rete uno, giovedì ore 20.45)

Lascia o raddoppia?
Edizione del 25° anniversario
(1979: Rete uno, giovedì ore 20.40)

Flash
(1980-1982: Rete uno, giovedì ore 20.40)

Miss Italia
(2007: Rai Uno)

Sanremo: conduzioni e assistenti

1963 (Edy Campagnoli, Rosanna Armani, Giuliana Copreni, Maria Giovannini)
1964 (Giuliana Lojodice)
1965 (Grazia Maria Spina)
1966 (Paola Penni, Carla Maria Puccini)
1967 (Renata Mauro)
1972 (Sylva Koscina)
1973 (Gabriella Farinon)
1975 (Sabina Ciuffini)
1977 (Maria Giovanna Elmi)
1979 (Anna Maria Rizzoli)
1997 (Valeria Marini)

Elenco trasmissioni Mediaset

I sogni nel cassetto
(1979-1981)

Bis
(1981-1990)

Superflash
(1982-1985)

Superbis
(1984)

Notte dei Telegatti
(1984-89)

Pentatlon
(1985-1987)

Parole d'oro
(1987-88)

TeleMike
(1987-1992)

C'era una volta il Festival
(1989-90)

La ruota della fortuna
(1989-2003)

Buon compleanno Canale 5
(1990)

Cantavip
(1991)

Tris
(1990-1991)

Bravo, bravissimo
(1991-2001)

Tutti per uno
(1992-1994)

Festival italiano
(1993-1994)

La ruota Mundial
(1994)

La ruota d'oro
(1995)

Amare vuol dire
(1994)

Ma l'amore sì
(1996)

Telemania
(1996-1997)

Premio Mozart
(1997)

L'albero delle stelle
(1998)

I tre tenori
(1998)

Momenti di gloria
(1999-2000)

Allegria!
(1999-2000)

Tutti in allegria
(2000)

Viva Napoli!
(1994-2002)

Ricomincio da 20
(2000)

Paperissima Sprint
(2001)

Qua la zampa!
(2002)

Bravo, bravissimo festival
(2002)

Voci dalla montagna
(2002-2003-2004)

Genius
(2003-2005)

Il migliore
(2006-2007)

Film

Motivo in maschera (1955)
Regia di Stefano Canzio

Ragazze d'oggi (1955)
Regia di Luigi Zampa

Il prezzo della gloria (1955)
Regia di Antonio Musu

I miliardari (1956)
Regia di Guido Malatesta

Totò lascia o raddoppia? (1956)
Regia di Camillo Mastrocinque

Giudizio universale (1961)
Regia di Vittorio De Sica

La vita, a volte, è molto dura, vero Provvidenza? (1972)
Regia di Giulio Petroni

C'eravamo tanto amati (1974)
Regia di Ettore Scola

Premi e riconoscimenti

Telegatti:

1972 – personaggio sempreverde della TV
1979 – protagonista di venticinque anni di TV
1980 – quiz dell'anno: *I sogni nel cassetto*
1981 – trent'anni di carriera
1981 – personaggio televisivo dell'anno
1982 – trasmissione televisiva dell'anno: *Flash*
1984 – quiz dell'anno: *Superflash*
1985 – quiz dell'anno: *Superflash*
1985 – personaggio televisivo dell'anno: Mike Bongiorno
1986 – quiz dell'anno: *Pentatlon*
1987 – quiz dell'anno: *Pentatlon*
1988 – quiz dell'anno: *TeleMike*
1989 – quiz dell'anno: *TeleMike*
1990 – quiz dell'anno: *TeleMike*
1991 – trasmissione TV dell'anno: *Paperissima*
1991 – quiz dell'anno: *TeleMike*
1992 – quiz dell'anno: *La ruota della fortuna*
1993 – quiz dell'anno: *La ruota della fortuna*
1994 – quiz dell'anno: *La ruota della fortuna*
1995 – quiz dell'anno: *La ruota della fortuna*
1996 – cinquant'anni di carriera
2003 – primo presentatore del Gran Premio Internazionale della TV
2006 – cinquantesimo anniversario di *Lascia o raddoppia?*

Telegatto speciale: "A Mike, il maestro, dalla sua équipe"
Telegatto speciale: "A Mike Bongiorno"

1957 – Antenna d'oro
1957 – Maschera d'argento
1957 – Oscar europeo della Radiotelevisione
1957 – N.S.E. International – Distinguished Salesman's Award.
1962 – Ambrogino d'oro
1987 – Medaglia d'oro dal Comune di Milano
1988 – Cavaliere scarlatto dell'Ordine dei santi Maurizio e Lazzaro
1994 – Commendatore dell'Ordine dei santi Maurizio e Lazzaro
1997 – Oscar TV
2000 – Oscar TV: "A Mike Bongiorno grande protagonista della TV"
2001 – XXVI Key Award-Missione impossibile/Polo Nord Expedition
2002 – Premio Isimbardi dalla Provincia di Milano attribuito ai cittadini benemeriti
2004 – Grande Ufficiale dell'Ordine al Merito della Repubblica italiana
2004 – Premio Ennio Flaiano alla carriera (definito dalla giuria: "Personificazione della TV")
2006 – Intestazione di una via al Lido di Jesolo: "Lungomare Mike Bongiorno"

I record televisivi

Con *Arrivi e partenze,* primo programma ufficiale della RAI, partecipò al primo giorno di trasmissioni della RAI, il 3 gennaio 1954.

Condusse su TeleMilano (futura Canale 5) *I sogni nel cassetto,* il primo grande successo della televisione commerciale, nonché la prima trasmissione della rete ad andare in onda su scala nazionale (1980).

Il suo quiz *La ruota della fortuna* è stato il più longevo programma della televisione italiana. Ha contato infatti 3125 puntate.

Nel 1995, la sua presenza in video è stata di 400 ore: ha raggiunto così il record di presenze trascorse davanti alle telecamere.

La sua è la più lunga carriera televisiva del mondo: nel 1998, infatti, è stato definito dal *Guinness dei primati* "il presentatore attivo dal maggior numero di anni, avendo iniziato la sua carriera nel 1946 come conduttore di una trasmissione radiofonica di quiz alla emittente WHOM di New York".

Può essere considerato la prima star sia della televisione pubblica sia della televisione privata.

È suo il record della più lunga carriera come testimonial pubblicitario in Italia.

Le gaffe storiche

"Ahi, ahi signora Longari, lei mi cade sull'uccello!"

Nonostante sia passata alla storia come la gaffe per eccellenza (sarebbe stata pronunciata in presenza della campionessa di *Rischiatutto*, Giuliana Longari) e diventata un vero e proprio mito televisivo, la battuta in realtà non è mai stata pronunciata.

Leggendo una domanda relativa a papa Paolo VI, pronuncia "Paolovì" invece di "Paolo sesto", continuando: "Ma chi sarà questo signor Paolovì, del quale non ho mai sentito parlare?".

Durante una puntata di *Rischiatutto* Enzo Bottesini, concorrente e cameraman specializzato in riprese subacquee, commenta: "Mike, so che lei è un sub eccezionale!". Al che, Mike: "No, io sono un sub normale!".

Durante una puntata della *Ruota della fortuna*, Mike rimprovera scherzosamente il giudice Tortorella: "Io so che sei dietro quel bancone a farti i solitari", riferendosi al gioco di carte, ma il facile doppio senso causa un attacco di ilarità generale.

Parola di Mike

"Allegriaaa!"

"Colpo di scenaaa!"

"Risposta esattaaa!"

"Fiato alle trombe, Turchetti!"

"Rischiooo!"

"Non andate via. A te, Mario Bianchi!"

"Quale busta vuole? La uno, la due o la trè?"

Indice dei nomi

Ajala, Olabisi 145-146
Albertelli, Luigi 284
Alboreto, Michele 343
Alfieri, Enrichetta suor 56
Allasio, Marisa 136
Allen, Woody 247, 303
Andreatta, monsignor 330
Andreotti, Giulio 117
Andress, Ursula 129
Anka, Paul 189
Antonini, Luigi 19
Antonioni, Michelangelo 308
Arbore, Renzo 216
Argento, Dario 303
Armani, Giorgio 187
Armani, Rosanna 187, 361
Ascari, Alberto 102-103, 135
Aulin, Ewa 224
Aznavour, Charles 286

Balbiano, Maria Teresa (contessa d'Aramengo) 146
Baldan Bembo, Dario 273
Baldini, Marco 127, 283
Balestri, Marco 287
Barale, Paola 292, 294
Barilla, Pietro 278
Barker, Bob 347
Bartali, Gino 29, 164
Barzini, Luigi 22
Baudo, Pippo 11, 188, 191, 200, 251, 256, 338, 340, 349
Bellini, Isa 127
Benazzo, Anne Sophia 224
Bencini, – 173
Benigni, Roberto 343
Benso, Camillo conte di Cavour 336
Bergman, Ingrid 196
Berlusconi, Marina 333-334
Berlusconi, Pier Silvio 333-334, 337
Berlusconi, Silvio 31, 213, 252, 257-267, 282, 290, 304-305, 313, 332-334, 336-337, 340, 343
Bersani, Lello 224
Berti, Orietta 265
Beruschi, Enrico 255
Biagi, Enzo 335
Biagioni, Lou 61-62
Bianchi, Mario 273, 340, 375
Bich, Ettore 323
Bolognani, Paola 143
Bompiani, Valentino 336
Boncompagni, Gianni 132
Boncompagni, Maria Luisa 132
Bongiorno, Elia Tommaso Filippo 303
Bongiorno, Filippo (bisnonno) 14

Bongiorno, Giulia 14
Bongiorno, Landro 13
Bongiorno, Leonardo 222, 243, 278, 281, 296-298, 301, 303-305, 346
Bongiorno, Michelangelo (nonno) 14-15, 24, 73
Bongiorno, Michelangelo "Manzù" (trisnonno) 9, 12-14
Bongiorno, Michele "Mickey" 106, 222, 240, 242-246, 296, 301, 342
Bongiorno, Nicolò 12, 106, 222, 243, 247, 253, 296, 301-303, 342
Bongiorno, Philip 16-17, 51, 74-75, 80
Bongiorno, Stella 303
Bonino, Ernesto 92
Boone, Pat 189, 340
Borghi, Alvise 293
Boschini, Ettore (fratel Ettore) 285
Bottesini, Enzo 218, 250, 373
Bozzetto, Bruno 262
Bramieri, Gino 130
Brando, Marlon 224
Brera, Gianni 253, 259
Brugola, Mario 339
Buffon, Lorenzo 153
Buffon, Patrizia 263
Busi, Aldo 256
Buti, Carlo 92
Buttafarro, Marilena 219

Cage, John 148
Caldwell, Martha 79, 80
Caligaris, Umberto 30
Campagnoli, Edy 145, 151-153, 185, 187, 263, 361
Canzio, Stefano 367
Carducci, Giosue 210
Carello, Carlo 30
Carello, Enrica 17
Carello, Giuseppina 17, 20, 109
Carello, Massimo 17
Carminati, Fabrizia 265, 268
Carnera, Primo 117
Carnevali, Giorgio 207, 209, 211
Carrà, Raffaella 338, 349
Carrisi, Al Bano 291-292
Carrisi, Ylenia 291-292
Casalvolone, Anna Mayde 219
Caselli, Caterina 190, 273-274
Cavallero, Luigi 29, 31-34, 41, 85, 90, 113
Celentano, Adriano 190, 200
Ceppellini, Vincenzo 286
Cesari, Lucia 167
Chenot, Henri 256
Cher 189
Cherubino, Paolo 320-321
Chiambretti, Piero 255
Chicco, Riccardo 35
Chiron, Louis 147
Ciampi, Carlo Azeglio 303, 335
Cinquetti, Gigliola 189-190, 274
Ciuffini, Sabina 208-209, 218-219, 250, 361
Cocciante, Riccardo 284
Collins, Joan 129, 342
Colò, Zeno 104, 147
Coltrane, John 91
Columbro, Marco 268
Combi, Giampiero 30
Comelli, Nancy 294
Commendatore, Giacomo 281
Confalonieri, Fedele 259
Coppi, Fausto 29, 164
Copreni, Giuliana 185, 187, 361
Corrompai, – 33
Cossiga, Francesco 321
Costanzo, Maurizio 292, 349

Costello, Frank 23
Cotillo, Salvatore 19
Cressi, Egidio 38, 176
Croce, Benedetto 336
Crozafon, Philippe 154
Cuccia, Enrico 318
Cutugno, Toto 274

D'Aurelio, Nino 94
D'Alessio, Gigi 341
D'Angelo, Nino 341
Dalida 191
Dalla, Lucio 190
Da Vinci, Sal 340
De Amicis, Edmondo 336
Dean, James 102
De Angelis, Wilma 187
De Chirico, Giorgio 152
De Filippi, Maria 62
De Filippo, Peppino 136
Degan, Raz 292
De Gasperi, Alcide 117
Degoli, Lando 148-151
De Palma, Jula 127
De Sanctis, Victor 176
De Sica, Vittorio 117, 367
De Vita, Tony 339
Di Majo, Ennio 153, 262
Donaggio, Pino 187, 190
Dorelli, Johnny 94, 188
Dotti, Andrea 287
Dotti, Mario 287
Douglas, Kirk 102

Eco, Umberto 154-158, 163, 274, 282
Eisenhower, Dwight David "Ike" 84, 99
Elia, Antonella 294
Ellington, Duke 100
Elmi, Maria Giovanna 255, 361
Evangelista, Graziella 272
Evans, Gil 91

Fabbricatore, Andrea 217, 219
Fanfani, Amintore 164
Farinon, Gabriella 250, 361
Farouk, - 129, 145
Fazio, Fabio 256, 349
Fermi, Enrico 99
Ferrara, Giuliano 335
Ferrari, Enzo 168
Feyles, Giuseppe 344
Fierro, Aurelio 341
Figallo, Marietto 173
Filogamo, Nunzio 131
Fiorello, Beppe 283
Fiorello, Rosario 9, 13, 127, 209, 282-283, 340, 345-346
Ford, John 309
Forte, Rita 341
Freccero, Carlo 338
Fuscagni, Carlo 204-207

Gable, Clark 34, 310
Gagliani, Damiano 293
Galimberti, Tullio 58
Galimi, Susanna 287
Galliani, Adriano 264
Garganese, Patrizia 254
Garinei, Pietro 276
Garnero, Bepi 319, 324
Garoppo, Maria Luisa 143-144
Gasperl, Leo 319
Gassman, Vittorio 132, 138
Getz, Stan 91
Ghezzi, Maria Eugenia 273
Giovannini, Maria 152, 187, 361
Giovannini, Sandro 276
Giovanni Paolo II (Karol Wojtyla) 325-326, 330
Giuffrida, Gilda 185

Giusti, Elena 130
Gliozzi, – 35, 39
Godfrey, Arthur 93, 275
Goggi, Loretta 219
Goich, Wilma 339
Gori, Giorgio 338
Granzotto, Gianni 98
Gray, Linda 342
Graziano, Rocky 103
Grego, Claudia 294
Grimaldi, Ranieri 148
Guareschi, Giovanni 159

Hagman, Larry 342
Hauss, – 50-51, 53, 60-61
Hidding, Ellen 345
Homo Sapiens 255
Hudson, Hugh 281
Hussein, Saddam 287

Identici, Anna 185
Ina, Cecilia Rosa 243, 246
Inardi, Massimo 217-219, 250

Jagger, Mick 189
Jalisse 256

Khatchikian, Armen 316-317
Kimball, Charlie 65, 70, 72
Konitz, Lee 91
Koscina, Sylva 250, 361

Lacedelli, Roberto 147
La Guardia, Fiorello 9, 19, 22-23, 51, 90
Laine, Frankie 189
La Motta, Jake 103
Latini, Ernesto Marcello 217, 219
Lear, Amanda 338
Leone, Giovanni 211, 257
Lewis, Robert Q. 94, 117
Lillo, Flora 167
Limiti, Paolo 205, 209
Limoli, – 154
Livreri, Niccolò 141
Lodati, Romolo 37
Lojodice, Giuliana 189, 361
Lombard, Carole 310
Longari, Giuliana 215-216, 219, 224, 373
Longo, Nino 339
Louis, Joe 104
Luce, Clare 117
Luciano, Salvatore Charles "Lucky" 23, 121-122
Lucy (balia di Mike) 18, 20-21
Luigi Amedeo di Savoia (duca degli Abruzzi) 325
Lusetti, Gian Paolo 219
Luttazzi, Lelio 126-127, 129, 136

Majorca, Enzo 218
Malatesta, Guido 367
Malgara, Giulio 281, 331
Manfredi, Marco 339
Manfredini, – 49
Manfrin, Paola 254
Mannarelli, Felice 144
Manni, Milena 185
Mantoni, Corrado 159, 338, 349
Maquignaz, Oreste 320
Marcante, Duilio 176
Marchetti, Anna 185
Marchetti, Carlo 141, 142
Marciano, Rocky (pseudonimo di Rocco Francis Marchigiano) 103-104
Maresca, Rosalia 108, 220
Marescalchi, Antonello 105-107, 310
Mari, Fiorella 167

Marianini, Luigi 144
Marini, Valeria 255, 361
Martin, Dean 188
Masina, Giulietta 303
Mastrocinque, Camillo 137, 367
Mauro, Renata 190, 361
Maxwell, Elsa 116
Mazzini, Giuseppe 303
Mazzola, Sandro 30
Mazzola, Valentino 30
Meda, Guido 52
Meda, Luigi 48, 52
Medail, Giorgio 263, 287
Meersseman, Jean-Pierre 320
Meneghello, Tarin 302-303
Merola, Mario 341
Messaggio, Susanna 268, 279
Mieli, Paolo 335
Miller, Glenn 71, 72
Milva 187, 286
Mina 185-186, 284
Minellono, Popi 345
Mischa (pseudonimo di Michael Seifert) 59-60
Mitri, Tiberio 103-104
Modugno, Domenico 188, 190
Molino, Walter 159, 245
Moncalvo, Gigi 287
Mondaini, Sandra 130, 338
Montanelli, Indro 55-56, 138, 253, 259
Moravia, Alberto 117
Moreno, Luis 284
Mosetti, Antonella 345
Moustaki, Georges 210
Mughini, Giampiero 345
Mulligan, Gerry 91
Mussolini, Benito 23, 25, 55, 58, 336
Musu, Antonio 367

Napolitano, Raffaele 245
Nebiolo, Primo 39
Nisi, Franco 286, 339
Noschese, Alighiero 164, 209, 219
Nova, Eva 92
Novo, Ferruccio 30

Oberon, Merle 238
Olmi, Ermanno 293
Oneto, Nicolò 9, 17, 20, 26, 41, 109
Orsi, Raimundo 30
Ortolani, Tullio 273
Otto, Natalino 50, 92

Paggini, Paolo 173
Palmieri, Fulvio 125-126
Pani, Corrado 186
Panicucci, Federica 344
Paolini, Paolo 219
Paolo VI (Giovanni Battista Montini) 211, 373
Pareto Spinola, Ileana 224
Parker, Charlie 91
Passante, Alberto 140
Patch, Alexander 71
Pavarotti, Luciano 256
Penni, Paola 185, 361
Perani, Popi 170
Peregrini, Ludovico 142, 205, 209, 254, 264, 267, 273, 286, 345
Pericoli, Emilio 127, 188
Perri, Dodo 328, 331
Petacci, Claretta 55
Petroni, Guido 367
Petruccioli, Claudio 356
Pettinella, – 86, 89-90, 95, 110
Pezzali, Max 340
Pickett, Wilson 340
Pierangeli, Anna Maria 101-102
Pierangeli, Marisa 101-102

Pierobon, Fiorella 268
Pio XII (Eugenio Pacelli) 151
Pitney, Gene 189, 340
Pittiruti, Andrea 175
Pizzo, Armando 131
Pope, Anthony 89
Pope, Fortune 89-90, 92, 94
Pope, Generoso 22, 89, 94
Pope, Generoso Jr 89-90
Power, Romina 291-292
Presley, Elvis 189
Procacci, Lino 273
Puccini, Carla Maria 188-189, 210, 361
Pugliese, Sergio 124-125, 139-140
Puglisi, Giovanni 40
Pupo (pseudonimo di Enzo Ghinazzi) 274

Quattrini, Paola 136

Rabagliati, Alberto 92
Radice, Ruggero "Raro" 29, 34
Ragni, Andrea 58
Ramazzotti, Eros 286
Rava, Enrico 91
Rava, Pietro 30
Ravera, Gianni 188, 249
Ravizza, Giuliano 279-280
Ravizza, Riccardo 280
Ravizza, Ruggero 280
Ravizza, Simonetta 280
Reale, Illy 284, 286, 293, 339
Reitano, Mino 254
Rendina, Massimo 105-106, 310
Renis, Tony 188
Restelli, Giorgio 339
Restino, Joe 100-101
Ricci, – 39
Ricci, Antonio 290, 345
Ricci, Franco 92
Rigazzi, Alba 185
Rimoldi, Franco don 53, 63
Riva, Mario 179, 276
Rivera, Gianni 264
Rizzoli, Anna Maria 255, 361
Rolfi, Gianfranco 214, 217
Roosevelt, Franklin Delano 22, 90
Rosaria (tata di Leo) 304
Rosetta, Virginio 30
Rossanigo, Rossana 147
Rossellini, Roberto 117, 196
Ruffini, Fatma 340
Russo, Giuni 274
Ruta, Maria Teresa 131
Ruzzier, Umberto 219

Sabatini, Francesco 350
Sain, Otto 60
Salvi, Giovanni 203, 205-206
Sampò, Enza 162-163, 203
Sawiris, Naguib 282
Scalfaro, Oscar Luigi 59
Scaramucci, Barbara 160
Scheri, Giancarlo 338, 344, 346
Schuster, Ildefonso 56-58
Scola, Ettore 367
Scotti, Gerry 293, 349
Seghi, Celina 104, 147
Serra, Didi 170-171
Sgarbi, Vittorio 290
Siena, Romolo 144, 153, 186
Simonetta, Aldino 180
Sinatra, Frank 339
Soldati, Mario 117
Solo, Bobby 189
Sordi, Alberto 117
Stecchi, Giancarlo 273
Steinbeck, John 309
Steno (pseudonimo di Stefano Vanzina) 117
Stoppa, Paolo 136

Stravinskij, Igor 215
Stroheim, Erich von 308

Tagliani, Renato 162
Taranto, Nino 92
Taruffi, Piero 117
Tassone, Piero 147
Tempera, Vince 340
Tenco, Luigi 190-191
Thoeni, Gustav 179
Tognazzi, Ugo 143
Tognon, Paolo 212
Tomba, Alberto 105
Torsello, Annarita 201, 220
Tortora, Enzo 162-164, 203
Tortorella, Cino 345
Tortorella, Davide 345, 373
Toscanini, Arturo 94
Totò (pseudonimo di Antonio De Curtis) 137, 152
Trenker, Luis 36
Trevisan, Miriana 294
Tristano, Lennie 91
Turchetti, Piero 208, 211, 219, 254, 267, 375
Turrisi, don Girolamo Settimo 14
Turrisi, Ruggero Settimo 14

Uccello, Paolo 215
Ugo (pseudonimo di Luca Osteria) 58-59
Umberto I di Savoia 325
Ungaretti, Giuseppe 117, 156

Valdengo, Giuseppe 94
Valenti, Marisa 130
Vanoni, Ornella 274
Varglien, Mario e Giovanni 30
Vartan, Sylvie 286
Veltroni, Vittorio 31, 98-100, 105, 113-114, 123-126, 130, 132, 158, 164, 166
Veltroni, Walter 31, 126
Ventura, Simona 286
Verdi, Giuseppe 336
Vessicchio, Peppe 341
Vianello, Raimondo 143, 338, 349
Villa, Manuela 341
Villaggio, Paolo 219
Vinciguerra, Santino 196-198
Visconti, Luchino 336

Wenders, Wim 303
Winkler, Henry 342

Young, Lester 91

Zampa, Luigi 136, 367
Zani, Lino 325, 326, 330
Zocchi, Marisa 145
Zuccoli, Luciana 238-239, 243, 246
Zuccoli, Nini 240
Zuccoli, Pier Giovanni 231, 234, 238-240, 243, 296
Zuccoli Bongiorno, Daniela 106, 201, 220-225, 228-247, 250, 261, 296-300, 305, 308, 310, 312, 314-316, 319, 326, 342, 348
Zuliani, Attilio 146

«La versione di Mike»
di Mike Bongiorno con Nicolò Bongiorno
Collezione Ingrandimenti

Arnoldo Mondadori Editore S.p.A.

Finito di stampare nel mese di novembre 2007
presso Arnoldo Mondadori S.p.A.
Stabilimento NSM di Cles (TN)

Stampato in Italia - Printed in Italy

16
LONGINES

AIUTATECI

COLMAR